Wallenfels/Russ

Buchpreisbindungsgesetz

Buchpreis-
bindungsgesetz

Die Preisbindung des Buchhandels

Kommentar

Begründet von

Dr. iur. habil. Hans Franzen (†)
Rechtsanwalt und Notar a.D., Wiesbaden

als Kommentar seit der 4. Auflage
fortgeführt von

Dieter Wallenfels
Rechtsanwalt, Wiesbaden

Prof. Dr. Christian Russ
Rechtsanwalt und Notar, Wiesbaden

6., überarbeitete Auflage 2012

C.H.BECK

www.beck.de

ISBN 978 3 406 61190 2

Wilhelmstraße 9, 80801 München
Druck und Bindung: Beltz Bad Langensalza GmbH,
Neustädter Str. 1–4, 99947 Bad Langensalza
Satz: Meta Systems, Wustermark
Gedruckt auf säurefreiem, alterungsbeständigem Papier
(hergestellt aus chlorfrei gebleichtem Zellstoff)

Vorwort

Die nunmehr sechste Auflage dieses Kommentars erscheint im Jahr des zehnjährigen Bestehens des Buchpreisbindungsgesetzes und in einer Zeit gravierender Umbrüche in der Buchbranche. Der Marktanteil insbesondere der Internet-Buchhandlungen und der Direktverkäufe der Verlage nimmt weiter zu, der Anteil des stationären Sortimentsbuchhandels beträgt nur noch 50 Prozent des Buch-Gesamtumsatzes. Mit der zunehmenden Akzeptanz digitaler Lesegeräte nimmt der Verkauf digitaler Bücher (E-Books) an Fahrt zu. Gleichzeitig hat das Wachstum der großen Filialisten den Zenit überschritten: Filialen werden geschlossen und Flächen verkleinert. All dies hat einen verschärften Wettbewerb unter den Branchenteilnehmern und zwischen den Sparten zur Folge, der auch für die Buchpreisbindung nicht ohne Auswirkungen bleibt.

Während für die fünfte Auflage unseres Kommentars im Wesentlichen nur die Auswirkungen des Änderungsgesetzes vom 20. Juli 2006 einzuarbeiten waren (Ausweitung der Nachlässe im Schulbuchgeschäft, Definition der Mängelexemplare, Wiedereinführung des Räumungsverkaufs), betreffen die Veränderungen der sechsten Auflage insbesondere die überhandnehmenden Kundenbindungssysteme, Gutschein- und Sponsoringmodelle sowie die Integrierung der E-Books in die Buchpreisbindung. Der Kommentar erscheint dabei zu einem Zeitpunkt, zu welchem bei den Kundenbindungssystemen eine Reihe grundsätzlicher Fragen noch nicht höchstrichterlich geklärt sind und sich einige gerichtliche Auseinandersetzungen noch in unteren Instanzen befinden. Zur Preisbindung von E-Books gibt es bislang noch gar keine Rechtsprechung, so dass wir hier bestrebt waren, Vorgaben zu machen, die einerseits die Preisbindung auch für digitale Bücher sichern, andererseits den Marktentwicklungen nicht im Wege stehen.

Die Rechtsprechung und Literatur sind bis März 2012 erfasst, das Referendum in der Schweiz, das zur Ablehnung eines neuen Buchpreisbindungsgesetzes dort geführt hat, konnte noch berücksichtigt werden. Auch konnten wir noch die verbandsintern entwickelten Grundsätze für die Gewährung angemessener Konditionen der Verlage für kleinere Buchhandlungen einarbeiten. Auf diese hatten sich die Sortimenter und Verleger im Börsenverein zuletzt nach langen Verhandlungen verständigt.

Unser Dank gilt der Rechtsabteilung des Börsenvereins für die vielfältige Unterstützung und die immer angenehme Zusammenarbeit, weiterhin Herrn Thomas Bez für die Durchsicht des Manuskripts und die vielen fachkundigen Anregungen.

Im Sommer 2007 ist unser langjähriger Seniorpartner Hans Franzen hochbetagt verstorben. Wir sind ihm zu großem Dank verpflichtet und wahren sein Andenken. Der Börsenverein hatte ihn, den Nestor der deutschen Buchpreisbindung, mit der Auszeichnung „Dem Förderer des Deutschen Buches" geehrt. Wenn wir für diesen Kommentar die Autorenbezeichnung geändert haben, so ist dies der besseren Zitierbarkeit und dem Umstand geschuldet, dass dies die nunmehr dritte Auflage des Kommentars ist, an welcher Hans Franzen nicht mehr selbst mitgearbeitet hat. Es gilt jedoch weiterhin das, was wir im Vorwort der vierten Auflage geschrieben haben: „Auch wenn weite Teile des Kommentars naturgemäß neu geschrieben werden mussten, haben wir doch in großem Umfang Franzen zitiert und ganze Passagen übernommen. Das Werk von Franzen scheint überall durch."

Wiesbaden, im März 2012 Die Verfasser

Inhaltsverzeichnis

Abkürzungsverzeichnis

a. A.	anderer Ansicht
ABl.	Amtsblatt
Abs.	Absatz
AEU-Vertrag	Vertrag über die Arbeitsweise der Europäischen Union
a. F.	alte Fassung
AfP	Archiv für Presserecht (Zeitschrift)
AG	Aktiengesellschaft
Alt.	Alternative
Anm.	Anmerkung
Art.	Artikel
Aufl.	Auflage
BAnz.	Bundesanzeiger
BGB	Bürgerliches Gesetzbuch
BGBl.	Bundesgesetzblatt
BGH	Bundesgerichtshof
BGHZ	Entscheidungssammlung des Bundesgerichtshofes in Zivilsachen
BKartA	Bundeskartellamt
BKartATB	Tätigkeitsbericht des Bundeskartellamts
Börsenblatt	Börsenblatt für den Deutschen Buchhandel
Börsenverein	Börsenverein des Deutschen Buchhandels e.V.
BReg.	Bundesregierung
BT-Drucks.	Bundestags-Drucksache
BuchPrG	Buchpreisbindungsgesetz
BVerfG	Bundesverfassungsgericht
BVerfGE	Entscheidungssammlung des Bundesverfassungsgerichts
CD-ROM	Compact Disc Read Only Memory
d. h.	das heißt
DDR	Deutsche Demokratische Republik
Dok.	Dokument
EFTA	European Free Trade Association
EG	Europäische Gemeinschaften
EU	Europäische Union
EuGH	Europäischer Gerichtshof
EUR	Euro
EWR	Europäischer Wirtschaftsraum

Abkürzungsverzeichnis

ff.	folgende(r)
GemK	Gemeinschaftskommentar zum GWB, 4. Aufl.
GG	Grundgesetz
grds.	grundsätzlich
GRUR	Gewerblicher Rechtsschutz und Urheberrecht (Zeitschrift)
GWB	Gesetz gegen Wettbewerbsbeschränkungen
h.M.	herrschende Meinung
IM	Immenga/Mestmäcker, Kommentar zum GWB, 4. Aufl. 2007
i. S. d.	im Sinne des
i. V. m.	in Verbindung mit
JZ	Juristische Zeitung
KG	Kammergericht
lit.	litera
LB	Langen/Bunte, Kommentar zum GWB, 11. Aufl. 2011
LG	Landgericht
m. w. N.	mit weiteren Nachweisen
Mio.	Millionen
n. F.	neue Fassung
Nr.	Nummer
NJW	Neue Juristische Wochenschrift
NJW-E-WettbR	Neue Juristische Wochenschrift Entscheidungsdienst Wettbewerbsrecht
NJW-RR	Neue Juristische Wochenschrift, Rechtsprechungs-Report
OLG	Oberlandesgericht
ÖstBuchPrG	Österreichisches Buchpreisbindungsgesetz
RG	Reichsgericht
Rn.	Randnummer
S.	Seite
s.	siehe
Sammelrevers	Sammelrevers für den Verkauf preisgebundener Verlagserzeugnisse in Deutschland
SBVV	Schweizerischer Buchhändler- und Verlegerverband

Sec.	Section
sFr	Schweizer Franken
Slg.	Sammlung
sog.	sogenannte(r)
UKlaG	Unterlassungsklagegesetz
USA	United States of America
UWG	Gesetz gegen den unlauteren Wettbewerb
vgl.	vergleiche
VO	Verordnung
VOPR	Verordnung über Preise für öffentliche Aufträge
WRP	Wettbewerb in Recht und Praxis (Zeitschrift)
WuW	Wirtschaft und Wettbewerb (Zeitschrift)
WuW/E	Wirtschaft und Wettbewerb, Entscheidungssammlung
Ziff.	Ziffer
ZUM	Zeitschrift für Urheber- und Medienrecht

Literaturverzeichnis

Ahrens/Jänich, Der gebundene Preis für CD-ROM-Produkte – ein Irrweg der Rechtsprechung, GRUR 1998, S. 599 ff.

Alexander, Preisbindung von Zeitungen und Zeitschriften – die kartellrechtliche Zulässigkeit nach deutschem, österreichischem und europäischem Kartellrecht, GRUR Int. 2010, 803 ff.

Alexander, Ist die Buchpreisbindung gemeinschaftsrechtswidrig?, AfP 2009, 335 ff.

Baumbach/Hefermehl, Wettbewerbsrecht, 21. Aufl. 1999.

Bechtold, GWB, 6. Aufl. 2010.

Blanke/Kitz, Grenzüberschreitende Buchpreisbindung und Europäisches Gemeinschaftsrecht, JZ 2000, 118.

Bohdal, Die grenzüberschreitende Buchpreisbindung im deutschssprachigen Raum, 2008.

Börsenverein des Deutschen Buchhandels (Hrsg.), Buch und Buchhandel in Zahlen, 2011.

Bunte, Die Preisbindung für Verlagserzeugnisse auf dem kartellrechtlichen Prüfstand, NJW 1997, S. 3127 ff.

Dreier/Schulze, UrhG, 3. Aufl. 2008.

Emmerich, Das neue Buchpreisbindungsgesetz von 2002, in: Festschrift Immenga, 2004, S. 111 ff.

Everling, Buchpreisbindung im deutschsprachigen Raum und europäisches Gemeinschaftsrecht, in: Die Buchpreisbindung, 1997.

Feldmann, Die Auslegung des § 5 V Buchpreisbindungsgesetz, 2010.

Fezer, Elektronische Verlagserzeugnisse als Gegenstand der kartellrechtlichen Preisbindung, NJW 1997, S. 2150 ff.

Fezer, Preisbindung elektronischer Verlagserzeugnisse, WRP 1994, S. 669 ff.

Fezer, Die Verfassungsnähe der Buchpreisbindung, GRUR 1988, S. 185 ff.

Franzen, Die Preisbindung des Buchhandels, 3. Aufl. 1987.

Freytag/Gerlinger, Kombinationsangebote im Pressemarkt, WRP 2004, 537 ff.

Füssel, Die Preisbindung für Bücher aus kulturhistorischer Sicht, in: Die Buchpreisbindung, 1997.

Gläser, Kartellrechtliche Grenzen der Ausgabenvielfalt preisgebundener Verlagserzeugnisse, 2001.

Goldschmitt, Grenzüberschreitende Buchpreisbindung und internationaler Buchmarkt, 2000.

Golz, Was sind Substitute i. S. des § 2 Abs. 1 Nr. 3 Buchpreisbindungsgesetz?, AfP 2003, 509 f.

Haag, Kombiprodukte, Börsenblatt 92/1998, S. 13 ff.; 29/2005, S. 22 ff.

Haug/Kruse, Geschichte des Versandbuchhandels, 2004.

Hanreich/Kuschej/Grohall, Buchpreisregelung in Europa, 2010.

Hefermehl/Köhler/Bornkamm, Wettbewerbsrecht, 24. Aufl., 2006.

Hess, Buchpreisbindung für E-Books, AfP 2011, 223.

Heuel, Zur Buchpreisbindung elektronischer Verlagserzeugnisse, AfP 2006, 535 f.

Literaturverzeichnis

Hofmann, Buchpreisbindungen auf dem Prüfstand des Europarechts, GRUR 2000, S. 555 ff.
Huppertz, Die Buchpreisbindung nach nationalem und europäischem Wettbewerbsrecht, GRUR 1998, S. 988 ff.
Immenga/Mestmäcker, GWB-Kommentar, 4. Aufl. 2007.
Jäger/Historische Kommission des Börsenvereins des Deutschen Buchhandels, Geschichte des deutschen Buchhandels im 19. und 20. Jahrhundert, Das Kaiserreich 1871 – 1918, Band 2, 2003.
Jungermann, Neues zur Buchpreisbindung, NJW 2000 S. 2172 f.
Jungermann, Auch reimportierte Bücher sind der Preisbindung zugänglich, NJW 2000, S. 3189 ff.
Jungermann/Heine, Die Buchpreisbindung – elektronische Medien und der Markt für Verlagserzeugnisse, CR 2000, S. 526 ff.
Kirchner, Preisbindungen für Verlagserzeugnisse?, AfP 1999, S. 227.
Kloepfer, Presse-Grosso unter dem Schutz von Verfassungsrecht und Europarecht, 1999.
Köhler/Bornkamm, Gesetz gegen den unlauten Wettbewerb, 29. Auf. 2011.
Kröner, Probeabonnements im Pressevertrieb – ein Preisbindungsmissbrauch? WRP 2003, S. 1149 ff.
Kühnert, Die Geschichte der Buchpreisbindung in Deutschland, 2009.
Lamy, Droit Économique – Concurrence, Distribution, Consommation, 1996.
Langbein, Die Buchpreisbindung in der EWG, 1989.
Langen/Bunte, Kommentar zum deutschen und europäischen Kartellrecht, 11. Aufl. 2011.
Loewenheim/Meessen/Riesenkampf, Kartellrecht, 2. Aufl. 2009.
Löffler/Ricker, Handbuch des Presserechts, 5. Aufl. 2005.
Mann, Einbindung von preisgebundenen Produkten in Kopplungsangebote, WRP 1997, S. 1139 ff.
Mees, Zur Frage der Zulässigkeit des Einsatzes und der Verwendung von Gutscheinen sowie Leistungen Dritter beim Verkauf im Preis gebundener Bücher, GRUR 2012, S. 353 ff.
Meyer-Dohm, Der westdeutsche Büchermarkt, 1957.
Meyer-Dohm, Buchhandel als kulturwirtschaftliche Aufgabe, 1967.
Meyer-Dohm/Strauß, Handbuch des Buchhandels in vier Bänden, 1974.
Monopolkommission, 13. Hauptgutachten 1998/99, S. 376 ff.
Möller, Neue Erscheinungsformen von Rabattwerbung und „Rabatte“ zu Lasten Dritter – Die wundersame Erledigung unliebsamer Belastungen, GRUR 2006, S. 292.
Möller, Gutscheine, Gewinnspiele, Kopplungsangebote – Wie bindend ist der Buchpreis? GRUR-Prax 2010, S. 308.
Möschel, Buchpreisbindungsgesetz im Streit, WRP 2004, S. 857.
Müller-Graff, Wettbewerbsbeschränkung durch Gesetz: Preisbindungspflicht von Büchern – Zum Leclerc-Urteil des EuGH, EuR 1985, S. 293 ff.
Müller-Henneberg/Schwarz, Gemeinschaftskommentar, 4. Aufl. 1987.; *Münchener Kommentar zum Lauterkeitsrecht,* Bd. 1, 2006.
Münchener Kommentar Handelsgesetzbuch, Band 1, 2. Aufl. 2005.
Nordemann, Jan, Neueinbindung von Büchern anderer Verlage, ZUM 2009, S. 809.

Numrich, Die soziologische Funktion des festen Ladenpreises im Buchhandel, Börsenblatt 1968, S. 995 ff.
Obert, Die Preisbindung im Buchhandel in Deutschland und im Vereinigten Königreich in der Sicht des europäischen Rechts, 2000.
Obwexer, Das österreichische Buchpreisbindungssystem auf dem Prüfstand des Gemeinschaftsrechts, EuR 2008, S. 736 ff.
Pfuhl, Masse und Klasse – Buchmarkt USA, Börsenblatt 15/2003, S. 11 ff.
Rürup, Die Buchpreisbindung im Lichte der ökonomischen Analyse, in: Die Buchpreisbindung, 1997.
Rürup, Ökonomische Wirkungen der Buchpreisbindung, AfP 1999, S. 233 ff.
Schlemminger, Die Preisbindung im deutschen Buchhandel, 1935.
Scholz, Anmerkung zu BGH GRUR 2011, 418 – UsedSoft.
Schwebbach, Bücher im Wettbewerb, 1965.
Schmidt-Hern, Anm. zu OLG Frankfurt a.M. Az. 11 W 15/11, GRUR-Prax 2011, S. 333.
Sehrschön/Willheim, Das neue Bundesgesetz über die Preisbindung bei Büchern, Wirtschaftskammer Österreich, 2000.
Soppe, Preisbindung im Pressevertriebsrecht, WRP 2005, S. 565.
Stumpp, Die Preisbindung für Verlagserzeugnisse: Wettbewerbsbeschränkung oder Regulierung zur Beseitigung von Marktunvollkommenheiten?, 1999.
Tonninger, Buchpreisbindung in Österreich, 2010.
von Becker, Anm. zu LG Hamburg Az. 315 O 182/11, GRUR-Prax 2011, S. 307.
v. Gamm, Wettbewerbsrecht, 5. Aufl. 1987.
Waldenberger, Preisbindung bei Zeitungen und Zeitschriften: Der neue § 15 GWB, NJW 2002, S. 2914 ff.
Wallenfels, Die Zukunft der Buchpreisbindung in der Informationsgesellschaft, in: Delp (Hrsg.), Das Buch in der Informationsgesellschaft, 2006.
Wallenfels, Was sind Substitute i. S. des § 2 Abs. 1 Nr. 3 Buchpreisbindungsgesetz (Erwiderung auf Golz), AfP 2004, S. 29.
Wallenfels, Das System der Preisbindung für Verlagserzeugnisse im EG-Binnenmarkt, in: Becker (Hrsg.), Der Buchhandel im Europäischen Binnenmarkt, 1989.
Wegner/Wallenfels/Kaboth, Recht im Verlag, 2. Aufl. 2011.
Weitner, Rechtsprechungsübersicht zum Buchpreisbindungsrecht in der Zeit vom 01. 01. 2008 bis 31. 06. 2011, AfP 2011, S. 443 ff.
Weitner, Buchpreisbindung – Wer muss zahlen?, GRUR-RR 2012, S. 1 ff.
Weuster, Die Neuregelung der Buchpreisbindung in Deutschland, 2007.
Zimmer, Zulässige Parallelausgeben – die Achillesferse des Buchpreisbindungsgesetzes? WRP 2004, S. 330 ff.

1. Gesetzestexte

I. Gesetz über die Preisbindung für Bücher (Buchpreisbindungsgesetz – BuchPrG)

vom 2. September 2002[1]

(BGBl. I S. 3448, ber. 3670, geänd. durch Ges. v. 21. 6. 2005, BGBl. I S. 1818, und Ges. v. 14. 7. 2006 BGBl. I S. 1530)

§ 1 Zweck des Gesetzes

Das Gesetz dient dem Schutz des Kulturgutes Buch. Die Festsetzung verbindlicher Preise beim Verkauf an Letztabnehmer sichert den Erhalt eines breiten Buchangebots. Das Gesetz gewährleistet zugleich, dass dieses Angebot für eine breite Öffentlichkeit zugänglich ist, indem es die Existenz einer großen Zahl von Verkaufsstellen fördert.

§ 2 Anwendungsbereich

(1) Bücher im Sinne dieses Gesetzes sind auch
1. Musiknoten,
2. kartographische Produkte,
3. Produkte, die Bücher, Musiknoten oder kartographische Produkte reproduzieren oder substituieren und bei Würdigung der Gesamtumstände als überwiegend verlags- oder buchhandelstypisch anzusehen sind sowie
4. kombinierte Objekte, bei denen eines der genannten Erzeugnisse die Hauptsache bildet.

(2) Fremdsprachige Bücher fallen nur dann unter dieses Gesetz, wenn sie überwiegend für den Absatz in Deutschland bestimmt sind.

(3) Letztabnehmer im Sinne dieses Gesetzes ist, wer Bücher zu anderen Zwecken als dem Weiterverkauf erwirbt.

§ 3 Preisbindung

Wer gewerbs- oder geschäftsmäßig Bücher an Letztabnehmer verkauft, muss den nach § 5 festgesetzten Preis einhalten. Dies gilt nicht für den Verkauf gebrauchter Bücher.

---

[1] In Kraft seit 1. 10. 2002

§ 4 Grenzüberschreitende Verkäufe

(1) Die Preisbindung gilt nicht für grenzüberschreitende Verkäufe innerhalb des Europäischen Wirtschaftsraumes.

(2) Der nach § 5 festgesetzte Endpreis ist auf grenzüberschreitende Verkäufe von Büchern innerhalb des Europäischen Wirtschaftsraumes anzuwenden, wenn sich aus objektiven Umständen ergibt, dass die betreffenden Bücher allein zum Zwecke ihrer Wiedereinfuhr ausgeführt worden sind, um dieses Gesetz zu umgehen.

§ 5 Preisfestsetzung

(1) Wer Bücher verlegt oder importiert, ist verpflichtet, einen Preis einschließlich Umsatzsteuer (Endpreis) für die Ausgabe eines Buches für den Verkauf an Letztabnehmer festzusetzen und in geeigneter Weise zu veröffentlichen. Entsprechendes gilt für Änderungen des Endpreises.

(2) Wer Bücher importiert, darf zur Festsetzung des Endpreises den vom Verleger des Verlagsstaates für Deutschland empfohlenen Letztabnehmerpreis einschließlich der in Deutschland jeweils geltenden Mehrwertsteuer nicht unterschreiten. Hat der Verleger keinen Preis für Deutschland empfohlen, so darf der Importeur zur Festsetzung des Endpreises den für den Verlagsstaat festgesetzten oder empfohlenen Nettopreis des Verlegers für Endabnehmer zuzüglich der in Deutschland jeweils geltenden Mehrwertsteuer nicht unterschreiten.

(3) Wer als Importeur Bücher in einem Vertragsstaat des Abkommens über den Europäischen Wirtschaftsraum zu einem von den üblichen Einkaufspreisen im Einkaufsstaat abweichenden niedrigeren Einkaufspreis kauft, kann den gemäß Absatz 2 festzulegenden Endpreis in dem Verhältnis herabsetzen, wie es dem Verhältnis des erzielten Handelsvorteils zu den üblichen Einkaufspreisen im Einkaufsstaat entspricht; dabei gelten branchentypische Mengennachlässe und entsprechende Verkaufskonditionen als Bestandteile der üblichen Einkaufspreise.

(4) Verleger oder Importeure können folgende Endpreise festsetzen:
1. Serienpreise,
2. Mengenpreise,
3. Subskriptionspreise,
4. Sonderpreise für Institutionen, die bei der Herausgabe einzelner bestimmter Verlagswerke vertraglich in einer für das Zustandekommen des Werkes ausschlaggebenden Weise mitgewirkt haben,

5. Sonderpreise für Abonnenten einer Zeitschrift beim Bezug eines Buches, das die Redaktion dieser Zeitschrift verfasst oder herausgegeben hat und
6. Teilzahlungszuschläge.

(5) Die Festsetzung unterschiedlicher Endpreise für einen bestimmten Titel durch einen Verleger oder Importeur oder deren Lizenznehmer ist zulässig, wenn dies sachlich gerechtfertigt ist.

§ 6 Vertrieb

(1) Verlage müssen bei der Festsetzung ihrer Verkaufspreise und sonstigen Verkaufskonditionen gegenüber Händlern den von kleineren Buchhandlungen erbrachten Beitrag zur flächendeckenden Versorgung mit Büchern sowie ihren buchhändlerischen Service angemessen berücksichtigen. Sie dürfen ihre Rabatte nicht allein an dem mit einem Händler erzielten Umsatz ausrichten.

(2) Verlage dürfen branchenfremde Händler nicht zu niedrigeren Preisen oder günstigeren Konditionen beliefern als den Buchhandel.

(3) Verlage dürfen für Zwischenbuchhändler keine höheren Preise oder schlechteren Konditionen festsetzen als für Letztverkäufer, die sie direkt beliefern.

§ 7 Ausnahmen

(1) § 3 gilt nicht beim Verkauf von Büchern:
1. an Verleger oder Importeure von Büchern, Buchhändler oder deren Angestellte und feste Mitarbeiter für deren Eigenbedarf,
2. an Autoren selbständiger Publikationen eines Verlages für deren Eigenbedarf,
3. an Lehrer zum Zwecke der Prüfung einer Verwendung im Unterricht,
4. die auf Grund einer Beschädigung oder eines sonstigen Fehlers als Mängelexemplar gekennzeichnet sind,
5. im Rahmen eines auf einen Zeitraum von 30 Tagen beschränkten Räumungsverkaufs anläßlich der endgültigen Schließung einer Buchhandlung, sofern die Bücher aus den gewöhnlichen Beständen des schließenden Unternehmens stammen und den Lieferanten zuvor mit angemessener Frist zur Rücknahme angeboten wurden.

(2) Beim Verkauf von Büchern können wissenschaftlichen Bibliotheken, die jedem auf ihrem Gebiet wissenschaftlich Arbeitenden zugänglich sind, bis zu 5 Prozent, jedermann zugänglichen kommunalen Büchereien, Landesbüchereien und Schülerbüchereien sowie kon-

fessionellen Büchereien und Truppenbüchereien der Bundeswehr und der Bundespolizei bis zu 10 Prozent Nachlass gewährt werden.

(3) Bei Sammelbestellungen von Büchern für den Schulunterricht, die zu Eigentum der öffentlichen Hand, eines Beliehenen oder allgemein bildender Privatschulen, die den Status staatlich genehmigter Ersatzschulen besitzen, angeschafft werden, gewähren die Verkäufer folgende Nachlässe:

1. bei einem Auftrag im Gesamtwert bis zu 25 000 Euro für Titel mit

mehr als 10 Stück	8 Prozent Nachlass
mehr als 25 Stück	10 Prozent Nachlass
mehr als 100 Stück	12 Prozent Nachlass
mehr als 500 Stück	13 Prozent Nachlass

2. bei einem Auftrag im Gesamtwert von mehr als

25 000 Euro	13 Prozent Nachlass
38 000 Euro	14 Prozent Nachlass
50 000 Euro	15 Prozent Nachlass

Soweit Schulbücher von den Schulen im Rahmen eigener Budgets angeschafft werden, ist stattdessen ein genereller Nachlass von 12 Prozent für alle Sammelbestellungen zu gewähren.

(4) Der Letztverkäufer verletzt seine Pflicht nach § 3 nicht, wenn er anlässlich des Verkaufs eines Buches

1. Waren von geringem Wert oder Waren, die im Hinblick auf den Wert des gekauften Buches wirtschaftlich nicht ins Gewicht fallen, abgibt,
2. geringwertige Kosten der Letztabnehmer für den Besuch der Verkaufsstelle übernimmt,
3. Versand- oder besondere Beschaffungskosten übernimmt oder
4. andere handelsübliche Nebenleistungen erbringt.

§ 8 Dauer der Preisbindung

(1) Verleger und Importeure sind berechtigt, durch Veröffentlichung in geeigneter Weise die Preisbindung für Buchausgaben aufzuheben, deren erstes Erscheinen länger als 18 Monate zurückliegt.

(2) Bei Büchern, die in einem Abstand von weniger als achtzehn Monaten wiederkehrend erscheinen oder deren Inhalt mit dem Erreichen eines bestimmten Datums oder Ereignisses erheblich an Wert verlieren, ist eine Beendigung der Preisbindung durch den Verleger oder Importeur ohne Beachtung der Frist gemäß Absatz 1 nach Ablauf eines angemessenen Zeitraums seit Erscheinen möglich.

§ 9 Schadensersatz- und Unterlassungsansprüche

(1) Wer den Vorschriften dieses Gesetzes zuwiderhandelt, kann auf Unterlassung in Anspruch genommen werden. Wer vorsätzlich oder fahrlässig handelt, ist zum Ersatz des durch die Zuwiderhandlung entstandenen Schadens verpflichtet.

(2) Der Anspruch auf Unterlassung kann nur geltend gemacht werden

1. von Gewerbetreibenden, die Bücher vertreiben,
2. von rechtsfähigen Verbänden zur Förderung gewerblicher Interessen, soweit ihnen eine **erhebliche Zahl von Gewerbetreibenden** angehört, die Waren oder gewerbliche Leistungen gleicher oder verwandter Art auf **demselben Markt** vertreiben, soweit sie insbesondere nach ihrer personellen, sachlichen und finanziellen Ausstattung imstande sind, ihre satzungsgemäßen Aufgaben der Verfolgung gewerblicher Interessen tatsächlich wahrnehmen, und die Handlung geeignet ist, den Wettbewerb auf dem relevanten Markt wesentlich zu beeinträchtigen,
3. von einem Rechtsanwalt, der von Verlegern, Importeuren oder Unternehmen, die Verkäufe an Letztabnehmer tätigen, gemeinsam als Treuhänder damit beauftragt worden ist, ihre Preisbindung zu betreuen (Preisbindungstreuhänder),
4. von qualifizierten Einrichtungen, die nachweisen, dass sie in die Liste qualifizierter Einrichtungen nach § 4 des Unterlassungsklagengesetzes oder in dem Verzeichnis der Kommission der Europäischen Gemeinschaften nach Artikel 4 der Richtlinie 98/27/EG des Europäischen Parlaments und des Rates vom 19. Mai 1998 über Unterlassungsklagen zum Schutz der Verbraucherinteressen (ABl. EG Nr. L 166 S. 51) in der jeweils geltenden Fassung eingetragen sind.

Die Einrichtungen nach Satz 1 Nr. 4 können den Anspruch auf Unterlassung nur geltend machen, soweit der Anspruch eine Handlung betrifft, durch die wesentliche Belange der Letztabnehmer berührt werden.

(3) Für das Verfahren gelten bei den Anspruchsberechtigten nach Absatz 2 Nr. 1 bis 3 die Vorschriften des Gesetzes gegen den unlauteren Wettbewerb und bei Einrichtungen nach Absatz 2 Nr. 4 die Vorschriften des Unterlassungsklagegesetzes.

§ 10 Bucheinsicht

(1) Sofern der begründete Verdacht vorliegt, dass ein Unternehmen gegen § 3 verstoßen hat, kann ein Gewerbetreibender, der

ebenfalls Bücher vertreibt, verlangen, dass dieses Unternehmen einem von Berufs wegen zur Verschwiegenheit verpflichteten Angehörigen der wirtschafts- oder steuerberatenden Berufe Einblick in seine Bücher und Geschäftsunterlagen gewährt. Der Bericht des Buchprüfers darf sich ausschließlich auf die ihm bekannt gewordenen Verstöße gegen die Vorschriften dieses Gesetzes beziehen.

(2) Liegt eine Zuwiderhandlung vor, kann der Gewerbetreibende von dem zuwiderhandelnden Unternehmen die Erstattung der notwendigen Kosten der Buchprüfung verlangen.

§ 11 Übergangsvorschrift

Von Verlegern oder Importeuren vertraglich festgesetzte Endpreise für Bücher, die zum 1. Oktober 2002 in Verkehr gebracht waren, gelten als Preise im Sinne von § 5 Abs. 1.

II. Gesetz gegen Wettbewerbsbeschränkungen (Auszug: § 30 GWB)

§ 30 Preisbindung bei Zeitungen und Zeitschriften

(1) § 1 gilt nicht für vertikale Preisbindungen, durch die ein Unternehmen, das Zeitungen oder Zeitschriften herstellt, die Abnehmer dieser Erzeugnisse rechtlich oder wirtschaftlich bindet, bei der Weiterveräußerung bestimmte Preise zu vereinbaren oder ihren Abnehmern die gleiche Bindung bis zur Weiterveräußerung an den letzten Verbraucher aufzuerlegen. Zu Zeitungen und Zeitschriften zählen auch Produkte, die Zeitungen oder Zeitschriften reproduzieren oder substituieren und bei Würdigung der Gesamtumstände als überwiegend verlagstypisch anzusehen sind, sowie kombinierte Produkte, bei denen eine Zeitung oder Zeitschrift im Vordergrund steht.

(2) Vereinbarungen der in Absatz 1 bezeichneten Art sind, soweit sie Preise und Preisbestandteile betreffen, schriftlich abzufassen. Es genügt, wenn die Beteiligten Urkunden unterzeichnen, die auf eine Preisliste oder auf Preismitteilungen Bezug nehmen. § 126 Abs. 2 des Bürgerlichen Gesetzbuches findet keine Anwendung.

(3) Das Bundeskartellamt kann von Amts wegen oder auf Antrag eines gebundenen Abnehmers die Preisbindung für unwirksam erklären und die Anwendung einer neuen, gleichartigen Preisbindung verbieten, wenn

1. die Preisbindung missbräuchlich gehandhabt wird oder
2. die Preisbindung oder ihre Verbindung mit anderen Wettbewerbsbeschränkungen geeignet ist, die gebundenen Waren zu verteuern oder ein Sinken ihrer Preise zu verhindern oder ihre Erzeugung oder ihren Absatz zu beschränken.

2. Gesetz über die Preisbindung für Bücher (Buchpreisbindungsgesetz – BuchPrG)

vom 2. September 2002

§ 1 Zweck des Gesetzes

Das Gesetz dient dem Schutz des Kulturgutes Buch. Die Festsetzung verbindlicher Preise beim Verkauf an Letztabnehmer sichert den Erhalt eines breiten Buchangebots. Das Gesetz gewährleistet zugleich, dass dieses Angebot für eine breite Öffentlichkeit zugänglich ist, indem es die Existenz einer großen Zahl von Verkaufsstellen fördert.

Übersicht

I. Gesetzgeberischer Zweck

1 Die Buchpreisbindung gibt es in Deutschland seit dem Jahre 1888. Sie galt in unterschiedlicher Ausgestaltung im Kaiserreich, in der Weimarer Republik, in der Nazizeit und in der DDR – sie gilt nach wie vor in der Bundesrepublik. Die Buchpreisbindung hat die beiden Weltkriege ebenso überlebt wie die Kartellrechtsreformen der Jahre 1958 und 1973 und die gegen sie gerichteten Verfahren der EU-Kommission um die Jahrtausendwende. An der Buchpreisbindung scheiden sich die Geister (vgl. *Emmerich,* Festschrift Immenga, 2004, S. 111 ff.; *Möschel,* WRP 2004, 857 ff.). Die von ihr aus **kulturellen Gründen** erzwungene Beschränkung der unternehmerischen Autonomie und des freien Wettbewerbs zugunsten der Förderung der Buchkultur ist seit jeher umstritten – und wird es wohl auch bleiben.

2 Mit dem Gesetz zur Regelung der Preisbindung bei Verlagserzeugnissen (BGBl. I 2002, 3448) wird die Sicherung eines **leistungsfähigen Marktes für Verlagserzeugnisse** in Deutschland ebenso bezweckt wie die **Förderung des Buchs als Kulturgut und Kulturmedium.** Das Gesetz stellt damit eine Maßnahme zur Förderung kultureller und sprachlicher Vielfalt und zum Schutz des Pluralismus im Sinne des Art. 1 Nr. 6 der Richtlinie 2000/31/EG vom 8. Juni 2000 über den elektronischen Geschäftsverkehr dar (Begründung A Nr. 1, BT-Drucks. 14/9196). Mit der Schaffung des Gesetzes erkennt der Gesetzgeber den herausragenden Beitrag an, den **Bücher** zum heutigen Stand der **Kultur in unserer Gesellschaft** geleistet haben. Er geht davon aus, dass die Preisbindung in Deutschland entscheidend dazu beigetragen hat, dass eine große Titelvielfalt besteht, dass eine Fülle auch kleinerer und mittlerer Verlage existiert, dass kulturell wertvolle Bücher trotz kleiner Auflagen zu erschwinglichen Preisen erscheinen und dass die Versorgung der Bevölkerung durch ein engmaschiges Netz von Buchhandlungen nicht nur in größeren Städten gewährleistet ist (Begr. Allgemein, BT-Drucks. 14/9196, S. 8). Der Gesetzgeber stellt die kulturelle Vielfalt damit vor wirtschaftliche Erwägungen (*Bahr* in LB, Anhang zu § 30 GWB, § 1 Rn. 2). Durch das Gesetz wird sichergestellt, dass feste Buchpreise in Deutschland auf Dauer rechtlich abgesichert sind. Die gesetzliche Regelung der Buchpreisbindung setzt sich damit mehr und mehr auch als **EU-Standard** durch: Vergleichbare Gesetze bestehen in Frankreich, Griechenland, Italien, den Niederlanden, Portugal, Österreich und Spanien. Gebundene Buchpreise auf vertraglicher

Basis gibt es zudem in Dänemark, Norwegen und Ungarn. In der Schweiz wurde die vertraglich geregelte Buchpreisbindung durch eine Entscheidung des Bundesgerichts vom März 2007 abgeschafft. Die Bemühungen des Schweizer Buchhandels zur Einführung eines Buchpreisbindungsgesetzes waren seither zunächst erfolgreich: Im März 2011 haben National- und Ständerat einem Gesetz zur Buchpreisbindung zugestimmt. Ob das Gesetz in Kraft tritt, hängt noch vom Ausgang einer Volksbefragung ab, die nicht vor dem Frühjahr 2012 durchgeführt werden dürfte.

3 **1. Ausgangslage.** Der Zweck der Preisbindung für Verlagserzeugnisse ist seit jeher das kulturpolitische Anliegen, die vielfältige, gleichmäßige und flächendeckende **Versorgung der Bevölkerung mit dem Kulturgut Buch** zu gewährleisten (BGH NJW 1979, 1411 – Sammelrevers 1974; BGH NJW 1986, 1256 – Schulbuch-Preisbindung; BGH NJW 1997, 1912 – NJW auf CD-ROM). Diesen Zweck verfolgt ausweislich der amtlichen Begründung auch das am 1. Oktober 2002 in Kraft getretene und am 14. Juli 2006 novellierte Gesetz zur Regelung der Preisbindung bei Verlagserzeugnissen, dessen wesentlicher Bestandteil Art. 1 das BuchPrG ist (BGBl I 2002, 3448; 2006, 1530). Auch dient die Buchpreisbindung der Verwirklichung **des Grundrechts der Kommunikationsfreiheit;** sie gilt daher als „verfassungsnah" (*Fezer,* GRUR 1988, 185). Die Preisbindung von Verlagserzeugnissen war in Deutschland bis zum 30. September 2002 auf vertraglicher Grundlage geregelt. § 15 GWB a. F. sah als Ausnahme vom Verbot von Preisvereinbarungen vor, dass ein Unternehmen die Abnehmer seiner Verlagserzeugnisse verpflichten konnte, bei der Weiterveräußerung bestimmte Preise zu vereinbaren. In der Praxis erfolgte die Preisbindung für Bücher und Fachzeitschriften über das sogenannte **Sammelreverssystem:** Die Einzelhändler gingen durch Unterzeichnung des Reverses eine Verpflichtung gegenüber einer Vielzahl von Verlagen ein, die von diesen Verlagen festgesetzten Preise ihren Kunden zu berechnen. Der Sammelrevers war somit eine Zusammenfassung der einzelnen Preisbindungsverpflichtungen eines Händlers gegenüber verschiedenen Verlegern in einer einzelnen Urkunde. Das System der auf freiwilligen und gleichförmigen Absprachen beruhenden Buchpreisbindung war in den Jahren von 1993 bis 2002 Gegenstand einer **kartellrechtlichen Auseinandersetzung** zwischen dem deutschen Buchhandel und der EU-Kommission. Zwar erklärte die EU-Kommission mit Schreiben vom 17. April 2002 (Az.: D 001 862) den Sammelrevers 2000 im Wege eines „Negativattests" für EU-rechtskonform, weil er in seiner „renationalisierten" Fassung keine Beeinträchtigung des Handels zwischen Mitgliedstaaten der EU

nach Art. 81 Abs. 1 EG-Vertrag (a. F.) bewirke. Dennoch bestanden Zweifel, ob das System der Buchpreisbindung auf vertraglicher Basis auf Dauer erhalten werden könne (*Bahr*, LB § 30 Rn. 11; *Emmerich*, IM § 30 Rn. 8; *Kirchner*, AfP 1999, 227; *Jungermann*, NJW 2000, 2173; *Blanke/Kitz*, JZ 2000, 118). Mit dem BuchPrG wurde das vertragliche Sammelreverssystem durch eine zwingende gesetzliche Regelung ersetzt und damit der Anwendbarkeit des **Art. 101 AEU-Vertrag** (zuvor Art. 81 EG-Vertrag) entzogen. Das Gesetz ist dabei im Vergleich zum vorherigen Sammelreverssystem eine starre Regelung: Nach altem Recht hatten die Verlage ja grundsätzlich die Wahl, ob sie überhaupt Preise binden oder einzelne Titel – etwa aus Marketinggründen – aus der Preisbindung herausnehmen wollten. Das Gesetz schreibt nun die Preisbindung für alle Bücher vor und stellt insoweit einen stärkeren Eingriff in die Freiheit der Hersteller und Händler dar als dies bei der Preisbindung durch Sammelrevers der Fall war. Es ist ein Paradoxon, dass die ablehnende Haltung der EU-Kommission ein gesetzliches System zur Folge hatte, dem eine stärker reglementierende Wirkung innewohnt als dem vorherigen.

2. Sinn und Nutzen der Preisbindung. „Books are different". 4
Bücher sind anders als andere Waren: Dies auf Grund ihrer **Doppelfunktion als Kulturgut** einerseits und als **Wirtschaftsgut** andererseits. Der Streit über die Berechtigung der Buchpreisbindung ist dabei so alt wie diese selbst. Die breite Mehrheit der Firmen des Buchhandels – und insbesondere die mittelständischen Verlage und Buchhandlungen – sind die Befürworter der Preisbindung. Sie werden unterstützt von den buchhändlerischen Verbänden, aber auch von den Autoren („Leipziger Erklärung", Börsenblatt 20/1998, S. 5), der Bundesregierung und den Parteien. So war die Sicherung der Preisbindung politisch stets unumstritten (*Obert,* S. 209 ff.). Mit der Einführung des Preisbindungsprivilegs für Verlagserzeugnisse wollte der Gesetzgeber das seit dem 19. Jahrhundert bestehende System der festen Ladenpreise im Buchhandel aufrechterhalten. Der feste Ladenpreis für Bücher erschien dem Gesetzgeber mit dem Gesamtsystem des buchhändlerischen Vertriebs- und Abrechnungsvorgangs und mit dem Ziel der Erhaltung eines gut ausgebildeten Sortimenterstandes fest verknüpft, so dass Eingriffe nicht ohne Schädigung für Autor, Verleger und Sortimenter geblieben wären (BGH NJW 1997, 1911, 1912 – NJW auf CD-ROM; BGHZ 46, 74, 82 – Schallplatten). Die Preisbindung des Buchhandels „überlebte" daher die Abschaffung der **Markenpreisbindung** durch die 2. GWB-Novelle 1973. Auf dem Höhepunkt der Auseinandersetzungen mit der Europäischen Kommission erhielt der deutsche Buchhandel erneut die Unterstützung des Gesetz-

gebers durch das am 1. Juli 2000 in Kraft getretene **Gesetz zur Sicherung der nationalen Buchpreisbindung,** durch welches § 15 GWB Abs. 1 a. F. um eine Regelung zum Schutz vor missbräuchlichen Reimporten erweitert wurde. Das Gesetz zur Regelung der Preisbindung bei Verlagserzeugnissen aus dem Jahre 2002 dürfte zu den wenigen Gesetzen jener Jahre gehören, dem sämtliche im Bundestag vertretenen Parteien zugestimmt haben. Auch anlässlich der Novellierung des Gesetzes zum 14. Juli 2006 unterstrichen die Sprecher aller Parteien die große **kulturpolitische Bedeutung** der Buchpreisbindung. Gegner der Preisbindung findet man bei den Anhängern eines ausschließlich den Gesetzen des Marktes unterworfenen Warenverkehrs, aber auch bei einzelnen Unternehmen, die sich vom Wegfall der Preisbindung Vorteile versprechen. Die Argumente für und gegen die Preisbindung lassen sich im Wesentlichen wie folgt zusammenfassen:

5 **a) Argumente für die Preisbindung.** Die Preisbindung schützt in erster Linie den **Mittelstand.** Ohne Preisbindung, so befürchten ihre Befürworter, könnten Buchhandelsketten, Internet-Händler und große Verbrauchermärkte auf Grund ihres hohen Bestellvolumens und entsprechend günstiger Einkaufskonditionen vor allem Bestseller zu wesentlich günstigeren Preisen verkaufen als der mittelständische Buchhandel. Dieser lebe von einer **Mischkalkulation:** Beim Verkauf von Bestsellern verdiene der Buchhändler wegen der regelmäßig hohen Verlagsrabatte genug, um den Verkauf von seltener nachgefragten oder beim Verlag erst zu bestellenden Büchern mit meist wesentlich niedrigeren Rabatten finanzieren zu können. Ohne Preisbindung reduziere sich das für den Buchhändler lebensnotwendige **Bestsellergeschäft,** er wäre auf den Verkauf schwerer verkäuflicher Bücher angewiesen: Er müsste von seltener nachgefragten Titeln und vom Besorgungsgeschäft leben und dort seine geringe Spanne durch hohe Preise ausgleichen. Wegen des Wegfalls der Mischkalkulation müssten diese Bücher also teurer angeboten werden, so dass beim Wegfall der Preisbindung zwar Bestseller regelmäßig billiger, die meisten Bücher jedoch zu teureren Preisen verkauft würden. Zudem könnten viele Buchhandlungen im Preiskampf mit größeren Ketten und Internet-Händlern nicht überleben. Auch der Bundesgerichtshof hat es als „nicht von der Hand zu weisende, durchaus nahe liegende Befürchtung“ bezeichnet, dass bei Wegfall der Preisbindung die **Vielfalt der Verlagsangebote** leiden sowie vor allem die herkömmliche, durch ein breites Sortiment und eine Vielzahl auch kleinerer Anbieter geprägte Struktur des Buchhandels Schaden nehmen könnte (BGH NJW 1997, 1911, 1912 – NJW auf CD-ROM).

aa) Erhalt eines breiten Buchangebots. Die Konsequenz eines 6
Wegfalls der Preisbindung wäre nach dieser Auffassung ein **Mittelstandssterben** insbesondere im Sortimentsbuchhandel, das Konsequenzen auch für die Verlage hätte: Denn mit dem Wegfall vieler Buchhandlungen entfielen für die vielen mittleren und kleinen Verlage die wichtigsten Verkaufsstellen. Dem Sortimentssterben im Mittelstand könnte als Reflex das Ende vieler kleiner und mittlerer Verlage folgen, die ihrerseits einer Vielzahl von Autoren die Verbreitung ihrer Werke ermöglichen. Am Ende dieser Entwicklung könnte eine Bestsellerkultur stehen, bei welcher eine Handvoll Buchhandelsketten und Internet-Händler den noch bestehenden Verlagen diktierten, zu welchen Themen und zu welchen Preisen Bücher erfolgreich wären und gelistet würden. Vieles könnte gar nicht mehr erscheinen: Denn dort, wo der Massenkonsum vorherrscht, kann das Besondere, das Außerordentliche, das Wissenschaftliche, das Skurrile, die Kunst nur schwer gedeihen – es sei denn mit **staatlicher Subvention** wie im Bereich Theater, Oper, Museen. Derzeit sind in Deutschland über 1,3 Mio. Buchtitel lieferbar (darunter mehr als 900.000 deutschsprachige Titel); mit 95.000 Neuerscheinungen nimmt Deutschland im internationalen Vergleich eine Position in der Spitzengruppe ein (Buch und Buchhandel in Zahlen 2011, S. 65 ff.). Dieses für die Zukunft zu sichern ist eines der mit dem Gesetz verfolgten Hauptziele. Die Preisbindung dient demgemäß auch der **Erhaltung der Buchkultur.** Hiergegen ist eingewendet worden, eine Vielzahl von Büchern sei kulturell nur von geringem Wert (so die EU-Kommission in ihren damaligen Beschwerdepunkten, Börsenblatt 54/1998, S. 2). Diese Auffassung liefe in der Konsequenz auf eine Trennung zwischen kulturell wertvollen, schützenswerten und daher preisbindungsfähigen Büchern einerseits und kulturell geringwertigen Büchern andererseits hinaus. Doch wer kann eine solche Entscheidung treffen, schon gar in einem Massenmarkt? Bücher sind in ihrer Gesamtheit der Spiegel einer Gesellschaft, Zeugen für die Nachwelt, Archiv des Geistes, des Wissens und der Abgründe einer Epoche. Jedes einzelne Buch ist Kulturgut.

bb) Förderung einer Vielzahl von Verkaufsstellen. Das 7
Gesetz verfolgt seinem Wortlaut nach das Ziel, das in Deutschland bestehende große Buchangebot auch einer breiten Öffentlichkeit zugänglich zu machen. Dies will es durch die Förderung der Existenz einer **Vielzahl von Verkaufsstellen** gewährleisten. Die Preisbindung stützt einen breitgestreuten Buchhändlerstand mit bibliographischem Handwerkszeug, nach wie vor hoher **Beratungsqualität** und damit auch **kulturellem Service.** Jede Buchhandlung auch

im entlegensten Winkel Deutschlands kann jeden lieferbaren Titel innerhalb kürzester Zeit besorgen, weit über 400.000 Titel sogar über Nacht. Diese wohl einzigartige logistische Leistung des deutschen Buchhandels wäre nicht möglich ohne einen differenziert organisierten Zwischenbuchhandel und insbesondere das **Barsortiment** (Buchgroßhändler, die bei den Verlagen Bücher kaufen und sie auf eigene Rechnung an den Buchhandel verkaufen). Auch das Barsortiment wird durch die Preisbindung gefördert, da ihm die Preisbindung eine ausreichende Spanne sichert. Der **Zwischenbuchhandel** ermöglicht die Beschaffung bestellter Literatur über Nacht mittels modernster Online-Bestellsysteme und durch den täglichen Transportdienst. Jede Buchhandlung Deutschlands wird täglich durch die Barsortimente beliefert. Die bei Wegfall der Preisbindung zu erwartende Abnahme der Buchhandelsdichte könnte dazu führen, dass der Zwischenbuchhandel diesen Service aus Kostengründen nicht mehr flächendeckend gewährleisten könnte. Nun ließe sich einwenden, allein die Existenz großer **Internet- und Versandbuchhandlungen** gewährleiste die Versorgung der Öffentlichkeit mit den in Deutschland lieferbaren Büchern. Doch auch Versandbuchhandlungen sind „Verkaufsstellen" i. S. d. § 1 BuchPrG, deren Existenz durch die Preisbindung gesichert wird. Auch bieten viele Versandbuchhändler keinen Bestellservice, liefern also nur aus, was sie am Lager haben. Anders die Internetbuchhändler, die wiederum vielfach die Barsortimente als Hintergrundlager benutzen, was die oben dargestellte Bedeutung der Preisbindung für den Zwischenbuchhandel unterstreicht. Und auch das Internet wird – trotz noch immer steigender Benutzerzahlen – nicht von allen Teilen der Bevölkerung zum Buchkauf genutzt. Schließlich ist auch der Gang durch eine Buchhandlung ein **kulturelles Erlebnis;** gefördert wird durch das Gesetz auch ein flächendeckendes Netz solcher „geistiger Tankstellen", in denen Lesungen stattfinden, Vorlesewettbewerbe für Kinder und Jugendliche durchgeführt werden etc. Buchhandlungen sind damit auch immer Kulturträger vor Ort.

8 **b) Argumente gegen die Preisbindung.** Die Preisbindung ist ein Fremdkörper in einem marktwirtschaftlichen System und wird daher immer ein **Reizthema** bleiben. Sie schwächt den Preiswettbewerb auf der Händlerebene, den zentralen Motor der Marktwirtschaft. Sie bremst das ökonomische Kalkül, mit den niedrigsten Kosten einen möglichst hohen Nutzen zu erzielen. Sie verteuert für den Endabnehmer Bestseller und Massenware zugunsten niedrigerer Preise sonstiger Literatur. Sie erleichtert Missbräuche bei der Preisbildung. Die Preisbindung bringt unvermeidbar auch Abgrenzungs-

und Definitionsprobleme, Ausnahmen und Gegenausnahmen, betriebswirtschaftlich oder kulturell oder sozial motivierte Sonderregelungen, kurz: Erscheinungen eines dirigistischen Systems. Die Probleme lösen sich nicht so geschmeidig wie im Rahmen der reinen **Marktwirtschaft.** Wie in allen Systemen, die die Bildung der Preise lenken und nicht dem freien Spiel von Angebot und Nachfrage überlassen, treten Widersprüche und Ungereimtheiten auf; wenn auch nicht vergleichbar mit Zentralverwaltungssystemen, da hier nicht eine, sondern weit über 1000 Instanzen, die hart konkurrierenden Verlage, die Lenkungsfunktion haben (*Franzen*, Rn. 11). Gegen die Preisbindung wird insbesondere von *Emmerich* eingewandt, das Buch sei eine normale Ware und daher auch wie eine solche zu behandeln. Die Preisbindung für Bücher diene der Ausschaltung des Preiswettbewerbs für die „überteuerten Bücher" der Verleger und verhindere die „begrüßenswerte Konzentration" im „überbesetzten Sortiment". Die Buchpreisbindung sei heute ein „gesetzliches Zwangskartell", dessen widerstandslose Hinnahme durch die Öffentlichkeit erstaune (*Emmerich*, IM § 30 Rn. 8, 12).

c) Ökonomische Untersuchungen. Die Preisbindung wurde 9
im Rahmen mehrerer Studien ökonomisch unter die Lupe genommen. Im Ergebnis wurden der Preisbindung wirtschaftlich **postitive Auswirkungen** auf die Verlage, die Buchhändler und Autoren attestiert (*Everling,* S. 48 ff.); festgestellt wurde darüber hinaus eine Erhöhung der Verkaufsstellenzahl, des Serviceniveaus sowie eine Reduzierung von Transaktionskosten. Von der Preisbindung gehe tendenziell eine gesamtwirtschaftlich **erwünschte Wirkung** aus (*Rürup,* in: Die Buchpreisbindung, S. 86 f.; *Stumpp,* S. 197 f.); bei ihrem Wegfall käme es zu keiner Senkung des Buchpreisniveaus (*Rürup* AfP 1999, 233). Die *Monopolkommission* vertrat hingegen in einem Gutachten aus dem Jahre 1998 die Auffassung, die Buchpreisbindung habe nicht die in sie gesetzten ökonomischen Erwartungen im Hinblick auf günstige Buchpreise und die Stützung eines mittelständisch geprägten Buchhandels erfüllt (*Monopolkommission* 1998/99, S. 379 ff.).

d) Stellungnahme. Durch Schaffung des Gesetzes hat sich der 10
deutsche Gesetzgeber für den Erhalt der seit weit über 100 Jahren bestehenden Buchpreisbindung entschieden. Die Schlachten der Vergangenheit müssen daher an dieser Stelle nicht noch einmal geschlagen werden. Wer Bücher in erster Linie als Konsumgut betrachtet und sie wie andere Waren dem Preiswettbewerb unterzieht, wer auch bereit ist, dafür das Verschwinden vieler Buchhandlungen, Verlage und Bücher in Kauf zu nehmen, der wird gegen die

Preisbindung sein und es bleiben. Wer hingegen eine **Verarmung der Buchkultur** ebenso fürchtet wie ein **Mittelstandssterben** im Buchhandel, der wird die Preisbindung verteidigen. Selbstverständlich würden in Deutschland nach dem Wegfall der Preisbindung Bücher erscheinen, es fragt sich nur: welche? Der Trend zur **Bestsellerkultur** dürfte sich verstärkt fortsetzen, Bestseller-Verkaufsstellen würden an die Stelle von Buchhandlungen treten, Verkäufer an die Stelle von Buchhändlern. Wer das Buch allein den Gesetzen des Marktes unterordnet, der liefert letztlich auch die Inhalte den Marktgesetzen aus. Die Meinungsfreiheit ist mehr als die Freiheit von fünf Leuten – und Titelvielfalt ist wertvoller als ein Controller es sich vorstellen mag. Im Ergebnis wäre ein **Niveauverlust** zu befürchten, wie man ihn in anderen Bereichen bereits beklagt. Der Gesetzgeber betont daher in der Gesetzesbegründung den Doppelcharakter des Buches und schränkt den Preiswettbewerb zugunsten der Buchkultur ein. Er folgt damit der These, wonach ein Wegfall der Preisbindung weniger Buchhandlungen, teurere Bücher und weniger veröffentlichte Titel zur Folge hätte. Einer solchen Entwicklung nachhaltig entgegenzuwirken ist Sinn und Zweck des Gesetzes. Um mit den Worten eines Verlegers zu sprechen: „Die Buchpreisbindung nützt vielen und schadet niemandem." Sie schadet insbesondere nicht dem **Verbraucher,** der Bücher in allen Preisklassen und zu allen Themen kaufen kann. Bestseller sind in immer kürzeren Abständen zum Erscheinen der Originalausgabe günstig als **Taschenbuch** zu erwerben; aktuelle Bestseller gibt es zudem auch mit Preisvorteilen in den **Buchclubs.** Wie eine repräsentative Umfrage im Auftrag der Branchenzeitschrift *Buchreport* im Jahre 2005 ergab, spricht sich die deutliche Mehrheit der Verbraucher für den Erhalt der Preisbindung aus (*Buchreport* 14/2005, S. 1, 17). Die Vorteile der Preisbindung überwiegen ihre Nachteile; sie ist nach Auffassung des Gesetzgebers kulturpolitisch unverzichtbar, ökonomisch sinnvoll und von einer weit überwiegenden Anzahl der Marktteilnehmer gewollt.

II. Entstehungsgeschichte

11 **1. Der Buchhandel im 19. Jahrhundert.** Die einheitliche Preisfestsetzung im Buchhandel nahm ihren Anfang, als gegen Ende des 18. Jahrhunderts der bis dahin übliche Tauschhandel durch den **„Kondiktionenhandel"** verdrängt wurde, der dem Kommissionshandel ähnelte. Beim Kondiktionenhandel blieb das Buch im Eigentum des Verlages, bis es vom Sortimenter verkauft oder zurückgegeben worden war. Das Interesse des Verlages an der Einhaltung des von ihm festgesetzten Preises resultierte nun aus seiner Abhängigkeit

vom Absatz des Buches beim Sortimenter: Je niedriger der Preis, desto schlechter das Geschäft des Verlages. Die von den Verlagen gesetzten – wenn auch für das Sortiment noch nicht verbindlichen – Preise wurden in Katalogen veröffentlicht. Ein **allgemeinverbindlicher Ladenpreis** scheiterte zu jener Zeit aber bereits an den unterschiedlichen Währungs- und Münzsystemen der einzelnen deutschen Staaten, die beim überregionalen Handel einheitliche Verkaufspreise unmöglich machten (*Kühnert,* S. 42).

Das Hauptproblem des Buchhandels war in jener Zeit die **„Schleuderei"**, die planmäßige Unterbietung der in den Katalogen angegebenen Preise zum Zwecke der Ausschaltung der Konkurrenz. Liest man die Klage dreier Würzburger Buchhändler aus dem Jahre 1803, so zeigt sich, dass die aktuellen Probleme des Buchhandels nicht neu sind: 12

„Die Handlungsunkosten sind insgesamt so hoch, dass kein rechtlicher Buchhändler etwas von dem Rabatt, den er selbst genießt, abgeben kann. Und dennoch senden manche Buchhandlungen die von ihnen verlangten Bücher, selbst Kalender, 20 Meilen weit franco, tragen die Rückfracht, und geben bei dem allen noch unglaublichen Rabatt. Der Rabatt ist Ursache, dass fast alle Buchhändler arme Witwen und Waisen hinterlassen. Alte Buchhandlungen suchen junge durch den Rabatt zu unterdrücken. Der Rabatt ist endlich die Ursache des starken Remittierens und des Übertrags, weil der Sortimentshändler dabei nicht anders bestehen kann, und durch Zurückhaltung des Geldes sich schadlos zu halten sucht" (Zitiert nach Kühnert, S. 43 f.).

Den mit der „Schleuderei" verbundenen scharfen Preiswettbewerb konnten insbesondere kleinere Sortimentsbuchhandlungen nicht mitgehen. War zunächst der Aktionsradius der „Schleuderer" durch die Zersplitterung Deutschlands noch eingeschränkt, fiel nach der Reichsgründung auch diese Schranke. Die Einführung einer einheitlichen Reichswährung machte den exakten Preisvergleich möglich und führte zu einer Verschärfung der Preiskonkurrenz. **Versandhändler** drangen bei zunehmend günstigen Fracht- und Portogebühren als „Fernschleuderer" auch in die Märkte der Provinz ein (*Kühnert,* S. 45). Die Lage spitzte sich durch das Aufkommen des **„Modernen Antiquariats"** in der Mitte des 19. Jahrhunderts noch weiter zu. Denn die Verlage verramschten dort ihre wegen der spekulativ überhöhten Auflagen nicht absetzbaren Bücher oft schon nach nur einem halben Jahr: „Am bedenklichsten war dabei der partielle Ausverkauf, bei dem nur ein Teil der Auflage ans Moderne Antiquariat ging, der Rest aber weiterhin zum regulären Preis beim Sortimenter lag" (*Kühnert,* S. 45). Auch das Verramschen von Über- 13 produktionen über das Moderne Antiquariat – heute oft nach vorangegangener „Mängelung“, also Kennzeichnung verlagsneuer Bücher als angebliche Mängelexemplare – ist also nicht neu.

14 Die von der „Schleuderei“ vor allem betroffenen „Provinzialsortimenter“ waren in ihrer Gesamtheit zwar die zahlenmäßig größte Gruppe, sie hatten indes nur wenig Einfluss im 1825 gegründeten *Börsenverein der Deutschen Buchhändler.* Mitte des 19. Jahrhunderts gründeten sie buchhändlerische Provinzial-, Kreis- und Ortsvereine, die sich die Aufgabe stellten, den **Kundenrabatt** in ihrem jeweiligen Einflussbereich zu beseitigen (*Kühnert,* S. 59 ff.). Die Vorschläge, Appelle und Sanktionen dieser buchhändlerischen Provinzialvereine blieben auf Dauer nicht ohne Wirkung: 1851 schaffte der *Schweizerische Buchhändlerverein* den Kundenrabatt ab; 1874 folgte der *Verein der österreichischen Buchhändler* (*Kühnert, S. 64).* Seit 1879 waren die buchhändlerischen Provinzial- und Lokalvereine dann im *Deutschen Sortimenterverein* als ihrem Dachverband organisiert. Die zweite Hälfte des **19. Jahrhunderts** war geprägt von der fortschreitenden **Industrialisierung** und der damit einhergehenden Veränderungen im Bereich der Technik, des Verkehrs und der Kommunikation. Auch der Buchhandel erlebte durch die fortschreitende Technisierung und Industrialisierung der Buchherstellung bei einem gleichzeitigen Anwachsen der buchnahen Mittelschicht einen bedeutenden Strukturwandel. Der technische Fortschritt ermöglichte die massenhafte Herstellung preiswerter Literatur, die dem steigenden **Lesebedürfnis** eines sozial zunehmend heterogenen Lesepublikums entgegen kam Neben dem Sortimentsbuchhandel entwickelten sich alternative und innovative Teilbranchen des Buchhandels, etwa der Versand-, Warenhaus- und der Bahnhofsbuchhandel. Mit der Gründung des **Norddeutschen Bundes** im Jahre 1867 und der Reichsgründung 1870/71 entstand erstmals ein einheitlicher Wirtschaftsraum (*Haug/Kruse,* S. 7 f.). Die gravierenden Veränderungen dieser Jahre lassen sich anhand der rasant steigenden Titelproduktion nachvollziehen: Diese verdoppelte sich im Zeitraum von zwanzig Jahren (1871 bis 1891) von 10.669 auf 21.279 Titel (*Jäger/Historische Kommission,* S. 301).

15 **2. Von der Kröner-Reform zum Sammelrevers.** Die buchhändlerische Preisbindung geht zurück auf die **Kröner-Reform** der Jahre 1878 bis 1888. Der damalige Vorsteher des Börsenvereins des Deutschen Buchhandels, *Adolf Kröner,* schlug 1878 einheitliche Absprachen zwischen Verlagen und Sortiment zum festen Ladenpreis vor. 1888 wurde der feste Ladenpreis durch die **Satzung des Börsenvereins** gesichert. Danach waren die Mitglieder des Börsen-

vereins verpflichtet, den vom Verlag festgesetzten Ladenpreis einzuhalten. Verstöße wurden verbandsintern – bis hin zur Einstellung der Belieferung – sanktioniert. Das Gewohnheitsrecht der Preisbindung des Buchhandels fand detailliert seine Form in der **buchhändlerischen Verkehrsordnung** (1891) und der **Verkaufsordnung** (1909) des Verbandes. Der deutsche Buchhandel war damit der erste Wirtschaftszweig, der einen festen Ladenpreis für seine Erzeugnisse als gemeinsames Anliegen des Berufsstandes erkannte und verwirklichte. Er fand als einziges Gewerbe in Deutschland hierfür die Form der gegenseitigen Verpflichtung aller Stufen der Herstellung und des Vertriebes vom Verleger bis zum Buchhändler *(Schlemminger,* S. 87 ff.; *Meyer-Dohm,* S. 11 ff; *Schwebbach,* S. 22 f.; *Numrich,* S. 995 ff.; *Füssel,* S. 89 ff.). Um die Jahrhundertwende entstand der **„Bücherstreit“,** ausgelöst durch die zunehmende nationalökonomische Kritik an der Bildung von Kartellen in manchen Branchen, aber auch durch Auseinandersetzungen innerhalb des Buchhandels über die Machtstellung des Börsenvereins in Sachen Preisbindung. Der Streit entzündete sich an der bekannten Berliner Verlagsbuchhandlung *Mayer & Müller,* die wegen der dauerhaften Gewährung hoher Rabatte die Konsequenzen der Kröner-Reform zu spüren bekam: Verlage lieferten zu gekürzten Rabatten, Buchhandlungen verweigerten den Verkauf der Verlagsartikel und Antiquare brachen die Geschäftsverbindung ab *(Kühnert,* S. 95). Die Buchhändler *Mayer & Müller* nahmen daraufhin zwei ehemalige Vorstandsmitglieder des *Börsenvereins* (*Carl Müller-Grothe* und *Paul Parey*) auf Unterlassung und Schadensersatz in Anspruch. Sie vertraten die Auffassung, die Anwendung der sechs vom *Börsenverein* geschaffenen Zwangsmaßnahmen zur Unterbindung von Preisnachlässen führe zur **Beschränkung der Gewerbefreiheit,** sei ein Verstoß gegen die guten Sitten und schädige den Ruf von *Mayer & Müller.* Das Reichsgericht stellte in einem Urteil vom 5. Juli 1890 fest, dass der vom *Börsenverein* mit seinen Maßnahmen verfolgte Zweck nicht rechtswidrig sei: Die Gewerbefreiheit verbiete keine genossenschaftliche Selbsthilfe, wenn sie sich zum Ziel setze, ein Gewerbe durch Schutz vor der Entwertung der Gewerbeerzeugnisse und vor Nachteilen aus der Preisunterbietung Einzelner lebensfähig zu erhalten. Andererseits dürften die Beschränkungen nicht dazu führen, dass ein Händler außerhalb der Gemeinschaft nicht mehr tätig sein könne.

Da beispielsweise die **Warenhäuser** dem *Börsenverein* nicht ange- **16**
hörten und daher durch Verbandsrestriktionen nicht erreicht wurden, diese aber nicht von jedweder Belieferung ausgeschlossen werden durften, waren Verstöße gegen den gebundenen Ladenpreis

weiterhin an der Tagesordung. Der daraufhin vom *Börsenverein* anläßlich der anstehenden Reformierung des **Gesetzes gegen den unlauteren Wettbewerb** im Jahre 1908 unternommene Versuch, die Buchpreisbindung gesetzlich im UWG zu regeln, scheiterte. Auch einem weiteren Versuch - diesmal im Jahre 1913 bei der Reformierung des Warenzeichengesetzes – den Unterpreisverkauf von Waren, die mit einem Warenzeichen (etwa einem Verlagssignet!) versehen waren, gesetzlich zu unterbinden, war kein Erfolg beschieden.

17 Die Auseinandersetzungen ließen das System indes letztlich unberührt, ebenso wie eine spätere Auseinandersetzung um die Preisbindung im Jahre 1927 (*Meyer-Dohm,* S. 16–22; *Füssel,* S. 94). Die Einführung von sog. „Verpflichtungsscheinen" 1928 stützte die Preisbindung noch einmal und führte letztlich zum späteren **Revers-System** (*Kühnert,* S. 224). Gegen Ende der Weimarer Republik wurde die ökonomische Freiheit durch die Notverordnungen und die Einsetzung eines Reichskommissars für Preisüberwachung zunehmend eingeschränkt. Auf diesem Weg schritten die Nationalsozialisten nach der Machtergreifung im Januar 1933 gezielt weiter: Während das System der Preisbindung im Wesentlichen unangetastet blieb, wurde in die Freiheit der Preisbildung – etwa durch die Verordnung über das Verbot von Preiserhöhungen von 1936 – massiv eingegriffen (*Kühnert,* S. 229 ff.).

18 **a) Preisbindung nach GWB.** Nach dem Zweiten Weltkrieg konnte die Preisbindung auf Grund des Fehlens überregionaler Strukturen in den **Besatzungszonen** zunächst nicht aufrechterhalten werden. Eine Übergangsregelung brachten die an das Bundeswirtschaftsministerium gerichteten *„Willner-Briefe"* vom November 1952 und Januar 1953, in denen *Willner,* der Leiter der amerikanischen Dekartellisierungsbehörde, die Tolerierung einer vertikalen Preisbindung auch für Verlagserzeugnisse ankündigte, falls diese im künftigen deutschen Kartellgesetz auch zulässig sein würde (*Füssel,* S. 96). Gestützt auf die *Willner-Briefe* ging die Praxis in der amerikanischen und britischen Zone zur Wiedereinführung der vertikalen Preisbindung über. Nach Inkrafttreten des GWB im Jahre 1958 erlaubte § 16 a. F. dann auch zunächst die **Preisbindung der zweiten Hand für Verlagserzeugnisse,** aber nur als vertikale individuelle Bindung des einzelnen Unternehmens. Dies bedeutete, dass nur jeder einzelne Verleger seine Preise binden konnte, ohne Beeinflussung oder direkten oder indirekten Zwang durch einen Verband oder Mitbewerber. Auch bedurfte der zwischen dem Verlag und den buchhändlerischen Abnehmern zu schließende Vertrag der Schriftform (§ 34 GWB a. F.). Daraufhin banden zunächst etwa 700 Verlage ihre Preise durch insgesamt vier ähnliche Sammelreverse. Gegen diese Preisbindungssysteme äußerte das **Bundeskartellamt** in den darauf folgenden Jahren Bedenken der verschiedensten Art. Nachdem Verhandlungen des Börsenvereins mit dem Bundeskartellamt gescheitert waren, erklärte dieses 1963/64, dass es den bisherigen Zustand nicht länger tolerieren wolle. Allerdings bestünden keine Bedenken gegen Preisbindungssysteme, die „den sich anschließenden Verlagsunternehmen nicht die Nivellierung der Nachlass- und Sonderpreisregelung auferlegten" (*Franzen,* Rn. 19).

b) „Franzen-Revers". Das dem Buchhandel über Jahrzehnte 19
vertraute Sammelreverssystem entstand dann 1964/65: Angeregt durch den Börsenverein traten viele Verlage an den Wiesbadener Rechtsanwalt *Hans Franzen* mit der Bitte heran, für sie einen kartellrechtlich unbedenklichen **Sammelrevers** zu entwerfen und ihre Preisbindung zu organisieren. Der **„Sammelrevers Franzen"**, an dem 808 Verlage und mehr als 10.000 Buchhändler beteiligt waren, trat zum 1. Januar 1966 in Kraft. Aufgrund des Schriftformerfordernisses nach § 34 GWB a. F. war ein einfacher Beitritt zum Sammelrevers nicht möglich, so dass zwei weitere Sammelreverse 1967 und 1968 eingeführt wurden, durch welche weitere 300 Verlage dem System beitraten. Durch die 2. GWB-Novelle 1973 wurde die vertikale Preisbindung für Markenwaren verboten, nachdem sich die zunehmende Verflechtung der europäischen Märkte immer problematischer auf die deutsche Preisbindung für Markenwaren ausgewirkt hatte, da das **EG-Kartellrecht** vertikale Preisbindungen sowie Reimport-Schutzklauseln grundsätzlich verbietet. Nur die Preisbindung für Verlagserzeugnisse blieb weiterhin gem. § 16 GWB a. F. gestattet. An die Stelle der zuvor drei Sammelreverse trat am 1. Januar 1975 der **Sammelrevers 1974.** Diesem konnten in der Folgezeit mittels einer vom Bundeskartellamt gebilligten Vollmachtskonstruktion laufend weitere Verlage beitreten, ohne dass für sie neue Reverse eingeholt werden mussten: Der Reversvertrag vollzog sich nur noch zwischen den Preisbindungstreuhändern als Verlegerbevollmächtigten und dem Bevollmächtigten der gebundenen Sortimenter, so dass wechselseitig neu hinzukommende Verlage und Händler in das Sammelreverssystem einbezogen werden konnten, ohne dass stets Tausende von Unterschriften der jeweils anderen Vertragsseite eingeholt werden mussten (*Franzen,* Rn. 20, 176 f.).

3. Die Buchpreisbindung in der DDR. In der DDR galt die 20
Preisbindung für Bücher im Rahmen eines staatlich verordneten Festpreissystems. Die staatliche Regelung der Preise vollzog sich in

sogenannten Preisanordnungen, denen die Verlage unterlagen, und die sich sowohl auf die Endverkaufspreise als auch auf die Verlagskalkulationen bezogen. Entsprechend der durch die Verordnung vorgeschriebenen Verlagskalulation hatte die Festsetzung des Endpreises durch den Verlag zu erfolgen. Die Einhaltung der Vorgaben wurde staatlich überwacht (*Kühnert,* S. 271 ff). Die staatlich verordnete und überwachte Buchpreisbindung auf allen Handelsstufen blieb in der DDR bis zur **Wiedervereinigung** mit der Bundesrepublik Deutschland bestehen. Nach der Wiedervereinigung galt es, ein einheitliches Preisbindungssystem zu schaffen.

21 **4. Vom Sammelrevers zum BuchPrG.** Das einfach, flexibel und gedanklich lückenlos gestaltete Preisbindungssystem von *Franzen* konnte nach der Wiedervereinigung im Jahre 1990 schnell und reibungslos auf die **neuen Bundesländer** übertragen werden. Die meisten von der Treuhand privatisierten, aus DDR-Zeiten verbliebenen oder neu gegründeten Verlage nutzten die Möglichkeit, über den Sammelrevers ihre Händler-Kunden im gesamten Bundesgebiet zur Einhaltung der Preisbindung zu verpflichten. Die Firmen des verbreitenden Buchhandels unterzeichneten den Sammelrevers ebenfalls, um mit preisgebundenen Büchern beliefert zu werden. Probleme gab es insbesondere im Hinblick auf die nicht gebundenen Altbestände aus DDR-Produktionen sowie auf Grund von Lizenz- und Vertriebsabgrenzungen zwischen Verlagen der ehemaligen DDR und der Bundesrepublik.

22 **a) Sammelrevers 1993.** Nach Bewältigung dieser Aufgabe stellte sich sogleich eine neue Herausforderung: Die EG- und EFTA-Staaten beschlossen am 22. Oktober 1991, den **Europäischen Wirtschaftsraum EWR** schon ab dem 1. Januar 1993 in Kraft zu setzen. Seinerzeit ging man auch von einem Beitritt der Schweiz zum EWR aus. Der EWR-Vertrag sah vor, dass die beigetretenen EFTA-Länder das EG-Kartellrecht einschließlich der Rechtsprechung des EuGH übernehmen sollten. Dieses erlaubt zwar eine nationale Preisbindung für Verlagserzeugnisse, verbietet aber Preisabsprachen über die Grenzen innerhalb der Gemeinschaft. Die Buchhändler in Österreich und der Schweiz befürchteten, dass ihre seinerzeit auf einer Marktordnung (Österreich) und auf Verbandsrecht (Schweiz) beruhenden Preisbindungssysteme mit europäischem Gemeinschaftsrecht nicht vereinbar sein würden. Die deutschen Buchhändler wiederum befürchteten grenzüberschreitende Reimporte, die die vom Bundeskartellamt stets konsequent geforderte gedankliche Lückenlosigkeit der Preisbindung und damit deren Bestand gefährdet hätten. Nach intensiven Beratungen entschieden sich die Buchhändler aus Öster-

reich und der Schweiz dafür, auch in ihren Ländern die Preisbindung für Verlagserzeugnisse auf ein Sammelreverssystem umzustellen.

Am 1. Januar 1993 trat der „Sammelrevers 1993" **(„Drei- Länder-Revers")** in Deutschland, Österreich und der Schweiz in Kraft. Die Buchhändler waren danach verpflichtet, die von den Verlagen in der jeweiligen Landeswährung festgesetzten Preise einzuhalten. Sonderbedingungen, wie sie traditionell in den einzelnen Ländern bestanden, blieben erhalten. Aufgrund der grenzüberschreitenden Preisbindungsverträge lag ein Verstoß gegen Art. 85 EG-Vertrag (a. F.) auf der Hand. Aus diesem Grunde wurde der Sammelrevers am 18. März 1993 zum Zwecke der **Freistellung** bei der **EU-Kommission** angemeldet. In diesem Revers war zunächst eine Exportklausel enthalten, die deutsche Buchhändler verpflichtete, bei der Direktlieferung an österreichische und schweizerische Endkunden die für die jeweiligen Länder festgesetzten Preise zu berechnen. Entsprechend dem Verlangen der Kommission teilten die anmeldenden ca. 1550 am Revers beteiligten Verlage der Kommission im September 1993 jedoch mit, dass die Exportklausel zunächst nicht in Kraft trete. Zur Verringerung horizontaler Aspekte traten die sieben größten Verlagsgruppen aus dem Sammelrevers 1993 aus und banden ihre Buchpreise über einen eigenen Revers (*Obert,* S. 185). Der Sammelrevers 1993 wurde von einem beachtlichen Teil der Literatur für freistellungsfähig gehalten (*Everling,* S. 60; *Hofmann,* GRUR 2000, 563 m. w. N.). Auch die Kommission erklärte im Sommer 1994 im Wege eines **„Comfort Letter"**, es lägen hinreichende Gründe für eine Freistellung des Sammelreverses 1993 gem. Art. 85 Abs. 3 EG-Vertrag (a. F.) vor: Die Preisbindung durch Sammelrevers fördere die Titelvielfalt, ein flächendeckendes System von Verkaufsstellen und eine angemessene Lagerhaltung, sie ermögliche eine umfassende Versorgung der Bevölkerung mit Verlagserzeugnissen aller Art. Damit trage der Sammelrevers nicht nur zu einer Verbesserung der Warenverteilung bei, sondern diene auch der Förderung des Buches als Kulturgut. Der Comfort Letter stellte eine Duldung der grenzüberschreitenden Preisbindung bis zur endgültigen Entscheidung durch die Brüsseler Kommission dar. 23

b) Sammelrevers 2000. In der Folgezeit änderte sich unter der Ägide des EU-Wettbewerbskommissars *Karel van Miert* die Haltung der Kommission komplett und wandelte sich in eine deutliche Ablehnung der Preisbindung. Den Sammelrevers 1993 hielt die Kommission nicht für freistellungsfähig. EU-Kommissar *van Miert* – nur noch kommissarisch im Amt, nachdem die gesamte EU-Kom- 24 mission wegen Bestechungsvorwürfen zuvor zurückgetreten war – setzte die Entscheidung über den Drei-Länder-Revers auf die Tagesordnung einer **Kommissionssitzung** am 14. Juli 1999. Er beabsichtigte eine Zurückweisung des Antrages auf Freistellung der grenzüberschreitenden Preisbindung durch den Sammelrevers 1993, was einem sofortigen Verbot der Preisbindung auf der Grundlage dieses Reverses gleichgekommen wäre. In der Sitzung vom 14. Juli 1999 hatte *van Miert* dann jedoch nicht die Mehrheit der Kommissare für die von ihm beabsichtigte Verbotsverfügung hinter sich (*Goldschmitt,* S. 45 f.).

Da die Kommission jedoch auch unter dem neuen Wettbewerbskommissar *Mario Monti* einen Revers mit grenzüberschreitender Preisbindung als nicht freistellungsfähig ansah, wurde die Preisbindung in Deutschland durch einen neuen Sammelrevers 2000 „renationalisiert": Dieser Revers sah eine nur noch **nationale Preisbindung** vor, **Reimporte** fielen nur noch bei bezweckter Umgehung unter die Preisbindung. Dieser Revers wurde am 31. März 2000 bei der EU-Kommission zur Freistellung angemeldet. Am 10. Juni 2000 erklärte die Kommission, eine nationale Preisbindung beeinträchtige nicht spürbar den Handel zwischen den Mitgliedsstaaten i. S. v. Art. 81 Abs. 1 EG-Vertrag (a. F.), solange nach Deutschland reimportierte Bücher grundsätzlich nicht im Preis gebunden und in Deutschland gebundene Preise nur beim Umgehungszweck einzuhalten seien (ABl. 2000 C 152/25). Zur Absicherung dieser Regelung trat am 1. Juli 2000 in Deutschland das **Gesetz zur Sicherung der nationalen Buchpreisbindung** in Kraft, durch welches § 15 Abs. 1 GWB a. F. um die Sätze 2, 3 und 4 ergänzt und dort hervorgehoben wurde, dass auch Reimporte einer nationalen Preisbindung unterlägen, sofern sie der Umgehung der nationalen Preisbindung dienten (BGBl. I, S. 1634). Der Gesetzgeber verfolgte damit auch den Zweck, den Verlagen eine effektive Handhabe zum Abstellen von Umgehungen der Preisbindung durch Reimporte zu sichern. Diese Regelung war schon vorher traditionelle Spruchpraxis des BKartA; bezüglich der Rechtsprechung des EuGH zum Erfordernis der Lückenlosigkeit eines selektiven Vertriebssystems bedurfte es hingegen einer Klarstellung (*Jungermann,* NJW 2000, 3190). Ebenfalls am 1. Juli 2000 trat in Österreich ein Gesetz in Kraft, das die Preisbindung national regelte (Anhang III).

25 **c) Preisbindung durch Gesetz.** Mit Schreiben der Kommission vom 17. April 2002 wurde der Sammelrevers 2000 sodann für EU-rechtlich unbedenklich erklärt. Dies allerdings erst, nachdem der Börsenverein eine Erklärung abgegeben hatte, wonach der deutsche

Buchhandel die Frage, wann ein Reimport zur Umgehung der Preisbindung anzunehmen sei, restriktiv handhaben würde. Zu diesem Zeitpunkt liefen bereits die Vorbereitungen für das BuchPrG. Der Börsenverein war bereits im Frühjahr 2001 auf Grund der seit Jahren anhaltenden und die Branche tief verunsichernden Auseinandersetzungen mit der Bitte an die **Bundesregierung** herangetreten, die Preisbindung durch ein nationales Gesetz anstelle des vertraglichen Systems zu regeln. Dabei wurde das Ziel verfolgt, die der Buchbranche vertrauten Regelungen und Handelsbräuche – etwa Sonderpreise, Schulbuch- und Bibliotheksnachlässe – wenn möglich zu erhalten und nunmehr gesetzlich zu regeln. Das Gesetz trat am 1. Oktober 2002 in Kraft.

d) Sammelrevers 2002. Mit der Einführung des BuchPrG ist der Hauptzweck des Sammelreverses, die vertragliche Bindung der Händler an die gebundenen Ladenpreise der Verlage, entfallen. Zwar übernahm das Gesetz weitgehend die Regelungen des Sammelreverses, dennoch blieben Regelungslücken. So sah der Sammelrevers die Verpflichtung zur Zahlung von Vertragsstrafen bereits für den ersten Preisbindungsverstoß vor, während das Gesetz lediglich die **Sanktions-Trias des UWG** bietet: Einen Unterlassungsanspruch für die Zukunft und eine in der Praxis leer laufende Verpflichtung zur Zahlung von Schadensersatz. Verleger wie Buchhändler empfanden den Wegfall der bewährten Sanktion durch Vertragsstrafe als unbefriedigend. Eine Vielzahl von Verlagen beauftragten daher den Wiesbadener Rechtsanwalt *Wallenfels* nicht nur als Preisbindungstreuhänder mit der Überwachung ihrer Preisbindung, sondern darüber hinaus mit der Fortsetzung des durch Sammelrevers organisierten Vertragsstrafensystems. Weiterhin bestand bei denjenigen Fachverlagen, die für ihre Zeitschriften von der in § 15 GWB a. F. (jetzt: § 30 GWB) vorgesehenen Möglichkeit einer vertraglichen Preisbindung Gebrauch machen wollten, ebenfalls die Notwendigkeit zur Fortführung des Sammelreverssystems. Der **„Sammelrevers 2002"** trat am 1. Oktober 2002 in Kraft und regelt seither die wechselseitigen Vertragsstrafenverpflichtung von Verlegern und Sortimentern sowie die Preisbindung für Fachzeitschriften (abgedruckt als Anhang I). 26

e) Das Änderungsgesetz 2006. Änderungswünsche einiger Bundesländer zur Schulbuchfinanzierung, der praktische Umgang mit dem neuen Gesetz, aber auch Entwicklungen im Buchmarkt führten zu Änderungen des Gesetzes zum 20. Juli 2006 (BGBl. I 2006, S. 1530). Auf der Grundlage einer Gesetzesinitiative des Freistaats Bayern (BR-Drucksache 656/05) setzten die Länder durch, 27 dass die Nachlassberechtigung bei der Anschaffung von Schulbüchern (§ 7 Abs. 3 Satz 1) nunmehr auch dann besteht, wenn die Bücher nicht mehr – wie bislang – „überwiegend" von der öffentlichen Hand finanziert und zu deren Eigentum angeschafft werden. Die drohende Etablierung eines Zweitmarkts für **„Mängelexemplare"** auf Internet-Buchbörsen erforderte zudem eine exaktere Definition dieses Begriffs in § 7 Abs. 1 Nr. 4. Auch hatte sich das Verbot von Preisreduzierungen bei **Räumungsverkäufen** wegen Geschäftsaufgabe als unpraktikabel erwiesen. Schließlich war klarzustellen, dass die Preisbindung nur für solche Buchausgaben aufgehoben werden kann, deren erstes Erscheinen länger als 18 Monate zurückliegt.

28 Im Gesetzgebungsverfahren wurden lediglich Details des Änderungsgesetzes diskutiert. Die Preisbindung wurde dabei in der Parlamentsberatung vom 16. Februar 2006 erneut **von allen im Bundestag vertretenen Parteien** ohne jede Einschränkung unterstützt: Durch die Buchpreisbindung werde ermöglicht, dass Klassiker wie Fachbücher zu möglichst erschwinglichen Preisen erhältlich seien, so die Abgeordnete der CDU/CSU, Dorothee *Bär.* Christoph *Walz* (FDP) bezeichnete das BuchPrG als „bedeutendes Gesetz", Jörg *Tauss* (SPD) benannte das „positive Wirken" des Gesetzes, das zur langfristigen Absicherung der Vielfalt im deutschen Buch- und Verlagswesen „entscheidend" beitrage. Es gehe bei der Buchpreisbindung um das „wichtige Kulturgut Buch" sowie um „die notwendige Sicherung der einzigartigen Vielfalt unseres Buch- und Verlagswesens". Die Abgeordnete Petra *Sitte* (Die Linke) bezeichnete die Buchpreisbindung als „unverzichtbares Instrument, um das Kulturgut Buch allen zugänglich zu machen." Und Rita *Pawelski* (CDU/CSU) nannte das Gesetz „unbedingt notwendig", da es ohne eine Preisbindung nicht die Vielfalt der Verlage, Buchhandlungen und Titel gäbe. Feste Ladenpreise seien „eine Grundvoraussetzung für eine lebendige und vielseitige Literaturlandschaft in Deutschland" (Deutscher Bundestag, Stenografische Berichte, 16. Wahlperiode, S. 1454 ff.). Fast noch wichtiger als die beschlossenen Änderungen selbst erscheint dieses **einhellige Bekenntnis des deutschen Gesetzgebers** zur Unverzichtbarkeit der Buchpreisbindung.

III. Preisbindung für Zeitungen und Zeitschriften

29 **1. Möglichkeit zur Preisbindung.** Für Zeitungen und Zeitschriften verbleibt es auch seit Inkrafttreten des BuchPrG bei der jetzt durch § 30 GWB gesetzlich gestatteten **vertraglichen Preis-**

bindung; § 30 GWB regelt nur noch die Preisbindung für Zeitungen und Zeitschriften. Die Preisbindung für Zeitungen und Zeitschriften folgt nach Auffassung des Gesetzgebers aus der Verpflichtung des Staates, die Pressefreiheit zu schützen. Zur Pressefreiheit zählt auch der Vertrieb von Presseprodukten (BVerfGE 77, 346, 354 f.). Die in § 30 GWB (§ 15 GWB a. F.) eröffnete Möglichkeit, Preise für Zeitungen und Zeitschriften zu binden, ohne eine Rechtspflicht hierzu anzuordnen, hat sich nach Auffassung des Gesetzgebers bewährt und soll in der bisherigen Form beibehalten werden (Begründung zu Art. 2, BT-Drucks. 14/9196, S. 14). Traditionell erfolgt die Preisbindung für Publikumszeitungen und -zeitschriften über das **Presse-Grosso:** Die Großhändler verpflichten sich gegenüber den Verlagen, dafür Sorge zu tragen, dass die von ihnen belieferten Einzelhändler die gebundenen Preise einhalten. Die Einzelhändler verpflichten sich durch Unterzeichnung eines Reverses gegenüber dem Grossisten, die über ihn bezogenen Zeitungen und Zeitschriften nur zu den aufgedruckten Endpreisen zu verkaufen.

2. Preisbindung bei Fachzeitschriften. Die Herstellung und 30
der Vertrieb von Publikumszeitungen und -zeitschriften sind weitgehend aus dem Buchmarkt herausgelöst. Lediglich die nach § 30 GWB preisleistungsfähigen **Fachzeitschriften** wurden bislang – häufig von Buchverlagen – über die traditionellen Wege des Buchhandels und über das Abonnement vertrieben. Demgemäß erfolgte bis zum Inkrafttreten des Gesetzes zur Regelung der Preisbindung bei Verlagserzeugnissen die Preisbindung für Fachzeitschriften über den (Buchhandels-)Sammelrevers. Viele Verlage, die diesem Revers beigetreten waren, banden hierüber auch die Preise ihrer Fachzeitschriften gegenüber dem Buchhandel bei gleichzeitiger Verpflichtung, die festgesetzten Preise auch selbst gegenüber den Kunden zu berechnen. Allerdings haben eine Reihe von Verlagen auf eine Preisbindung ihrer Fachzeitschriften verzichtet; diese Möglichkeit wollte man ihnen auch nach der neuen Gesetzeslage belassen. Seit Inkrafttreten des Gesetzes zur Regelung der Preisbindung bei Verlagserzeugnissen am 1. Oktober 2002 müssen sich die Verlage von Fachzeitschriften nun entscheiden, ob sie die Preise ihrer Zeitschriften binden wollen oder nicht. Denjenigen Verlagen, die sich für eine Preisbindung entscheiden, steht weiterhin der Sammelrevers in einer entsprechend geänderten Fassung hierfür zur Verfügung (Anhang I). Eine Alternative ist der Aufbau eines eigenen Preisbindungssystems durch Einzelreverse des Verlages oder des Zwischenbuchhandels.

IV. Vereinbarkeit des Gesetzes mit dem Recht der Europäischen Union

31 **1. Die Verträge von Lissabon.** Die europäischen Wettbewerbsregeln waren ursprünglich in den Artikeln 85 ff. des Vertrages zur Gründung der Europäischen Gemeinschaft vom 25. 03. 1957 (EG) enthalten. Art. 85 enthielt das Kartellverbot und die Möglichkeit einer Freistellung davon. In Art. 86 war das Verbot des Missbrauchs einer marktbeherrschenden Stellung geregelt. Diese Vorschriften wurden ohne Änderung als Art. 81 ff. in den **Vertrag zur Gründung der Europäischen Gemeinschaft** übernommen, der am 1. 05. 1999 in Kraft trat. Bereits vor Inkrafttreten der Verträge von Lissabon hatte die Bezeichnung Europäische Union in der Umgangssprache die Europäische Gemeinschaft ersetzt, jedoch blieben EU und EG bis dahin verschiedene Institutionen. Anders als die „Dachorganisation" EU verfügte die EG über eine eigene Rechtspersönlichkeit und war damit auch völkerrechtlich handlungsfähig. Mit Inkrafttreten der Verträge von Lissabon am 1. 12. 2009 wurde die Existenz der Europäischen Gemeinschaft beendet. Ihre Rechtsnachfolgerin wurde die Europäische Union, die durch den Vertrag nun selbst eine eigene Rechtspersönlichkeit erhielt. Der EG-Vertrag wurde in „Vertrag über die Arbeitsweise der Europäischen Union" (**AEU-Vertrag,** Konsolidierte Fassung, bekannt gemacht im ABl. EG Nr. C 83/49 vom 30. 03. 2010) umbenannt.

32 **2. Der kulturpolitische Auftrag der EU.** Bereits seit dem Maastricht-Vertrag war es die Aufgabe der Europäischen Gemeinschaft, einen Beitrag zur Entfaltung des Kulturlebens in den Mitgliedsstaaten unter Wahrung ihrer nationalen und regionalen Vielfalt zu leisten (Art. 151 Abs. 4 EG-Vertrag a. F.). Diese Bestimmung wurde durch die Verträge von Lissabon in Art. 167 AEU-Vertrag übernommen. Auch das Europäische Parlament, der Rat und die Kommission haben sich mehrfach mit der Bedeutung des Buches und der Buchpreisbindung befasst (Begründung A Ziff. 3. lit. a), BT-Drucks. 14/9196, S. 9). In der „Entschließung des Rates betreffend die Anwendung der einzelstaatlichen Systeme für die Festsetzung der Buchpreise" (Dok. 2001/C 73/03) wird im 3. Erwägungsgrund darauf verwiesen, „dass es jedem Mitgliedstaat freisteht, im Rahmen seiner Politik zugunsten des Buches und der Lektüre ein **nationales Buchpreisbindungssystem** auf gesetzlicher oder vertraglicher Grundlage anzuwenden oder auch nicht". Am 16. Mai 2002 (EU-Amtsbl. vom 31. 07. 2003) hat das **Europäische Parlament** eine Empfehlung an die Kommission zur Ausarbeitung einer Richtlinie über die Buchpreisbindung verabschiedet, wonach jeder Mitgliedstaat berechtigt sein

soll, Preisbindungssysteme für Bücher in seinem Hoheitsgebiet durch Gesetz einzuführen, aufrechtzuerhalten oder sie auf der Grundlage vertraglicher Vereinbarungen zu gestatten.

3. Die Rechtsgrundlagen des Gemeinschaftsrechts. In die ausschließliche Zuständigkeit der Europäischen Union gehört die Festlegung der für das Funktionieren des Binnenmarktes erforderlichen **Wettbewerbsregeln** (Art. 3 Abs. 1 lit. b) AEU-Vertrag). Diese Regelung wird flankiert von Art. 120 AEU-Vertrag, dem Bekenntnis der Union zu einer offenen Marktwirtschaft. Ziel ist die Verwirklichung des Binnenmarktes durch freien Wettbewerb statt durch staatliche Eingriffe. Dieses Ziel soll erreicht werden insbesondere durch das Verbot von Zöllen und mengenmäßigen Beschränkungen bei der Ein- und Ausfuhr von Waren sowie aller sonstigen Maßnahmen gleicher Wirkung zwischen den Mitgliedstaaten (Art. 34, 35 AEU-Vertrag). Die Mitgliedsstaaten haben alle Maßnahmen zu unterlassen, welche die Verwirklichung einer offenen Marktwirtschaft mit freiem Wettbewerb gefährden könnten (Art. 4 Abs. 3 Satz 3 des Vertrages über die Europäische Union (EU-Vertrag in der seit dem 1. Dezember 2009 geltenden Fassung, ABl. 2008 Nr. C 115/1, ber. ABl. 2009 Nr. C 290/1). Danach dürfen die Mitgliedsstaaten auch keine Gesetze oder Verordnungen erlassen, die den Zielen der Union entgegenstehen. Hieran muss sich auch das deutsche BuchPrG messen lassen. 33

Das Buch befindet sich im **Spannungsverhältnis zwischen Kultur und Markt.** Die immer wieder auch auf gemeinschaftsrechtlicher Ebene geführte Kontroverse wird daher von der Frage beherrscht: Kann das gemeinschafsrechtliche Kartellverbot, das auf den ersten Blick nur ökonomischen Kriterien unterliegt, ohne weiteres auf Kulturgüter Anwendung finden? Oder muss sich die Gemeinschaft in kulturell relevanten Bereichen Zurückhaltung auferlegen (*Bohdal*, S. 46)? Die Vorschriften über die **Freiheit des Warenverkehrs** sollen das Verbot staatlicher Beschränkungen des innergemeinschaftlichen Handels als einer tragenden Säule der Wirtschaftsordnung der EU absichern. Darüber hinaus verbietet das europäische Kartellrecht in Art. 101 AEU-Vertrag Vereinbarungen und abgestimmte Maßnahmen zwischen Unternehmen und Verbänden, die den Handel zwischen den Mitgliedstaaten beeinträchtigen oder den Wettbewerb innerhalb des Gemeinsamen Marktes verfälschen. Das europäische Gemeinschaftsrecht ist für den grenzüberschreitenden Buchhandel innerhalb der Europäischen Union maßgeblich. Der zwischenstaatliche Handel umfasst dabei sowohl die Einfuhr ausländischer Bücher als auch die Ausfuhr von im Land verlegten 34

Büchern einschließlich des **Reimports.** Die Frage der Übereinstimmung von Preisbindungsregelungen mit den Vorschriften des Vertrages von Lissabon stellt sich beim Buchhandel vor allem innerhalb gleicher Sprachräume in der Europäischen Union, so auch für Deutschland und Österreich.

35 **4. BuchPrG und Gemeinschaftskartellrecht. a) Gemeinschaftskartellrecht und nationale Gesetze.** Art. 101 und 102 AEU-Vertrag sind auf gesetzliche Preisregelungen eines Mitgliedsstaates nicht direkt anwendbar, da es an einer Vereinbarung zwischen Unternehmen fehlt (LB/*Bahr,* Anhang zu § 30 GWB, § 1 Rn. 3). Die den Wettbewerb beschränkende Wirkung eines Gesetzes kann jedoch ebenso groß sein wie die einer vertraglichen Vereinbarung. Daher ist der Gefahr, dass die Art. 101 und 102 AEU-Vertrag durch staatliches Handeln umgangen werden, stets durch die Prüfung zu begegnen, ob ein Verstoß gegen Art. 4 Abs. 3 Satz 3 EU-Vertrag i. V. m. Art. 101 AEU-Vertrag durch staatliches Handeln vorliegt. Ist dies der Fall, so verstößt das nationale Gesetz als eine den Wettbewerb einschränkende Regelung gegen Gemeinschaftsrecht. Dies setzt aber voraus, dass die einzelnen Tatbestandsmerkmale des Art. 101 AEU-Vertrag geprüft werden, dass also auch eine **„Vereinbarung"** im Sinne dieser Norm vorliegt (*Obert,* S. 167 f.). Da ein Gesetz keine „Vereinbarung" ist, ist zu prüfen, ob auch eine Maßnahme unter das Verbot der Art. 101 AEU-Vertrag 4 Abs. 3 Satz 3 EU-Vertrag fällt, die eine Kartellabsprache lediglich überflüssig macht, also der **„effet utile"** der Wettbewerbsregeln nicht beachtet wird (*Hofmann,* GRUR 2000, 559).

36 **b) Kriterien der EuGH-Rechtsprechung.** Aus Art. 4 Abs. 3 EU-Vertrag i. V. m. Art. 101 AEU-Vertrag folgt, dass die Mitgliedstaaten keine Maßnahmen – auch nicht in Form von Gesetzen – treffen dürfen, die die praktische Wirksamkeit der für die Unternehmen geltenden Wettbewerbsregeln aufheben können. Ein Mitgliedstaat verletzt dann seine Vertragspflichten, wenn er **Kartellabsprachen von Unternehmen** vorschreibt, erleichtert, deren Auswirkungen verstärkt oder wenn er die Verantwortung für in die Wirtschaft eingreifende Entscheidungen privaten Wirtschaftsteilnehmern überträgt (EuGHE 1988, 4769, Rn. 16 – Van Eycke; EuGHE 1993, I-5752, Rn. 14 – Meng; EuGHE 1998, I-3851, Rn. 54 – Kommission/Italienische Republik).

37 **c) EuGH-Kriterien und das BuchPrG.** Zwar stellte die bis zum Jahr 2002 geltende vertragliche Preisbindung durch Sammelrevers eine im Hinblick auf Art. 101 AEU-Vertrag (früher: Art. 81

bzw. 85 EG-Vertrag) problematische Regelung dar (*Alexander*, AfP 2009, 335, 337 ff.). Allerdings muss die Vereinbarung im Sinne der EuGH-Rechtsprechung des „Vorschreibens" oder „Erleichterns" ihrer Durchführung noch existent sein; für Absprachen der Vergangenheit greift diese Fallgruppe nicht.

Das Verstärken der Auswirkungen einer früheren Kartellabsprache liegt wiederum nur vor, wenn die Regelung sich darauf beschränkt ist, die Elemente der früheren Vereinbarung ganz oder teilweise zu übernehmen und ein Rest der vorherigen Kartellabsprachen erhalten bleibt (EuGHE 1988, 4769 – Van Eycke; *Weuster*, S. 217). Das BuchPrG hat weder das System noch die Regelungen des Sammelreverses ganz oder teilweise übernommen. Es hat vielmehr **die gesamte Preisbindung für Bücher neu geordnet:** Der Gesetzgeber hat **38**

- in § 2 den **Anwendungsbereich der Buchpreisbindung** neu bestimmt und die hierzu ergangene **Rechtsprechung** berücksichtigt,
- in § 3 den Kreis der zur Einhaltung der Preisbindung verpflichteten **Verkäufer** weiter gezogen,
- in § 4 eine mit dem Gemeinschaftsrecht und der *Leclerc*-Entscheidung des EuGH in Einklang stehende **Regelung innergemeinschaftlicher Verkäufe** geschaffen,
- in § 5 Abs. 1 – 3 die Preisfestsetzung für **in- und ausländische Verlagserzeugnisse** geregelt und **Importeure** einbezogen und in Abs. 5 eine Regelung zu **Preisunterschieden von Parallelausgaben** geschaffen,
- in § 6 erstmals Regelungen zu den **Konditionen** im Verhältnis der Verlage zu Händlern und Zwischenhändlern geschaffen,
- in § 8 die Dauer der Preisbindung an eine **Frist** gebunden (Abs. 1) und Ausnahmefälle geregelt (Abs. 2),
- in § 9 **Schadensersatz- und Unterlassungsansprüche** einschließlich der zu ihrer Geltendmachung legitimierten Personen und Institutionen geregelt.

Inhaltliche Übereinstimmungen zwischen Sammelrevers und Gesetz **39** finden sich damit lediglich bei den **Regelungen der Sonderpreise** (§ 5 Abs. 4), den **Ausnahmen von der Preisbindung** (§ 7) und der **Regelung der Bucheinsicht** (§10). Soweit diese Regelungen denen des Sammelreverses entlehnt wurden, betraf dies keine Kartellabsprachen sondern **Handelsbräuche,** die sich über Jahrzehnte hinweg im Buchhandel gebildet hatten. Der deutsche Gesetzgeber hat sich – unter Beibehaltung der hiesigen Usancen der Buchbranche – mehr am französischen und dem kurz zuvor in Österreich in Kraft getretenen Gesetz orientiert als am Sammelrevers. Das Gesetz ist daher auch unter dem Gesichtspunkt der Übernahme einer Kartellabsprache nicht zu beanstanden (*Alexander*, AfP 2009, 339; *Weuster*, S. 217); der Übergang vom Sammelrevers zum Gesetz stellt einen **Systemwechsel** dar, weshalb das Gesetz gerade nicht an die vorherige vertragliche Regelung anschließt (*Möschel,* WRP 2004, 857).

40 Fraglich bleibt danach die **vierte Fallgruppe,** die mögliche Delegation der Verantwortung für in die Wirtschaft eingreifende Entscheidungen auf private Wirtschaftsteilnehmer. Die Vereinbarkeit nationaler Preisbindungsgesetze mit dem Grundsatz des freien Warenverkehrs nach Art. 28 EG-Vertrag a. F. wurde in der Entscheidung *Leclerc* durch den Europäischen Gerichtshof ausdrücklich bestätigt (EuGH GRUR Int. 1985, 190 - Leclerc). Die Cour d'appel Poitiers hielt es als Berufungsinstanz für erforderlich, durch den EuGH prüfen zu lassen, ob das französische Preisbindungsgesetz vom 10. 08. 1981 geeignet sei, die Gemeinschaftsregelungen über den Wettbewerb im Gemeinsamen Markt zu beeinträchtigen, und ob die Wettbewerbsbeschränkungen auf Grund dieses Gesetzes nicht den **Wettbewerb verfälschten.** Nach Auffassung des EuGH verbiete Art. 10 Abs. 2 a. F. (zum Zeitpunkt der Entscheidung: Art. Art. 5 Abs. 2 a. F.) in Verbindung mit den Artikeln 3. lit. g) a. F. (zum Zeitpunkt der Entscheidung: Art. 3 lit. f) a. F.) und 81 a. F. (zum Zeitpunkt der Entscheidung: Art. 85 a. F.) EG-Vertrag den Mitgliedsstaaten nicht den Erlass von Rechtsvorschriften, „nach denen der Endverkaufspreis der Bücher vom Verleger oder Importeur eines Buches festgesetzt werden muss und für jeden Einzelhändler verbindlich ist".

41 Der **EuGH** stellt in dieser Entscheidung fest, dass hinsichtlich der Buchpreisbindung die aus dem **Zielgefährdungsverbot** resultierenden Pflichten nicht hinreichend bestimmt seien, da es an einer gemeinsamen Wettbewerbspolitik mangele. Daher könne der Erlass von Maßnahmen zur Buchpreisbindung durch die Mitgliedstaaten **„beim gegenwärtigen Stand des Gemeinschaftsrechts"** nicht verboten werden, sofern diese in Einklang mit den einschlägigen Vorschriften des EG-Vertrages stünden. Am Gemeinschaftsrecht hat sich seither in Bezug auf die Grundsätze der *Leclerc*-Entscheidung nichts geändert. Der EuGH bestätigte seine Rechtsprechung im Urteil *„Preisbindung bei Büchern"* (Urteil vom 14. Juli 1988, Rechtssache 254/87, Slg. 1988, 04457 - Syndicat des libraires de Normandie gegen L'Aigle distribution) und in der *Echirolles*-Entscheidung vom 3. Oktober 2000: Die Regelungen des Gemeinschaftsrechts stünden der Anwendung einer nationalen Regelung nicht entgegen, die die Verleger verpflichte, den Buchhändlern einen festen Preis für den Weiterverkauf von Büchern vorzuschreiben (EuGH ZUM 2001, 64). Nationale Gesetze, welche die Preisbindung direkt herbeiführen, sind danach **mit dem Gemeinschaftsrecht vereinbar,** solange sie sich auf das Hoheitsgebiet des jeweiligen Staates beschränken; Preisbindungsgesetze mit **grenzüberschreitender Wirkung** können gegen Regelungen des Gemeinschaftsrechts verstoßen (*Wallenfels,* Die Zukunft der Preisbindung in der Informationsgesellschaft, S. 77; *Langbein,* S. 215 ff.). Die vom EuGH aufgestellten Gebote werden durch das Buchpreisbindungsgesetz beachtet, so dass sich auf der Grundlage der bisherigen EuGH-Rechtsprechung zum Gemeinschaftskartellrecht keine durchgreifenden Einwände gegen das BuchPrG ergeben (*Bahr,* LB, Anhang zu § 30, § 1 Rn. 3; *Alexander,* AfP 2009, 335, 340; *Weuster,* S. 179 ff.; a. A.; *Emmerich,* IM, § 30 Rn. 12).

5. BuchPrG und Warenverkehrsfreiheit. Jenseits des Gemeinschaftskartellrechts verbietet Art. 34 AEU-Vertrag **mengenmäßige Einfuhrbeschränkungen** sowie **Maßnahmen mit gleicher Wirkung.** Einfuhrbeschränkungen kennt das BuchPrG nicht. Zu den Maßnahmen gleicher Wirkung wie eine mengenmäßige Einfuhrbeschränkung zählt aber auch jede Maßnahme, die geeignet ist, den Handelsverkehr zwischen den Mitgliedstaaten unmittelbar oder mittelbar tatsächlich oder potenziell zu behindern (EuGH GRUR Int. 1974, 467, 468 – Dassonville). Herstellungs- und Vermarktungsregeln, die nach der Dassonville-Formel eigentlich unter Art. 34 AEU-Vertrag fallen würden, können aber unter bestimmten Voraussetzungen vom Anwendungsbereich dieser Norm ausgenommen werden (EuGH NJW 1994, 121 – Keck und Mithouard). Prüfungsgegenstand im Rahmen des Art. 34 AEU-Vertrag ist nicht das Gesetz als solches, sondern nur seine einzelnen Bestimmungen. Prüfungsgegenstand ist demnach neben den einzelnen nationalen Regelungen des Gesetzes insbesondere die Reimportklausel in § 4 und die Importklausel in § 5 BuchPrG. 42

a) Rein nationale Regelungen des BuchPrG. Bei den gesetzlichen Bestimmungen, die ohne Auslandsbezug den Verkauf von Büchern im eigenen Land regeln, erscheint die Eignung zur Beeinträchtigung des zwischenstaatlichen Handels bereits auf den ersten Blick fernliegend. Dennoch ist im Nachgang zur *Leclerc*-Entscheidung des EuGH die Auffassung vertreten worden, jedes Preisbindungssystem berge die Gefahr einer **Marktabschottung:** Zur Vermeidung von Reimportproblemen könnten Händler Belieferungssperren mit grenzüberschreitender Wirkung etablieren (*Müller-Graff,* EuR 1985, 293, 303). Derlei hat sich in der Praxis indes nicht gezeigt (*Langbein,* S. 214). Auch kann unternehmerisches Fehlverhalten nicht zur Unzulässigkeit einer staatlichen Regelung führen. Wird der zwischenstaatliche Handel durch unternehmerisches Fehlverhalten 43 beeinträchtigt, bieten Art. 101 AEU-Vertrag das entsprechende Werkzeug (*Weuster*, S. 227). Die auf Deutschland beschränkten Vorschriften des BuchPrG sind im Hinblick auf die Warenverkehrsfreiheit unproblematisch.

44 **b) Die Reimportklausel des § 4 BuchPrG.** Da § 4 Abs. 1 BuchPrG den grenzüberschreitenden, innergemeinschaftlichen Handel ausdrücklich von der Geltung der Preisbindung frei stellt, gewährleistet die Regelung die **Warenverkehrsfreiheit.** Nach der Reimportklausel des Abs. 2 ist die Buchpreisbindung auch bei Verkäufen von Büchern innerhalb des Europäischen Wirtschaftsraumes einzuhalten, wenn Aus- und Wiedereinfuhr der Umgehung der Preisbindung dienen. Auch die für die Erhaltung eines jeden Preisbindungssystems lebenswichtige Frage innergemeinschaftlicher Reimporte hatte der EuGH im *Leclerc*-Fall zu beantworten. Der EuGH entschied, dass im Rahmen nationaler Rechtsvorschriften grundsätzlich solche Bestimmungen mit Gemeinschaftsrecht kollidierten, die für aus einem anderen Mitgliedsstaat reimportierte Bücher die Einhaltung des vom Verleger festgesetzten Verkaufspreises vorschrieben. Jedoch seien Rechtsvorschriften nicht zu beanstanden, die eine Einbeziehung von innergemeinschaftlich reimportierten Büchern in die nationale Preisbindung vorsähen, wenn sich aus objektiven Umständen ergebe, „dass diese Bücher allein zum Zwecke ihrer Wiedereinfuhr ausgeführt worden sind, um derartige Rechtsvorschriften zu umgehen" (EuGH GRUR Int. 1985, 190 - Leclerc).

45 Die vom EuGH statuierte Ausnahme ist sachgerecht, weil es in diesen Fällen nicht um echten innergemeinschaftlichen Handel geht, sondern um **Umgehungsgeschäfte.** Bei Umgehungsabsicht wird aber kein Reimport beeinträchtigt, der ohne die den Export und Reimport auslösende Regelung überhaupt statt fände (*Müller-Graff*, EuR 1985, 293, 307; *Weuster*, S. 228). Der *Leclerc*-Rechtsprechung des EuGH wurde die Reimport-Klausel des § 4 Abs. 2 BuchPrG nachgebildet, um von vornherein einen **Gleichschritt** zwischen dem deutschen Preisbindungsgesetz für Bücher und der Auslegung des Gemeinschaftsrechts durch den EuGH herzustellen. Auch die Reimport-Klausel des deutschen Rechts ist daher mit dem Gebot der Warenverkehrsfreiheit vereinbar.

46 **c) Die Importklauseln des § 5 Abs. 1 – 3 BuchPrG.** Fraglich ist, ob bereits die in § 5 Abs. 1 enthaltene Auferlegung einer Festsetzungspflicht für aus einem anderen Mitgliedsstaat importierte Bücher eine Handelsbeeinträchtigung darstellt. Der Europäische Gerichtshof hat sich in der Entscheidung *Leclerc* mit der Frage der handelsbeschränkenden Wirkung der französischen Festsetzungspflicht der

Importeure beschäftigt, diese dabei aber nicht angegriffen. Dennoch hat der französische Gesetzgeber das Gesetz dahingehend geändert, dass der französische Importeur verpflichtet wurde, den Preis festzusetzen, den der ausländische Verleger für den französischen Markt empfohlen hatte. Dieser Regelung wurde zunächst § 3 Abs. 2 des österreichischen Preisbindungsgesetzes nachgebildet.

Die österreichische Regelung war dann Gegenstand einer **Vorlageentscheidung** des Europäischen Gerichtshofs: Der EuGH stellte fest, dass auch der grenzüberschreitende Handel mit Büchern der weiten Anwendung der Dassonville-Formel unterfällt. Der EuGH hat dabei zunächst ausgeführt, dass nach ständiger Rechtsprechung jede Handelsregelung der Mitgliedstaaten, die geeignet sei, den innergemeinschaftlichen Handel zu behindern, einer mengenmäßigen Beschränkung i. S. d. Art. 28 EG-Vertrag a. F. (jetzt: Art. 34 AEU-Vertrag) gleich stehe (EuGH GRUR Int. 2009, 858 ff. - Libro). Die **Anwendung nationaler Bestimmungen** – die eine Beschränkung oder ein Verbot bestimmter Verkaufsmodalitäten enthalten - auf Erzeugnisse aus anderen Mitgliedstaaten, soll hingegen nicht geeignet sein, eine solche Behinderung zu begründen. Dies gelte jedenfalls unter der Voraussetzung, dass diese Bestimmungen für alle betroffenen Wirtschaftsteilnehmer Anwendung fänden, die ihre Tätigkeit im Inland ausübten, und sofern durch diese Bestimmungen der Absatz der inländischen Erzeugnisse und der Erzeugnisse aus anderen Mitgliedstaaten rechtlich wie tatsächlich in der gleichen Weise berührt werde. Sind diese Voraussetzungen erfüllt, so der EuGH, ist die Anwendung derartiger Regelungen auf den **Verkauf von Erzeugnissen aus einem anderen Mitgliedstaat,** die den von diesem Staat aufgestellten Bestimmungen entsprechen, nicht geeignet, den Marktzugang für diese Erzeugnisse zu versperren oder stärker zu behindern, als dies für inländische Erzeugnisse geschehe (Rn. 17). Dabei könnten Ziele wie der Schutz der Bücher als Kulturgut zunächst keinen Rechtfertigungsgrund für einfuhrbeschränkende Maßnahmen im Sinne von Art. 30 EG-Vertrag a. F. (jetzt: Art. 36 AEU-Vertrag) darstellen: Denn der Schutz der kulturellen Vielfalt falle generell nicht unter den Schutz des nationalen Kulturguts von künstlerischem, geschichtlichem oder archäologischem Wert im Sinne von Art. 3o EG-Vertrag a. F. / 36 AEU-Vertrag. Zudem könne Art. 151 EG-Vertrag (jetzt: Art. 167 AEU-Vertrag) über die Tätigkeit der Gemeinschaft auf dem Gebiet der Kultur nicht als gemeinschaftsrechtlicher Rechtfertigungsgrund für nationale Maßnahmen auf diesem Gebiet, die den innergemeinschaftlichen Handel behindern können, geltend gemacht werden. Dagegen könne der **Schutz von** 47

Büchern als Kulturgut als **zwingendes Erfordernis des Allgemeininteresses** angesehen werden, das geeignet sei, Maßnahmen zu rechtfertigen, die die Freiheit des Warenverkehrs beschränken, sofern mit ihnen das gesetzte Ziel erreicht werden könne und sie nicht über das hinausgingen, was für die Erreichung dieses Ziels erforderlich sei (Rn. 34). Das mit § 3 Abs. 2 ÖstBPrG verfolgte Ziel des Schutzes von Büchern als Kulturgut könne jedoch durch für den Importeur weniger beschränkende Maßnahmen erreicht werden, beispielsweise dadurch, dass ihm oder dem ausländischen Verleger erlaubt werde, einen **Verkaufspreis für den österreichischen Markt festzusetzen,** der den Besonderheiten dieses Marktes Rechnung trage (Rn. 35).

48 Im Ergebnis hat der EuGH die Regelung des § 3 Abs. 2 ÖstBuchPrBG nur aufgrund eines Verstoßes gegen das Diskriminierungsverbot inländischer (österreichischer) Importeure als unzulässige Beschränkung der Warenverkehrsfreiheit angesehen und dem Gesetzgeber nahe gelegt, eine **grenzüberschreitende Preisempfehlung** des ausländischen Verlegers für den Verkaufsstaat zuzulassen. Bezieht man diese Entscheidung auf die deutsche Gesetzeslage, so hat der EuGH die **Zulässigkeit der Importregelungen** des § 5 Abs. 1 BuchPrG bestätigt und die Ausgestaltung des § 5 Abs. 2 als mit der Warenverkehrsfreiheit in Einklang stehend beurteilt.

49 **6. Zusammenfassung.** Über die Zulässigkeit einer nationalen gesetzlichen Buchpreisbindung hat der EuGH bislang nicht entschieden. Er akzeptiert jedoch den **Schutz von Büchern als Kulturgut** als „zwingendes Erfordernis des Allgemeininteresses", das Maßnahmen rechtfertigen könne, welche die **Freiheit des Warenverkehrs beschränken.** Auch geht die Tendenz der Rechtsprechung dahin, gesetzliche Buchpreisbindungen als Ausdruck der Kulturpolitik der Mitgliedstaaten anzusehen und ihnen hierfür einen weiten Entscheidungsspielraum zuzugestehen. So hat die **Generalanwältin** in Ihrem Schlussplädoyer dem EuGH für den Fall, dass dieser über die Zulässigkeit einer gesetzlichen Preisbindung entscheiden müsse, vorgeschlagen, bei der der „bisherigen Rechtsprechung" des EuGH zu bleiben. Daraus folge, dass beim gegenwärtigen Stand des Gemeinschaftsrechts Art. 10 Abs. 2 EG-Vertrag (a. F.) in Verbindung mit Art. 3 Abs. 1 Buchst. g EG und Art. 81 EG-Vertrag (a. F.) den Mitgliedstaaten nicht den Erlass von Rechtsvorschriften verbiete, nach denen der Endverkaufspreis der Bücher vom Verleger oder Importeur eines Buchs festgesetzt werden müsse, vorausgesetzt allerdings, dass es sich um ein rein nationales Buchpreisbindungssystem handle und diese Vorschriften im Einklang mit den einschlägigen

Vorschriften des Gemeinschaftsrechts stünden, insbesondere mit den Bestimmungen über den freien Warenverkehr (Schlussanträge der Generalanwältin Verica *Trstenjak* vom 18. Dezember 2008, Rechtssache C-531/07 Rn. 197 – Libro). Die gesetzliche Buchpreisbindung im Allgemeinen und das deutsche Buchpreisbindungsgesetz im Speziellen sind mit dem Gemeinschaftsrecht vereinbar, solange die Preisbindung auf das Hoheitsgebiet des jeweiligen Staates beschränkt bleibt (*Bahr* in LB, Anhang zu § 30 GWB, § 1 Rn. 3). Ein nationales Preisbindungsgesetz kann zudem Regelungen vorsehen, wonach die von ausländischen Verlagen für den Verkaufsstaat empfohlenen Preise dort vom Importeur festzusetzen sind.

V. Rechtsvergleich

1. Österreich. Die österreichische Verlagslandschaft ist wesentlich kleiner als in Deutschland: Importe deutscher Bücher machen rund zwei Drittel des dortigen Buchhandelsumsatzes aus. In Österreich galt bis 1993 noch eine **verbandsrechtlich geregelte Preisbindung.** Sie war verankert in der **Verkehrs- und Verkaufsordnung** des Hauptverbandes des österreichischen Buchhandels und wurde auch von ihr überwacht. Im Hinblick auf den Beitritt Österreichs zum EWR entschlossen sich die österreichischen Buchhändler und Verleger im Jahre 1993 zur Einführung des **Sammelreverssystems** mit grenzüberschreitenden Preisbindungsverträgen nach Deutschland und in die Schweiz. Hieran beteiligten sich 120 österreichische Verlage. Da Art. 81 EG-Vertrag a. F. (jetzt: Art. 101 AEU-Vertrag) grenzüberschreitende Preisbindungsregelungen grundsätzlich verbietet, da sich die Brüsseler Kommission nicht bereit fand, die Preisbindung nach dem Sammelrevers 1993 gem. Art. 81 Abs. 3 EG-Vertrag a. F. (jetzt: Art. 101 Abs. 3 AEU-Vertrag) freizustellen, da zudem in Österreich überwiegend aus Deutschland importierte Bücher verkauft werden, konnte die vertragliche Preisbindung in Österreich nicht aufrechterhalten werden. Zum 1. Juli 2000 traten daher die bis dahin gültigen Preisbindungsverträge deutscher Verlage mit österreichischen Buchhändlern außer Kraft. Die Preisbindung für Bücher und Musikalien in Österreich regelt seither das **„Bundesgesetz über die Preisbindung für Bücher“** das – wie auch das deutsche BuchPrG – dem vom EuGH stets gebilligten französischen Preisbindungsgesetz („Loi Lang“) nachgebildet wurde. Alle österreichischen Verleger sind danach verpflichtet, Letztverkaufspreise ihrer Verlagserzeugnisse für Österreich festzusetzen und bekannt zu machen; die Händler sind verpflichtet, diese Preise gegenüber ihren Endkunden zu berechnen (§§ 3 Abs. 1; 5 Abs. 1 ÖstBuchPrG). 50

51 Die Frage, welche Preise die österrerreichischen Importeure ausländischer, vor allem also deutscher Verlagserzeugnisse festzusetzen haben, war Gegenstand eines Verfahrens vor dem EuGH. Der Oberste Österreichische Gerichtshof hatte in einem Rechtsstreit des *Österreichischen Fachverbandes der Buch- und Medienwirtschaft* gegen die Firma *Libro Handelsgesellschaft* in Wien dem Europäischen Gerichtshof die Frage zur Entscheidung vorgelegt, ob die damalige **Importregelung** des österreichischen Buchpreisbindungsgesetzes mit europäischem Recht vereinbar sei. § 3 Satz 2 ÖstBuchPrG erlaubte es österreichischen Verlagen sowie Verlagen mit Sitz außerhalb des EWR, Letztverkaufspreise speziell für den österreichischen Markt festzusetzen, z. B. also auch den Schweizer Verlagen. Ein Verbot der Preisfestsetzung in Österreich galt jedoch für Verlage mit Sitz in der EU, insbesondere auch für Verlage mit Sitz in Deutschland. Für solche Verlage galt, dass der Importeur den für den vom Verleger für den Verlagsstaat, also z. B. Deutschland, festgesetzten oder empfohlenen Letztverkaufspreis abzüglich einer darin enthaltenen Umsatzsteuer nicht unterschreiten durfte. Diese Regelung führte bei aus Deutschland importierten Büchern zwangsläufig dazu, dass deren Preise durch die um drei Punkte höhere Umsatzsteuer in Österreich (10% statt 7% in Deutschland) meist knapp über den Schwellenpreisen festgesetzt werden mussten (*Tonninger,* § 3 Rn. 22). Die Literatur hielt das System für vereinbar mit dem Gemeinschaftsrecht (im Einzelnen *Obwexer,* EuR 2008, 736 ff.).

52 In dieser Regelung sah der EuGH eine Benachteiligung all derer Verlage, die hiernach gehindert waren, einen Preis speziell für den **österreichischen Markt** festzusetzen (EuGH GRUR 2009, 792 ff.) Soweit sich eine nationale Buchpreisregelung - wie die in § 3 Abs. 2 ÖstBuchPrG a. F. - nicht auf die Merkmale dieser Erzeugnisse beziehe, sondern nur die Modalitäten betreffe, unter denen sie verkauft werden dürften, sei sie grundsätzlich als Regelung über Verkaufsmodalitäten anzusehen. Das Gericht stellte fest, dass § 3 Abs. 2 ÖstBuchPrG a. F. - mit dem **Verbot für österreichische Importeure** deutschsprachiger Bücher, den vom Verleger für den Verlagsstaat festgesetzten oder empfohlenen Letztverkaufspreis abzüglich der darin enthaltenen Umsatzsteuer zu unterschreiten - eine ungünstigere Behandlung für eingeführte Bücher vorsah, da er österreichische Importeure und ausländische Verleger daran hinderte, Mindestpreise für den Einzelhandel anhand der Merkmale des Einfuhrmarktes Österreich festzulegen. Denn andererseits stand es österreichischen Verlegern frei, für ihre Erzeugnisse Mindestpreise für den Letztverkauf auf dem inländischen Markt in dieser Weise selbst festzulegen (EuGH GRUR 2009, 792 ff., Rn. 21). Der EuGH

sah diese Vorschrift als eine gegen Art. 28 EG a. F. verstoßende Maßnahme mit gleicher Wirkung wie eine mengenmäßige Einfuhrbeschränkung an, weil sie für eingeführte Bücher eine unterschiedliche Regelung treffe, die bewirke, dass Erzeugnisse aus anderen Mitgliedstaaten weniger günstig behandelt würden. Denn diese Gesetzesregelung hindere österreichische Importeure und ausländische Verleger darin, **Mindestladenpreise** entsprechend den besonderen Bedingungen des österreichischen Importmarktes festzulegen, wo hingegen die österreichischen Verleger frei seien, solche dem nationalen Markt angepassten Preise festzulegen. Diese **Ungleichbehandlung** könnte den Absatz deutscher Bücher in Österreich beeinträchtigen und sei deshalb nicht mehr EU-rechtskonform.

Anlässlich dieser Entscheidung stellte der EuGH fest, dass der **53** Schutz von Büchern als Kulturgüter im öffentlichen Interesse Maßnahmen rechtfertige, die den freien Warenverkehr einschränken, vorausgesetzt, dass solche Einschränkungen dem angestrebten Ziel dienen und nicht über das Notwendige hinausgehen (EuGH GRUR 2009, 792 ff., Rn. 34). Der Schutz des **Kulturgutes Buch** könne aber z. B. auch schon dadurch erreicht werden, dass es Importeuren oder ausländischen Verlegern gestattet sei, einen Ladenpreis für den österreichischen Markt festzusetzen, der den Verhältnissen dieses Marktes Rechnung trage.

Danach war der Weg frei für eine EU-konforme Änderung des **54** österreichischen Buchpreisbindungsgesetzes. Der **österreichische Nationalrat** hat am 8. 07. 2009 einstimmig eine Änderung des § 3 Abs. 2 Satz 1 ÖstBuchPrG beschlossen (Öst. BGBl. I Nr. 82/2009). Die vom EuGH beanstandete Gesetzespassage lautet nach der Änderung nunmehr wie folgt:

„Der Importeur ist an den vom Verleger für das Bundesgebiet empfohlenen Letztverkaufspreis, abzüglich einer darin enthaltenen Umsatzsteuer, gebunden. Ist für das Bundesgebiet kein Letztverkaufspreis empfohlen, so darf der Importeur den vom Verleger für den Verlagsstaat festgesetzten oder empfohlenen Letztverkaufspreis abzüglich einer darin enthaltenen Umsatzsteuer nicht unterschreiten."

Zu dem hiernach festgesetzten Ladenpreis ist die für Österreich geltende Umsatzsteuer hinzuzurechnen. Die deutschen Verlage können jetzt also auch vom deutschen Ladenpreis abweichende Preise für Österreich empfehlen, z. B. **Schwellenpreise** für bestimmte Titel, die dann für den Importeur verbindlich sind. Sie können es aber auch bei der bisherigen Preisfestsetzung für Deutschland belassen. Dann ist der deutsche Ladenpreis der in Österreich geltende Mindestladenpreis; dieser ist dann wegen der unterschiedlichen

Mehrwertsteuer (7 % in Deutschland, 10 % in Österreich) stets um 3 % höher als in Deutschland.

55 Der österreichische Gesetzgeber hat die Gelegenheit genutzt, eine weitere Regelung zu ändern: § 3 Abs. 3 ÖstBuchPrG a. F. gab Importeuren von Waren aus einem Vertragsstaat des EWR die Möglichkeit, von der Mindestladenpreisbindung auf der Grundlage des für den Verlagsstaat geltenden Preises abzuweichen, wenn er zu einem von den üblichen Einkaufspreisen abweichenden niedrigerem Einkaufspreis eingekauft hatte. Diese Möglichkeit gibt es nach dem neuen § 3 Abs. 3 jetzt nur noch bei Reimporten aus EWR-Ländern und auch nur dann, wenn die betreffenden Bücher nicht zum Zwecke ihrer Wiedereinfuhr ausgeführt wurden, um das Gesetz zu umgehen.

56 Zwar gibt es keine ausdrückliche zeitliche Begrenzung der Preisbindung in Österreich, allerdings sind die Händler an die festgesetzten Preise nicht mehr gebunden, wenn sie die betreffenden Bücher vor mehr als sechs Monaten geliefert bekamen und der Letztverkaufspreis vor mehr als 24 Monaten letztmals bekanntgemacht wurde (§ 5 Abs. 3 ÖstBuchPrG). Entsprechend dem französischen Gesetz sind auch die österreichischen Buchhändler berechtigt, einen **generellen Preisnachlass von 5 %** einzuräumen, der aber gem. § 5 Abs. 2 ÖstBuchPrG in der Werbung nicht angekündigt werden darf. Daneben gibt es – wie auch unter dem Sammelrevers 1993 – Preisnachlässe für Büchereien, Hörerscheine, Mängelexemplare sowie besondere Schulbuchregelungen. Das österreichische Buchpreisbindungsgesetz war gem. § 8 Abs. 2 zunächst bis 30. Juni 2005 befristet. Diese Befristung wurde zwischenzeitlich mit Zustimmung aller Parlamentsparteien vom Nationalrat aufgehoben. Zu den einzelnen gesetzlichen Bestimmungen: *Tonninger*, Buchpreisbindung in Österreich, 2009.

57 **2. Schweiz.** In der Schweiz gibt es keinen einheitlichen Buchmarkt, stattdessen findet man drei weitgehend voneinander unabhängige Buchmärkte innerhalb der jeweiligen **Sprachregionen.** In der französischsprachigen Schweiz sind nur die Bücher Schweizer Verlage preisgebunden. Italienischsprachige Bücher unterliegen nicht der Preisbindung; da aber die italienischen Verleger ihren empfohlenen Ladenpreis auf die Bücher aufdrucken, weichen die Buchhändler im Regelfall hiervon nicht ab. In der deutschsprachigen Schweiz beruhte der feste Ladenpreis bis zum Jahre 1993 auf Verbandsrecht. Besondere Bedeutung kommt hier seit jeher den Büchern deutscher Verlage zu, die etwa 80 % des schweizerischen Sortiments ausmachen. Ab dem 1. Oktober 1993 beteiligten sich die Schweizer Verleger und Buchhändler am „Drei-Länder-Revers", dem Sammelrevers 1993. Nachdem die Preisbindung in Deutschland und in Österreich

gesetzlich geregelt wurde, verblieb die Schweiz als das einzige Land im deutschsprachigen Raum mit einer vertraglichen Preisbindung nach dem Sammelrevers 2000 (vgl. 5. Aufl., Anhang IV). Da die Schweiz nicht der EU angehört, sind grenzüberschreitende Preisbindungsverträge zu deutschen oder österreichischen Verlagen nach Art. 101 AEU-Vertrag nicht zu beanstanden. Demgemäß konnten deutsche Verlage für die Schweiz Frankenpreise festsetzen, die vom örtlichen Buchhandel auf Grund der **vertraglichen Bindung** einzuhalten waren. Sofern deutsche Verlage nicht individuell sfr-Preise festsetzten, wurden die Ladenpreise in der Schweiz aufgrund einer **Umrechnungstabelle** festgesetzt, die eine Arbeitsgruppe Schweizer Verlagsauslieferer in Abstimmung mit dem Schweizer Preisüberwacher erarbeitete und den deutschen Verlagen als Richtschnur für die Preisfestsetzung empfahl (Börsenblatt 27/2006, S. 10). Diese Tabelle diente der Begrenzung der strukturell bedingt höheren Buchpreise in der Schweiz.

Ausgelöst durch das langjährige Preisbindungsverfahren vor der **58** Brüsseler Kommission hat in der Folge auch die Schweizer Wettbewerbskommission die Preisbindung für Verlagserzeugnisse in der Schweiz generell als unzulässige Wettbewerbsabrede qualifiziert und für unzulässig erklärt. Diese Entscheidung wurde von der **Rekurskommission** bestätigt. Das Schweizer Bundesgericht hat jedoch am 14. 08. 2002 der Beschwerde des Schweizerischen Buchhändler- und Verlegerverbandes SBVV sowie des Börsenvereins stattgegeben und die Entscheidung der Rekurskommission aufgehoben. Der Fall wurde an die **Wettbewerbskommission** mit dem Auftrag zurückverwiesen, zu prüfen, ob nicht die Beschränkung des Preiswettbewerbs durch Gesichtspunkte wirtschaftlicher Effizienz gerechtfertigt sein könne (Urteil 2 A 298/2001). Die Wettbewerbskommission blieb im Ergebnis bei ihrer negativen Einschätzung und untersagte erneut die Preisbindung durch Sammelrevers (Verfügung vom 21. März 2005). Gegen die Entscheidung der Kommission wurden vom **Schweizerischen Buchhändler- und Verlegerverband SBVV** und dem Börsenverein wiederum Rechtsmittel eingelegt. Die Rekurskommission hat am 11. 07. 2006 die Beschwerde gegen die Untersagung der Buchpreisbindung durch die Wettbewerbskommission abgewiesen und deren Entscheidung bestätigt. Hierüber hatte zuletzt das Bundesgericht zu befinden.

Die **vertraglich geregelte Buchpreisbindung** wurde dann **59** durch die Entscheidung des Bundesgerichts vom 1. März 2007 mit sofortiger Wirkung **abgeschafft.** Die Bemühungen des Schweizer Buchhandels zur Wiedereinführung der Buchpreisbindung auf gesetzlicher Basis waren zunächst erfolgreich: Am 18. März 2011 haben National- und Ständerat einem Gesetz zur Buchpreisbindung zugestimmt. Das Inkrafttreten des Gesetzes scheiterte jedoch an einer **Volksabstimmung:** Am 11. März 2012 sprachen sich 56,1 % der Schweizer gegen die Einführung des bereits verabschiedeten Buchpreisbindungsgesetzes aus. Damit sind deutschsprachige Bücher in der Schweiz auf absehbare Zeit nicht preisgebunden.

60 **3. Frankreich.** Seit 1953 ist in Frankreich die vertikale Preisbindung für alle Waren untersagt. Die französischen Verleger konnten daher nur Empfehlungen für die Endverkaufspreise ihrer Bücher geben, an die sich die Buchhändler indes meist hielten. Es handelte sich in Frankreich bis 1979 demnach nicht um ein klassisches Preisbindungssystem für Bücher, sondern um Preisrichtlinien. Die Handelsgruppe *FNAC* warb dann seit Mitte der 70er Jahre mit einem 20 %igen Rabatt auf alle Bücher und löste so einen Preiskrieg im französischen Buchhandel aus. Im Jahre 1979 erließ der damalige Wirtschaftsminister *Monroy* auf Druck des französischen Buchhändlerverbandes ein Verbot der Veröffentlichung von Richtpreisen, um der Großhandelsgruppe *FNAC* die Grundlage ihrer Werbemaßnahmen zu entziehen. Die Folgen waren verheerend: Kleine und mittlere Buchhandlungen gerieten in eine **Existenzkrise.** Während sich populäre Titel verbilligten, verteuerte sich der durchschnittliche Buchpreis um 16,5 % (*Goldschmitt,* S. 54). Da die Buchhändler dementsprechend ihr Angebot reduzierten und auf leicht verkäufliche Literatur konzentrierten, kam es zu eine Verminderung der Sortimentsbreite. Schon kurze Zeit später griff der damalige Kulturminister *Lang* mit dem nach ihm benannten Preisbindungsgesetz, der **„Loi Lang"** ein, durch welches die Preisbindung für Bücher gesetzlich verankert wurde. Die Festpreise werden in Katalogen und auf den Büchern veröffentlicht, außerdem hat der Buchhändler die Möglichkeit, bis zu 5 % Nachlass zu gewähren. Die Verleger müssen einen Endpreis festsetzen, die Preise importierter Bücher müssen vom Importeur festgesetzt werden. Zwei Jahre nach Erscheinungsdatum wird dann die Preisgestaltung freigegeben. Buchclubs und Versandbuchhandlungen dürfen nach Ablauf einer neunmonatigen Frist für ihre Titel Sonderpreise erheben.

61 Auch das Thema der **E-Book-Preisbindung** beschäftigte jüngst den französischen Gesetzgeber und soll hier – im Hinblick auf die Bedeutung der E-Book-Problematik auch in Deutschland – etwas ausführlicher dargestellt werden. Im Januar 2010 hatte der französische Staatspräsident vor dem Hintergrund der Revolutionierung des Buchmarktes durch das digitale Zeitalter ein Gesetz über die Preisregulierung für E-Books befürwortet. Beide Kammern des französi-

schen Parlaments haben diese Anregung im Frühjahr 2011 umgesetzt. Eine gesetzliche Regelung war erforderlich, weil das französische Buchpreisbindungsgesetz, nach dem damaligen Kultusminister als „Loi Lang“" benannt, aus dem Jahr 1981 stammt, als es noch keine elektronischen Bücher gab. Der Senat, eine der beiden Kammern des französischen Parlaments, hatte zunächst am 26. Oktober 2010 eine Verpflichtung zur Einhaltung der Preisbindung für alle diejenigen beschlossen, die Käufern in Frankreich E-Books anbieten, auch dann, wenn sie in Frankreich über keine Niederlassungen verfügen, also **grenzüberschreitend.** Die andere parlamentarische Kammer, die Nationalversammlung, beschloss im Gegensatz hierzu am 15. Februar 2011 eine Gesetzesfassung, die sich nur auf in Frankreich ansässige Buchkäufer bezog. Gegenüber heftigen Protesten des französischen Buchhandels wegen befürchteter erheblicher Wettbewerbsnachteile gegenüber großen Internet-Händlern mit Sitz außerhalb Frankreichs verteidigte der französische Kultusminister *Frédéric Mitterand* am 15. Februar 2011 vor der Nationalversammlung die Beschränkung auf französische Händler mit dem Hinweis auf rechtliche Bedenken der EU-Kommission gegenüber einer grenzüberschreitenden Regelung. Er schlug stattdessen als rechtlich vermeintlich sicherere Alternative das sog. **Agenturmodell** vor, bei dem die Verkaufsplattform, also beispielsweise *Google, Amazon* oder *Apple,* der **Kommissionsagent** des Verlages werde, dies bei fortbestehender Hoheit des Verlages über die Preisgestaltung. Die Kommission, so *Mitterand,* habe gegen ein solches Modell keine Einwände erhoben. Dennoch blieb der Senat bei seiner Auffassung, alle Händler, die den französischen Markt bedienen, hätten sich an die E-Book-Preisbindung zu halten. Die Nationalversammlung schloss sich dieser Auffassung an, so dass sich am Ende beide Kammern des Parlaments für die **grenzüberschreitende E-Book-Preisbindung** entschieden. Die französische Nationalversammlung beschloss in ihrer Sitzung am 17. Mai 2011 einstimmig, dass E-Books ebenso wie gedruckte Bücher der Preisbindung unterliegen sollen. Das französische Preisbindungsgesetz ist im November 2011 in Kraft getreten (*Börsenblatt,* 47/11, S. 13). Es findet nun auch auf ein E-Book Anwendung, wenn dieses ein geistiges Werk ist und von einem oder mehreren Urhebern geschaffen wurde und sowohl in seiner digitalen Form vermarktet als auch in gedruckter Form veröffentlicht wird oder wegen seines Inhalts und seines Aufbaus – abgesehen von den spezifischen Zusatzelementen der digitalen Ausgabe – für den Druck geeignet ist. Die Eigenschaften der Bücher, die dem Anwendungsbereich des vorliegenden Gesetzes unterliegen, werden durch eine Verordnung („décret“) präzisiert.

62 Rechtliche Schritte gegen diese gesetzliche Regelung hat die EU-Kommission gegen Frankreich bislang nicht eingeleitet, aber am 6. Dezember 2011 wegen möglicher kartellrechtswidriger Absprachen beim Verkauf von E-Books, insbesondere durch den Abschluss von Agenturverträgen „möglicherweise mit der Hilfe von *Apple*", gegen verschiedene internationale Verlagsgruppen die **Einleitung von Kartellverfahren** angekündigt. Ziel des Angriffs ist also gerade nicht die neu beschlossene gesetzliche Regelung, sondern eben die, gegen die nach Aussage des französischen Kultusministers während der parlamentarischen Beratungen bei seinen Vorgesprächen mit der Kommission keine Bedenken erhoben worden seien. Inzwischen hat auch das **US-Justizministerium** angekündigt, gemeinsam mit der EU-Kommission zu prüfen, ob es auf dem US-Markt zu E-Book-Preisabsprachen gekommen ist (*Börsenblatt,* 50/2011, S. 11).

63 Die **französische Regierung** hat sich in einer schriftlichen Stellungnahme sehr ausführlich zu den Bedenken geäußert, die die Kommission vor Verabschiedung dieses Gesetzes zur E-Book-Preisbindung in Frankreich vorgetragen hatte (not. 2010/710 F, 2010/616 F). Sie verweist zunächst darauf, dass dreißig Jahre nach Verabschiedung der Loi Lang die Bilanz dieses Gesetzes unbestritten positiv ausfalle und sich über Europa hinaus als Maßstab im Bereich der Kulturpolitik durchgesetzt habe, auch mehrfach im Zusammenhang mit den Rechtsgrundsätzen der Union vom Europäischen Gerichtshof bestätigt worden sei. Die Märkte der gedruckten und der digitalen Bücher seien stark miteinander verflochten, die Preisbindung für digitale Bücher werde ebenso wie die für gedruckte Bücher das Ziel erreichen, die Vielfalt kaufmännischer Tätigkeit und die verlegerische Vielfalt Bestandteile kultureller Vielfalt zu schützen. Bedenken der Kommission unter dem Gesichtspunkt der Beschränkungen der **Niederlassungsfreiheit** gemäß Artikel 49 AEU-Vertrag will die französische Regierung mit dem Hinweis darauf nicht gelten lassen, dass, wie die Preisbindung für gedruckte Bücher zeige, ausländische Wirtschaftsteilnehmer unabhängig von der Wahl ihres Niederlassungsorts nicht gehindert seien, dauerhaft auf die betroffenen staatlichen Märkte vorzudringen. Die *Bertelsmann*-Gruppe als eines der größten Medienunternehmen in Frankreich habe ebenso wenig wie andere ausländische Gruppen irgendwelche Probleme wegen der Buchpreisbindung gehabt. Großbritannien hingegen, ein Land ohne Preisbindung, werde von einheimischen Ketten dominiert und eine Firma wie *Amazon* in erster Linie von steuerlichen Erwägungen bei der Wahl ihres Firmensitzes geleitet.

Auch mit dem Argument der Kommission, eine grenzüberschreitende E-Book-Preisbindung könne zu einer Beschränkung des freien Dienstleistungsverkehrs führen, indem außerhalb Frankreichs ansässigen Händlern die Möglichkeit genommen werde, französischen Verbrauchern attraktive Preise anzubieten, beschäftigt sich die französische Regierung in ihrer Stellungnahme ausführlich. Auch hier verweist sie auf die Firma *Amazon*, die sich sowohl in Frankreich als auch in Deutschland als Marktführer beim Online-Verkauf von gedruckten Büchern etabliert habe, trotz Preisbindung und trotz der Marktführerschaft der französischen Buchhandelskette *FNAC* auf dem Markt für gedruckte Bücher in Frankreich. Im Gegenteil habe die **digitale Dominanz** von Amazon auf dem französischen Markt den Zugang regionaler Buchhandlungen zu diesem Markt erheblich erschwert. Selbst wenn man aber, so die französische Regierung, überhaupt von grenzüberschreitenden Beschränkungen reden könne, dann seien diese jedenfalls nicht diskriminierend, entsprächen einem zwingenden Grund des Allgemeininteresses, nämlich dem Schutz der kulturellen Vielfalt, sie seien auch angemessen und zur Umsetzung des angestrebten Zieles geeignet und nicht über das hinausgehend, was für die Erreichung dieses Zieles erforderlich sei. 64

Die französische Regierung kann sich auch auf eine Stellungnahme der **französischen Wettbewerbsbehörde** vom 18. Dezember 2009 berufen, in der die Auffassung vertreten wird, dass das Ziel, die Angebotsvielfalt bei Büchern für die Leser beizubehalten, im Rahmen einer Preisregulierung für digitale Bücher verwirklicht werden könne. Auch beruft sie sich auf die **Charta der Grundrechte der Europäischen Union,** seit Inkrafttreten des Vertrages von Lissabon mit gleicher rechtlicher Qualität wie die Verträge der Union, die Achtung der Vielfalt der Kulturen, Religionen und Sprachen verlangt. Sie verweist auch auf Artikel 167 Absatz 4 des AEU-Vertrages. Hiernach habe die Union kulturellen Aspekten zur Wahrung und Förderung der Vielfalt ihrer Kulturen Rechnung zu tragen. Sie sieht sich auch in Übereinstimmung mit dem 2007 in Kraft getretenen Übereinkommen der UNESCO über den Schutz und die Förderung der Vielfalt kultureller Ausdrucksformen, in dem die Gemeinschaft verpflichtet werde, das souveräne Recht der Staaten zu beachten, ihre Kulturpolitik zu formulieren und umzusetzen sowie Maßnahmen zu beschließen, die die Vielfalt kultureller Ausdrucksformen schützen und fördern. Der EuGH habe in seinem Urteil „UTECA" vom 5. März 2009 erstmals Bezug auf das Übereinkommen der UNESCO genommen und anerkannt, dass das hierin genannte Ziel, die kulturelle Vielfalt zu schützen, ein zwingender Grund des Allgemeininteresses sei, der Maßnahmen zur Beschränkung der Niederlassungsfreiheit 65 und des freien Dienstleistungsverkehrs rechtfertige. Auch in der Entscheidung "Libro" im Rechtsstreit zur österreichischen Preisbindung vom 30. April 2009 habe der EuGH erklärt, der Schutz von Büchern als Kulturgut könne als **zwingendes Erfordernis des Allgemeininteresses** angesehen werden, das geeignet sei, Maßnahmen zu rechtfertigen, die in den Verträgen anerkannte wirtschaftliche Freiheiten beschränken, sofern mit ihnen das gesetzte Ziel erreicht werden könne und sie nicht über das hinausgingen, was für die Erreichung dieses Zieles erforderlich sei. Schlussendlich verlange die **EU-Richtlinie über den elektronischen Geschäftsverkehr,** dass Mitgliedsstaaten nicht an Maßnahmen gehindert werden dürften, um soziale, kulturelle und demokratische Ziele unter Berücksichtigung ihrer sprachlichen Vielfalt, der nationalen und regionalen Besonderheiten sowie ihres Kulturerbes zu erreichen.

66 Die französischen Behörden heben auch hervor, dass sich der Verleger als Rechteinhaber an der Schnittstelle zwischen schöpferischem und geschäftlichem Bereich befinde und mit seiner strategischen Stellung in der Kultur- und Kreativwirtschaft zur Festlegung von **Preisniveaus und Preisklassen** geeignet sei, die nicht nur mit der Zahlungsbereitschaft der Leser, sondern auch mit der Vergütung der schöpferischen Tätigkeit vereinbar seien. Dass die Verleger sich hierbei sehr maßvoll verhielten, werde dadurch bestätigt, dass in den letzten zehn Jahren die Entwicklung des Buchpreisindexes in Europa unter dem allgemeinen Verbraucherpreisindex der meisten Länder lag, die eine Buchpreisbindung eingeführt haben. Nach Auffassung der französischen Regierung ist die gesetzliche Buchpreisbindung, deren Grundsätze sich voll und ganz an den Empfehlungen der französischen Wettbewerbsbehörde orientierten, den in den USA und Großbritannien praktizierten Agenturlösungen auf jeden Fall vorzuziehen, wie die französische Kartellbehörde ebenfalls festgestellt habe. Der Handel verliere bei solchen Verträgen seine wichtige Rolle für Empfehlung, Auswahl und Herausstellung von Titeln. Er sei lediglich Ausführender der Geschäftsstrategie des Verlegers und könne die Rolle des **Kulturvermittlers,** die den Buchhändlern zufallen sollte, nur noch schwer erfüllen. Auch wären die kleineren Verlage bei der Vereinbarung von Vertriebsverträgen mit den Hauptakteuren im Einzelhandel in einer viel ungünstigeren Verhandlungsposition als die großen Verlagsunternehmen.

67 Die französische Regierung verteidigt die gesetzliche Regelung auch mit der Notwendigkeit, die digitalen Märkte schnell zu regulieren, jedoch entsprechend den Empfehlungen der französischen Wettbewerbsbehörde in einer weniger verbindlichen Form als bei den Agenturverträgen, um zu verhindern, dass bestimmte Wirtschaftsteilnehmer in kurzer Zeit marktbeherrschende Stellungen einnähmen, wie dies in den USA geschehen sei. Die von der Kommission besonders kritisch beurteilte grenzüberschreitend festgelegte Verpflichtung zur Einhaltung von Ladenpreisen rechtfertigt die französische Regierung mit der eindeutigen Gefahr eines Ungleichgewichtes: andernfalls wären die außerhalb der nationalen Grenzen ansässigen Händler geringeren Verpflichtungen als Händler in Frankreich unterworfen, obwohl es sich um große multinationale Unternehmen mit **Monopolbestrebungen** handele, deren Strategie den Wirtschaftsbereich der schöpferischen Tätigkeit gefährde. Nachteilige Auswirkungen für die Entwicklung des E-Book-Marktes sieht Frankreich in **steuerlicher Ungleichbehandlung** gegenüber gedruckten Büchern. Deshalb senkt das Land, dieser Erkenntnis folgend, den Mehrwertsteuersatz für digitale Produkte ab 1. Januar 2012 von 19,6 % auf den für physische Bücher geltenden Satz, der allerdings zugleich von 5,5 % auf 7 % erhöht wurde.

Die Stellungnahme schließt mit der sehr entschiedenen Folgerung, **68**
die französischen Behörden seien der Meinung,

„dass mögliche Beschränkungen der Niederlassungsfreiheit und des freien Dienstleistungsverkehrs eine begrenzte Tragweite haben und voraussichtlich keine spürbaren Auswirkungen auf den Handel zwischen den Mitgliedsstaaten haben werden. Wenn die Kommission jedoch der Ansicht sein sollte, dass das Gesetz die Niederlassungsfreiheit und den freien Dienstleistungsverkehr einschränkt, könnten die französischen Behörden diese Beschränkungen mit der Begründung rechtfertigen, ein Ziel des Allgemeininteresses zu verfolgen, nämlich den Schutz der kulturellen Vielfalt, wobei das Gesetz über den Preis digitaler Bücher notwendig, angemessen und verhältnismäßig sei, um dieses Ziel zu erreichen."

Die ausführliche Stellungnahme der französischen Regierung zu **69**
den Vorbehalten der Kommission ist eine sehr sorgfältig begründete, mit konkreten Marktdaten belegte überzeugende Bestätigung der Notwendigkeit und Berechtigung, nicht nur der Regulierung des physischen, sondern auch des digitalen Buchmarktes als Weiterentwicklung des Marktes für Print-Produkte. Die positiven Erfahrungen der gesetzlichen Preisbindung für gedruckte Bücher können deshalb auch auf E-Books übertragen werden. Es gelingt der französischen Regierung mit ihren Hinweisen auf die **tatsächlichen Marktverhältnisse** sehr eindrucksvoll, die rein theoretischen Erwägungen der Kommission zur angeblichen Behinderung ausländischer Marktteilnehmer zu widerlegen. Bei zukünftigen Auseinandersetzungen mit Brüssel über die Preisbindung für E-Books wird das, was Frankreich hierzu gesagt hat, auch in anderen Ländern von

großer Bedeutung sein. Wie in Deutschland kommt es darauf an, dass das Werk geeignet ist, ein gedrucktes Buch zu substituieren. Alle Verlage, die E-Books herausgeben, sind verpflichtet, einen Ladenpreis festzusetzen und zu veröffentlichen. Die Preisbindung gilt für alle Händler, die in Frankreich E-Books anbieten.

70 Aufgrund der grenzüberschreitenden Wirkung dieser Regelung bleiben weitere Auseinandersetzungen mit der EU-Kommission möglich. Die Befürworter der grenzüberschreitenden Regelung können sich auf die EuGH-Entscheidung zur österreichischen Buchpreisbindung vom 30. April 2009 stützen, in der das Gericht in Übereinstimmung mit der Kommission grenzüberschreitende Beschränkungen des freien Warenverkehrs durch nationale Buchpreisbindungsgesetz aus kulturpolitischen Gründen für zulässig erklärte, wenn dies zur **Vermeidung einer Inländerdiskriminierung** notwendig sei. Auch könnten Maßnahmen erlaubt sein, wenn sie der Erhaltung des Kulturguts Buch als zwingendem Erfordernis des Allgemeinguts dienten und nicht durch weniger einschneidende Maßnahmen – die im Falle grenzüberschreitenden Verkaufs von Buchdateien nicht ersichtlich sind – erreicht werden könnten (EuGH GRUR 2009, 792 ff.; vgl. auch oben Rn. 29 ff.). In zwei ausführlichen schriftlichen Äußerungen gegenüber der französischen Regierung im Februar 2011 hat die Kommission allerdings in Frage gestellt, dass die grenzüberschreitende E-Book-Preisbindung ein geeigneter oder gar notwendiger Weg sei, die angestrebten kulturpolitischen Ziele zu erreichen. Das französische Parlament hat sich dem Druck der Kommission jedoch nicht gebeugt und die gesetzliche Buchpreisbindung auf E-Books ausgedehnt. Das Gesetz ist am 11. November 2011 in Kraft getreten.

71 **4. Großbritannien.** In Großbritannien ist die vertikale Festsetzung für Preise bei allen Waren grundsätzlich verboten. Gem. Sec. 14 (1) und (2) Resale Prices Act 1976 kann der Restrictive Practice Court jedoch Ausnahmen zulassen, wenn ohne Preisbindungssystem bestimmte Nachteile für die Allgemeinheit zu befürchten wären. Solche Ausnahmeverfügungen ergingen in den Jahren 1962, 1964 und 1968 für das britische Buchpreisbindungssystem, das Net-Book-Agreement von 1957. Dieses beruhte auf einer Vereinbarung der britischen Verleger, Bücher nicht unterhalb des festgesetzten Preises zu verkaufen und diese Preisbindung durchzusetzen. Im Jahre 1995 sagte sich jedoch ein Großteil der Verleger vom Net-Book-Agreement los und setzte dieses damit faktisch außer Kraft. Den endgültigen Todesstoß erhielt die Preisbindung in Großbritannien durch die Entscheidung des Restrictive Practice Court, der am 13. März 1997 seine Ausnahmeverfügungen aufhob und dem Net-Book-Agreement damit

die rechtliche Grundlage entzog (*Obert*, S. 4). Seitdem gibt es in Großbritannien keine gebundenen Ladenpreise für Bücher mehr.

5. Niederlande und Belgien. In den Niederlanden gilt seit 2005 eine gesetzliche Regelung des Buchpreises, das den Gesetzen in Frankreich, Österreich und Deutschland nachgebildet wurde. Zweck des Gesetzes ist die Gewährleistung eines möglichst dichten Netzes von Buchhandlungen und die Aufrechterhaltung einer möglichst großen **Titelvielfalt.** Auch in den Niederlanden hat der Verleger oder Importeur den Buchpreis festzusetzen. Wie in Deutschland ist dieser Preis ein Fixpreis, von dem nur in den normierten Ausnahmefällen abgewichen werden kann. In Belgien besteht seit dem VBBB/VBVB-Urteil des EuGH vom 17. 01. 1984 keine Buchpreisbindung mehr (*Hanreich/Kuschej/Grohall,* S. 45 f.). **72**

6. Spanien. In Spanien besteht seit 1975 eine gesetzliche Regelung zur Buchpreisbindung, die mehrfach novelliert wurde. 2007 trat ein neues Buchpreisbindungsgesetz in Kraft. Die Verleger sind verpflichtet, die Endpreise festzulegen und auf den Büchern auszuzeichnen. Der Preis ist von den Buchhandlungen als **Fixpreis** einzuhalten. Im Falle von Importen werden die Buchpreise vom Importeur festgesetzt und sind vom Handel einzuhalten. Ziel des Gesetzes ist auch hier die Gewährleistung einer flächendeckenden Versorgung der Bevölkerung mit Büchern, die Aufrechterhaltung der Verlags- und Titelfreiheit und ausdrücklich auch die Gewährleistung der Meinungsfreiheit und Meinungsvielfalt und die Förderung des Lesens in der Bevölkerung (*Hanreich/Kuschej/Grohall,* S. 46). **73**

7. Italien. Bis 2005 galt in Italien ein Vereinbarung zwischen dem Buchverleger- und dem Buchhändlerverband über die Einhaltung der Preisbindung. Am 1. 01. 2005 trat ein Buchpreisbindungsgesetz nach dem **Vorbild** Frankreichs, Österreichs und Deutschlands in Kraft (*Hanreich/Kuschej/Grohall,* S. 46). **74**

8. Preisbindung in weiteren europäischen Staaten. In Griechenland und Portugal bestehen ebenfalls **Preisbindungssysteme** auf **gesetzlicher Basis.** In Dänemark, Norwegen und Ungarn sind Buchpreisbindungen privatrechtlich organisiert (*Hanreich/Kuschej/Grohall,* S. 47). **75**

9. USA. Der amerikanische Buchmarkt ist mit dem deutschen auf Grund gänzlich unterschiedlicher Traditionen und Strukturen kaum vergleichbar. Das Buch gilt als **Ware** wie andere auch, Bestrebungen zur Einführung einer Preisbindung haben sich im Hinblick auf das amerikanische Antitrustrecht nie durchsetzen können. Die Möglichkeit der Preisempfehlung wird auch von den amerikani- **76**

schen Verlagen genutzt, sie ist in einem überaus harten Preiswettbewerb jedoch vielfach nicht mehr als ein **Marketinginstrument** der Buchhandelsketten. Die Verlagslandschaft ist in den USA von Konzentration geprägt, im Buchhandel haben große Buchkaufhäuser („Superstores") die kleinen Buchhandlungen fast völlig verdrängt und beherrschen den Markt. Große Buchhandelsketten bestimmen auf Grund ihrer Marktmacht durch ihre Einkaufspolitik über Erfolg oder Misserfolg von Neuerscheinungen: Was keinen Verkaufserfolg verspricht, wird nicht gelistet, was nicht gelistet wird, wird kein Erfolg. Hierdurch regieren die **Buchketten** die Programmentscheidungen der Verlage, die Titelgebung und Covergestaltung, auch lassen sie sich den Platz im Regal von den Verlagen bezahlen. Umgerechnet auf die Bevölkerungszahl werden in den USA rund 480 Novitäten pro Million Einwohner verlegt, in Deutschland sind es 1.120. Zudem hat die bestsellerträchtige Sparte der populären Belletristik mit über 50% einen deutlich höheren Marktanteil als in Deutschland (ca. 30%). Die Zahlen bestätigen die Erwartungen, die man an Länder mit und ohne Buchpreisbindung stellt: Im Verhältnis gibt es in den USA ein größeres Marktvolumen mit größeren Auflagen, weniger Neuerscheinungen und geringen Preisen. Als Folge der Preisbindung ist hingegen in Deutschland die Zahl der Verlage, der Buchhandlungen und der Neuerscheinungen gemessen an der Einwohnerzahl deutlich größer (*Pfuhl,* S. 11 f.).

VI. Gesetzgebungskompetenz

77 Die Gesetzgebungskompetenz des Bundes für das BuchPrG ergibt sich aus Art. 74 Abs. 1 Ziff. 11, 72 Abs. 2, 2. Alt. GG. Der Begriff „Recht der Wirtschaft" ist nach der ständigen Rechtsprechung des Bundesverfassungsgerichts weit auszulegen (BVerfGE 41, 344, 352; 55, 274, 308). Dieses Sachgebiet umfasst alle das wirtschaftliche Leben und die wirtschaftliche Betätigung als solche regelnden Vorschriften, die sich in irgendeiner Form auf die Erzeugung, Herstellung und Verteilung von Gütern des wirtschaftlichen Bedarfs beziehen (BVerfGE 8, 143, 148 f.). Die Vorschriften des BuchPrG sind auf den Vertrieb des Wirtschafts- (und Kultur-)gutes Buch bezogen. Deshalb werden sie von dem Sachgebiet **„Recht der Wirtschaft"** umfasst. Dieses Sachgebiet umfasst nach der Rechtsprechung auch Gesetze, die ordnend und lenkend in das Wirtschaftsleben eingreifen (BVerfGE 4, 7, 13). Daher zählt das Bundesverfassungsgericht hierzu auch die Bestimmungen über den wirtschaftlichen Wettbewerb (BVerfGE 26, 246, 254). Das BuchPrG dient der Wahrung der Wirtschaftseinheit. Ziel ist die Schaffung bundesweit einheitlicher Bedin-

gungen für den Vertrieb von Büchern. Auch ist der Bund i. S. d. Art. 72 Abs. 2 GG zur Inanspruchnahme der Gesetzgebungskompetenz berechtigt: Die Gewährleistung einer bundesweit flächendeckenden Versorgung aller Bevölkerungsschichten mit Büchern als dem bedeutendsten Kulturgut liegt im gesamtstaatlichen Interesse. Die Preisbindung führt auch dazu, dass eine Vielzahl kleiner und mittlerer Verlage und ein dichtes Netz von Buchhandlungen auf dem Markt existieren können. Sie gewährleistet ein vielfältiges Angebot und das Erscheinen auch von Büchern, die kulturell bedeutsam, jedoch nur für kleine Leserkreise von Interesse sind. Der Markt für Bücher ist dabei nicht von den Besonderheiten eines Bundeslandes geprägt. Die Regelungen des BuchPrG sind auch notwendig, um das Ziel der **flächendeckenden Versorgung der Bevölkerung** zu erreichen, wofür das Bestehen eines breit strukturierten und effizient organisierten Buchmarktes Voraussetzung ist. Durch die Preisbindung wird ein moderates Preisniveau für die Breite des Buchangebots gesichert. Das Gesetz verhindert insgesamt eine Negativentwicklung, die im gesamten Bundesgebiet in gleicher oder ähnlicher Weise zu befürchten wäre. Landesrechtliche Regelungen zur Buchpreisbindung wären sinnlos. Die Gesetzgebungskompetenz des Bundes zur Änderung des § 15 GWB a. F. (jetzt: § 30 GWB) ergibt sich ebenfalls aus Art. 74 Abs. 1 Ziff. 11 in Verbindung mit Art. 72 Abs. 2, 2. Alt. GG. Die Änderung war erforderlich, weil sie der Anpassung des § 15 Abs. 1 GWB a. F. an die Rechtsprechung des Bundesgerichtshofes zum Begriff der „Verlagserzeugnisse" diente. Dies musste bundeseinheitlich kodifiziert werden.

§ 2 Anwendungsbereich

(1) **Bücher im Sinne dieses Gesetzes sind auch**

1. **Musiknoten,**
2. **kartographische Produkte,**
3. **Produkte, die Bücher, Musiknoten oder kartographische Produkte reproduzieren oder substituieren und bei Würdigung der Gesamtumstände als überwiegend verlags- oder buchhandelstypisch anzusehen sind sowie**
4. **kombinierte Objekte, bei denen eines der genannten Erzeugnisse die Hauptsache bildet.**

(2) **Fremdsprachige Bücher fallen nur dann unter dieses Gesetz, wenn sie überwiegend für den Absatz in Deutschland bestimmt sind.**

(3) **Letztabnehmer im Sinne dieses Gesetzes ist, wer Bücher zu anderen Zwecken als dem Weiterverkauf erwirbt.**

Übersicht

I. Gesetzgeberischer Zweck

1 In § 2 Abs. 1 und 2 wird definiert, welche Verlagserzeugnisse unter das Buchpreisbindungsgesetz fallen. Da die Preisbindung immer nur im Verhältnis zum **Letztabnehmer** gilt, enthält Abs. 3 auch hierzu eine Definition. Nach § 15 GWB a. F. waren „Verlagserzeugnisse" preisbindungsfähig und damit vom Verbot von Preisvereinbarungen gem. § 14 GWB ausgenommen. Verlagserzeugnisse waren danach solche Erzeugnisse, die traditionsgemäß durch den Buchhandel vertrieben wurden. Hierzu gehörten Bücher, Zeitungen und Zeitschriften, Musikalien, Bildkalender und Kunstblätter, aber auch Atlanten, Landkarten, Globen, Ansichts- und Glückwunschkarten, sogar Schnittmuster (*Franzen,* Rn. 35). Später hat der BGH den Begriff des Verlagserzeugnisses ausgedehnt und darunter auch neuartige Produkte gefasst, wenn und soweit durch sie **herkömmliche Verlagserzeugnisse substituiert** würden (BGH NJW 1997, 1911, 1914 – NJW auf CD-ROM). Das „Gesetz zur Regelung der Preisbindung bei Verlagserzeugnissen" bezieht sich seinem Titel nach zwar auf Verlagserzeugnisse, erwähnt diesen Begriff selbst indes nicht mehr. Das Gesetz unterscheidet nur noch zwischen **„Büchern"** i. S. d. § 2 Abs. 1, die nach den Regelungen des BuchPrG preisgebunden sein müssen, und **„Zeitungen und Zeitschriften"** die nach § 15 Abs. 1 GWB a. F. (jetzt: § 30 GWB) von den Verlagen gebunden werden können. Dies bedeutet, dass einige bislang preisbindungsfähige Verlagserzeugnisse, die weder „Buch" im vom Gesetz definierten weiten Sinne, noch Zeitung oder Zeitschrift sind, künftig zwingend von der Preisbindung ausgeschlossen sind. Hierzu gehören insbesondere die bereits erwähnten Bildkalender (sofern sie keine Bücher sind), Kunstblätter, Ansichts-, Glückwunsch- und Spielkarten sowie Schnittmuster. Nach dem Willen des Gesetzgebers sollen die von der Rechtsprechung

entwickelten Definitionen insbesondere zu Abgrenzungsfragen ihre Gültigkeit behalten (Begründung zu § 2, BT-Drucks. 14/9196, S. 10).

II. Was unterliegt der Preisbindung?

1. Bücher. Das BuchPrG bezieht sich in erster Linie auf Bücher, 2
wobei der Gesetzgeber dies für so selbstverständlich hielt, dass eine ausdrückliche Einbeziehung von Büchern in den Anwendungsbereich des Gesetzes in § 2 unterblieben ist. Das Gesetz beschränkt sich auf die Festlegung derjenigen Produkte, die wie Bücher behandelt werden und demgemäß unter das BuchPrG fallen. Ein Buch ist eine in einem Umschlag oder Einband durch Heftung oder Klammerung zusammengefasste Anzahl von bedruckten Papierblättern oder Bogen. Bücher sind demnach insbesondere solche mit festem Einband, aber auch Taschenbücher, Paperback-Ausgaben, Reader, Comics etc. Ob ein Buch vorliegt, ist nach dem der **Buchkultur** zugeneigten Sinn und Zweck des Gesetzes zu beurteilen: Ein Buch besteht regelmäßig aus Text und ist zumeist urheberrechtlich schutzfähig. Weitere Anhaltspunkte sind die Aufmachung sowie das Vorhandensein von **Paratexten** wie Titel, Verlagsangaben, Inhaltsverzeichnis, Vorwort, Nachwort, Index etc. Ein Buch hat zudem regelmäßig eine ISBN und ist für die Dauer der Preisbindung zumeist im Verzeichnis lieferbarer Bücher (VlB) ausgewiesen. Durch ihre Inhalte geprägte Buchkalender (Themenkalender, z. B. Literaturkalender) sind daher preisgebunden. Bildkalender sind dagegen keine Bücher, da es ihnen an einem Einband oder Umschlag mangelt. Der Preisbindung unterliegen auch **Lose-Blatt-Sammlungen** und deren Nachlieferungen, die als Buchbestandteile zur Einfügung in das Grundwerk vorgesehen sind (vgl. Ausschussberatungen, BT-Drucks. 14/9422, S. 11). Unter das BuchPrG fallen nur solche Bücher, die als **verlags- oder buchhandelstypisch** anzusehen sind, also aus Verlagen stammen und sich für den Vertrieb über den Buchhandel eignen: Keine Bücher sind demgemäß reine Notizbücher, Terminkalender, Werbebroschüren, private Dissertationsdrucke, Formularblätter sowie Akademie-, Vereins- und Firmenschriften oder Bücher aus „Selbstverlagen". Auf einen urheberrechtlichen Schutz oder die urheberrechtliche Schutzfähigkeit kommt es grundsätzlich nicht an (*Klosterfelde/Metzlaff*, LB, 9. Aufl., § 15 Rn. 15). Unschädlich ist auch der Vertrieb der Bücher über Verkaufsstellen außerhalb des Buchhandels, wie etwa über Großmärkte. Der Preisbindung unterliegen demgemäß auch die Bücher solcher Verlage, die großteils oder ausschließlich über solche **Nebenmärkte** verkaufen. Entscheidend ist lediglich, dass die Erzeugnisse als Bücher zum tradi-

tionellen Sortiment des Buchhandels und des buchhändlerischen Vertriebssystems gehören.

3 **2. Musiknoten (Abs. 1 Nr. 1).** Zu den Büchern im Sinne des BuchPrG gehören auch Musiknoten. Diese waren bis zum Inkrafttreten des BuchPrG auch nach § 15 GWB a. F. preisbindungsfähig (BGH NJW 1997, 1911, 1912 – NJW auf CD-ROM). Obwohl sie keine Bücher sind, werden sie in preisbindungsrechtlicher Hinsichtlich als solche behandelt und unterfallen dem Anwendungsbereich der Preisbindung. Musiknoten sind Vervielfältigungen von Werken der Musik, die grafisch, fotografisch, durch Fotokopie, Lichtpausverfahren, Mikrokopie oder handschriftlich hergestellt sind. Auf die äußere Gestalt und die Verarbeitung kommt es nicht an. Sammlungen von Liedern, Chören oder Notenkartenspielen fallen daher ebenfalls unter den Begriff der Musiknoten (Begründung zu § 2 Abs. 1, BT-Drucks. 14/9196, S. 10). Das österreichische Buchpreisbindungsgesetz bezieht in den Anwendungsbereich des § 1 hingegen „Musikalien" ein. Damit sind jedoch ebenfalls nur Noten, also gedruckte Musikwerke unabhängig von der Form gemeint, nicht etwa Tonträger (*Tonninger,* § 1 Rn. 7; *Sehrschön/Willheim*, S. 6).

4 **3. Kartographische Produkte (Abs. 1 Nr. 2).** Das Gesetz ordnet die Preisbindung auch für kartographische Produkte an. Hierunter versteht man maßstäbliche **Wiedergaben der Erdoberfläche** auf Grund von Vermessungen, Berechnungen oder fotogrammetrischen Aufnahmen. Der Preisbindung unterliegen damit insbesondere Atlanten, Landkarten (einschließlich See- und Luftfahrtkarten) und Globen (*Franzen*, Rn. 35).

5 **4. Buchnahe Produkte (Abs. 1 Nr. 3).** Der Preisbindung unterliegen auch solche Produkte, die **Verlagserzeugnisse reproduzieren oder substituieren.** Voraussetzung ist, dass sie bei Würdigung der Gesamtumstände als **überwiegend verlags- oder buchhandelstypisch** anzusehen sind. Voraussetzung ist weiterhin, dass es sich um ein zum Lesen bestimmtes Produkt handelt, sonst ist es im Sinne des Gesetzes nicht „buchnah". Die Regelung ist alternativ ausgestaltet, wobei es für die Preisbindung unschädlich ist, wenn ein Produkt ein Verlagserzeugnis sowohl reproduziert als auch substituiert. Diese Regelung entspricht § 30 Abs. 1 Satz 2 GWB für die Preisbindung von Zeitungen und Zeitschriften. Das deutsche BuchPrG unterscheidet sich insoweit vom österreichischen, das die Preisbindung dem Wortlaut nach lediglich auf das klassische Buch in Druckform beschränkt (*Sehrschön/Willheim*, S. 6; für eine Preisbindung der E-Books auch in Österreich *Tonninger,* § 1 Rn. 9 ff.). Der deutsche

Gesetzgeber beabsichtigte ausdrücklich eine Kodifizierung der bisher hierzu ergangenen Rechtsprechung des Bundesgerichtshofs. Grundsätzlich muss danach bei jedem einzelnen Erzeugnis nach seinem Inhalt, seinem Zweck, der überkommenen Herstellungsweise und Vertriebsmethode geprüft werden, ob es gerechtfertigt ist, dieses in die Preisbindung einzubeziehen (BGH GRUR 1977, 506 ff. - Briefmarkenvordruckalben). Der Begriff des „Buches" i. S. d. Abs. 1 ist demgemäß auch „für neue technische Entwicklungen offen und erfasst grundsätzlich auch neuartige Produkte, wenn und soweit durch sie herkömmliche Verlagserzeugnisse substituiert werden" (BGH NJW 1997, 1911, 1913 – NJW auf CD-ROM). Die Bedeutung des **Vertriebsweges** tritt daher zumindest bei neu eingeführten Produkten zurück, da noch nicht abzusehen ist, über welche Vertriebswege solche Produkte in erster Linie abgesetzt werden.

a) Reproduktionen. Der Preisbindung unterfallen auch die Wiedergaben und Nachbildungen von Büchern, Musiknoten oder kartographischen Produkten mittels regelmäßig graphischer, photomechanischer oder digitaler Vervielfältigungsverfahren. Auf die **Art und Weise der Herstellung** kommt es nicht maßgeblich an. Insbesondere erfolgt keine Beschränkung auf Produkte, die aus bedrucktem Papier bestehen, weshalb auch digitale Buchversionen – E-Books – als Reproduktionen anzusehen sind (BGH NJW 1997, 1911, 1912 f. – NJW auf CD-ROM). Viele Reproduktionen – etwa Reprints oder Faksimiles – unterliegen als selbstständige Bücher, Musiknoten oder kartographische Produkte ohnehin der Preisbindung. Die Regelung des Abs. 1 Nr. 3 zielt demgemäß nur auf solche Reproduktionen ab, die ihrerseits keine selbstständigen Bücher, Musiknoten oder kartographischen Produkte sind. Der Preisbindung unterliegen demgemäß die Briefmarkenvordruckalben (BGH WuW/E 1463) sowie stark verkleinerte Wiedergaben von Originalen auf belichtetem Transparentmaterial wie Mikrofilm und Mikrofiche (*Franzen,* Rn. 36). Alle Mikroausgaben erfordern spezielle Lesegeräte, haben aber regelmäßig eine mit bloßem Auge lesbare Titel- und Inhaltsangabe. Sprachkassetten und Hörbücher sind als Tonträger nicht zum Lesen bestimmt und daher nicht preisgebunden (Begründung zu § 2 Abs. 1, BT-Drucks. 14/9422, S. 11). Nicht unter die Preisbindung fallen zudem Lernmittel wie Karteikarten, Schablonen und Diapositive, da sie keine Reproduktionen von Büchern i. S. d. Abs. 1 Nr. 1 und 2 darstellen. 6

b) Substitutionen. In seiner richtungsweisenden Entscheidung „NJW auf CD-ROM", auf welcher die gesetzliche Regelung nun basiert, hat der BGH einer textorientierten **CD-ROM** die Preisbin- 7 dungsfähigkeit zuerkannt und sich zugleich gegen eine historisch-restriktive und für eine entwicklungsoffene Interpretation des Begriffes des Verlagserzeugnisses entschieden. Das Urteil ist überwiegend auf Zustimmung gestoßen (*Bunte,* NJW 1997, 3127 ff.; *Fezer,* NJW 1997, 2150 ff.; abl.: *Ahrens/Jänich,* GRUR 1998, 599 ff.) Gegen die Entscheidung wurde eingewandt, das Privileg der Preisbindung könne nur Büchern und sehr buchnahen Produkten zugute kommen, da der Gesetzgeber aus kulturpolitischen Erwägungen nur diese Verlagserzeugnisse vom Verbot der Preisbindung habe ausnehmen wollen. Die Argumente zum Schutze des „Kulturgutes Buch" griffen bei einem Datenträger nicht durch (*Ahrens/ Jänich*, GRUR 1998, 599 f.). Durch § 2 Abs. 1 Ziff. 3 BuchPrG ist nun gesetzlich festgelegt, dass auch **Buchsubstitute** zu den von der Buchpreisbindung erfassten Produkten gehören. Dabei ist festzuhalten, dass die Produkte der neuen Kommunikationstechnologie und solche, die Buchbearbeitungen darstellen, nicht allgemein als preisbindungsfähig angesehen werden können. Denn dann wäre auch eine Vielzahl von Film-Videos, Märchenkassetten etc. im Preis zu binden, was dem Zweck der Preisbindung widerspräche (*Fezer,* WRP 1994, 669, 676).

8 Für die Anwendung der Preisbindung kommt es also darauf an, ob ein Produkt nach seiner Eigenart dazu bestimmt ist, Bücher, Musiknoten oder kartographische Produkte zu ersetzen. Entscheidend ist, ob das neue technische Produkt grundsätzlich geeignet ist, die auf ein herkömmliches, gedrucktes **Schrifterzeugnis** gerichtete Nachfrage ganz oder teilweise zu befriedigen. Ein Produkt ist dann als Buchsubstitut im Preis zu binden, wenn es Lesestoff, Noten oder Kartenmaterial enthält, die dem Benutzer typischerweise in herkömmlichen Druckerzeugnissen zur Verfügung stehen (BGH NJW 1997, 1911, 1913 – NJW auf CD-ROM). Die **Schrift,** die Lesbarkeit oder Bildhaftigkeit des neuen Produkts ist dabei unverzichtbar (*Fezer,* WRP 1994, 669, 676). Dabei reicht es aus, dass die substituierende Wirkung eines Produkts nach dessen Eigenart zu bejahen ist: Es bedarf daher keines vorab erschienenen, gedruckten Buchäquivalents. Voraussetzung ist lediglich, dass das substituierende Produkt ein Erzeugnis darstellt, das auch als Buch, Musikalie oder als kartographisches Produkt **vorstellbar** wäre. Ob ein solches tatsächlich in herkömmlicher Form existiert, ist hingegen nicht von Bedeutung (a. A. *Huppertz,* GRUR 1998, 990). Dies wird insbesondere bei der Anwendung des § 30 Abs. 1 Satz 2 GWB augenfällig: Viele Fachzeitschriften erscheinen gar nicht mehr in gedruckten Ausgaben. Die digital verfügbaren Ausgaben ersetzen somit gar nicht vorhandene Druckausgaben, sind aber dennoch geeignet, die insoweit bestehende Nachfrage zu befriedigen. Der Preisbindung unterliegen somit insbesondere textorientierte CD-ROM, die aber durchaus auch über Datenbanken und Suchfunktionen verfügen können (BGH NJW 1997, 1911, 1913 – NJW auf CD-ROM).

aa) E-Books. Unter E-Books versteht man **Buchinhalte in digitaler Form,** nicht hingegen die hierfür notwendigen Lesegeräte. Im Regelfall werden sie über Internet-Angebote von Verlagen oder Händlern und damit „online" vertrieben. Aber auch ein auf elektronisch lesbarem Datenträger befindliches Buch ist per definitionem ein „E-Book". Nicht jede digital gespeicherte Information ist ein E-Book: Um ein Buch zu substituieren, muss die elektronische Version dem **gedruckten Buch ähnlich** sein, bedarf es nicht nur der Übernahme des kompletten Buchinhalts, sondern auch einer dem Buch entsprechenden **Ausstattung.** Anhaltspunkte hierfür sind regelmäßig das Vorhandensein von Seitenangaben und **Paratexten** (wie z. B. Titel, Verlagsangaben, Inhaltsverzeichnis, Vorwort, Kapitelüberschriften, Nachwort, Stichwortverzeichnis etc.). **Multimediale Inhalte** nehmen dem E-Book die Bindungsfähigkeit, wenn die multimedialen Faktoren im Verhältnis zum Text mehr als eine untergeordnete, veranschaulichende, die Wahrnehmung erleichternde oder sonstwie dienende Funktion haben. Wegen der guten Recherchemöglichkeiten auch bei großen Datenmengen haben sich E-Books zunächst im Bereich der Fachliteratur durchsetzen können. Mit dem Aufkommen attraktiver Lesegeräte hat das E-Book seinen Siegeszug aber auch in den anderen Bereichen des Buchmarktes angetreten. 9

Das Gesetz sieht die **Einbeziehung der E-Books** in die Preisbindung vor. Mit der Normierung von § 2 Abs. 1 Nr. 3 BuchPrG hat der Gesetzgeber das BGH-Urteil zur Preisbindung von CD-ROM (BGH NJW 1997, 1911 ff. – NJW auf CD-ROM) kodifiziert. Der BGH hatte seinerzeit entschieden, dass der Begriff des preisgebundenen Verlagserzeugnisses für neue technische Entwicklungen offen sei und grundsätzlich auch neuartige Produkte erfasse, wenn und soweit „durch sie herkömmliche Verlagserzeugnisse substituiert werden". Mit dieser Grundsatzentscheidung öffnete der Bundesgerichtshof seinerzeit die Preisbindung für elektronische Bücher. Indem sich der **Gesetzgeber** zur Festlegung der Kriterien, welche Produkte Verlagserzeugnisse reproduzieren oder substituieren, ausdrücklich auf die genannte BGH-Entscheidung bezog (Begründung zu § 2 Abs. 1, BT-Drucks. 14/9196, S. 10) verfolgte er explizit den Zweck, elektronische Bücher in den Kreis der nach § 5 Abs. 1 vom Verlag zu bindenden Buchprodukte aufzunehmen. Dies ist auch deshalb von Bedeutung, weil der Bundesgerichtshof mit dieser Entscheidung eine vorsichtige Aufweichung des zuvor bestehenden Grundsatzes vor- 10 nahm, wonach nur solche Produkte als Verlagserzeugnisse preisgebunden sein konnten, die auch über den **traditionellen Buchhandel** vertrieben wurden (so noch BGH NJW 1967, 343 – Schallplatten I; BGH GRUR 1977, 506 f. – Briefmarkenalben). Bei neu eingeführten Produkten jedoch ließe sich häufig noch nicht absehen, über welche Vertriebswege eine solche Ware in erster Linie abgesetzt werden würde. Auch sei zu beachten, dass sich künftige Vertriebswege neuer Produkte auch danach ausrichten würden, ob eine Preisbindung bestehe oder nicht. Bei neuartigen Buchprodukten könne daher nur eingeschränkt auf eine für den Buchhandel typische Vertriebsmethode abgestellt werden, vielmehr komme es für die Preisbindung darauf an, „ob das neue Produkt nach seiner Eigenart bestimmt ist, herkömmliche Verlagserzeugnisse zu ersetzen" (BGH NJW 1997, 1911, 1913 – NJW auf CD-ROM). Auf diese Formulierung nimmt der aktuelle Gesetzestext Bezug, wonach zu den Büchern auch Produkte gehören, die Bücher „reproduzieren oder substituieren".

11 Es kann kein wirklicher Zweifel daran bestehen, dass die **E-Book-Version** etwa eines Romans ein Produkt ist, das ein Buch sowohl reproduziert als auch **substituiert.** Weiter kann kein Zweifel daran bestehen, dass dieses Buchprodukt bei Würdigung der Gesamtumstände „als überwiegend **verlags- oder buchhandelstypisch** anzusehen" ist. Dennoch wird eingewandt, die Buchpreisbindung müsse nach Sinn und Zweck auf körperliche Trägermedien beschränkt bleiben, um das Buch in einer zunehmend flüchtigen digitalen Welt mit verschwimmenden Grenzen medialer Formen erkennbar zu lassen (*Jungermann/Heine,* CR 2000, 526, 532 f.). Auch werde die Distribution von E-Books nicht mehr von den Buchhändlern sondern den Verlagen selbst vorgenommen (*Wandtke/Kitz,* Kap. 2.6 Rn. 327) oder eigne sich gar nicht für den Buchhandel (*Heuer,* AfP 2006, 535, 536; *Hess,* AfP 2011, 223 ff.). Eine Herauslösung der E-Books aus dem Katalog der preiszubindenden Verlagserzeugnisse ist indes weder mit dem Wortlaut des Gesetzes noch mit dessen in der Gesetzesbegründung zum Ausdruck kommenden Zweck vereinbar. E-Books sind „verlagstypisch", da sie im Regelfall von Verlagen verbreitet werden und dort nur eine andere - dem Taschenbuch vergleichbare - Nutzungsart des Werkes darstellen. Auch lässt sich bei neuen Produkten häufig noch nicht absehen, über welche Vertriebswege der Absatz erfolgt. Derzeit werden E-Books überwiegend über **Internet-Versandbuchhändler** und – in geringerem Umfang - im Direktvertrieb der Verlage verkauft. Der Vertrieb erfolgt also im Rahmen des Buchhandels, zu welchem selbstverständlich auch die Verlage und die Versand- und Online-Buchhändler gehören. Mit der gesetzlichen Regelung in § 2 Abs. 1 Ziff. 3 BuchPrG unvereinbar

ist daher die Auffassung von *Hess,* die Preisbindung von E-Books sei gesetzlich verboten, weil E-Books sich nicht zum Vertrieb über den stationären Buchhandel eigneten (AfP 2011, S. 223 ff.). *Hess* übersieht, dass eine Preisbindung für E-Books zu bejahen ist, wenn diese bei Würdigung der Gesamtumstände als verlags- *oder* buchhandelstypisch anzusehen sind. *Hess* übersieht ferner, dass auch der Online-Buchhandel ein bedeutender Teilmarkt des Buchhandels ist. Gleichzeitig drängen mit Firmen wie *Apple* und *Google* Verkäufer von E-Books in den Markt, die nicht aus dem klassischen Buchhandel stammen und keine gedruckten Bücher verkaufen. Der in § 1 BuchPrG normierte Zweck der Buchpreisbindung kann nur mit einem breit gefächerten Verlagsbuchhandel erreicht werden; dies soll nach dem Willen des Gesetzgebers durch die Erhaltung der Preishoheit der Verlage auch auf dem **Zukunftsmarkt** der E-Books gelten. Daher entspricht die Einbeziehung der E-Books in den Geltungsbereich des Gesetzes auch dessen Zweck (LB/*Bahr,* Anhang zu § 30 GWB, § 2 Rn. 6).

Aus der Anwendbarkeit des Preisbindungsgesetzes auf E-Books 12
folgt zunächst die Verpflichtung der Verlage gem. § 5 Abs. 1 S. 1 BuchPrG, auch die von ihnen vertriebenen E-Books im Preis zu binden und - sofern sie die E-Books über den Handel verbreiten - den Preis in geeigneter Weise bekannt zu machen. Da es sich bei einem E-Book um ein **selbständiges Buchprodukt** handelt, sind die Verlage dabei nicht an den Preis der Printausgabe gebunden. Häufig liegt der für die elektronische Buchausgabe fest gesetzte Preis unterhalb der günstigsten gedruckten Ausgabe (Taschenbuch-Ausgabe). Einige Verlage unterschreiten diese Grenze deutlich, um sich dem häufig niedrigen Preisniveau bei Internet-Downloads anzupassen. Andere wiederum überschreiten die Preise der Printausgaben, um deren Verkauf zu stützen. Nach einer Studie aus 2011 empfinden deutsche Leser 67% des Printpreises als „fair". In den USA, in denen die E-Book-Nutzung bereits deutlich verbreiteter ist als in Deutschland, wird von den Kunden ebenfalls ein Preisabschlag von rund einem Drittel befürwortet (*Buchreport* Nr. 34 vom 25.08.11, S. 9). Die Preisfestsetzung für E-Books ist dabei nicht nur ein interner Vorgang, sondern muss derart bekannt gemacht werden, dass jeder Händler den Preis problemlos ermitteln kann. Das setzt regelmäßig die Vergabe einer eigenen ISBN für jedes E-Book und deren Meldung an das VlB sowie die einschlägigen Kataloge und Datenbanken voraus. Der E-Book-Preis ist dann gesondert dort auszuweisen. Ist das E-Book vom Verlag wirksam im Preis gebunden worden, so sind die Buchhändler **gesetzlich verpflichtet,** den Preis beim Verkauf an Endabnehmer einzuhalten (§ 3 S. 1 BuchPrG).

13 Dabei ist die Frage zu klären, ob **unterschiedliche Ausgabeformate** (pdf, E-Pub etc.) auch mit unterschiedlichen Preisen gebunden werden können. Dies ist regelmäßig zu verneinen: Es ist mit der Preisbindung nicht vereinbar, wenn es für vergleichbare elektronische Buchausgaben je nach Ausgabegerät und dem dafür erforderlichen Format unterschiedliche Preise gäbe. Ein solches Ergebnis wäre nur ausnahmsweise und bei Vorliegen eines den unterschiedlichen Preis rechtfertigenden sachlichen Grundes denkbar (§ 5 Abs. 5 BuchPrG).

14 Angesichts der oben skizzierten unterschiedlichen Vertriebsformen elektronischer Bücher ist die Abgrenzung wichtig, was als E-Book anzusehen ist und was nicht. Nach dem Gesetzeswortlaut sind nur solche Produkte preisgebunden, die Bücher „reproduzieren oder substituieren", was nur bei einem vollständigen Buch der Fall ist. **Buchausschnitte** und **einzelne Kapitel** sind daher grundsätzlich nicht preisbindungsfähig. Damit fällt die Gewährung bloßer Zugriffsberechtigungen auf Buchinhalte im Rahmen von **Online-Datenbanken** aus dem Anwendungsbereich des Preisbindungsgesetzes heraus (*Wegner/Wallenfels/Kaboth,* S. 272) .

15 **bb) Multimedia-Produkte.** Die Preisbindungsfähigkeit elektronischer Produkte mit ergänzenden **Multimedia-Anwendungen** – wie etwa Filmeinspielungen, Musik oder interaktiven Funktionen – hat der Bundesgerichtshof offen gelassen. Da der Gesetzgeber jedoch bereits Hörbücher als buchnahes Multimediaprodukt ausdrücklich von der Preisbindung ausgeschlossen sehen will (Begründung zu § 2 Abs. 1, BT-Drucks. 14/9422, S. 11), wird man die Preisbindungsfähigkeit multimedialer Produkte auf Datenträger eher **restriktiv** handhaben müssen. Im Gegensatz zu den ausschließlich Texte enthaltenden Buchsubstituten ist die Preisbindung für Datenträger mit multimedialen Inhalten nur gerechtfertigt, wenn die multimedialen Faktoren im Verhältnis zum Text eine ganz untergeordnete, nur veranschaulichende, die Wahrnehmung erleichternde oder sonstwie dienende Funktion haben. Nicht preisgebunden sind daher Medien, bei denen visuelle, akustische und interpretatorische Komponenten prägend sind (*Wegner/Wallenfels/Kaboth,* S. 272). Auf die körperliche Form kommt es nicht an, so dass nicht nur digitale Trägermedien, sondern auch digitale Buchsubstitute im Internet grundsätzlich der Preisbindung unterliegen können. Entscheidend ist die überwiegende **Schriftform oder Bildhaftigkeit** des Substituts, auch wenn es für den Gebrauch besonderer Gerätschaften, also etwa eines PCs bedarf (BGH NJW 1997, 1911, 1913 – NJW auf CD-ROM). Letztlich stellt somit auch der BGH, dessen Rechtsprechung kodifiziert wurde, auf die **Texterstellung und die Informationsvermittlung**

durch Lesestoff ab. Auch bei der Begriffsbestimmung der Substitutionsprodukte wird man sich künftig auf dieses ursprüngliche Merkmal eines jeden Verlagserzeugnisses, dessen „Archetypus" das Buch ist und bleibt, besinnen müssen (*Fezer*, NJW 1997, 2150, 2152).

16 **c) Verlags- oder buchhandelstypische Produkte.** Sämtliche Reproduktionen und Substitutionen von Büchern, Musiknoten oder kartographischen Produkten unterliegen stets nur dann der Preisbindung, wenn sie als überwiegend verlags- oder buchhandelstypisch anzusehen sind. Es muss sich somit um Produkte handeln, die entweder üblicherweise von Buch-, Musik- oder kartographischen **Verlagen** hergestellt werden oder die ihrer Eigenart nach typischerweise über den **Buch- oder Musikalienhandel** vertrieben werden. Ein Buch, das von einem Verlag ausschließlich für den Vertrieb über Nebenmärkte vorgesehen ist, ist als „verlagstypisch" preisgebunden. Umgekehrt wäre etwa ein Ausstellungskatalog, der nicht von einem Verlag hergestellt, jedoch überwiegend über den Buchhandel verbreitet wird, ebenfalls der Preisbindung zu unterziehen. Der regelmäßig nur geringe Einsatz typisch buchhändlerischer Funktionen, etwa bei Schulbuch-Sammelbestellungen der öffentlichen Hand, steht der Preisbindung nicht entgegen (BGH NJW 1986, 1256, 1257 – Schulbuch-Preisbindung).

17 **d) Würdigung der Gesamtumstände.** Entscheidend ist somit auch künftig, dass die Erzeugnisse zu den traditionellen Produkten der Verlage und zu dem traditionellen Sortiment des Buchhandels und des buchhändlerischen Vertriebssystems gehören (*Klosterfelde/Metzlaff*, LB, 9. Aufl., § 15 Rn. 15). Bei neuen Produkten tritt die Bedeutung des Vertriebsweges zurück, da anfangs noch nicht abzusehen ist, über welche Vertriebswege solche Produkte in erster Linie abgesetzt werden (BGH NJW 1997, 1911, 1913 – NJW auf CD-ROM). Wesentlich bei der Begriffsbestimmung der Reproduktions- und insbesondere der Substitutionsprodukte ist, das Buch als das durch die Preisbindung in erster Linie zu privilegierende Kulturgut zum Ausgangspunkt aller Überlegungen zu machen (*Fezer*, NJW 1997, 2150, 2152). In welcher Gestalt ein Substitutionsprodukt auch daherkommt, das Buch muss in seiner **kulturellen Einzigartigkeit** noch immer durchscheinen.

18 **5. Kombinierte Objekte (Abs. 1 Nr. 4).** Preisgebunden sind kombinierte Objekte, wenn es sich aus der Sicht des Käufers bei der **Hauptsache** um ein Buch, um Musiknoten oder ein kartographisches Produkt handelt. Dies ist etwa der Fall bei Computerbüchern mit Demo-CDs, Sprachlehrbüchern mit Übungskassetten oder

einem Kochbuch mit einer DVD, auf welcher die Zubereitung der Speisen optisch veranschaulicht wird (*Klosterfelde/Metzlaff*, LB, 9. Aufl., § 15 Rn. 20). Nicht preisgebunden sind hingegen kombinierte Objekte, bei denen das bindungsfähige Verlagserzeugnis im Verhältnis zum anderen Objekt im Hintergrund steht, wie dies etwa bei einem Computerprogramm mit mitgeliefertem Handbuch der Fall ist (*Klosterfelde/Metzlaff*, LB, 9. Aufl., § 15 Rn. 20). Gleiches gilt, wenn das Buch zusätzlich zu einem im Vergleich deutlich teureren Produkt angeboten wird, etwa ein hochwertiges Mountain-Bike zusammen mit einem Fahrradbuch. Umstritten war, ob Voraussetzung für die Bindung zudem sei, dass die beigefügte Nebensache die Hauptsache mit einem zusätzlichen **Informationsgehalt** versieht und damit ergänzt oder veranschaulicht. Diese Frage hat der BGH dahingehend beantwortet, dass es nicht darauf ankommt, ob die beigefügte Nebenware als Zusatz den Inhalt der Zeitschrift ergänzt oder ob es sich um eine branchenfremde Zugabe handelt (BGH NJW-RR 2006, 409, 411 – Zeitschrift mit Sonnenbrille). Der BGH hatte den Fall der Zugabe einer Sonnenbrille zu einer Jugendzeitschrift im Hinblick auf § 30 Abs. 1 Satz 2 GWB zu entscheiden. Ob das kombinierte Objekt preisgebunden sei, hinge davon ab, ob es sich aus **Sicht des Verbrauchers** insgesamt noch als **Presseerzeugnis** darstelle. Bezogen auf die Kombination eines Buches mit einem anderen Produkt kommt es somit darauf an, ob sich das kombinierte Objekt nach Ankündigung, Aufmachung und Vertriebsweg insgesamt dem Verbraucher als „Buch“ darstellt. Das Wertverhältnis zwischen Buch und Zugabe kann ein Indiz dafür sein, ob das Buch oder die Zugabe als Hauptsache anzusehen ist. Als Hauptprodukt kommen nicht nur Bücher in Betracht, sondern auch Reprodutktions- und Substitutionsprodukte i. S. d. § 2 Abs. 1 Nr. 3 BuchPrG.

19 Bei einem aus einem gedruckten und aus einem digitalen Buch bestehenden Kombi-Produkt wird man regelmäßig auch unter Verwendung der **steuerrechtlichen Definitionen** zu sachgerechten Ergebnissen kommen. Danach unterliegt ein solches Produkt dem für Bücher gültigen, verminderten Mehrwertsteuersatz, wenn die das digitale Produkt

- speziell für ein bestimmtes Buch gefertigt wurde,
- auf den Inhalt des Buches Bezug nimmt,
- mit dem Inhalt des Buches abgestimmt ist,
- Inhalte des Buches aufnimmt,
- nicht selbstständig handlungsfähig ist und
- als bloße Zugabe und Veranschaulichung des gedruckten Textes beurteilt werden muss.

20 Ein kombiniertes Objekt liegt grundsätzlich nur vor, wenn ein preisbindungsfähiges Buch oder buchnahes Produkt mit einer anderen Ware zusammengefügt und zu einem **Gesamtpreis** angeboten wird. Hiervon ist der Verkauf eines preisgebundenen Erzeugnisses zu unterscheiden, dem als Verkaufshilfe eine andere Ware kostenlos beigefügt wird. Hält sich die hinzugegebene Ware nicht in dem von § 7 Abs. 4 BuchPrG vorgegebenen Geringfügigkeitsrahmen (vgl. zu den Einzelheiten die Kommentierung dort), so verstößt der Letztverkäufer gegen seine Pflicht zur Einhaltung der Preisbindung gem. § 3 BuchPrG.

21 **6. Fremdsprachige Bücher.** Fremdsprachige Bücher unterliegen grundsätzlich nicht der Preisbindung. Sie sind nur dann im Preis gebunden, wenn Deutschland der **Zielabsatzmarkt** der Publikation ist (Begründung zu § 2 Abs. 2, BT-Drucks. 14/9196, S. 10). Dies wird regelmäßig nur bei Büchern der Fall sein, die an ein deutschsprachiges Publikum gerichtet sind und dem Erlernen einer Fremdsprache dienen oder hierbei unterstützen. **Fremdsprachige Bücher** sind dabei solche, die nahezu ausschließlich in einer fremden Sprache abgefasst sind. Demgemäß fallen Wörterbücher nicht unter Abs. 2, sondern unter Abs. 1. Werden fremdsprachige Bücher aus dem Ausland importiert, so sind sie regelmäßig nicht preisgebunden, da sie im Regelfall nicht auf ein deutschsprachiges Publikum ausgerichtet sind. Auch wissenschaftliche Publikationen deutscher Verlage in englischer Sprache, die weltweit an Fachwissenschaftler verkauft werden, unterliegen nicht der Preisbindung. Mehrsprachige Bücher sind preisgebunden, wenn der deutschsprachige Anteil nicht gänzlich untergeordnet ist.

III. Was unterliegt nicht der Preisbindung?

22 Verlagserzeugnisse und sonstige Gegenstände, die weder „Bücher" i. S. v. § 2 Abs. 1 BuchPrG noch Zeitungen oder Zeitschriften i. S. v. § 30 Abs. 1 GWB n. F. darstellen, können und dürfen nicht im Preis gebunden werden. Der Gesetzgeber hat den Kreis der preisbindungsfähigen Verlagsobjekte durch die **Neuregelung der Preisbindung** im Vergleich zum Sammelrevers damit enger gezogen. Eine Mehrzahl von Verlagserzeugnissen, die bis zum Inkrafttreten des BuchPrG preisbindungsfähig waren, sind daher nicht mehr preisgebunden: Insbesondere Bildkalender, Kalender und Timer, sofern sie keine Bücher darstellen, sog. „Kleinschrifttum" wie Ansichtskarten, Glückwunsch- und Spielkarten sowie Vorlagen für technische, künstlerische und dekorative Arbeiten und Schnittmuster. Sonstige mediale Produkte, bei denen visuelle, akustische, interpretatorische oder inter-

aktive Komponenten den Hauptanreiz bilden, sind weder Bücher noch buchnahe Produkte i. S. v. Abs. 1 und damit nicht preisbindungsfähig. Hierzu zählen alle Arten von **Bildträgern** (Videos, DVDs etc.) und **Tonträgern.** Musik-CDs, Schallplatten und Musikkassetten sind weder Bücher noch buchnahe Produkte, da sie weder verlags- noch buchhandelstypisch sind (BGHZ 46, 74, 85 – Schallplatten). **Hörbücher** unterfallen als Tonträger und demgemäß als Interpretationen der Buchvorlage nicht dem Anwendungsbereich des Gesetzes (Gesetzesmaterialien zu § 2, BT-Drucks. 14/9422, S. 11). Auch Gesellschaftsspiele sind keine „Bücher". Unter die Preisbindung fallen weiterhin ausschließlich neue Produkte, weshalb gebrauchte und antiquarische Bücher sowie Rohdrucke nicht bindungsfähig sind (*Wegner/Wallenfels/Kaboth,* S. 273 f.). Unter **„modernem Antiquariat"** versteht man ehemals preisgebundene Bücher, bei denen die Preisbindung durch den Verlag oder Importeur gem. § 8 Abs. 1 BuchPrG aufgehoben wurde. Diese Bücher werden dann regelmäßig weit unterhalb des ehemals gebundenen Ladenpreises verkauft; im Buchhandel spricht man von **„Verramschung".**

IV. Wer ist Letztabnehmer?

23 Da die Preisbindung für Bücher nicht mehrstufig ist, sondern nur im Verhältnis zum Letztabnehmer gilt, grenzt das Gesetz in Abs. 3 den Verkauf an Händler aus dem Geltungsbereich des Gesetzes aus. Letztabnehmer ist grundsätzlich der **Endkunde.** Das ist derjenige, der das Buch zum Zwecke der eigenen Nutzung oder unentgeltlichen Weitergabe an Dritte erworben hat. Letztabnehmer ist somit in der Vertriebskette derjenige, der als Letzter für das verlagsneue Buch Geld bezahlt hat (OLG Frankfurt NJW 2004, 2098, 2100), mithin den gebundenen Ladenpreis. Das ist üblicherweise der Kunde in der Buchhandlung, der Käufer im Versandbuchhandel, der Besteller eines E-Books. Kein Letztabnehmer ist daher ein „privater" Händler, der herabgesetzte Buchclub-Ausgaben in größeren Mengen aufkauft, um sie über Internet-Marktplätze zu verkaufen (OLG Frankfurt, GRUR 2006, 520 f.). Denn dieser Händler kauft die Bücher nicht zum gebundenen Ladenpreis, sondern zum Einkaufspreis und zum **Zwecke der Weiterveräußerung.** Keine Letztabnehmer sind Journalisten, die **Rezensionsexemplare** von den Verlagen erhalten (OLG Frankfurt NJW 2004, 2098 ff.), sowie diejenigen, die im Rahmen von § 7 Abs. 1 Nr. 1 bis 3 BuchPrG als Mitarbeiter buchhändlerischer Unternehmen, als Autoren und Lehrer neue Bücher außerhalb der Preisbindung beziehen. Letztabnehmer ist weiterhin auch nicht ein Verein, der eine größere Anzahl von Büchern zum Zwecke des Wei-

terverkaufs an seine Mitglieder beim Verlag oder Buchhandel erwirbt. Dagegen sind **Sammelbesteller,** die für fremde Rechnung Bücher im eigenen Namen erwerben, Letztabnehmer i. S. d. § 2 Abs. 3 (OLG München GRUR 2005, 71). Grundsätzlich besteht keine Preisbindung im Verhältnis des Verlages zum Buchhändler oder Zwischenbuchhändler. In diesem Verhältnis sind die Verkaufspreise des Verlages grundsätzlich frei kalkulierbar, wobei die **Beschränkungen des § 6 BuchPrG** und das **Diskriminierungsverbot** gem. § 20 Abs. 1 GWB zu beachten sind.

§ 3 Preisbindung

Wer gewerbs- oder geschäftsmäßig Bücher an Letztabnehmer verkauft, muss den nach § 5 festgesetzten Preis einhalten. Dies gilt nicht für den Verkauf gebrauchter Bücher.

Übersicht

I. Gesetzgeberischer Zweck

§ 3 statuiert die Pflicht zur Einhaltung des gebundenen Preises **1** beim Verkauf von Büchern. Dabei sind die von den Verlegern und Importeuren gem. § 5 gebundenen Preise vom Verkäufer gegenüber jedem Letztabnehmer als verbindliche Bruttopreise zu berechnen. Der Preis ist also exakt einzuhalten, Abweichungen nach oben oder unten, seien sie auch noch so geringfügiger Natur, sind nicht gestattet. Hierin unterscheidet sich das deutsche Gesetz von der Rechtslage in Österreich, wo nur die **Mindestpreise** von Büchern gebunden sind. Nach dem österreichischen Preisbindungsgesetz werden keine fixen Ladenpreise – und damit auch keine tatsächlichen Verkaufspreise – festgelegt, sondern es wird lediglich eine Preisuntergrenze fixiert. Ein höherer Preis als der gebundene Mindestpreis ist demnach in Österreich jederzeit möglich (*Sehrschön/Willheim*, S. 9). Zudem gestattet § 5 Abs. 1 ÖstBuchPrG dem Letztverkäufer die Unterschreitung des Ladenpreises um bis zu 5 %. Das deutsche Gesetz ist insoweit stringenter, als es Abweichungen weder nach oben noch nach unten zulässt. Eine Ausnahme ist – theoretisch – nur möglich, wenn mehrere Importeure unterschiedliche Preise festgesetzt haben. Dann hat der Buchhändler – sofern er nicht selbst Importeur ist – den von seinem Importeur-Lieferanten gebundenen Preis einzuhalten.

II. Festgesetzter Preis

2 Die Preisfestsetzung obliegt gem. § 5 dem Verleger oder Importeur. Dieser muss den Preis einschließlich der gesetzlichen Umsatzsteuer als **Endpreis** festsetzen und in geeigneter Weise veröffentlichen. Die Bekanntgabe der festgesetzten Preise in geeigneter Weise soll sicherstellen, dass alle von den Verlagen belieferten Händler über den jeweils geltenden Preis informiert sind oder sich die erforderlichen Informationen verschaffen können. In erster Linie kommen hierfür **branchentypische Datenbanken oder Mitteilungsorgane** in Betracht (OLG Frankfurt a.M. GRUR-RR 2010, 221, 223). Verlage und Importeure sind dabei verpflichtet, dem Händler Klarheit über den Preis zu verschaffen. Nur eindeutige Angaben ermöglichen dem Händler und seinen Angestellten, in Zweifelsfällen schnell und mit zumutbarem Aufwand festzustellen, zu welchem Preis ein Buch zu verkaufen ist und ob es noch der Preisbindung unterliegt. Daher ist auf der Rechnung des Verlages an den Händler auch der gebundene Ladenpreis und nicht nur der Nettopreis auszuweisen. Für den Buchhandel ist aufgrund **Handelsbrauchs** mittlerweile die Verlagsangabe im online einsehbaren Verzeichnis Lieferbarer Bücher (VLB) als **Referenzpreis** maßgebend. Wer den dort angegebenen Preis einhält, verstößt nicht gegen die Preisbindung. Im Zweifelsfall ist der Referenzpreis maßgeblich. Preisänderungen und -aufhebungen sind daher ebenfalls an das „Verzeichnis lieferbarer Bücher" zu melden.

3 **1. Endpreis.** Wer gewerbs- oder geschäftsmäßig Bücher an Letztabnehmer verkauft, muss den nach § 5 festgesetzten Preis einhalten. Die Pflicht zur Ermittlung des gebundenen Preises trifft allein denjenigen, der als **Wiederverkäufer** Bücher an Letztabnehmer verkauft. Dies korrespondiert mit der Verpflichtung der Verlage und Impor-

teure, die gebunden Preise in geeigneter Weise zu veröffentlichen (OLG Frankfurt, GRUR 2006, 520 f.). Gebundener Preis ist zunächst und im Regelfall der Endpreis, also derjenige Preis, den der Verleger oder Importeur für das Buch grundsätzlich festgelegt und bekanntgemacht hat. Nur diesen Preis hat der Händler vom Letztabnehmer zu verlangen und diesem zu berechnen. Da es sich bei den festgesetzten Endpreisen um Bruttopreise handelt, hat der Händler dem Letztabnehmer auch die Umsatzsteuer zu berechnen.

2. Lauterkeitsrecht und PreisangabenVO. a) Lauterkeitsrecht. Neben einem Verstoß gegen die Buchpreisbindung kann auch ein Verstoß gegen das allgemeine Lauterkeitsrecht des Gesetzes gegen den Unlauteren Wettbewerb (UWG) in Betracht kommen. § 3 BuchPrG ist auch dazu bestimmt, im **Interesse der Marktteilnehmer** das **Marktverhalten** zu regeln. Ein Verstoß gegen § 3 BuchPrG ist daher regelmäßig auch **unlauteres Handeln** i. S. d. § 4 Nr. 11 UWG (OLG Hamburg GRUR-RR 2006, 200; *Möller,* GRUR 2006, 292; a. A. *Köhler/Bornkamm,* § 4 UWG Rn. 11.13; MünchKomm-UWG *Schaffert,* § 4 Nr. 11 Rn. 24). Auch in Österreich gelten Handlungen gegen die Preisfestsetzung und Preisbindung gemäß § 7 Abs. 1 ÖstBuchPrG als Handlungen i. S. d. § 1 des österreichischen UWG (*Tonninger,* § 7 Rn. 10). 4

Insbesondere kann die Werbung mit Buchpreisen irreführend i. S. d. § 5 Abs. 1 UWG sein. Gemäß § 8 Abs. 1 in Verbindung mit § 3 UWG besteht ein Unterlassungsanspruch, wenn der Handelnde unlautere Wettbewerbshandlungen tätigt, die geeignet sind, den Wettbewerb zum Nachteil der Mitbewerber oder der Verbraucher nicht unerheblich zu beeinträchtigen. Unlauter handelt nach § 5 Abs. 1 UWG, wer irreführend wirbt. Eine Werbeaussage ist irreführend im Sinne dieser Vorschrift, wenn das Verständnis, das sie bei den Verkehrskreisen erweckt, an die sie sich richtet, mit den tatsächlichen Verhältnissen nicht übereinstimmt. Für die Beurteilung dieser Frage ist der **Gesamteindruck der Werbung** maßgeblich (§ 5 Abs. 2 UWG), wobei auf das Verständnis eines durchschnittlich informierten und verständigen Adressaten abzustellen ist, der die Werbung mit einer der Situation entsprechend angemessenen Aufmerksamkeit zu Kenntnis nimmt (vgl. BGH, WRP 2005, 474,475 - Direkt ab Werk; WRP 2005, 480, 483 - Epson-Tinte). 5

Adressaten der Werbung sind potentielle Kunden. Diese setzen sich nicht nur aus Viel- und Durchschnittslesern, sondern auch aus Wenig- und Nichtlesen zusammen. So hat die Präsentation einer Auswahl „vielseitiger Urlaubsbücher" zu verhältnismäßig günstigen Preisen auch den (vorsorglichen) Kauf eines Buches für die Urlaubs- 6 zeit im Blick und schließt als Adressaten auch Personen ein die üblicherweise kaum Bücher lesen. Darüber hinaus eignen sich Bücher als Geschenke, so dass sich eine **allgemeine Werbung** auch an Personen richtet, die selbst zur Gruppe der Nichtleser zählen.

7 **Irreführend** ist etwa die Anpreisung gebrauchter oder mängelbehafteter Bücher als „neu". Auch die besondere Hervorhebung des Buchpreises als „*(Name des Buchhändlers)*-Preis" ist geeignet, bei den maßgeblichen Verkehrskreisen den **Eindruck** zu erzeugen, dass der jeweilige Artikel zu einem besonderen Preis angeboten wird, der von dem der Mitbewerber abweicht, obgleich es sich um den gebundenen Buchpreis handelt, zu dem die beworbenen Werke bei allen Buchhändlern erhältlich sind. Dabei erweckt der Hinweis auf den Preis sowie dessen Bezeichnung als Preis des werbenden Buchhändlers beim durchschnittlich informierten und verständigen Adressaten den Eindruck, dass das beworbene Produkt zu einem besonders günstigen Preis angeboten wird (LG Frankfurt a.M., Urteil vom 21. 12. 2007, Az. 3-10 O 132/07).

8 Bedeutung für die Buchpreisbindung haben auch die **Wettbewerbsregeln** des *Börsenvereins des Deutschen Buchhandels* (vom 9. November 2006, als Anhang IV abgedruckt in der vom Bundeskartellamt im Mai 2011 genehmigten Fassung). Wirtschafts- und Berufsvereinigungen können für ihren Bereich Wettbewerbsregeln aufstellen (§ 24 Abs. 1 GWB). Dabei handelt es sich nach der Definition in § 24 Abs. 2 GWB um Bestimmungen, die das Verhalten von Unternehmen im Wettbewerb regeln zu dem Zweck, einem den Grundsätzen des lauteren oder der Wirksamkeit eines leistungsgerechten Wettbewerbs zuwiderlaufenden Verhalten im Wettbewerb entgegenzuwirken und ein diesen Grundsätzen entsprechendes Verhalten im Wettbewerb anzuregen. Wirtschafts- und Berufsvereinigungen können beim Kartellamt die Anerkennung ihrer Wettbewerbsregeln beantragen (§ 24 Abs. 3 GWB); das Kartellamt wird – sofern kein Hinderungsgrund nach § 26 Abs. 2 GWB vorliegt – die **Anerkennung der Regeln** verfügen. Diese Verfügung hat zum Inhalt, dass die Kartellbehörde von den ihr nach §§ 32 ff. GWB zustehenden Befugnissen und Maßnahmen keinen Gebrauch machen wird. Die Anerkennung der Wettbewerbsregeln durch das Kartellamt besagt also nur, dass das Amt gegen das Regelwerk nicht vorgehen wird. Für die Frage, ob ein bestimmtes Verhalten als unlauter zu beurteilen ist, haben Wettbewerbsregeln heute nur mehr eine begrenzte Bedeutung. Während in der Vergangenheit für die Frage der Unlauterkeit maßgeblich auf das Anstandsgefühl des verständigen Durchschnittsgewerbetreibenden (BGH NJW 1982, 335 - Bäckerfachzeitschrift) sowie auf die **Verkehrssitte** und

damit auf die im Verkehr herrschende **tatsächliche Übung** (BGH GRUR 1965, 315, 316 - Werbewagen) abgestellt wurde, besteht heute Einigkeit darüber, dass der Wettbewerb in bedenklicher Weise beschränkt würde, wenn das Übliche zur Norm erhoben würde. Der Charakter der Wettbewerbsregeln ist daher nur noch deklaratorischer Natur (BGH GRUR 2006, 773, 774 - Probeabonnement); sie entfalten **keine Bindungswirkung** etwa für die in UWG-Sachen angerufenen Zivilgerichte. Zwar wird die Kartellbehörde in der Regel Wettbewerbsregeln die Anerkennung versagen, die ein lauterkeitsrechtlich unbedenkliches Verhalten als unzulässig bezeichnen. Dies bedeutet indessen nicht, dass dem Richter, der in einem Zivilrechtsstreit über die lauterkeitsrechtliche Zulässigkeit eines Verhaltens zu entscheiden hat, die Entscheidung dadurch abgenommen wäre, dass die Kartellbehörde Wettbewerbsregeln nach §§ 24 Abs. 3, 26 Abs. 1 GWB anerkannt hat. Vielmehr beschränkt sich die rechtliche Bedeutung der Anerkennung auf eine Selbstbindung der Kartellbehörde, die bei unveränderter Sachlage die Verabschiedung dieser Wettbewerbsregeln nicht mehr als Kartellverstoß nach § 1 GWB verfolgen kann (BGH GRUR 2006, 773, 775 - Probeabonnement). Auch würde es verfassungsrechtlichen Bedenken begegnen, wenn Wettbewerbsregeln zur Ausfüllung der lauterkeitsrechtlichen Generalklauseln und zur Konkretisierung unbestimmter Rechtsbegriffe herangezogen würden. Denn Richtlinien, die ohne gesetzliche Grundlage festgelegt werden, können grundsätzlich nicht als Hilfsmittel zur Auslegung und Konkretisierung von Generalklauseln herangezogen werden (BVerfG NJW 1988, 191; BVerfG NJW 1988, 194). Die Anerkennung bringt jedoch für die betroffenen Wirtschaftskreise – hier: die Buchbranche – zumindest Rechtssicherheit und eine gewisse Legitimationswirkung für anerkannten Wettbewerbsregeln (LB/*Schneider,* § 26 Rn. 3 ff.). Wettbewerbsregeln – auch diejenigen des *Börsenvereins* in der vom Kartellamt im Mai 2011 anerkannten Fassung – können zudem eine **indizielle Bedeutung** für die Frage der Unlauterkeit einer Handlung haben (BGH a. a. O.).

Die ersten Wettbewerbsregeln des *Börsenvereins* – die das Ergebnis **9** langwieriger Beratungen und Verhandlungen seit dem Jahre 1959 waren! – wurden am 13. Mai 1986 vom Bundeskartellamt anerkannt. Sie wurden seither mehrfach revidiert. Die aktuellen Wettbewerbsregeln des *Börsenvereins* wurden vom Kartellamt im Mai 2011 anerkannt (hier abgedruckt als Anhang IV). Sie enthalten in Ziff. I Bestimmungen zum Vertrieb preisgebundener Verlagserzeugnisse. Nach Ziff. I. Nr. 1 verstößt ein Verlag gegen die Grundsätze lauteren Wettbewerbs, wenn er kleine oder mittlere buchhändlerische

Abnehmer, die auf das Programm des Verlages angewiesen sind, in Bezug auf Informationen oder Belieferung ohne sachlich gerechtfertigten Grund benachteiligt. Unlauter handelt ein Verlag weiterhin, wenn er **Mengenpreise** nicht in geeigneter Weise bekannt gibt oder im **Direktverkauf** zum Händler Bezugskonditionen festsetzt, die zu einem **Verkauf unter Einstandspreis** führen (Ziff. I Nr. 2, 3). Auch die **Mängelproblematik** ist angesprochen: Unlauter handelt der Verlag nach Ziff. I Nr. 4 auch dann, wenn er preisgebundene Bücher als Mängelexemplare in Umlauf bringt, obwohl diese keinen Mangel aufweisen. Auch **Remissionsexemplare** dürfen nur verbilligt abgegeben werden, wenn sie tatsächlich mangelhaft sind. Auf diesen Grund der Preisermäßigung muss bei Preisgegenüberstellungen hingewiesen werden (Ziff. II, V Nr. 4 der Wettbewerbsregeln). Weitere Regelungen betreffen die Mitteilungspflicht der Verlage an den Handel bei Parallelausgaben (Ziff. III), die 14-Tages-Frist für die Bekanntgabe von Preisänderungen (Ziff. IV) sowie die Preiswerbung bei Parallelausgaben und mit herabgesetzten oder aufgehobenen Preisen (Ziff. V).

10 **b) Preisangabenverordung.** Grundsätzlich gilt für die Preisangaben des Händlers auch die Preisangabenverordnung, allerdings mit einigen sich aus der **Natur des Preisbindungsgesetzes** ergebenden Einschränkungen. Da der Händler den Buchpreis nicht frei aushandeln kann, darf er entgegen § 1 Abs. 1 Satz 3 PreisangabenVO auch keine Bereitschaft hierzu bekunden.

11 Entgegen § 1 Abs. 5 PreisangabenVO darf der Händler seine Preise mit einem **Änderungsvorbehalt** angeben, auch wenn keine Lieferfristen von mehr als vier Monaten bestehen. Denn da der Händler selbst über die Preisbindung der Verlage nicht bestimmen kann, hat er tagesaktuell dem Kunden den jeweiligen Endpreis zu berechnen. Hierbei kann es vorkommen, dass – etwa im Versandhandel oder bei Besorgungsgeschäften – zwischen der Bestellung durch den Kunden und der Auslieferung des Buches der Verlag eine Preisänderung festgesetzt hat, der Kunde also zu einem anderen Preis bestellt hat als dem zum Zeitpunkt der Bezahlung und Buchübereignung festgesetzten. Dem Händler kann in diesem Falle nicht zugemutet werden, den ursprünglich vereinbarten Preis zu berechnen, da er in diesem Falle einen Gesetzesverstoß beginge und sich **Unterlassungs- und Schadensersatzansprüchen** aussetzen würde. Gem. § 313 Abs. 1 BGB kann der Buchhändler somit eine Anpassung des vertraglich vereinbarten Preises an den nunmehr vom Verlag neu festgesetzten Preis vom Kunden verlangen. Dies allerdings nur unter der Voraussetzung, dass sich der neu festgesetzte Preis nicht wesentlich vom

ursprünglich vereinbarten Preis unterscheidet. Ist ein wesentlich höherer Preis festgesetzt, so kann der Kunde nach § 313 Abs. 2 BGB die Auflösung des Vertrages verlangen, umgekehrt kann dies der Händler, wenn der neue Preis wesentlich niedriger ist als der alte, da dem Händler damit die Kalkulationsbasis genommen wird.

Nach § 4 Abs. 1 PreisangabenVO hat der Händler Bücher, die in **Schaufenstern,** Schaukästen, innerhalb oder außerhalb des Verkaufsraumes auf Verkaufsständen oder in sonstiger Weise sichtbar ausgestellt werden, durch Preisschilder oder Beschriftung der Ware im Preis auszuzeichnen. Eine Pflicht zur Angabe der festgesetzten Preise gilt auch für Versandbuch- und Internet-Händler im Rahmen ihrer **Katalog- und Online-Angebote** (§ 4 Abs. 4 PreisangabenVO). 12

3. E-Books und Buchclub-Ausgaben. Aus der Anwendbarkeit des Preisbindungsgesetzes auf E-Books folgt weiterhin die Verpflichtung der Verlage, die von ihnen vertriebenen E-Books im Preis zu binden und - sofern sie die E-Books über den Handel verbreiten - den Preis in geeigneter Weise bekannt zu machen. Der gebundene Preis ist beim **gewerbs- oder geschäftsmäßigen Verkauf** einzuhalten. Regelmäßig vollzieht sich der Vertrieb von E-Books allerdings nicht durch Abschluss von Kaufverträgen, sondern durch **Einräumung von Nutzugsrechten** an den Endkunden im Sinne einer schuldrechtlichen Befugnis, das E-Book auf die vereinbarte Weise zu nutzen (zur Unterscheidung von Nutzungsrechten mit dinglicher Wirkung: *Dreier/Schulze,* § 31 Rn. 7). Ausweislich ihrer Allgemeinen Geschäftsbedingungen verschaffen die Verkäufer den Kunden **kein Eigentum.** Der Kunde erwirbt ein einfaches, nicht übertragbares, meist vor vollständiger Zahlung der Lizenzgebühr widerrufliches Recht zur Nutzung des angebotenen Titels für den persönlichen Gebrauch. Auch bei der Einräumung eines Nutzungsrechts an den Endkunden ist nach Sinn und Zweck des Gesetzes der gebundene Ladenpreis einzuhalten, wenn der Käufer das E-Book **wie ein Eigentümer** nutzen kann, es ihm also dauerhaft und an Orten und Zeiten seiner Wahl zur Verfügung steht. 13

Verkauft der Verlag seine E-Books nicht selbst an die Endkunden, so bedarf es besonderer Verträge mit den Händlern. Hierbei handelt es sich nur noch zum Teil um Sortimentsbuchhandlungen mit eigenem E-Book-Angebot: Häufig findet der Verkauf über große Online-Versandbuchhändler und Barsortimente statt. Auch drängen mit Firmen wie *Apple* und *Google* branchenfremde Unternehmen auf den Markt, die aufgrund ihrer Marktmacht die Strukturen des als Zukunftsmarkt angesehenen E-Book-Geschäfts zu bestimmen versuchen. Den Verlagen geht es darum, durch die Preisbin- 14 dung die Kontrolle über die Preispolitik zu behalten, damit nicht E-Book-Billigangebote den Verkauf der Printprodukte kannibalisieren. Da beim E-Book-Verkauf nationale Grenzen keine Rolle spielen und für Exporte und Reimporte keine Lastwagen mehr rollen müssen, kann die Preisbindung nur funktionieren, wenn auch ausländische Händler die E-Books nach Deutschland zu den hier gebundenen Preisen verkaufen. Eine grenzüberschreitende Preisbindung ist im Verhältnis zu nicht dem **Europäischen Wirtschaftsraum** (EWR) angehörenden Staaten durchsetzbar, da beim E-Book-Verkauf der **Erfolgsort der Handlung** gem. § 32 ZPO der Sitz des Käufers und damit Deutschland ist. Hier ist das BuchPrG als eine dem öffentlichen Recht angehörige Regelung anzuwenden, weshalb Verkäufe unterhalb der Preisbindung nach Deutschland untersagt werden können. Problematisch ist die Frage aber beim Verkauf von E-Books innerhalb des EWR. Hier ist – wie die Entwicklung in Frankreich und die dortige Einführung einer grenzüberschreitenden Preisbindung für E-Books zeigt - der Konflikt mit der **Kommission** abzusehen. Fraglich ist insbesondere die Anwendbarkeit von § 4 Abs. 1 BuchPrG auf den „Verkauf" von E-Books innerhalb des EWR (abl. *Hess,* AfP 2011, 223, 224). Allerdings ist das Verbot grenzüberschreitender Preisbindung auf **körperliche Vervielfältigungsstücke** zugeschnitten, wie § 4 Abs. 2 BuchPrG zeigt. Die Regelung soll den grenzüberschreitenden Verkauf von Vervielfältigungsstücken regeln, nicht aber den Verkauf des im Vervielfältigungsstück verkörperten Werkes selbst. Damit stellt sich die Frage, inwieweit lizenzrechtliche Beschränkungen der ausländischen Händler sowie Modelle mit dem Gemeinschaftsrecht vereinbar sind, die – wie das Kommissionsagentur-Modell, Rn. 18 – dazu führen, dass ausländische Händler beim Verkauf von E-Books nach Deutschland den hier gebundenen Ladenpreis einhalten müssen. Hier wäre eine **gesetzliche Regelung** wünschenswert. Das *Libro*-Urteil des EuGH könnte hierzu den Weg weisen, in der das Gericht in Übereinstimmung mit der Kommission **grenzüberschreitende Beschränkungen des freien Warenverkehrs durch nationale Buchpreisbindungsgesetze** aus kulturpolitischen Gründen für zulässig erklärte, wenn dies zur **Vermeidung einer Inländerdiskriminierung** notwendig sei. Auch könnten Maßnahmen erlaubt sein, wenn sie der Erhaltung des Kulturguts Buch als zwingendem Erfordernis des Allgemeinguts dienten und nicht durch weniger einschneidende Maßnahmen – die im Falle grenzüberschreitenden Verkaufs von Buchdateien nicht ersichtlich sind – erreicht werden könnten (EuGH GRUR 2009, 792 ff.; vgl. auch oben Rn. 29 ff.; a. A. *Hess,* AfP 2011, 223, 224).

Im Verhältnis zwischen Verlag und Händler werden unterschiedliche Vertragstypen angewandt. Zu bedenken ist dabei, dass es sich beim E-Book um ein unkörperliches Produkt handelt, so dass sich die Frage stellt, ob und inwieweit zunächst dem Händler urheberrechtliche Nutzungsrechte zur Vervielfältigung und öffentlichen Zugänglichmachung (§§ 31, 16, 19a UrhG) eingeräumt werden müssen. Derzeit werden im Wesentlichen drei unterschiedliche Vertragstypen angewandt: Der **Liefervertrag,** der **Agenturvertrag** und der **Kommissionsagenturvertrag.** 15

Beim **Liefervertrag** räumt der Verlag dem Händler ein nichtausschließliches Nutzugsrecht ein, je nach Ausgestaltung zur öffentlichen Zugänglichmachung und Vervielfältigung des Werkes. Entweder liefert der Verlag dem Händler die Datei zum Zwecke der Vervielfältigung und öffentlichen Zugänglichmachung auf einem Server des Händlers. Dann kann der Händler das Werk als E-Book seinen Kunden zur Online-Nutzung oder zum Download anbieten. Oder aber die Datei bleibt auf den Servern des Verlages und der Verlag „verkauft" dem Händler eine Anzahl von Links, die dieser an die Endkunden weiter veräußert, die ihrerseits Zugang zum Verlagsserver erhalten und dort das E-Book lesen bzw. herunter laden können. Vertragspartner des Endkunden ist dabei immer der Händler. Den Verlag trifft keine rechtliche oder wirtschaftliche Verantwortlichkeit für das Endkundengeschäft. Der Händler ist an den vom Verlag festgesetzten Ladenpreis gebunden. 16

Beim **Agenturvertrag** handelt des Händler im Verhältnis zum Endkunden als Stellvertreter des Verlages und ist dem Verlag weisungsgebunden. Der Agent oder Handelsvertreter schließt die Verträge im Namen des Vertrages ab und erhält hierfür vom Verlag eine Provision. Der Verlag bleibt also selbst Vertragspartner des Endkunden und behält bei Geschäften mit ausländischen Händlern die Kontrolle über den Preis. Ihn treffen die rechtliche Verantwortlichkeit über das Endkundengeschäft, das Inkassorisiko und ggf. Ausgleichsansprüche der Handelsvertreter gem. § 89 b HGB. 17

Als Zwischenstufe zwischen Handelsvertreter und Kommissionär hat sich im Handelsverkehr der **Kommissionsagent** herausgebildet. Er tritt nach außen wie der Kommissionär im eigenen Namen auf, steht aber zu seinem Geschäftsherrn in dem gleichen Weisungsverhältnis wie der Handelsvertreter. Der Kommissionsagenturvertrag ist ein typengemischter Vertrag mit kommissions-, dienst-, geschäftsbesorgungs- und handelsvertreterrechlichen Elementen (§§ 85 ff. HGB analog, 675 I i. V. m. 611 ff. BGB). Kommission liegt dann vor, wenn ein Kaufmann (Kommissionär) im Betrieb seines Handelsgewerbes für Rechnung eines anderen (des Kommittenten) 18 im eigenen Namen auf Rechnung mit einem Dritten (dem Kunden) ein Geschäft ausführt. Der eigentliche Kommissionsvertrag ist dabei der Vertrag zwischen dem Kommissionär und dem Kommittenten. Das Geschäft, das der Kommissionär mit dem Kunden abwickelt, ist das **Ausführungsgeschäft.** Hingegen versteht man unter dem **Abwicklungsgeschäft** den Vertrag, durch welchen das Ergebnis des Ausführungsgeschäfts auf den Kommittenten übertragen wird. Beim Ausführungsgeschäft ist der Kommissionär insbesondere auch an die Preisvorgaben des Kommittenten gebunden. Der Kommissionär schließt seine Verträge **im eigenen Namen für Rechnung des Kommittenten** ab. Ist er vertraglich ständig mit solchen Abschlüssen im eigenen Namen auf Rechnung eines anderen betraut, und zwar zu von diesem vertraglich vorgegebenen Preisen und Konditionen, dann ist er Kommissionsagent (BGH WM 2004, 136; MünchKommHGB/*von Hoyningen-Huene,* vor § 84, Rn. 9). Die Stellung des Kommissionsagenten in seinen persönlichen Beziehungen zu dem Unternehmer ist gleich der des Handelsvertreters, während im Übrigen die durch die Geschäftsbesorgung begründeten Beziehungen nach den Vorschriften betreffend den Kommissionär (§§ 383 ff. HGB) zu beurteilen sind. Dritten gegenüber haftet der Kommissionsagent als Kommissionär, wenn er nicht erkennbar als Agent abgeschlossen hat. Wer also als Kommissionsagent für einen Verlag E-Books im eigenen Namen aber auf Rechnung des Verlages verkauft, erhält eine Provision für die getätigten Geschäfte. Dabei wird der **Händler selbst Vertragspartner** des Endkunden, bleibt als Kommissionär dem Verlag jedoch weisungsgebunden. Auch hier behält der Verlag aufgrund seiner Weisungsbefugnis die Kontrolle über den Endpreis, auch bei Geschäften mit ausländischen Händlern und deren Kunden. Im Verhältnis zum Endkunden trifft den Verlag zwar nicht mehr die rechtliche, jedoch die wirtschaftliche Verantwortung für das Endkundengeschäft.

19 Beim Kommissionsagentenvertrag setzt das **Kartellrecht** Schranken. Ausgangspunkt ist der Grundsatz der freien Vertriebsgestaltung. Dabei werden Handelsvertreter als in das Unternehmen des Geschäftsherrn eingegliederte Hilfsorgane angesehen. Daher gelten wettbewerbsbeschränkende Vereinbarungen zwischen dem in die Absatzorganisation eingebundenen Handelsvertreter und dem Geschäftsherrn grundsätzlich als unternehmensinterne Vorgänge. Der Handelsvertreter bildet danach mit dem von ihm vertretenen Unternehmen eine Einheit, in die Art. 101 AEU-Vertrag und § 1 GWB nicht eingreifen können. Trägt allerdings der Handelsvertreter ganz oder zum Teil die wirtschaftlichen Risiken des Absatzes und der Vertragsabwicklung, so steht er einem Einzelhändler gleich und gilt als ein im Verhältnis zum Geschäftsherrn selbständiges Unternehmen. Dies mit der Folge, dass die **kartellrechtliche Privilegierung** entfällt (*Bechtold,* § 1 Rn. 26). Nur wenn der Kommissionsagent im Hinblick auf die materiellrechtliche Risiko- und Lastenverteilung dem Unternehmen des Geschäftsherrn zuzuordnen ist, greift Kartellrecht für den Kommissionsagenten ebenso wenig wie für den Handelsverteter.

Ob **Buchclub-Ausgaben** der Preisbindung unterliegen, ist umstritten. Wenn ein Buchclub selbst aufgrund entsprechender Verlagslizenzen Bücher herstellt oder herstellen lässt und in eigener Verantwortung verbreitet, handelt er als Verlag. Er ist dann einem Taschenbuch-Verlag vergleichbar. Nach dem **insoweit eindeutigen Wortlaut** von § 5 Abs. 1 ist ein Buchclub dann auch wie jeder Verlag verpflichtet, die von ihm verbreiteten Bücher zu binden, die gebundenen Preise in geeigneter Weise zu veröffentlichen und Preisänderungen bekannt zu machen (OLG Frankfurt, GRUR 2006, 520 f.; a. A. OLG Düsseldorf, Urteil vom 11. 03. 2008 - I-20 U 119/07). Händler selbst können keine Preise binden. 20

4. Sonderpreise. Hat der Verlag oder Importeur einen Sonderpreis gem. § 5 Abs. 4 festgesetzt, so muss der Händler diesen dem Kunden als festgesetzten Preis berechnen. Der Händler muss sich somit in jedem relevanten Fall vergewissern, ob der Verlag oder Importeur für seine Bücher Serienpreise, Mengenpreise, Subskriptionspreise, Sonderpreise für Institutionen oder für Abonnenten einer Zeitschrift sowie Teilzahlungszuschläge festgesetzt hat. Diese Sonderpreise sind jeweils vom **Verleger oder Importeur** vorgegeben und vom Händler zu ermitteln, wobei die Verlage und Importeure verpflichtet sind, hier jeweils klare Angaben zu machen und diese in branchenüblicher Weise dem Händler bekanntzugeben. Eine Besonderheit gilt für Teilzahlungszuschläge: Diese sind zwar im Buchhandel eher selten geworden, kommen jedoch bisweilen – etwa bei hochpreisigen, mehrbändigen Enzyklopädien – noch vor. Der Verlag kann Teilzahlungszuschläge, die einer Verzinsung entsprechen, festsetzen. Hat ein Verlag hiervon keinen Gebrauch gemacht und gewährt der Händler Teilzahlung, so muss er selbst einen angemessenen Zuschlag festsetzen und berechnen. Denn verzichtet er auf einen Kreditzuschlag, so ermäßigt er den Preis und begeht einen Preisbindungsverstoß (BGH NJW 2003, 2526 – Preisbindung). Diese Regelung gilt auch bei einer **Stundung** des Kaufpreises. Der Zuschlag muss der Stundungsleistung entsprechen. Diese besteht aus Zinsverlust, Kreditrisiko und Bearbeitungskosten (vgl. hierzu im Einzelnen § 5 Rn. 9 ff.). 21

22 **5. Ausnahmen.** Verleger und Händler sind nicht an die festgesetzten Preise gebunden, wenn eine der Ausnahmeregelungen des § 7 vorliegt (vgl. § 7 Rn. 1 ff.).

23 **a) Verkauf außerhalb der Preisbindung (§ 7 Abs. 1).** Nach § 7 Abs. 1 Nr. 1 kann der Händler an andere Händler oder Verleger sowie deren Angestellte Bücher zu jedem beliebigen Preis verkaufen (**„Kollegenrabatt"**). Verlage dürfen beim Verkauf selbstständiger Publikationen an ihre eigenen Autoren für deren Eigenbedarf von der jeweiligen Preisbindung abweichen (§ 7 Abs. 1 Nr. 2). Verlage und Händler können beim Verkauf von Büchern an Lehrer, die diese zum Zwecke der Prüfung für eine Verwendung im eigenen Unterricht benötigen, einen herabgesetzten Preis berechnen oder die Bücher umsonst abgeben (§ 7 Abs. 1 Nr. 3).

24 **aa) Mängelexemplare.** Auch Bücher, die verschmutzt oder beschädigt sind oder einen sonstigen Fehler aufweisen (z. B. fehlende oder doppelt gedruckte Seiten) können als gekennzeichnete Mängelexemplare zu einem anderen als dem gebundenen Preis verkauft werden (§ 7 Abs. 1 Ziff. 4; vgl. auch die Kommentierung dort). Entscheidend ist dabei, dass das Buch gerade aufgrund des Mangels zum gebundenen Ladenpreis unverkäuflich geworden ist und der Händler dies durch entsprechende Kennzeichnung auch nach außen kundtut. Dagegen begründet eine **bloße Kennzeichnung als Mängelexemplar** ohne einen tatsächlich vorhandenen Mangel („Mängelung") allein keinen Mangel und kann daher nicht aus der Preisbindung herausführen (OLG Frankfurt GRUR 2005, 965 f.). Dabei ist es nicht relevant, ob ein Händler selbst eine solche Mängelung vorgenommen hat oder ob er Bücher bereits mit einer vorhandenen Mängelkennzeichnung erworben hat. Verantwortlich ist allein derjenige, der gewerbs- oder geschäftsmäßig preisgebundene Bücher an Letztabnehmer zu einem Preis unterhalb der Preisbindung verkauft, ohne dass eine der Ausnahmeregelungen des BuchPrG eingreift. Wer als Verlag mangelfreie Remissionsexemplare zum Zwecke der Umgehung der Preisbindung „mängelt" handelt wettbewerbswidrig i. S. v. § 4 Nr. 4 UWG (OLG Frankfurt a. a. O.). Auch wer nicht Normadressat der Buchpreisbindung ist, kann entsprechend den deliktsrechtlichen Teilnahmeregelungen als **Anstifter oder Gehilfe** i. S. d. § 830 Abs. 2 BGB in Anspruch genommen werden, wenn er Buchhändler oder Verleger vorsätzlich zu einem Verstoß gegen das BuchPrG bewegt. Auf die Motive des Handelnden kommt es hierbei nicht an; wettbewerbliche Gründe sind nicht erforderlich (BGH NJW 2003, 2525 – Buchpreisbindung; *Wegner/Wallenfels/Kaboth,* S. 294; *Köhler/Bornkamm,* § 4 UWG, Rn. 1.133).

bb) Remittenden. Mängelexemplare sind abzugrenzen von „Remittenden". Um das wirtschaftliche Risiko des verbreitenden Buchhandels einzuschränken, erfolgen viele Buchverkäufe der Verlage an die Händler mit **Rückgaberecht.** Die auf diese Weise gelieferten Bücher kann der Händler bis zu einem vorab vereinbarten Abrechnungstermin wieder zurückgeben („remittieren"). Eine Remittende ist somit ein Buch, das ein Buchhändler mit Rückgaberecht vom Verlag gekauft und später an den Verlag zurückgegeben hat. Remittenden sind grundsätzlich preisgebunden. Sie unterfallen nur ausnahmsweise dann nicht der Preisbindung, wenn sie durch das Hin- und Hersenden oder die Lagerung tatsächlich mangelhaft geworden sind und als gekennzeichnetes „Mängelexemplar" verkauft werden. Viele Marktteilnehmer verwenden die Begriffe „Mängelexemplar" und „Remittende" jedoch synonym, was falsch ist. 25

cc) Räumungsverkäufe. Durch das Änderungsgesetz von 2006 wurde zudem die Möglichkeit eines auf einen Zeitraum von 30 Tagen begrenzten Räumungsverkaufs anlässlich einer **Geschäftsaufgabe** geschaffen (§ 7 Abs. 1 Nr. 5). Damit wird im wesentlichen der Zustand wieder hergestellt, der nach den Regelungen des Sammelreverses vor Inkrafttreten des BuchPrG bestand. 26

b) Bibliotheksnachlass (§ 7 Abs. 2). Beim Verkauf von Büchern an **wissenschaftliche Bibliotheken** darf ein Nachlass bis zu 5 % berechnet werden. Beim Verkauf von Büchern an für jedermann zugängliche **kommunale Büchereien** sowie die anderen in § 7 Abs. 2 genannten Büchereien kann ein Nachlass bis zu 10 % auf den Endverkaufspreis gewährt werden. Ob und in welcher Höhe ein solcher Nachlass gewährt wird, obliegt der Entscheidung des Verkäufers. 27

c) Abgrenzung Sonderpreis – Nachlass. Im Unterschied zu den Sonderpreisen i. S. v. § 5 Abs. 4 handelt es sich bei den Ausnahmen nach § 7 Abs. 1 und 2 um „Kann"-Bestimmungen. Während die vom Verlag oder Importeur festgesetzten Sonderpreise strikt einzuhalten sind, kann der Verkäufer nach § 7 Abs. 1 gänzlich von der Preisbindung abweichen oder die nach § 7 Abs. 2 möglichen Nachlässe ganz oder zum Teil gewähren. Er muss dies jedoch nicht tun. 28

d) Schulbuch-Sammelbestellungen (§ 7 Abs. 3). Bei der Nachlassregelung für Schulbuch-Sammelbestellungen nach § 7 Abs. 3 handelt es sich dogmatisch um Sonderpreise, da der Händler verpflichtet ist, vom festgesetzten Endpreis den jeweiligen Nachlass in Abzug zu bringen. Denn nach dem Wortlaut des § 7 Abs. 3 „gewähren die Verkäufer" Nachlässe, sind demgemäß hierzu ver- 29 pflichtet. Die Regelung über die Schulbuch-Nachlässe hätte daher an sich im Rahmen von § 5 Abs. 4 erfolgen müssen. Handelt es sich also um eine Sammelbestellung von Büchern für den Schulunterricht, die zu Eigentum der öffentlichen Hand, eines Beliehenen oder allgemein bildender Privatschulen angeschafft werden, so hat der Verkäufer die im Einzelnen aufgeführten Nachlässe zu gewähren. Werden Schulbücher von den Schulen im Rahmen **eigener Budgets** angeschafft, so ist statt dessen ein genereller Nachlass von 12 % für alle Sammelbestellungen zu gewähren

30 **6. Zugaben und Nebenleistungen.** § 7 Abs. 4 BuchPrG erlaubt dem preisgebundenen Verkäufer von Büchern innerhalb der dort in Ziff. 1 bis 4 definierten Grenzen die Gewährung von Zugaben sowie die Etablierung von **Kundenbindungssystemen.**

31 **a) Zugaben.** Erlaubte Zugaben i. S. d. § 7 Abs. 4 Ziff. 1 sind in erster Linie **Reklamegegenstände** von geringem Wert (bis 2% des Buchpreises, wobei es auf den Verkehrswert aus Sicht des Käufers ankommt). Zulässig sind weiterhin die Übernahme geringwertiger Kosten für den Besuch der Verkaufsstelle (etwa Parkgebühren), die Übernahme von Versand- oder besonderen Beschaffungskosten (etwa die versandkostenfreie Lieferung im Versandbuchhandel) sowie andere **„handelsübliche Nebenleistungen“.** Überschreitet der Händler die gesetzten Grenzen, so verstößt er gegen die Preisbindung und kann gem. § 9 auf Unterlassung und Schadensersatz in Anspruch genommen werden. Die Abgabe von Gratisexemplaren an Sammelbesteller stellt dabei grundsätzlich einen Verstoß gegen § 3 BuchPrG dar (OLG München GRUR 2005, 71 f.).

32 **b) Gewinnspiele.** Wird ein Buch als Preis eines Gewinnspiels ausgelobt, ist dies unproblematisch. § 3 BuchPrG verbietet nur den **Verkauf** unterhalb des gebundenen Ladenpreises, nicht das Verschenken. Nachdem der EuGH die Unvereinbarkeit von § 4 Nr. 6 UWG mit dem Gemeinschaftsrecht festgestellt hat (EuGH GRUR 2010, 244, 247, Rn. 47 – Plus Warenhandelsgesellschaft), ist auch die Kopplung der Teilnahme an einem Gewinnspiel mit dem Erwerb eines Buches nicht mehr per se verboten. Es bleibt abzuwarten, wie die deutschen Gerichte die Vorlageentscheidung des EuGH umsetzen werden und ob der Gesetzgeber sie zum Anlass nimmt, § 4 Nr. 6 UWG gänzlich abzuschaffen. Es ist aber abzusehen, dass die **Koppelung** zwischen Abnahmeverpflichtung und Teilnahme am Gewinnspiel künftig nur noch dann unzulässig sein wird, wenn sie geeignet ist, das Verhalten des umworbenen Verbrauchers wesentlich zu beeinflussen.

33 Fraglich ist, ob das Einräumen einer bloßen **Gewinnchance** im Hinblick auf §§ 7 Abs. 4, 3 Satz 1 BuchPrG zulässig ist. So bewarb eine große Buchhandelskette eine Aktion mit dem Slogan „Jeder 100. Schulbuch-Einkauf gratis!" Im Falle eines Gewinns sollten die bestellten Bücher kostenlos und ohne Rechnung an den Besteller verschickt werden. Der BGH sah in derartigen Aktionen ein „besonderes Verfahren der Preisgestaltung" (BGH, GRUR 2009, 875 Tz. 9 – „Jeder 100. Einkauf gratis"). Danach sind solche Aktionen unzulässig. Einer anderen Auffassung nach soll die Gewinnchance eine – dann ebenfalls nach § 7 Abs. 4 BuchPrG unzulässige – **Zugabe** darstellen (*Möller,* GRUR-Prax 2010, 308).

34 **c) Bonussysteme.** Das Gesetz bezweckt den Ausschluss eines Preiswettbewerbs zwischen den Letztverkäufern. Das Gesetz beschränkt seinem Wortlaut nach mögliche Zugaben ausschließlich auf „Waren" (§ 7 Abs. 4 Ziff. 1). Damit ist klargestellt, dass stets derjenige gegen § 3 BuchPrG verstößt, der beim Verkauf eines preisgebundenen Buches **Geldvorteile** gewährt. Preisnachlässe lässt das BuchPrG lediglich in Ausnahmefällen des Buchverkaufs an wissenschaftliche Bibliotheken und sonstige Büchereien nach § 7 Abs. 2 sowie bei Schulbuchsammelbestellungen nach § 7 Abs. 3 zu. Hieraus folgt im Umkehrschluss, dass die Gewährung von Nachlässen im übrigen unzulässig ist (OLG Frankfurt NJW 2004, 3435). Ein unzulässiger Preisnachlass liegt vor, wenn ein Händler beim Verkauf preisgebundener Bücher Bonuspunkte (z. B. „Meilen" im Rahmen des Bonus-Systems einer Fluggesellschaft) vergibt und diese Punkte später beim Kauf wiederum preisgebundener Bücher anrechnet. Denn in diesem Fall trägt der Buchhändler den Gegenwert der „Meilen", die Differenz zum gebundenen Ladenpreis, aus eigenen Mitteln, während der Kunde im wirtschaftlichen Ergebnis einen **unzulässigen Rabatt** auf den gebundenen Ladenpreis erhält (OLG Frankfurt a. a. O.). Ob die Bonuspunkte im Hinblick auf den Wert der verkauften Bücher noch als geringwertig anzusehen sind oder nicht, ist bei dieser Konstellation irrelevant.

35 Ein Verstoß gegen § 3 BuchPrG liegt nicht nur dann vor, wenn der Buchhändler ein preisgebundenes Buch zu einem anderen als dem gebundenen Ladenpreis verkauft, sondern auch dann, wenn für das Buch zwar der gebundene Ladenpreis bezahlt wird, dem Kunden aber gekoppelt mit dem Kauf **Vorteile** gewährt werden, die den Erwerb für ihn wirtschaftlich günstiger erscheinen lassen (so OLG Frankfurt a. M. WRP 2006, 613, 614 für den Fall preisgebundener Arzneimittel). Im Hinblick auf § 7 Abs. 4 Ziff. 1 BuchPrG dürfen Bonuspunkte beim Verkauf preisgebundener Bücher jedoch dann

ausgegeben werden, wenn diese beim Erreichen einer bestimmten Punktzahl für nicht der Preisbindung unterliegende Prämien (z. B. Musik-CDs) eingelöst werden können. Voraussetzung hierfür ist, dass die Schwelle der Geringwertigkeit gem. § 7 Abs. 4 Ziff. 1 BuchPrG (2 % des Buchpreises) bezogen auf den Gegenwert der jeweils ausgegebenen Bonuspunkte nicht überschritten wird (OLG Frankfurt NJW 2004, 3436). Unzulässig ist darüber hinaus stets die Ausgabe von Bonuspunkten, die vom Kunden **wie ein Zahlungsmittel** beim Kauf anderer Waren eingesetzt werden können, mithin der Verrechnung dienen (OLG Frankfurt a. M. WRP 2006, 613, 615).

36 Schwieriger zu beantworten ist die Frage, ob Bonuspunkte, die beim Kauf **nicht preisgebundener Waren** gutgeschrieben wurden, beim darauf folgenden Kauf preisgebundener Bücher angerechnet werden können. Die Beantwortung dieser Frage hängt davon ab, ob sich der Nachlass beim Erstkauf der nicht preisgebundenen Ware und/oder beim Zweitkauf des Buches realisiert. Auszugehen ist zunächst von der Rechtsprechung des BGH, wonach die Gewährung eines Gutscheins über einen bestimmten Geldbetrag, der beim Kauf auf den Kaufpreis angerechnet wird, einen vorweggenommenen Nachlass darstellt (BGH GRUR 2003, 1057 – Einkaufsgutschein I; *Köhler/Bornkamm*, § 4 UWG Rn. 1.123). Der Nachlass realisiert sich danach erst bei der **Einlösung des Gutscheins.**

37 Nach einer Entscheidung des **OLG Stuttgart** (WRP 2011, 366 ff.) soll aber ein Händler, der beim Kauf nicht preisgebundener Waren einen Gutschein für einen beliebigen späteren Kauf ausgebe, nicht gegen das Buchpreisbindungsgesetz verstoßen, wenn dieser Gutschein später beim Kauf preisgebundener Bücher angerechnet werde. Denn der ausgegebene Gutschein sei ein Rabatt auf den Erstkauf, weshalb kein Nachlass auf den Zweitkauf preisgebundener Bücher vorliege. Auch beim Kauf preisgebundener Arzneimittel sei von der Rechtsprechung anerkannt, dass die Vergabe von Gutscheinen für künftige Käufe in der Vorstellung des Verbrauchers eine beim Erstkauf erzielte Ersparnis und einen auf diesen unmittelbar anzurechnenden Geldvorteil darstelle (BGH GRUR 2010, 1136 ff. – Unser Dankeschön für Sie; LG Köln GRUR 2006, 88). Zudem habe unter der Geltung des Rabattgesetzes der Gesetzgeber die identische wirtschaftliche Bedeutung eines sofortigen Barrabatts und des einen Preisnachlass gewährenden Gutscheins anerkannt und beide in § 4 Abs. 1 Satz 1 RabattG gleichgestellt. Als Rabatt sei nicht nur der Preisnachlass, sondern auch die Gewährung eines Gutscheins angesehen worden, der innerhalb einer bestimmten Zeit zum Warenbezug oder einer Rückvergütung berechtigte (OLG Stuttgart a.a.O).

Bei dieser Entscheidung übersieht das OLG Stuttgart zunächst, dass die zitierten Entscheidungen (BGH GRUR 2010, 1136 ff; LG Köln GRUR 2006, 88) Fälle betrafen, bei denen sich der Erstverkauf auf nach § 78 AMG preisgebundene Arzneimittel bezog und hierbei die Gewährung eines geldwerten „Vorteils" **per se verboten** war. Die Gerichte haben daher in richtiger Weise den Verkauf der Ware plus Gutschein als geldwerten „Vorteil" im Verhältnis zum Verkauf ohne Gutschein gewertet, wobei der Vorteil bereits dem **Erstkauf** zuzurechnen sei. Dass darin bereits ein Nachlass auf den gebundenen Preis des Arzneimittels liege ist den Entscheidungen indes nicht zu entnehmen. Auch ist insbesondere der Entscheidung der BGH („Unser Dankeschön für Sie") keine Wertung zu entnehmen, er habe den Vorgang der Ausgabe eines Gutscheins und dessen Einlösung als einheitlichen Vorgang gesehen, so dass auch nur einmal (und zwar bei der Ausgabe) ein Rabatt gewährt werde. Tatsächlich hat der BGH die Gewährung der Inhaberschaft am Gutschein als **kleines Inhaberpapier** bereits als **unzulässige Vorteilsgewährung** bewertet (*Mees,* GRUR 2012, 353, 358). Bei der Argumentation mit außer Kraft getretenem Rabattrecht (§ 4 Abs. 1 Satz 1 RabattG) übersieht das Gericht dann, dass sich die Gleichstellung von Barrabatt und Gutscheinen aus dem Umstand ergab, dass seinerzeit nur Gutscheine ausgegeben werden durften, die der Kunde „in Bargeld" einlösen konnte, es mithin gar keines „Zweitkaufs" bedurfte. 38

Nach der hier vertretenen Auffassung realisiert sich der dem Kunden gewährte Vorteil nicht allein beim Erstkauf: Denn wenn gar kein Zweitkauf folgt, hat der Kunde auch **keinen Nachlass** erlangt. Das System verknüpft vielmehr **Erst- und Zweitkauf** derart miteinander, dass beim Erstkauf mit dem Gutschein ein geldwerter Vorteil vergeben wird, der sich aber erst beim Zweitkauf durch die Einlösung des Gutscheins realisiert. Daher sind beide Rechtsgeschäfte durch den Gutschein verknüpft und tangiert: Der beim Erstkauf erlangte wirtschaftliche Vorteil stellt sich als die Möglichkeit dar, durch einen Folgekauf einen tatsächlichen Nachlass zu erlangen. Der Nachlass selbst wird dann beim Zweitkauf gewährt. Man wird daher – entgegen der Entscheidung des OLG Stuttgart – den gewährten Vorteil in unterschiedlicher Ausprägung sowohl auf den Erst- wie auf den Zweitkauf beziehen müssen (*Mees,* GRUR 2012, 353, 358). 39

Das hat zur Konsequenz, dass die Einlösung von Gutscheinen, die durch den Kauf nicht preisgebundener Ware erlangt wurden, beim Kauf preisgebundener Bücher gegen § 3 BuchPrG verstößt, da ein unzulässiger Nachlass gewährt wird. Da auch geringe Nachlässe verboten sind, liegt auch ein Verstoß vor, wenn im Rahmen von Kundenbindungssystemen **Bonuspunkte** wie „Meilen" etc. eingelöst 40 werden (a. A. OLG Frankfurt a.M. NJW 2004, 3436). Denn der Buchhändler erhält in diesem Fall auch bei Erstattung des gewährten Nachlasses durch das die Boni ausgebende Unternehmen nur im wirtschaftlichen Endergebnis einen Betrag, der dem gebundenen Ladenpreis entspricht. Beim Verkauf des Buches an den Endkunden wird aber rechtlich betrachtet ein unzulässiger Nachlass gewährt, für den der Händler aufgrund separater Vereinbarung mit einem Dritten eine Kompensation erhält. Das ändert aber nichts an der **Unzulässigkeit des gewährten Nachlasses** selbst. Bei der Einlösung von Prämienpunkten im Rahmen eines Kundenbindungsprogramms reduziert der Händler danach von vornherein den Kaufpreis um den Nennwert der einzulösenden Punkte (*Möller,* GRUR-Prax 2010, 308). In der Einlösung von Bonuspunkten, Meilen etc. liegt somit die Gewährung eines Nachlasses und damit ein Verstoß gegen § 3 Satz 1 BuchPrG (zur Frage eines gleichzeitigen Verstoßes gegen Lauterkeitsrecht: *Möller,* GRUR 2006, 292).

41 **7. Gutscheine und Sponsoringmodelle. a) Gutscheine für nicht preisgebundene Waren.** Nach der hier vertretenen Auffassung können Gutscheine, die für nicht preisgebundene Waren ausgegeben werden, somit nur für nicht preisgebundene Waren wieder eingelöst werden. Die Verrechnung mit dem Preis eines **gebundenen Buches** stellt einen unzulässigen Nachlass und damit einen Verstoß gegen § 3 Satz 1 BuchPrG dar.

42 **b) Eigengutscheine des Buchhandels.** Einen unzulässigen Barnachlass stellt es dar, wenn ein Buchhändler Gutscheine ausgibt und bei einem späteren Kauf den Gegenwert des Gutscheins mit dem Kaufpreis verrechnet. So wurde einem Internet-Buchhändler die Gewährung eines „Startgutscheins" im Wert von EUR 5,00 untersagt, den Neukunden bei Registrierung ihrer Daten erhielten und den sie bei einem nachfolgenden Buchkauf einlösen konnten (OLG Frankfurt NJW 2004, 3123; vgl. auch LG Osnabrück WRP 2006, 913, 915). Bei dieser Fallkonstellation können die Übersendung des Gutscheins und der spätere Bücherkauf nicht isoliert voneinander betrachtet werden, da der gebundene Ladenpreis gerade nicht teilweise durch Barzahlung und Hingabe des Gutscheins beglichen wird. Denn es macht keinen Unterschied, ob der gebundene Ladenpreis dadurch unterschritten wird, dass der Händler dem Kunden einen niedrigeren Preis als den gebundenen berechnet, oder einen Betrag abzieht, der sich aus einem zuvor vom Händler gewährten Gutschein ergibt. Dabei ist die Neuregistrierung des Kunden keine vergütungsfähige „Gegenleistung", weil diese Registrierung den Kunden zu nichts verpflichtet. § 3 BuchPrG verlangt, dass der gebundene Preis bei jedem einzelnen

Verkauf eines neuen Buches eingehalten wird. Dies schließt eine Saldierung des Nennwerts der Startgutscheine mit möglichen späteren Folgegeschäften aus (OLG Frankfurt, a. a. O.). Zahlt der Händler somit den Gutschein aus eigenen Mitteln, liegt ein unzulässiger Preisnachlass vor. Hingegen stellt es eine nach § 7 Abs. 4 Ziff. 1 BuchPrG unzulässige Zugabe dar, wenn der Händler Gutscheine ausgibt, die gegen Waren oberhalb der Geringfügigkeitsgrenze eingetauscht werden können. Unzulässig ist auch die Inzahlungnahme von Waren und deren Verrechnung mit dem gebundenen Ladenpreis, da dieser nur bei Bezahlung in Geld exakt eingehalten werden kann.

c) Vorab bezahlte Buchgutscheine. Das Gesetz schreibt in § 3 43
vor, dass der Händler beim Verkauf von Büchern an Letztabnehmer den festgesetzten Preis einhalten muss. Das Gesetz bestimmt hingegen nicht, wer den gebunden Ladenpreis zu bezahlen hat (OLG Frankfurt NJW 2004, 3435). Zulässig ist es daher, wenn ein Buchhändler einem Kunden einen **(Geschenk-)Gutschein** verkauft, den ein Dritter dann gegen entsprechende Gutschrift einlösen kann. Diese Modelle sind für die Preisbindung unproblematisch, wenn die Gutscheine zuvor beim Händler zum Nennpreis erworben wurden. In diesem Fall stellt der Geschenkgutschein eine verbriefte Geldforderung dar, die auf einer tatsächlichen Geldleistung gründet und mit Sinn und Zweck der Preisbindung problemlos vereinbar ist.

d) Gutscheine Dritter. Sehr problematisch sind hingegen jene 44
Fälle, in denen **Drittunternehmen** den Kunden „Gutscheine" gewähren, die dann bei einem bestimmten (Internet-)Buchhändler eingelöst werden können. Diese Gutscheine sind bei der Ausgabe an den Kunden noch nicht bezahlt worden; der Gutscheingeber ersetzt dem Händler erst im Nachhinein einen Betrag, welcher der Gesamtsumme des Nennwerts der eingelösten Gutscheine entsprechen soll. In einem Beschluss vom 14. 12. 2011 (Az.: 102 O 165/11) hat das Landgericht Berlin einer Internet-Buchhandlung die Einlösung von 5-Euro-Gutscheinen verboten, die von einem Kleidungshersteller ausgestellt und dessen Warensendungen beigelegt waren. Ein Verstoß gegen § 3 BuchPrG liege vor, da es aus der insoweit maßgeblichen Sicht des Endkunden allein darauf ankomme, dass dieser bei der Antragsgegnerin für dasselbe Buch weniger bezahlen müsse als im sonstigen Buchhandel. Hierdurch werde ein Preiswettbewerb zwischen den Letztverkäufern eröffnet, was mit **Sinn und Zweck** der Preisbindung nicht vereinbar sei. Auch sei der gebundene Kaufpreis in seiner Gesamtheit sofort zu entrichten (so auch BGH NJW 2003, 2525, 2527 – Buchpreisbindung) womit nicht vereinbar sei, wenn ein Teil des Preises durch einen Dritten erstattet werde (der Beschluss

des LG Berlin wurde wegen fehlender Dringlichkeit aufgehoben, das Hauptsacheverfahren war bei Redaktionsschluss dieser Auflage noch nicht abgeschlossen).

45 Für den Käufer (und Gutscheinempfänger) stellt sich die Einlösung eines solchen Gutscheins zweifellos als **reiner Nachlass** auf den gebundenen Ladenpreis dar, da es – anders als beim vorab bezahlten Geschenkgutschein – an jedweder persönlichen Beziehung zum „Schenker" fehlt und der Gutschein ohne finanzielle Leistung des Erwerbers erlangt wird. Auch steht zu vermuten, dass das beteiligte Drittunternehmen nicht etwa altruistisch Buchkäufe subventionieren möchte, sondern sich durch den Aufdruck der Gutscheine einen **zusätzlichen Werbeeffekt** verspricht, wie umgekehrt der Buchhändler einen Vorteil durch Gewinnung neuer Kunden zieht. Dabei ist nicht kontrollierbar, ob das den Gutschein ausgebende Unternehmen tatsächlich die Differenz zum gebundenen Ladenpreis bezahlt, ob der Buchhändler selbst die Differenz ganz oder zum Teil aus dem eigenen Rabatt finanziert oder ob es gar zu vertraulichen Rückzahlungen des Buchhändlers an den Sponsor oder zur bloßen Verrechnung von Werbeleistungen kommt. Die **massenhafte Streuung** von Buchgutscheinen durch Unternehmer ohne jeden Bezug zum jeweils Begünstigten ist für die Preisbindung überaus schädlich, da sie das Bewusstsein für feste Preise untergräbt. Auch dürfte die Beteiligung an einem solchen System ausschließlich für Buchhandelsketten und große Internet-Buchhändler wirtschaftlich sinnvoll sein, so dass insbesondere dem mittelständischen Sortiment in größerem Umfang Kunden entzogen werden, die den Preisvorteil des Gutscheins beim Kauf nutzen möchten. Dies ist mit dem Zweck des Gesetzes nicht vereinbar, durch die Verpflichtung aller Händler zur Einhaltung festgesetzter Preise die Existenz einer großen Zahl von mittelständischen Verkaufsstellen zu sichern.

46 **aa) § 3 BuchPrG als Marktverhaltensregel.** Die Vorschriften zur Buchpreisbindung zählen zu den absatzbezogenen Vorschriften im Sinne des § 4 Nr. 11 UWG. Sie weisen einen Marktverhaltensbezug auf, da sie eine **auf Lauterkeit bezogene Schutzfunktion** erfüllen, indem die Buchpreisbindung dem Charakter des Buches als Kulturgut durch Erhaltung eines breiten Buchangebots und Förderung einer großen Zahl von Verkaufsstellen Rechnung trägt. § 3 BuchPrG stellt daher eine Marktverhaltensregel auf (*Mees,* GRUR 2012, 353, 354 ff.). Mit dem Regelungssystem der Buchpreisbindung sind solche Verhaltensweisen unvereinbar, die ihrem Ziel zuwider laufen. Das auf einer Absprache zwischen Gutscheingeber und einlösendem Buchhändler beruhende Gutscheinsystem stellt eine Werbung

mit dem Preis dar und eröffnet einen Preiswettbewerb (LG Berlin, Beschluss vom 14. 12. 2011, Az.: 102 O 165/11). Denn mit der Aussendung oder Übergabe des Gutscheins wird dem späteren Käufer vermittelt, er könne bei dem einlösenden Buchhändler Bücher zu einem günstigeren Preis einkaufen als bei anderen Buchhandlungen. Der Preis einer Ware oder Leistung ist aber der wichtigste Aktionsparameter im Wettbewerb und bietet neben Produktbeschreibung und Qualitätsangaben die wichtigste Entscheidungsgrundlage für den Abnehmer. Da Drittgutscheine und deren Einlösung somit den Anforderungen aus der Preisbindung nach § 3 BuchPrG für das Verhalten am Markt nicht entsprechen, können sie nach § 9 BuchPrG verfolgt werden. Insoweit ist es nicht von Bedeutung, ob der Buchhändler im Hintergrund Zahlungen des den Gutschein ausgebenden Unternehmens erhält und ob diese im Ergebnis der Summe der eingelösten Gutscheine entsprechen. Denn bereits eine **Preiswerbung** ist mit § 3 BuchPrG unvereinbar, wenn diese den **Eindruck eines günstigeren Angebots** erweckt (*Mees,* GRUR 2012, 353, 356).

bb) Der Buchpreis als Gesamtpreis. Die Buchpreisbindung setzt zivilrechtlich gängigen Zahlungsmodalitäten dort Grenzen, wo dies mit ihrem Sinn und Zweck nicht vereinbar ist. So hat der BGH auch die Einräumung eines **Zahlungsziels** – ein ansonsten rechtlich unbedenkliches und gängiges Rechtsinstitut – beim Verkauf von preisgebundenen Büchern mit Verweis auf Sinn und Zweck der Buchpreisbindung untersagt: § 3 BuchPrG verbiete nach Wortlaut, Entstehungsgeschichte und Sinn des Gesetzes, dass der Käufer – statt den sofort fälligen vom Verleger festgesetzten Endpreis zu entrichten – für sich ein Zahlungsziel beanspruche (BGH ZUM 2003, 773, 775 - Buchpreisbindung). Nach Auffassung des BGH ergebe sich u. a. aus § 5 Abs. 4 Nr. 6 BuchPrG, dass der Endpreis bindend und der **sofort zu entrichtende Preis** sei. Nur bei einem kreditweisen Verkauf dürfe er anders festgesetzt werden, indem der Barzahlungspreis um im Voraus bestimmte Teilzahlungszuschläge erhöht werde. Damit werde dem Umstand Rechnung getragen, dass der Verzicht des Buchhändlers auf den sofortigen Ausgleich der Rechnung bei Fälligkeit, d. h. bei Auslieferung der Ware, die Einräumung eines Kredits darstelle, der bei fehlender Gegenleistung zu einer verbotenen Unterschreitung des gebundenen Preises führe (BGB a. a. O.). Damit konstatiert der BGH, dass der gebundene Ladenpreis grundsätzlich bei der Abwicklung des Kaufgeschäfts durch den Letztabnehmer zu entrichten ist, und zwar „sofort". Diese Auslegung folgert der BGH zum einen aus der Gesetzesbegründung (BT-Dr. 14/9196, S. 10 zu § 3 und S. 13 zu § 7 Abs. 4; s. ferner BT-Dr. 14/9422, S. 11 f.), zum anderen 47 aus der Entstehungsgeschichte des Gesetzes. Ein wesentliches Kennzeichen der Buchpreisbindung sei schon seit jeher das an alle Buchhändler gerichtete, durch Sammel- oder Einzelrevers gewährleistete Verbot gewesen, Bücher ohne Zustimmung des Verlegers unter Gewährung eines Barzahlungsnachlasses zu verkaufen. Dieses Verbot wurde in der bis zum 30. September 2002 gültigen Formulierung der Preisbindungsverpflichtung im Sammelrevers 2000 zum Ausdruck gebracht, wonach die Buchhändler an die „Endabnehmerpreise" gebunden wurden, welche als **„Ladenpreise = Barzahlungspreise"** definiert waren. Hinter diesem Rechtszustand habe, so der BGH, das Buchpreisbindungsgesetz nicht nur nicht zurückbleiben sollen, sondern der Gesetzgeber habe die Bindungswirkung sogar noch verstärkt, indem das Gesetz – abweichend von den früheren in Teil B 2 des Sammelrevers 2000 niedergelegten Regeln – nunmehr auch die Verleger verpflichte, sich an der eigenen Festsetzung des Endpreises festhalten zu lassen; der Gesetzgeber habe auf diese Weise nicht nur Markttransparenz schaffen, sondern vor allem das Vorhandensein einer hinreichend großen Zahl von Verkaufsstellen in Deutschland, die gleichmäßige Verbreitung des Buchangebots auch außerhalb der großen Städte und den Schutz des Kulturgutes Buch sicherstellen wollen (BGH a. a. O.). Diese Ausführungen zur Beschränkung zivilrechtlich an sich zulässiger Zahlungsmodalitäten bei preisgebundenen Büchern sind sinngemäß auch für die rechtliche Bewertung des Buch-Sponsorings heranzuziehen. Der Buchpreis ist daher ein **grundsätzlich in bar** zu entrichtender Gesamtpreis, womit unvereinbar ist, wenn ein Teil des Preises durch einen Dritten erst später gezahlt wird (LG Berlin, Beschluss vom 14. 12. 2011, Az.: 102 O 165/11).

48 **cc) Rechtsnatur der Drittgutscheine.** Um zu klären, zu welchem Zeitpunkt bei der Einlösung von Gutscheinen der Kaufpreis beglichen wird, und ob er überhaupt beglichen wird, ist zunächst die **Rechtsnatur der Gutscheine** zu erörtern. Drittgutscheine können als Rabattzugabe oder Werbegeschenk einzuordnen sein. Bei den hier beschriebenen Gestaltungen handelt es sich regelmäßig um Wertgutscheine (Rabattcoupons oder Rabattgutscheine), die beim Kauf eines Produktes eingelöst werden können und zu einer Rabattgewährung führen. Nach dem im Jahr 2001 aufgehobenen Rabattgesetz wurden Wertgutscheine als so genannte kleine oder unvollständige Inhaberpapiere i. S. d. § 807 BGB behandelt (*Mees,* GRUR 2012, 353, 356; *v. Gamm,* § 60 Rdn. 49; *Baumbach/Hefermehl,* 21. Aufl., § 4 RabattG, Rdn. 1). Auch ist den Gutscheinen ein Verpflichtungswille des Buchhandelsunternehmens enthalten, einen Nachlass in Höhe des Nennbetrages des Buchhändlers zu gewähren.

Hierdurch wird der Buchhändler zum eigentlichen Aussteller des Gutscheins (*Mees,* GRUR 2012, 353, 357), zumal dann, wenn er den Gutschein selbst an den Kunden übergibt oder an ihn versendet und der Kunde nur den Angaben auf dem Gutschein entnehmen kann, wer den Differenzbetrag begleichen soll.

dd) Gutschein als Leistung an Erfüllungs statt. Die Frage der Zulässigkeit solcher Gutscheinsysteme ist bislang höchstrichterlich noch nicht entschieden. Das Urteil des OLG Frankfurt vom 20. Juli 2004 (NJW 2004, 3434) wird jedoch z.T. als Beleg dafür zitiert, drittfinanzierte Gutscheine seien prinzipiell zulässig, da beim Buchhändler der gebundene Preis ja ankomme, wenn auch verteilt auf zwei Zahlungen (so etwa *Jacobi,* WRZ 2011, 703, 705). Dieser Auffassung könnte indes nur gefolgt werden, wenn der Buchhändler den Gutschein **„erfüllungshalber“** und **nicht „an Erfüllungs statt“** entgegennähme: Beim der Leistung erfüllungshalber hängt das Erlöschen der Kaufpreisschuld von der endgültigen Befriedigung des Gläubigers – also von der Zahlung des Gutscheingebers – ab. Bei Leistung an Erfüllungs statt bringt die Annahme einer anderen als der geschuldeten Leistung das Schuldverhältnis zum Erlöschen. 49

Verzichtet der Buchhändler beim Verkauf eines preisgebundenen Buches in Anbetracht eines vorgelegten Gutscheines darauf, vom Käufer den festgesetzten Preis in voller Höhe zu verlangen, so nimmt er **„eine andere als die geschuldete Leistung“** i. S. d. § 364 Abs. 1 BGB an. Die Annahme des Gutscheins erfolgt daher gerade nicht „erfüllungshalber“, sondern **„an Erfüllungs statt“** und bringt das Schuldverhältnis im Moment der Annahme zum Erlöschen (*Mees,* GRWR 2012, 353, 358). Der Käufer zahlt den verminderten Preis und ist von seiner Kaufpreisschuld komplett frei. Ob der Händler vom Gutscheingeber später eine Kompensation für den Preisnachlass erhält, ist für das Rechtsverhältnis zum Kunden unerheblich und richtet sich nach separaten Vereinbarungen im Verhältnis zum Gutscheingeber. Damit liegt im Verhältnis zum Kunden ein von § 3 BuchPrG **verbotener Preisnachlass** vor. Dieses gilt unabhängig davon, ob eine offene oder verdeckte Verrechnung mit anderweitigen Leistungen erfolgt oder nicht (*Mees,* GRUR 2012, 353, 358; *Möller,* GRUR-Prax 2010, 308). Denn auch hier ist nur der Buchkäufer Vertragspartner des Buchhändlers; er verpflichtet sich zur Zahlung eines unterhalb des gebundenen Ladenpreises liegenden Kaufpreises. Der Gutscheingeber selbst ist hingegen nicht Partei des Kaufvertrages. Er zahlt immer nur einen bestimmten Eurobetrag aufgrund separater Vereinbarung an den Buchhändler, der Endsumme nach nur abhängig von der Zahl der unter Verwendung des Gutscheins mit den Kunden abgeschlosse- 50 nen Kaufverträgen. Es fehlt hier bereits am **Synallagma** zwischen der Verpflichtung des Gutscheingebers und der Pflicht des Buchhändlers aus dem Kaufvertrag (*Mees,* GRUR 2012, 353, 359; *Weitner,* GRUR-RR 2012, 1, 4; *Möller,* GRUR-Prax 2010, 308). Der dem Kunden gewährte Nachlass beim Kauf eines Buches stellt sich daher auch dann als Verstoß gegen § 3 Satz 1 BuchPrG dar, wenn dabei ein Gutschein entgegengenommen wird. Denn letztlich erhält auch hier der Buchhändler vom Sponsor aufgrund **separaten Vertrages** eine Kompensation im Nennwert des Nachlasses, mit dem er das Buch dem Endkunden verkauft hat. Eine Ausnahme wird nach Sinn und Zweck der Preisbindung nur dann anzunehmen sein, wenn die Gutscheine vor ihrer Einlösung vom Gutscheingeber tatsächlich bezahlt wurden (*Möller,* GRUR-Prax 2010, 308), was regelmäßig nur der Fall ist, wenn persönliche Verbindungen zwischen dem Kunden und dem Gutscheingeber bestehen. Damit kann ausgeschlossen werden, dass das Modell der Umgehung der Buchpreisbindung dient und Sinn und Zweck des Gesetzes zuwider läuft.

51 **e) Buchsponsoring.** Hielte man solche Gutscheinmodelle entgegen der hier vertretenen Auffassung für zulässig, so würde dies im Ergebnis zu einem vom Gesetz **ausdrücklich untersagten Preiswettbewerb** führen (*Weitner,* GRUR-RR 2012, 1, 5f.). Diese These belegt exemplarisch ein Fall, den das LG Hamburg zu entscheiden hatte (Urteil vom 08. 06. 2011 - 315 O 182/11, BeckRS 2011, 17187). Hintergrund des Rechtsstreits war ein „Sponsorenmodell“, das den Gutscheinmodellen ähnelte: Bei dem auf studentische Käufer spezialisierten Internet-Händler *studibooks* konnte man Bücher 10 Prozent unterhalb des gebundenen Preises kaufen (auch ohne Student zu sein). Nach Darstellung des Händlers würde der Rest des Kaufpreises von Sponsoren gestiftet, die auf der Homepage von *studibooks* auch als Sponsoren ausgewiesen würden. Deshalb liege kein Verstoß gegen die Preisbindung vor: Beim Händler komme für jedes Buch der gebundene Ladenpreis an, wenn auch durch zwei Zahlungsvorgänge. Die Motivation für die Zuzahlungen sei das Bestreben der Sponsoren, Imagewerbung bei der Zielgruppe zu betreiben. Der Händler wollte nach eigenen Angaben selbst auch die Bildung fördern, indem man Studenten Bücher billiger verschaffe, die sich die hohen Preise für Fachbücher häufig nicht leisten könnten. Nach Auffassung des Landgerichts Hamburg ließen Sinn und Zweck des Preisbindungsgesetzes daran zweifeln, dass das Sponsorenmodell von *studibooks* zulässig sei: Denn für den Käufer sei der Händler wegen des geringeren Preises attraktiver, weshalb es zu einem Preiswettbewerb käme, den die gesetzliche Buchpreisbindung ja gerade verhindern solle. Würde das Modell Schule machen, so würde nach Auffassung des Gerichts „die Zahl möglicher Bildungs-, Leseförderungs- und sonstiger Sponsoringinitiativen unüberschaubar geraten". Und in der Tat: Die großen Buchhandlungen könnten z. B. die Verlage auffordern, ihre Buchverkäufe durch Zuzahlungen zu fördern, um im Preiswettbewerb mit besagtem Internet-Händler und anderen konkurrenzfähig zu bleiben.

Das LG Hamburg hat die Zulässigkeit des Buch-Sponsoring im konkreten Fall letztlich offen gelassen, weil es das konkret zur Entscheidung stehende Modell bereits aus einem anderen Grunde - wegen des nicht eingepreisten Werbevorteils des Sponsors – für unzulässig hielt (zust. Anm. *von Becker,* GRUR-Prax 2011, 307). Das Gericht hat aber den Finger in die Wunde gelegt: Wäre ein solches Modell zulässig, so gäbe es eine legale Form der **Preisunterbietung** im Rahmen eines gesetzlichen Preisbindungssystems (so contra legem ausdrücklich gewünscht von *Jacobi,* WRZ 2011, 703, 705) mit der Folge einer Erosion der Preisbindung insgesamt (*Alexander,* AfP 2009, 335, 341). Sinn und Zweck des Gesetzes verbieten daher das beschriebene Sponsoringsystem (so auch *Jacobi,* WRP 2011, 703, 708). Zwar kann gem. § 267 BGB auch ein Dritter die Leistung bewirken, wenn der Käufer selbst nicht „in Person" zu leisten hat (so das LG Hamburg in der zitierten Entscheidung). „Dritter" ist aber nur, wer auf eine **fremde Schuld** eine eigene Leistung erbringt. Kein Dritter ist daher der Schuldübernehmer (BGHZ 72, 246, 250), zumal dann nicht, wenn er eine eigene Verpflichtung erfüllt. Im erwähnten Fall des LG Hamburg liegt daher auch keine Schuldübernahme (§§ 414, 415 BGB) vor, da sich der Käufer nach diesem Modell vertraglich gegenüber dem Buchhändler von vornherein nur zur Zahlung von 90 Prozent des Kaufpreises verpflichtet hat. Der Sponsor „übernimmt" daher eine gar nicht existente Schuld; der Nachlass gegenüber dem Kunden stellt sich als Nachlass auf den Kaufpreis und damit als Preisbindungsverstoß dar, auch wenn der Buchhändler vom Sponsor aufgrund separaten Vertrages eine Kompensation erhält (*Möller,* GRUR-Prax 2010, 308). Die Rechtslage ist daher keine andere als bei den drittfinanzierten Gutscheinen (*Mees,* GRUR 2012, 353, 358). 52

f) Weitere Unzulässigkeitsgründe. Auch wenn man sich der hier vertretenen strikten Auffassung zur Unzulässigkeit von drittfinanzierten Gutscheinen und Sponsoringmodellen nicht anschließt, wird in vielen dieser Fälle dennoch ein Verstoß gegen § 3 BuchPrG anzunehmen sein: Da das Verschenken von Geld und das selbstlose Fördern von Buchkäufen der wirtschaftlichen Vernunft gewinnorientierter Unternehmen im Regelfall zuwider läuft, dürften tatsächlich 53 stets **andere Zwecke** verfolgt werden. Regelmäßig führen diese Modelle zwei Interessen zusammen: Auf der einen Seite steht das Interesse des Buchhändlers, zum eigenen Wettbewerbsvorteil Preisangebote zu machen, die aus Sicht der Käufer günstiger sind als die der Konkurrenz. Auf der anderen Seite steht das Bedürfnis von Unternehmen, Imagewerbung bei attraktiven Zielgruppen zu betreiben. Diese Unternehmen sind – falls tatsächlich die angekündigten Zahlungen erfolgen - offenbar bereit, einen Betrag zu zahlen, um auf der anderen Seite **Imagewerbung** durch Benennung des eigenen Unternehmens auf den Gutscheinen oder Werbe-Buttons auf der Homepage der Buchhandlung zu betreiben. Legt man dies zugrunde, zahlen die fördernden Unternehmen einen Betrag nicht zuletzt auch, um eine positive Assoziation bis hin zum Gefühl konkreter Dankbarkeit beim Kunden zu erzeugen. Dann aber stellt sich die Hingabe des Sponsoring-Betrags als zumindest teilweise Zahlung für den **Erhalt einer Gegenleistung** durch den Buchhändler dar. Das schließt es aus, dass der Sponsor zugleich den vollen Betrag und damit den vollen Endpreis für das gekaufte Buch erhält. Auch bei dieser Betrachtung erhält der Buchhändler also am Ende nicht den vollen gebundenen Buchpreis (LG Hamburg, Urteil vom 08. 06. 2011 - 315 O 182/11, BeckRS 2011, 17187).

54 Weiterhin verstoßen Geschäfte regelmäßig gegen die Preisbindung, bei denen die Forderungen des Händlers aus den Gutscheinen mit einer Gegenforderung für die Zurverfügungstellung von Fläche auf den Warenverpackungen durch den Hersteller verrechnet werden. Die behauptete Einräumung von Werbezeiten in einem Radioprogramm stellt keine Bezahlung des Buches zum Barpreis dar (LG München, Urteil vom 19. 04. 2005, Az.: 33 O 21820/04). Die Beschriftung einer Ware mit einem Gutschein erfolgt stets durch den Hersteller der Ware selbst und in dessen eigenem Interesse. Darüber hinaus wäre die Festsetzung eines Preises hierfür beliebig und nicht anhand objektiver Kriterien hinsichtlich des Werts überprüfbar, weshalb eine Verrechnung „Gutschein gegen Werbeplatz" angesichts der Verpflichtung des Händlers zur Berechnung exakt des gebundenen Ladenpreises im Regelfall zu Verstößen gegen § 3 BuchPrG führen wird (LG München, Urteil vom 19. 4. 2005, Az.: 33 O 21820/04 für den Fall der „Bezahlung" preisgebundener Bücher durch Überlassung von Werbezeit im Rundfunk). Stets trifft denjenigen Buchhändler, der sich auf die Zahlung des gebundenen Ladenpreises durch mehrere Käufer und insbesondere im Rahmen solcher Gutscheinaktionen beruft, im Prozess die Darlegungs- und Beweispflicht hierfür (LG München, a. a. O.).

Weiterhin ist der Verkauf eines Milchprodukts mit einem auf die Warenverpackung gedruckten Gutschein, der beim Kauf eines Buches gegen EUR 5,00 eingelöst werden kann, als **Kopplungsangebot** zu werten. Von Kopplungsangeboten kann – insbesondere wenn ein Teil des Angebots unentgeltlich gewährt werden soll – eine solch starke Anlockwirkung ausgehen, dass auch bei einem verständigen Verbraucher ausnahmsweise die Rationalität der Nachfrageentscheidung vollständig in den Hintergrund tritt (BGH NJW 2003, 3193 – Buchclub-Kopplungsangebot; BGH NJW-RR 2006, 409 f. – Zeitschrift mit Sonnenbrille). Zwar wird man die Unlauterkeit einer Zugabe im Sinne eines unzulässigen Kopplungsangebots nach §§ 3, 4 Nr. 1 UWG nicht grundsätzlich von der Überschreitung bestimmter Wertgrenzen im Verhältnis zur Hauptware abhängig machen können. Übersteigt jedoch der Wert der Zugabe, hier also der Wert des Buchgutscheins, den Warenwert um ein Vielfaches, so erweckt dies beim Verbraucher den Eindruck eines für ihn wirtschaftlich nicht mehr nachvollziehbaren, ganz außergewöhnlich günstigen Angebots. Daher geht von diesem Angebot eine **unlautere Anlockwirkung** aus, was den Tatbestand der unangemessenen unsachlichen Beeinflussung des Verbrauchers bei der Kaufentscheidung i. S. d. §§ 3, 4 Nr. 1 UWG erfüllt. Der Buchhändler haftet in diesem Fall selbst auf Unterlassung, da er durch sein Mitwirken fremden unlauteren Wettbewerb gezielt fördert. 55

8. Aufhebung der Preisbindung. Hat der Verleger oder Importeur nach § 8 die Preisbindung für ein Buch aufgehoben, so ist der Händler in seiner Preisgestaltung frei. Er kann dem Letztabnehmer nun sowohl einen höheren als auch einen niedrigeren Preis berechnen. Da er an den ursprünglich festgesetzten Preis nicht mehr gebunden ist, obliegt es nun ihm selbst, etwa Mengennachlässe auf den eigenen Preis zu gewähren oder Zugaben oder Geldgutschriften jenseits der Grenze des § 7 Abs. 4 Ziff. 1 zu gewähren. 56

9. Geschäftsaufgabe und Insolvenz. Durch das Änderungsgesetz von 2006 wurden die zuvor untersagten Räumungsverkäufe im Falle endgültiger Geschäftsaufgabe wieder möglich (§ 7 Abs. 1 Nr. 5). Die Verlage sind bei Totalausverkäufen hierüber zu unterrichten, damit ihnen ein Rückkauf ermöglicht wird und ihre verlagsneuen Bücher nicht in den Ramsch kommen. Machen die Verlage von dieser Möglichkeit jedoch keinen Gebrauch, so ist es für den Buchhändler bzw. für den Insolvenzverwalter im Allgemeinen unzumutbar, den gebundenen Ladenpreis einzuhalten. Wird lediglich eine Filiale geschlossen, liegt keine Geschäftsaufgabe vor (*Franzen,* S. 160, Rn. 172). Etwas anderes kann nur gelten, wenn der Geschäftsbetrieb 57 in anderer Weise dergestalt fortgesetzt wird, dass dem Händler die Übernahme seines Lagerbestandes nicht zumutbar erscheint (z. B. Wechsel von einer allgemeinen Buchhandlung zu einem Internet-Spezialsortiment oder Schließung einer Filiale, wenn nur eine weitere Filiale vorhanden ist, LG Bielefeld, Urteil vom 21. 12. 2011, Az.: 10 O 106/11). Bleibt der Buchhändler oder der Insolvenzverwalter auch nach Abschluss des auf 30 Tage begrenzten Räumungsverkaufs auf Buchbeständen sitzen, so darf er die noch vorhandenen Bücher – auch über das Internet – an Letztabnehmer nur zum gebundenen Ladenpreis verkaufen. Darüber hinaus kann er versuchen, diese en bloc – evtl. sehr günstig – an andere Händler zu einem beliebigen Preis veräußern. Diese sind im Verhältnis zum Letztabnehmer jedoch wieder verpflichtet, den gebundenen Preis einzuhalten.

III. Normadressaten

58 **1. Gewerbsmäßiger Buchverkauf.** Gewerbsmäßig handelt, wer berufsmäßig in der **Absicht dauernder Gewinnerzielung** geschäftlich tätig wird (Begründung zu § 3, BT-Drucks. 14/9196, S. 10). Normadressaten sind daher in erster Linie diejenigen Sortimenter und Versandbuchhändler, die Bücher an **Letztabnehmer** verkaufen. Normadressaten sind weiterhin diejenigen Verlage, die im Direktgeschäft Bücher an den Endkunden verkaufen. Das Direktgeschäft der Verlage wird seit jeher von den Sortimentern kritisiert. Eine rechtliche Grundlage für ein Verbot von Direktgeschäften gibt es jedoch nicht. Mittlerweile nimmt das Direktgeschäft der Verlage einen erheblichen Anteil am Gesamtumsatz des Buchhandels ein (im Jahre 2010 18,5 %; *Buch und Buchhandel in Zahlen 2011*, S. 5. Die Verlage sind in gleicher Weise wie die Sortimenter und Versandbuchhändler verpflichtet, die selbst festgesetzten Preise einzuhalten. Gleiches gilt für Importeure. Bei Verstößen riskiert der Verlag zwar nicht mehr – wie noch zu Zeiten des Sammelreverses – die Aufhebung seiner Preisbindung durch das Bundeskartellamt. Auch riskiert er nicht mehr die Einrede der gebundenen Händler, nicht mehr gebunden zu sein. Allerdings drohen dem Verlag bei Verstößen gegen die eigene Preisbindung **Unterlassungs- und Schadensersatzansprüche** nach § 9. Insoweit unterscheidet sich seine Lage im Falle von Verstößen nicht von derjenigen der Händler. Sofern Zwischenbuchhändler nicht nur den Einzelhandel beliefern, sondern – etwa über Internet-Shops – auch an Letztabnehmer verkaufen, sind auch sie Normadressaten des § 3.

59 **2. Geschäftsmäßiger Buchverkauf.** Geschäftsmäßig handelt, wer – auch ohne Gewinnerzielungsabsicht – die Wiederholung gleichartiger Tätigkeiten zum wiederkehrenden Bestandteil seiner

Beschäftigung macht. Dies ist insbesondere dann anzunehmen, wenn Buchverkäufe in einem Ausmaß stattfinden, das **im privaten Verkehr unüblich** ist (OLG Frankfurt NJW 2004, 2098 f.). Dabei kommt es nicht darauf an, ob ein Gewinn erzielt wird oder der Verkäufer nur „nebenbei“ Bücher verkauft. Der Verkauf von mehr als 40 Büchern in einem Zeitraum von sechs Wochen über das Internet ist im privaten Verkehr unüblich und rechtfertigt die Feststellung geschäftsmäßigen Handelns (OLG Frankfurt a. a. O.). Auch die Veräußerung von vier identischen, hochpreisigen Kommentaren sowie acht weiteren ungebrauchten Büchern in einem Zeitraum von einem Monat ist für Privatleute unüblich und begründet die **Geschäftsmäßigkeit** des Handelns (OLG Frankfurt, Az.: 11 U 39/04 Kart). Da es auf eine Gewinnerzielungsabsicht nicht ankommt, unterliegen auch Autoren, die gelegentlich – etwa im Rahmen von Lesungen – ihre eigenen Bücher an die Zuhörer verkaufen, der Preisbindung. Gleiches gilt für den Verkauf von Büchern am Rande von Seminaren, Messen oder sonstigen Verkaufsveranstaltungen.

IV. Gebrauchte Bücher (Satz 2)

Das Tatbestandsmerkmal „gebraucht“ ist ein Rechtsbegriff und **60**
unabhängig vom Erhaltungszustand des Buches zu betrachten. Gemeint ist, dass das Buch bereits einmal die Vertriebskette des Buchhandels verlassen hat, indem es durch Verkauf an einen Letztabnehmer in den privaten „Gebrauch“ gelangt ist (vgl. § 2 Rn. 23). Die Pflicht zur Einhaltung des gebundenen Preises bezieht sich grundsätzlich nur auf den ersten Verkauf von Büchern an Letztabnehmer. Dabei muss es sich nach der Gesetzessystematik um einen Verkauf zum gebundenen Ladenpreis handeln. Zu „anderen Zwecken als dem Weiterverkauf“ i.S. d. § 2 Abs. 3 BuchPrG erwirbt das Buch aber nur derjenige, der es zum eigenen Gebrauch oder für den Gebrauch durch Dritte kauft. Daraus folgt, dass ein Verkauf nicht gebrauchter Bücher durch Letztabnehmer bereits begrifflich ausscheidet. Im Rechtssinne ist ein Buch daher „gebraucht“, sobald ein Letztabnehmer hierfür den gebundenen Ladenpreis gezahlt hat. Auf den **Erhaltungszustand** des Buches kommt es nicht an. Auch ein originalverpacktes und mangelfreies Buch ist daher i. S. d. § 3 Satz 2 BuchPrG gebraucht, wenn es zuvor von einem Letztabnehmer zum gebundenen Ladenpreis erworben wurde. Daher kann ein bereits gelesenes Buch noch preisgebunden sein, während umgekehrt ein noch nicht gelesenes Buch nicht mehr preisgebunden sein muss, etwa wenn ein Letztabnehmer ein von ihm erworbenes Buch verschenkt und der Beschenkte es verkauft. Weist ein Buch Gebrauchsspuren

auf, so kann eine Beweisaufnahme ergeben, dass es auch im Rechtssinne als „gebraucht" anzusehen ist (OLG Frankfurt a.M., Urteil vom 19. 12. 2006, 11 U 27/06 (Kart)). Gebrauchte Bücher dürfen beim Weiterverkauf durch Händler nicht mit Werbeaussagen wie „neu", „völlig neu" oder „Topzustand" versehen werden (OLG Frankfurt a.M. NJW 2004, 2098, 2099). Der Weiterverkauf von Büchern und der Handel mit gebrauchten Büchern und antiquarischen Titeln wird durch das Gesetz nicht erfasst. Eine Sonderstellung nimmt das **moderne Antiquariat** ein: Hierbei handelt es sich um verlagsneue Bücher, bei denen der Verlag die Preisbindung aufgehoben hat. Auch solche Bücher unterliegen nicht mehr der Preisbindung, zählen also zum „Antiquariat", obwohl sie erstmals an einen Letztabnehmer verkauft werden.

61 Ein Weiterverkauf „gebrauchter" **E-Books** wird in der Praxis durch die Vertragsbedingungen der Verlage und Händler regelmäßig ausgeschlossen: Der Kunde erwirbt danach stets nur ein nicht übertragbares Recht zur Vervielfältigung des E-Books auf einem eigenen Rechner. Ein solches durch AGB vorgenommene Abtretungsverbot hält der BGH mit Recht für wirksam (BGH GRUR 2011, 418, 419, Rn. 15 - UsedSoft). Die Rechtmäßigkeit des Ausschlusses des Weiterverkaufs „gebrauchter" E-Books ist auch nicht abhängig von der vom BGH dem **EuGH** zur Entscheidung vorgelegten Frage, inwieweit der Verkauf im Internet bezogener und sodann „gebrauchter" Software verboten werden kann. Denn diese Frage ist nach den für Software geltenden Spezialregelungen zu beantworten (§ 69 d UrhG in Umsetzung von Art. 5 Abs. 1 der Richtlinie 2009/24/EG über den Rechtsschutz von Computerprogrammen). Für die auf Datenträger gebrachten Inhalte urheberrechtlicher Werke gilt indes weder die Ausnahmeregelung des § 69d UrhG noch gilt die genannte Richtlinie (*Scholz,* Anmerkung zu BGH GRUR 2011, 418 – UsedSoft). Ein **gutgläubiger Erwerb** urheberrechtlicher Nutzungsrechte ist ebenfalls nicht möglich (BGH GRUR 2009, 946 – Reifen Progressiv). Bei E-Books kommt hinzu, dass die Herstellung einer Kopie eines ganzen Buches gem. § 53 Abs. 4 lit. b) UrhG auch zu privaten Zwecken – und unabhängig von der Frage der Erschöpfung – in aller Regel gesetzlich ausgeschlossen ist.

62 In Preisbindungsprozessen wird von Seiten des Beklagten häufig eingewandt, das Buch sei aus nicht mehr nachvollziehbaren Quellen gebraucht erworben worden und daher nicht mehr preisgebunden. Ein Gesetzesverstoß beim Weiterverkauf liege daher nicht vor. Der Kläger/Unterlassungsgläubiger kann dies im Regelfall nicht widerlegen und nur vom taufrischen Zustand des Buches und der Gewerbs- oder Geschäftsmäßigkeit des handelnden Verkäufers auf einen Preisbindungsverstoß schließen. Der Ausgang des Rechtsstreits hängt hier regelmäßig von der Frage der **Beweislast** ab: Wer geschäftsmäßig neue Bücher an Letztabnehmer unter dem nach § 5 BuchPrG festgesetzten Endpreis verkauft, muss darlegen und beweisen, dass das Buch nicht oder nicht mehr der Preisbindung unterliegt (OLG Frankfurt a.M. GRUR-RR 2010, 221). Es muss also regelmäßig der Verkäufer beweisen, dass die von ihm unterhalb des gebundenen Ladenpreises angebotenen Bücher tatsächlich im Rechtssinne „gebraucht" sind.

§ 4 Grenzüberschreitende Verkäufe

(1) **Die Preisbindung gilt nicht für grenzüberschreitende Verkäufe innerhalb des Europäischen Wirtschaftsraumes.**

(2) **Der nach § 5 festgesetzte Endpreis ist auf grenzüberschreitende Verkäufe von Büchern innerhalb des Europäischen Wirtschaftsraumes anzuwenden, wenn sich aus objektiven Umständen ergibt, dass die betreffenden Bücher allein zum Zwecke ihrer Wiedereinfuhr ausgeführt worden sind, um dieses Gesetz zu umgehen.**

Übersicht

I. Voraussetzungen für die Zulässigkeit der Preisbindung nach EU-Recht (Abs. 1)

Für Importe preisgebundener deutscher Bücher aus Ländern außerhalb des Europäischen Wirtschaftsraums gilt das BuchPrG am „Erfolgsort" des Verkaufs. Die Bücher müssen also zu einem Preis verkauft werden, der dem deutschen gebundenen Ladenpreis entspricht, anders bei Verkäufen innerhalb des EWR: 1

§ 4 fügt das BuchPrG in die Regeln des EU-Wettbewerbsrechts ein (vgl. hierzu § 1 Rn. 25 ff.). Die Feststellung in Absatz 1, dass die Preisbindung nicht für grenzüberschreitende Verkäufe innerhalb des europäischen Wirtschaftsraums gilt, trägt der **Vorrangigkeit des**

europäischen Wettbewerbsrechts Rechnung: Hiernach sind staatliche Regelungen unzulässig, die geeignet sind, den Handelsverkehr zwischen Mitgliedsstaaten unmittelbar oder mittelbar, tatsächlich oder potentiell, zu behindern. § 4 Abs. 1 BuchPrG bekräftigt also den Grundsatz, dass die Preisbindung für Verkäufe innerhalb Deutschlands und für Auslandsgeschäfte nur in Länder außerhalb des EWR zulässig ist. Dies bedeutet für den deutschsprachigen Raum, dass grenzüberschreitende Preisbindungsregelungen im Verhältnis zwischen den EU-Ländern Deutschland und Österreich nicht zulässig sind, wohl aber im Verhältnis zwischen Österreich und Deutschland zur nicht zur Europäischen Union gehörenden Schweiz. Deshalb können wie bisher deutsche und österreichische Verlage Ladenpreise in der Schweiz festsetzen. Der **Europäische Gerichtshof** hat jedoch in mehreren Entscheidungen bestätigt, dass EU-Mitgliedstaaten zum Erlass von innerstaatlichen Rechtsvorschriften berechtigt sind, nach denen der Endverkaufspreis für Bücher vom inländischen Verleger und/oder Importeur eines Buches in den jeweiligen Mitgliedstaat festgesetzt werden muss und für jeden einzelnen Letztverkäufer verbindlich ist (vgl. § 1 Rn. 25 ff.). Allerdings müssen diese Rechtsvorschriften im Einklang mit den Bestimmungen des AEU-Vertrages, insbesondere mit den Bestimmungen über den freien Warenverkehr, stehen. In seiner jüngsten Entscheidung zur Buchpreisbindung in einem **Rechtsstreit des österreichischen Fachverbandes der Buch- und Medienwirtschaft gegen die Firma Libro Handelsgesellschaft** in Wien vom 30. April 2009 (GRUR 2009, 792 f.) kam das Gericht zu dem Ergebnis, dass Beschränkungen des freien Warenverkehrs durch nationale Buchpreisbindungsgesetze grundsätzlich mit dem europäischen Kartellrecht vereinbar sind, auch dann, wenn sie grenzüberschreitende Preisfestsetzungen vorsehen. Das Gericht entschied, die frühere Regelung von § 3 Abs. 2 des österreichischen Buchpreisbindungsgesetzes sei unzulässig, der zufolge zwar österreichische Verlage und Verlage mit Sitz außerhalb eines EWR-Staates Letztverkaufspreise auf dem österreichischen Markt festsetzen durften, nicht jedoch andere Verlage, auch nicht die deutschen. Für diese galt, dass der Importeur den vom Verleger für den Verlagsstaat, also z. B. Deutschland, festgesetzten oder empfohlenen Letztverkaufspreis nicht unterschreiten durfte. Die Richter sahen hierin eine Diskriminierung ausländischer, speziell der deutschen Verlage, die gehindert seien, Mindestladenpreise entsprechend den besonderen Bedingungen des österreichischen Importmarktes festzulegen. Eine solche Ungleichbehandlung könne den Absatz deutscher Bücher in Österreich beeinträchtigen und sei deshalb nicht EU-rechtskonform. Auch die **EU-Kommission** bekannte sich in einer in diesem Verfahren abgegebenen Stellungnahme zu dem Grundsatz, wonach der **Schutz des Buches als Kulturgut** im Rahmen nationaler Gesetzgebung **Beschränkungen des freien Warenverkehrs** rechtfertigen könnte. Solche Maßnahmen müssten allerdings geeignet sein, das gesetzte Ziel zu erreichen und nicht über das hinausgehen, was für die Erreichung dieses Zieles erforderlich ist.

Abs. 1 nimmt damit lediglich den echten grenzüberschreitenden 2
Handel von der Preisbindung aus. Dieser erfordert, dass die betroffenen Verlagsprodukte in einen anderen Mitgliedstaat ausgeführt werden und dort in den freien Handel gelangen, um den dortigen Bedarf zu decken (LB/*Bahr,* Anhang zu § 30 GWB, § 4 Rn. 2). Die bei jedem Preisbindungssystem beliebten Umgehungsgeschäfte, den unechten grenzüberschreitenden Handel, regelt Absatz 2.

II. Umgehung der Preisbindung durch Reimporte (Abs. 2)

1. In der Gesetzesbegründung erwähnte Fälle. Absatz 2 3
schützt auf der Grundlage der Rechtsprechung des EuGH die nationale Preisbindung vor solchen Reimportgeschäften, die kein echter innergemeinschaftlicher Handel, sondern **Umgehungsgeschäfte** sind. Der Europäische Gerichtshof hat in der grundlegenden ***Leclerc*-Entscheidung** (vgl. § 1 Rn. 29 ff.) anerkannt, dass trotz der grundsätzlichen Unzulässigkeit von Preisbindungen mit grenzüberschreitender Wirkung dennoch reimportierte Bücher der Preisbindung unterliegen, also eine nationale Buchpreisbindung auf reimportierte Bücher angewandt werden kann, wenn sich aus objektiven Umständen ergibt, dass die betreffenden Bücher allein zum Zwecke ihrer Wiedereinfuhr ausgeführt worden sind, um die gesetzliche Buchpreisbindung zu umgehen (vgl. § 1 Rn. 34 f.). § 4 Abs. 2 basiert auf diesem Urteil. Das Gesetz selbst verzichtet auf eine nähere Beschreibung solcher Umgehungsfälle. In der **Gesetzesbegründung** jedoch werden verschiedene **Fälle einer möglichen Umgehung** aufgeführt (BT-Drucks. 14/9196, S. 10):

- wenn aus Anlass des konkreten Letztabnehmergeschäftes tatsächlich keine grenzüberschreitende Lieferung nach Deutschland erfolgt oder
- wenn der Verkauf von Büchern deutscher Verlage mittels Fernkommunikationsmittel durch einen im Ausland ansässigen Verkäufer allein oder ein mit ihm verbundenes Unternehmen ausschließlich auf Letztabnehmer in Deutschland ausgerichtet ist oder
- wenn jemand Bücher in einen ausländischen Staat ausführt oder dies veranlasst, um diese später auf Grund eines einheitlichen Plans

von dort selbst oder durch ein verbundenes Unternehmen an Letztabnehmer in Deutschland zu verkaufen. Grenzüberschreitende Verkäufe unterliegen auch dann der Preisbindung, wenn sie im Online-Handel über eine Verkaufsplattform in Deutschland stattfinden.

4 Diese Aufzählung kann nicht abschließend sein. Vielmehr wird es in jedem Einzelfalle darauf ankommen, zu prüfen, ob bei Reimporten ein echter innergemeinschaftlicher Handel vorliegt, der voraussetzt, dass Bücher aus Deutschland in ein anderes EU-Land zur Deckung des dortigen Bedarfs importiert wurden und dort in den freien Handel gelangt sind, also im Importland Endabnehmern oder Händlern zum Verkauf angeboten wurden – dann wären reimportierte Bücher preisbindungsfrei – oder ob ein Umgehungsgeschäft vorliegt, das die Preisbindung verletzt (LB/*Klosterfelde/Metzlaff*, 9. Aufl., § 15 Rn. 76 b).

5 Die Regelung in § 4 Abs. 2 ist deutlich auf **Print-Produkte** zugeschnitten, nicht aber auf **E-Books** (siehe hierzu § 2 Rn. 9 ff., § 3 Rn. 10 ff.). Für diese gilt, dass beim Verkauf von Zugangsberechtigungen zu Daten via Internet ausländische Händler, die über das Internet nach Deutschland verkaufen, das deutsche Wettbewerbs- und Kartellrecht einhalten müssen, somit auch das Preisbindungsgesetz. Auch würde ein preisfreier Verkauf nach Deutschland zur Diskriminierung deutscher E-Book-Verkäufe führen, die an Preisfestsetzungen gebunden sind. Die unterschiedliche Behandlung von Marktteilnehmern aus verschiedenen Ländern hatte der EuGH in der vorerwähnten Entscheidung zur österreichischen Preisbindung für EU-rechtswidrig erklärt, weil sie für den Schutz der Buchkultur durch ein nationales Preisbindungsgesetz nicht erforderlich sei. Ähnlich äußerte sich auch der BGH in einer Entscheidung zur Arzneimittel-Preisbindung vom 9. September 2010 (WRP 2010, Seite 1485 f.). Nach dieser auch für die Buchpreisbindung bedeutsamen Entscheidung gilt das deutsche **Arzneimittelpreisrecht** auch für im Wege des Versandhandels aus dem Ausland, auch Länder in der EU, nach Deutschland eingeführte Arzneimittel. Somit sind auch in anderen Mitgliedsstaaten ansässige Versandapotheken, die sich an Endverbraucher in Deutschland wenden, an die Arzneimittel-Preisbindung gebunden. Das Gericht sah sich hierbei in Übereinstimmung mit dem europäischen Gemeinschaftsrecht Bei Rechtsgütern von solcher Bedeutung wie der Gesundheit und dem Leben von Menschen hätten die Mitgliedsstaaten einen **Wertungsspielraum** bei Maßnahmen, die sie zum Schutz solcher Rechtsgüter für zweckmäßig halten. So auch der EuGH im Urteil vom 19. Mai 2009 (NJW 2009, 2112 Rn. 18 f – Apothekenkammer u.a. / Saarland). Den gleichen Wertungsspielraum hat der

EuGH für Maßnahmen auf dem Gebiet der Kulturpolitik, somit auch der Buchpreisbindung, beigemessen (vgl. oben Rn. 1).

2. Rechtsprechung in Deutschland. Deutsche Gerichte hatten 6
sich bisher nur wegen einer spektakulären Unterpreisaktion des österreichischen Medienkonzerns ***Libro AG*** mit Reimportproblemen zu befassen: Im Juli 2000 nahm *Libro* die „Renationalisierung" der Sammelrevers-Preisbindung zum 1. 7. 2000 (§ 1 Rn. 18) zum Anlass, verbunden mit einer großen Werbekampagne über seine Internet-Tochtergesellschaft *Lion.cc* zahlreiche Bestseller mit einem Nachlass von 20 % auf den deutschen Ladenpreis anzubieten. Das geschah zum Teil in der Form, dass in deutschen Filialen von *Libro* den Kunden Handzettel ausgehändigt wurden, in denen auf die Möglichkeit des Bezugs deutscher Bücher bei *Lion.cc* unterhalb der gebundenen deutschen Preise hingewiesen wurde. Kunden wurden solche Internet-Bestellungen über die in den *Libro*-Läden aufgestellten Terminals bei *Lion.cc* mit 20 % Preisnachlass ausdrücklich empfohlen. Bei Benutzung dieser Terminals für solche Bestellungen erhielten sie Hilfestellung durch das Verkaufspersonal. Es lag also allenfalls ein **„virtuelles" grenzüberschreitendes Geschäft** vor: Deutsche Kunden bestellten in deutschen *Libro*-Filialen von deutschen Verlagen verlegte deutsche Bücher. Das grenzüberschreitende Element bestand lediglich darin, dass das Internet-Portal *Lion.cc* im Ausland gelegen war. Das Landgericht Berlin entschied mit Urteil vom 18. 7. 2000 (Az.: C 102 O 133/00 – NJW-E-WettbR 2000, 1951), dass eine Umgehung der Preisbindung vorlag, weil das österreichische Buchhandelsunternehmen es Endverbrauchern ermöglichte, über in seinen deutschen Ladengeschäften aufgestellte Terminals Internet-Bestellungen bei seiner in Österreich ansässigen Tochter-Gesellschaft auch hinsichtlich solcher Verlagserzeugnisse vorzunehmen, die diese Gesellschaft unter den in Deutschland gebundenen Preisen verkaufte. Es sei für einen Buchverkauf im Ladengeschäft völlig untypisch, eine grenzüberschreitende Internet-Buchbestellung in Österreich ausdrücklich als Leistung der deutschen Filialen anzubieten. Solches Verhalten könne **Nachahmungseffekte** bewirken, die letztlich zu einer Gefährdung der Durchsetzbarkeit der Preisbindung führen müssten. Die seinerzeit von den Verlagen vorgenommene Liefersperre sei daher gerechtfertigt. Das Landgericht konnte sich in seinem Urteil auf die Rechtsprechung des Bundesgerichtshofes stützen. Hiernach war es unter Geltung des Sammelreverses zulässig, die Belieferung von Unternehmen einzustellen, deren Zweck erklärtermaßen darauf gerichtet ist, Endabnehmern preisgebundene Bücher billiger zu verschaffen (BGH NJW 1979, 1412 ff., 1413 – Anwaltsbücherdienst). Der BGH erklärte es für legi-

tim, auf diese Weise Einbrüche in die Preisbindung abzuwehren, die die bisherige Ordnung des Buchvertriebs durchbrechen und möglicherweise zu neuen nicht preisgebundenen Vertriebswegen führen könnten (BGH a. a. O.). In gleicher Weise entschied das Landgericht München I durch Beschluss vom 18. 7. 2000 (Az.: 7 O 12 730/00) gegen *Libro*. Das Gericht bestätigte die **Liefersperre** eines Verlages, weil es im generellen Preisabschlagsangebot bis zu 20 % der Firma Lion.cc objektive Umstände erkannte, die für eine Umgehung der für Deutschland gültigen Buchpreisbindung durch unzulässige Reimporte sprachen.

7 **3. Rechtsprechung in Frankreich.** Umfangreicher ist die Rechtsprechung französischer Gerichte auf der Grundlage der **„Leclerc-Entscheidung" des EuGH** zu Umgehungen der Preisbindung für Bücher (vgl. *Lamy Droit Économique* S. 885). Auch in Frankreich hat es der Gesetzgeber den Gerichten überlassen, im Einzelfall zu prüfen, ob der Export und der nachfolgende Import zum Ziele hatten, das Gesetz zu umgehen. So bejahte der Cour d' Appel de Paris in seiner Entscheidung vom 24. 4. 1985 (Gazette du Palais, Journal n° 144, 145 v. 24/25. 5. 1985 S. 337) eine Umgehung, weil ein französischer Händler größere Mengen unter Preis angebotener Bücher über eine belgische Buchhandlung teurer als in Frankreich möglich bezogen hatte. Angesichts der großen Liefermenge konnte nach Auffassung des Gerichts mit Sicherheit gesagt werden, dass die französische Firma nicht das Ziel verfolgte, von günstigen Bedingungen, die ihr der belgische Buchmarkt bot, zu profitieren. Vielmehr habe sie durch die „künstliche Herbeiführung eines internationalen Handelskreislaufs" versucht, sich die Möglichkeit zu verschaffen, Bücher zum Verkauf anbieten zu können, ohne an einen durch das französische Preisbindungsgesetz vorgeschriebenen Mindestpreis gebunden zu sein – dies zudem unter Inkaufnahme eines Gewinnrückgangs, weshalb sich die französische Firma nicht begründeterweise auf das allgemeine Prinzip der Warenverkehrsfreiheit des Gemeinschaftsrechts berufen könne. Nach französischer Rechtsprechung lässt sich eine **Umgehungsabsicht** besonders einfach nachweisen, wenn sich aus den Vertriebsunterlagen oder der Buchhaltung ergibt, dass die unter Preis angebotenen Bücher in Wirklichkeit zu keinem Zeitpunkt eine innereuropäische Grenze passiert hatten (Cour d' Appel de Paris, Urteil vom 27. 11. 1989, Gazette du Palais, Journal n° 318, 319 v. 14./15. 11. 1990, S. 658). Übertragen auf Deutschland: Wenn ein ausländischer Internet-Händler im Ausland eingehende Bestellungen aus Deutschland aus einem Buchlager in Deutschland ausführt, handelt es sich nicht um preisbindungsfreie Reimporte, weil die

Bücher nicht aus Deutschland exportiert und sodann wieder importiert wurden, sie vielmehr Deutschland gar nicht verlassen haben.

4. Beweislast. Von besonderer Bedeutung ist die Frage der Beweislast: Wer muss beweisen, dass eine Umgehung der nationalen Preisbindung vorliegt? Hierzu der Cour d' Appel de Paris in der vorerwähnten Entscheidung vom 27. 11. 1989: Die **Beweislast** für die **Ausnahmen vom Prinzip der Buchpreisbindung** tragen diejenigen, die unter Preis verkaufen. Diejenigen, die die Preisunterbietung verfolgen, müssen nur diese als solche beweisen. Auch nach der Entscheidung des Cour de Cassation vom 5. 5. 1987, Az.: 85–13 845, Lexilaser Cassation vom 23. 10. 1996, muss lediglich der Unterpreisverkauf von denjenigen dargelegt werden, die sich gegen die Preisunterbietung wehren (a. A. LB/*Bahr*, Anhang zu § 30 GWB, § 4 Rn. 4). Wenn sich Händler darauf berufen, dass die unter Preis verkauften Bücher aus Reimporten stammten, müssen sie beweisen, dass die Bücher aus einem anderen EG-Mitgliedsstaat geliefert wurden. Diese **Beweislastverteilung** entspricht auch dem **deutschen Prozessrecht.** Selbst wenn man aber die Beweislast demjenigen auferlegen wollte, der sich auf die Geltung der Preisbindung wegen missbräuchlichen Reimportes beruft, können doch Auffälligkeiten bei Unterpreisangeboten, die den Zweck der Umgehung der Preisbindung nahelegen, einen **Anscheinsbeweis für die Umgehung** begründen. Dann ist es Sache des Händlers, der sich auf die Preisfreiheit reimportierter Bücher beruft, diesen zu erschüttern (LB/*Klosterfelde/Metzlaff,* 9. Aufl., § 15 Rn. 76 b). 8

Da bei der Prüfung einer Umgehung europäisches Wettbewerbsrecht unter Berücksichtigung insbesondere der *Leclerc*-Entscheidung des EuGH anzuwenden ist, bieten die Entscheidungen französischer Gerichte wichtige Anknüpfungspunkte auch für eine künftige deutsche Rechtsprechung. 9

5. Zusammenfassung. Hiernach wird man von Folgendem ausgehen können: Ein echter **innergemeinschaftlicher Handel** liegt nur dann vor, wenn Bücher aus Deutschland in ein anderes EU-Land zur Deckung des dortigen Bedarfs importiert wurden und dort in den freien Handel gelangt sind, also im Importland Endabnehmern oder Händlern zum Verkauf angeboten wurden. Anders hingegen, wenn Bücher exportiert und dann wieder importiert wurden, um sie preisbindungsfrei im Ursprungsland weiterverkaufen zu können. Deutsche Vertriebsfirmen, die preisgebundene Verlagserzeugnisse als Reimporte unter Preis anbieten, müssten nachweisen, dass die von ihnen unter den gesetzlich zulässigen Preisen angebotenen Bücher aus einem anderen Mitgliedsstaat eingeführt wurden, des 10

Weiteren, dass sich diese Bücher tatsächlich in einem anderen EU-Land im freien Handel befanden. Die Bücher müssen in jedem Fall Deutschland verlassen haben, dürfen also nicht aus einem Lager in Deutschland geliefert werden.

11 Ein **Umgehungsversuch** ist dann gegeben, wenn der unter Preis Anbietende oder sein Lieferant Verlagserzeugnisse selbst in einen anderen EU-Mitgliedsstaat ausgeführt und wieder nach Deutschland eingeführt hat.

12 Von einem **Umgehungszweck** ist dann auszugehen, wenn das unter Preis verkaufende Inlandsunternehmen die Verlagserzeugnisse direkt im Inland nicht teurer als in einem anderen EU-Land beziehen könnte, auf einen solchen Bezug aber dennoch und deshalb verzichtet, um durch einen Einkauf außerhalb von Deutschland und den anschließenden Wiederverkauf in Deutschland die deutsche Preisbindung nicht einhalten zu müssen.

13 Eine Umgehung ist dann anzunehmen, wenn eine in einen anderen Mitgliedsstaat exportierte Bücherlieferung innerhalb kurzer Frist ganz oder zum überwiegenden Teil wieder nach Deutschland **reimportiert** wird.

§ 5 Preisfestsetzung

(1) **Wer Bücher verlegt oder importiert, ist verpflichtet, einen Preis einschließlich Umsatzsteuer (Endpreis) für die Ausgabe eines Buches für den Verkauf an Letztabnehmer festzusetzen und in geeigneter Weise zu veröffentlichen. Entsprechendes gilt für Änderungen des Endpreises.**

(2) **Wer Bücher importiert, darf zur Festsetzung des Endpreises den vom Verleger des Verlagsstaates für Deutschland empfohlenen Letztabnehmerpreis einschließlich der in Deutschland jeweils geltenden Mehrwertsteuer nicht unterschreiten. Hat der Verleger keinen Preis für Deutschland empfohlen, so darf der Importeur zur Festsetzung des Endpreises den für den Verlagsstaat festgesetzten oder empfohlenen Nettopreis des Verlegers für Endabnehmer zuzüglich der in Deutschland jeweils geltenden Mehrwertsteuer nicht unterschreiten.**

(3) **Wer als Importeur Bücher in einem Vertragsstaat des Abkommens über den Europäischen Wirtschaftsraum zu einem von den üblichen Einkaufspreisen im Einkaufsstaat abweichenden niedrigeren Einkaufspreis kauft, kann den gemäß Absatz 2 festzulegenden Endpreis in dem Verhältnis herabsetzen, wie es dem Verhältnis des erzielten Handelsvorteils zu den üblichen Einkaufspreisen im Einkaufsstaat ent-**

spricht; dabei gelten branchentypische Mengennachlässe und entsprechende Verkaufskonditionen als Bestandteile der üblichen Einkaufspreise.

(4) **Verleger oder Importeure können folgende Endpreise festsetzen:**
1. Serienpreise,
2. Mengenpreise,
3. Subskriptionspreise,
4. Sonderpreise für Institutionen, die bei der Herausgabe einzelner bestimmter Verlagswerke vertraglich in einer für das Zustandekommen des Werkes ausschlaggebenden Weise mitgewirkt haben,
5. Sonderpreise für Abonnenten einer Zeitschrift beim Bezug eines Buches, das die Redaktion dieser Zeitschrift verfasst oder herausgegeben hat und
6. Teilzahlungszuschläge.

(5) **Die Festsetzung unterschiedlicher Endpreise für einen bestimmten Titel durch einen Verleger oder Importeur oder deren Lizenznehmer ist zulässig, wenn dies sachlich gerechtfertigt ist.**

Übersicht

I. Verpflichtung zur Festsetzung und Veröffentlichung von Preisen

1 **1. Preisfestsetzung allgemein (Abs. 1).** Vor Inkrafttreten des BuchPrG hatten die Verlage gemäß § 15 GWB a. F. die Wahl, ob sie die Preise ihrer Verlagserzeugnisse auf vertraglicher Grundlage binden wollten oder nicht. Sie konnten die Preise für ihre gesamte Verlagsproduktion binden oder aber die Preisbindung auf einzelne Titel beschränken. Sie konnten gebundene Preise auch jederzeit wieder aufheben. Das BuchPrG **verpflichtet** die Verleger und Importeure von Büchern im Sinne von § 2 des Gesetzes, die **Endpreise** der von ihnen verlegten oder importierten Bücher **zu binden.**

2 Von der Verpflichtung des Verlages zur Festsetzung des Ladenpreises ist das **Recht des Verlages** zu unterscheiden, den **Preis zu bestimmen** (§ 21 VerlG). Dieses Recht steht dem Verlag im Verhältnis zum Autor für jede Auflage zu. Allerdings ist § 21 VerlG dispositiv, kann also vertraglich abbedungen werden. Es ist also möglich, dass der Verlagsvertrag eine schuldrechtliche Verpflichtung des Verlages im Verhältnis zum Autor konstatiert, den Preis gem. § 5 Abs. 1 in bestimmter Weise festzusetzen. Hält sich der Verlag nicht an diese Verpflichtung, kann der **Verfasser** eine **Änderung des gebundenen Ladenpreises** im Wege der Leistungsklage herbei führen. Diese ist dann darauf gerichtet, den Verlag dazu zu verurteilen, den Preis in bestimmter Höhe neu festzusetzen und dies nach den Bestimmungen des BuchPrG bekannt zu machen. Steht dem **Verlag** auch verlagsrechtlich das alleinige Recht zur Preisfestsetzung zu, kann er den **Preis frei bestimmen,** obwohl das Honorar des Autors häufig von der Höhe des Ladenpreises abhängt. Auch eine Preisreduzierung ist dem Verlag gestattet, obwohl er dadurch regelmäßig die Bezugsgröße des Autorenhonorars mindert. Allerdings dürfen gem. § 21 Satz 2 bei der Herabsetzung des Ladenpreises keine **berechtigten Interessen des Verfassers** verletzt werden. Damit gemeint sind in erster Linie urheberpersönlichkeitsrechtliche Interessen des Autors, da eine deutliche Reduzierung des Ladenpreises das Ansehen des Werkes und seines Verfassers ebenso beeinträchtigen kann wie eine Verramschung. Die Interessen des Verlages und die Interessen des Autors sind gegeneinander abzuwägen. Regelmäßig dürfte die Erwartung verbesserter Absatzchancen der Grund für die Preisreduzierung sein. In diesem Fall werden keine berechtigten Interessen des Autors verletzt. Bei der Preisreduzierung bildet allerdings der Anspruch des Verfassers auf Zahlung eines angemessenen Honorars die Grenze nach unten (§ 32 Abs. 1 Satz 3 UrhG). Im Übrigen ist lediglich die Preiserhöhung – sofern nichts anderes ver-

einbart wurde – von der Zustimmung des Verfassers abhängig (§ 21 Satz 3 VerlG). Dies gilt auch dann, wenn der Verlag die Preise ganzer Buchreihen erhöhen will.

Die **Verpflichtung** zur Festsetzung von Preisen erfasst **alle Verlage** und Importeure unabhängig davon, auf welchem Wege das Buch vertrieben wird. Auch Verlage also, die nur direkt an Endabnehmer liefern, müssen ihre Preise binden. Während das OLG Frankfurt am Main noch die Auffassung vertreten hatte, auch **Buchclubs** müssten ihre Preise binden (Beschluss vom 11. 4.2006, Az: 11 W 9/06 (Kart)), entschied das OLG Düsseldorf mit Urteil vom 11. März 2008, Az: I-20 U 119/07, zwar seien nach dem Wortlaut des Gesetzes auch Buchclubs für ihre Lizenzausgaben Verleger mit der Verpflichtung zur Festsetzung und Einhaltung von Ladenpreisen, im Direktvertrieb. Dennoch verneinte das Gericht aufgrund historischer und teleologischer Erwägungen bei direkt vertriebenen Buchclub-Ausgaben die Annahme einer Preisbindung , weil zur Zeit des Sammelreverses die Buchclubs nicht zur Preisbindung verpflichtet waren und eine Absicht des Gesetzgebers, die Rechtslage insoweit zu verschärfen, den Gesetzesmaterialien nicht entnommen werden könne. Zugleich aber bekräftigte das Düsseldorfer Gericht die Verpflichtung der Clubs, sich zur Rechtfertigung von Preisunterschieden gegenüber der Originalausgabe an die **Potsdamer Kriterien** und das dort festgehaltene Zusammenwirken der Faktoren Unterschiedlichkeit der Ausstattung, zeitlicher Abstand zwischen dem Erscheinen der Originalausgabe und der Clubausgabe, Größe des Preisunterschiedes und Tragweite der Abnahmeverpflichtung zu halten (vgl. unten Rn. 22 f). 3

Gebunden wird der Ladenpreis einschließlich Mehrwertsteuer für die **„Ausgabe eines Buches“**, also nicht für den Buchtitel als solchen, sondern für die jeweilige Ausgabe eines Titels, gemäß § 8 Abs. 1 BuchPrG (vgl. § 8 Rn. 1). Für inhaltlich oder äußerlich unterschiedliche Folgeauflagen ist also eine erneute Preisfestsetzung erforderlich, nicht jedoch bei Nachdrucken oder unveränderten Neuauflagen, wie dies bei belletristischen Werken die Regel ist. Nicht gebunden ist der Abgabepreis des Verlages, den er dem Sortimenter oder dem Zwischenbuchhändler berechnet, auch nicht der vom Zwischenbuchhandel dessen Händlerkunden berechnete Preis. Die **Handelsspannen** sind also im Buchhandel nicht gebunden. Über 100.000 Angebotsstellen im **Pressevertrieb** (ausgenommen der von den Verlagen direkt belieferte Bahnhofsbuchhandel) erhalten die gleiche Handelsspanne. Die zunehmende Konzentration im Buchhandel wird auch auf die fehlende Bindung der Konditionen, vor allem umsatzorientierte Rabattspreizungen, zurückgeführt. Das Gesetz beschränkt sich auf die Festlegung von Grundsätzen (vgl. § 6 4

Rn. 1 ff.). Gebunden werden auch die **Sonderpreise.** Nur der Verlag kann binden, nicht der Händler, es sei denn auf Grund einer ihnen hierzu vom Verlag erteilten Vollmacht in seinem Namen. Maßgebend ist die Verlagsangabe. Wird ein Buch auf fremde Rechnung, in Kommission verlegt, muss der Kommissionsverlag als Verlag erscheinen. Er bindet im eigenen Namen für den Kommissionsgeber. Wird ein Buch von einem Verlag für einen anderen Verlag hergestellt, so muss dieser binden, wenn er durch die Verlagsangabe das Buch zu „seinem" Buch macht.

5 Verleger und Importeure sind verpflichtet, die festgesetzten **Preise** und Preisänderungen in geeigneter Weise zu **veröffentlichen**. Es muss sichergestellt sein, dass alle von den Verlagen belieferten Händler über den jeweils geltenden Preis informiert sind oder sich die erforderlichen Informationen verschaffen können. In erster Linie kommen hierfür branchentypische Datenbanken oder Mitteilungsorgane in Betracht, wie das „Verzeichnis lieferbarer Bücher", Barsortimentskataloge, Veröffentlichungen im Musikhandel oder in der Musiknoten-Datenbank. Entscheidend ist, dass jeder Händler über die festgesetzten Preise unterrichtet ist und seinen Kunden die Ladenpreise zuverlässig nennen kann. Wird im online verfügbaren Verzeichnis lieferbarer Bücher (VlB) zunächst nur ein „geplanter" Preis veröffentlicht, muss über die Festsetzung des endgültigen Preises nicht mehr gesondert informiert werden, wenn sich der endgültige Preis aus der Rechnungsstellung und den Etiketten auf den Büchern ergibt (OLG Frankfurt a.M. GRUR-RR 2010, 221).

6 Das Branchenparlament des *Börsenvereins des deutschen Buchhandels* beschloss in seiner Sitzung vom 29. April 2010 mit großer Mehrheit, das Verzeichnis lieferbarer Bücher (VlB) als **„Referenzdatenbank"** für die gebundenen Ladenpreise aller lieferbaren deutschen Bücher zu etablieren. Hintergrund waren Abmahnverfahren aufgrund unterschiedlicher Preise der Datenbanken des Online-Buchhandels und Unklarheiten bei der Verfolgung von Preisbindungsverstößen, welcher Preis denn nun tatsächlich der aktuell gebundene ist. Ein Rechtsstreit zwischen *Amazon* und der buchhändlerischen Genossenschaft *E-buch* wurde durch einen Vergleich beendet, der festlegt, dass bei Einhaltung eines im VlB als Referenzpreis genannten Preises kein Preisbindungsverstoß vorliegt, auch wenn es abweichende Preisangaben, z. B. in Barsortimentskatalogen, gibt. Fast alle relevanten Verlage haben den im VlB ausgewiesenen Preis sodann als verbindlich anerkannt. Somit hat sich ein **Handelsbrauch** entwickelt, das **VlB ist Preisreferenzdatenbank.** Alle dorthin mitgeteilten Preise sind verbindlich. Die Verkehrsordnung für den deutschen Buchhandel ist um eine entsprechende Bestimmung erweitert worden. Gemäß § 3 Absatz

3 der Verkehrsordnung werden die vom Verlag oder Importeur an das VlB gemeldeten und dort veröffentlichten Endladenpreise entsprechend der Verkehrsübung sowohl vom Verlag/Importeur als auch vom Abnehmer als verbindliche Preisfestsetzung und Preisveröffentlichung im Sinne der Buchpreisbindung verstanden. Der so gemeldete Ladenpreis gilt als gebunden gemäß § 5 Abs. 1 BuchPrG. In gleicher Weise sind auch Änderungen und Aufhebungen gebundener Ladenpreise auch der Sonderpreise einschließlich der Mengenpreise für Bücher und gemäß Sammelrevers preisgebundene Zeitschriften mit einer Vorlauffrist von 14 Tagen im VlB anzuzeigen, ebenso Ladenpreise von Neuerscheinungen und Preisänderungen bei Neuauflagen. Die bisherige „Gelbe Beilage", in der Verlage Preisänderungen und Aufhebungen von Ladenpreisen ankündigte, sind nunmehr in das VlB integriert. Hierdurch werden alle Preisankündigungen, die an das VlB gemeldet werden, automatisch erfasst und zusammengestellt. Die aktuellen Ausgaben der Beilage werden wöchentlich im VlB-Titelkatalog sowie über www.vlb.de als PDF-Datei bereitgestellt. Das **VlB** ist auch **Referenzdatenbank für österreichische und schweizerische Verlage.** Die Preise werden durch die deutschen Auslieferungen gebunden. Dabei ist die Regelung in § 5 Abs. 2 BuchPrG zu beachten, wonach der Importeur den vom Verleger des Verlagsstaates für Deutschland empfohlenen Letztabnehmerpreis einschließlich Mehrwertsteuer nicht unterschreiten darf. Fehlt es an einer Preisempfehlung, darf der Importeur zur Festsetzung des Endpreises den für den Verlagsstaat festgesetzten oder empfohlenen Nettopreis des Verlegers für Endabnehmer zuzüglich der deutschen Mehrwertsteuer nicht unterschreiten. Es handelt sich also jeweils um verbindliche Mindestpreise.

Die **Wettbewerbsregeln** des Börsenvereins des Deutschen Buch- 7
handels (vom 9. November 2006 in der vom Bundeskartellamt im Mai 2011 genehmigten Fassung, Anhang IV) sehen in Ziff. I Nr. 1 zusätzlich die Verpflichtung des Verlages vor, kleinere oder mittlere buchhändlerische Abnehmer bei der Information über Neuerscheinungen nicht ohne sachlich gerechtfertigen Grund zu benachteiligen.

2. Preisfestsetzung für importierte Bücher (Abs. 2). Die 8
Verpflichtung zur Preisfestsetzung durch deutsche Importeure entspricht der zum 1. 08. 2009 geänderten Regelung des § 3 Abs. 2 ÖstBuchPrG n.F. Seit dieser Änderung entspricht die österreichische Regelung – wie seit Inkrafttreten des Gesetzes bereits die deutsche – den im *Libro*-Urteil des EuGH bestimmten Anforderungen an eine mit dem **Gemeinschaftsrecht** vereinbare Importregelung (EuGH GRUR Int. 2009, 858 ff.). Die Verleger deutscher Bücher haben nach der gesetzlichen Regelung Preise festzusetzen, die weder über- noch

unterschritten werden dürfen. Die Importeure von Büchern setzen einen Preis fest, der den vom Verleger des Verlagsstaates für Deutschland empfohlenen Letztabnehmerpreis einschließlich der in Deutschland anfallenden Mehrwertsteuer nicht unterschreiten darf. Solche Preisempfehlungen für den deutschen Markt gibt es bislang nicht. Im Übrigen gilt: Der Importeur darf denjenigen Preis nicht unterschreiten, der für den Verlagsstaat, aus dem das Buch importiert wird, festgesetzt oder empfohlen ist, und dies mehrwertsteuerbereinigt. Die im Verlagsstaat anfallende **Mehrwertsteuer** ist abzuziehen, die in Deutschland geltende Mehrwertsteuer hinzuzurechnen. Für Bücher aus Österreich beispielsweise hat dies zur Folge, dass sie in Deutschland billiger verkauft werden können als in Österreich, weil die Mehrwertsteuer für Bücher dort 10 %, in Deutschland nur 7 % beträgt. Umgekehrt müssen Bücher aus Deutschland in Österreich wegen der Mehrwertsteuerdifferenz mindestens 3 % teurer als in Deutschland sein (*Tonninger*, § 3 Nr. 9 Rn. 22). Importeur ist jeder deutsche Händler, der ausländische Bücher einführt, nicht aber etwa der Spediteur. Bei der Preisfestsetzung haben sie nur die vorerwähnten Untergrenzen zu beachten, können aber nach oben variieren. Damit besteht jedenfalls theoretisch die Möglichkeit zur Festsetzung unterschiedlicher Preise für importierte Bücher oberhalb der vom Gesetz verlangten Preisuntergrenze durch mehrere Importeure. In der Praxis kommt dies allerdings nicht vor.

9 **3. Weitergabe außergewöhnlicher Einkaufsvorteile (Abs. 3).** Kann ein Importeur Waren im europäischen Wirtschaftsraum zu einem günstigeren als dem üblichen Einkaufspreis erwerben, darf er abweichend von Absatz 2 den maßgeblichen Mindestpreis im Verhältnis zum erzielten Handelsvorteil unterschreiten. Die branchentypischen Mengennachlässe und entsprechende Verkaufskonditionen sind Bestandteil des **üblichen Einkaufspreises,** rechtfertigen Preisabweichungen also nicht. Darüber hinaus sind auch Boni, die auf Gesamtumsätzen oder Umsatzsteigerungen beruhen, Naturalrabatte, Kostenzuschüsse für handelstypische verkaufsfördernde Maßnahmen des vertreibenden Unternehmens, für Sortimentsservice also, auch die laufende Bestückung von Verkaufsregalen („Regalpflege") durch den Händler sowie Regalmieten „entsprechende Verkaufskonditionen" im Sinne des Gesetzes. Der Importeur soll nur die Möglichkeit haben, ganz besondere, außergewöhnliche Einkaufsvorteile, z. B. bei Erwerb von Büchern aus einer **Insolvenzmasse,** weitergeben zu können. Unter diese Ausnahmebestimmung fallen somit keine Einkaufsvorteile, die ein Importeur allein auf Grund seiner Marktstellung und der Menge der im Einkaufsstaat erworbenen Bücher erhält, weil dies

„übliche Einkaufspreise“ sind. Eine andere Auslegung dieser Ausnahmebestimmung würde auch dem Ziel des Gesetzes widersprechen, das ausdrücklich den Schutz der kleineren Buchhandlungen bezweckt. Keine Einkaufspreisbestandteile sind **Lieferungsbedingungen** wie portofreie Lieferung, Remissionsrecht, die Einräumung von Skonto und Zahlungszielen, Kosten für Zentralfakturierung (Rechnungstellung, Inkasso, Delkredere) und Kosten für Verpackungsentsorgung (Begründung zu § 7 Abs. 3 BT-Drucks. 14/9196, S. 11)

II. Sonderpreise (Abs. 4)

Außer den Einzelverkaufs-Ladenpreisen können Verlage und **10**
Importeure auch Sonderpreise festsetzen, die der buchhändlerischen Tradition entsprechen und auch Bestandteil der früheren Sammelrevers-Preisbindung waren. Wenn Verlage Sonderpreise festsetzen, müssen diese ebenso wie andere Ladenpreise gemäß § 5 Abs. 1 BuchPrG in geeigneter Weise veröffentlicht werden.

1. Serienpreise (Abs. 4 Nr. 1). Sie können für eine Reihe von **11**
einzeln beziehbaren Bänden, die denselben Autor haben oder inhaltlich-thematisch zusammengehören und die gleiche Aufmachung zeigen, die somit eine **Verkaufseinheit** bilden, festgesetzt werden. Die willkürliche Auswahl verschiedener Titel begründet keine „Serie“. Für die inhaltliche Zusammengehörigkeit ist nicht erforderlich, dass die Bücher aufeinander aufbauen. Vom Äußeren muss sich für den Käufer die Zusammengehörigkeit aus der übereinstimmenden Ausstattung ergeben. Maßgebend ist der Einband. Im Inneren können die Bücher typographisch oder in sonstiger Weise verschieden sein. Der günstigere Preis für eine aus der Zusammenstellung mehrerer Titel gebildete Verkaufseinheit soll in angemessenem Verhältnis zu der höheren Leistung stehen, die der Kunde durch die Abnahme der Serie im Vergleich zum Einzelerwerb der Titel, die Gegenstand der Serie sind, erbringt. Für einzelne Werke der Reihe gilt der Serienpreis nicht. Eine analoge Anwendung des Serienpreises ist bei der gemeinsamen Abgabe eines Buches mit dem entsprechenden textgleichen **E-Book** möglich: Auch wenn es hier notwendigerweise keine Identität der Aufmachung gibt, kann ein Gesamtpreis unterhalb des sich aus der Addition der Einzelpreise beider Bücher ergebenden Preises festgesetzt werden. Wie dann die Abgabe des E-Books erfolgt – etwa durch einen mitverkauften Link und die damit verbundene Zugangs- und Nutzungsberechtigung – ist nicht von Belang. Hält man die analoge Anwendung des Serienpreises für solche Print/E-Book-Bundle für nicht möglich, lässt sich das gleiche Ergebnis auch über eine Preisfestsetzung nach § 5 Abs. 5 erzielen.

Danach ist die Festsetzung eines abweichenden Preises für **mehrere Ausgaben** eines Titels möglich, wenn ein **sachlich gerechtfertigter Grund** vorliegt. Kein Serienpreis wäre die Verbilligung des Buchpreises bei der Verpflichtung zur Abnahme mehrerer zeitlich aufeinanderfolgender Ausgaben eines Buches. Einen Sonderpreis für **Buch-Abonnements** sieht das BuchPrG – im Gegensatz zur Preisbindung von Zeitungen und Zeitschriften – nicht vor.

12 **2. Mengenpreise (Abs. 4 Nr. 2).** Sie betreffen den Preis für eine Menge desselben Titels bei Abnahme durch einen Endabnehmer. Einen **Großverbraucher-Nachlass** für erhebliche Mengen verschiedener Titel sieht das Gesetz nicht vor. Ein Sonderfall des Mengenpreises sind die in § 7 Abs. 3 geregelten **Sammelbestellungen** von Büchern für den Schulunterricht. Der Mengenpreis gilt nur für Mengenkäufe eines Endabnehmers für den **Eigenbedarf,** nicht für zusammengefasste Einzelbestellungen für Mitglieder einer Gruppe, z. B. bei dem Einkauf von Klassensätzen für eine Schulklasse oder eines Vereins, also nicht für Einzelkäufe, die nur organisatorisch zusammengefasst werden, um den Mengennachlass für das einzelne Exemplar zu erzielen. Eigenbedarf liegt auch dann vor, wenn die zum Mengenpreis bezogenen Bücher verschenkt werden, z. B. durch Firmen an ihre Kunden.

13 Die **Wettbewerbsregeln** des *Börsenvereins des Deutschen Buchhandels* (vom 9. November 2006 in der vom Bundeskartellamt im Mai 2011 genehmigten Fassung, Anhang IV) sehen in Ziff. I Nr. 2 lit. a) zudem die Verpflichtung des Verlages vor, die von ihnen festgesetzten Mengenpreise in geeigneter Weise zu veröffentlichen. Diese Pflicht ergibt sich indes bereits aus Abs. 1, da alle vom Verlag festgesetzten Preise – also auch die Mengenpreise – dem Handel so bekannt zu machen sind, dass dieser sie mit zumutbarem Aufwand ermitteln kann.

14 Der Mengennachlass soll der Rationalisierung beim Händler entsprechen. Er muss eine Höhe haben, die dem Sortiment noch eine Verdienstspanne ermöglicht. Daraus ergeben sich **Grenzen.** In der Regel wird der Nachlass 20 % nicht übersteigen. Auch bei größeren Mengen dürfen 25 % nicht überschritten werden, von Ausnahmefällen abgesehen, z. B. dann, wenn ein Endabnehmer größere Teile einer Auflage erwirbt. Die Abstufung des Mengennachlasses richtet sich nach den Gegebenheiten des Einzelfalles, insbesondere der Höhe des Ladenpreises, der Mindeststückzahl, der Gängigkeit des Werkes usw. Hohe Mengenpreise, z. B. bei Taschenbüchern, können bei Werken, die im Schulunterricht verwendet werden mit (niedrigeren) Nachlassstaffeln für **Schulbücher** gemäß § 7 Abs. 3 des Gesetzes kollidieren. Auch für Schulbestellungen gilt dann der

höhere Mengennachlass (Schreiben des BKartA vom 28. 10. 1986 B 6 –745 000 – V – 101/86; *Franzen,* Rn. 139.1). Die Pflicht zur Veröffentlichung gilt auch für Mengenpreise. Generelle Festlegungen für die gesamte Verlagsproduktion, orientiert an Stückzahl und Ladenpreis, sind aus der Sicht des Buchhandels wegen ihrer Transparenz erwünscht. Die meisten Verlage allerdings setzen Mengenpreise nur für Einzeltitel fest. In solchen Fällen muss die Veröffentlichung titelbezogen erfolgen.

3. Subskriptionspreise (Abs. 4 Nr. 3). Ursprünglich bedeutete Subskription die Aufnahme von Buchbestellungen bei größeren, namentlich mehrbändigen Werken bereits vor Erscheinen des ersten Bandes – teils, um das Erscheinen überhaupt, die Auflagenhöhe und den Preis vom Umfang der Subskription abhängig zu machen, teils, um die Kostendeckung gleich nach Erscheinen zu sichern. Nach dem Sammelrevers konnte der Subskriptionspreis bei einbändigen Werken und bei gleichzeitig erscheinenden mehrbändigen Werken ausnahmsweise bis zu drei Monaten nach Erscheinen angewendet werden. Die Preisermäßigung durfte in diesem Fall höchstens 20 % betragen. Die Gesetzesbegründung nimmt diese Regelung ausdrücklich auf (BT-Drucks. 14/9196, S. 11). Sie gilt also weiter. Bei einbändigen Werken endet der **Subskriptionszeitraum** drei Monate nach Erscheinen, ebenso bei mehrbändigen Werken, die gleichzeitig erscheinen, bei sukzessivem Erscheinen mit dem letzten Band. Der Subskriptionszeitraum muss von vornherein angegeben werden (BKartA im Tätigkeitsbericht 1971, 72; BGH NJW 1985, 2939). Auch bei der Festsetzung von Einführungs- und Vorauszahlungspreisen muss angegeben werden, für welchen Zeitraum dieser gilt (BGH GRUR 1985, 929, *Köhler/Bornkamm,* § 5 UWG Rn. 7.102). Praktisch bedeutet dies: Der Verleger muss bei Bekanntgabe des Subskriptionspreises das Ende des Subskriptionszeitraumes datumsmäßig angeben (BGH GRUR 1985, 929 ff. – Späterer Preis). 15

4. Sonderpreise für Institutionen (Abs. 4 Nr. 4). Sonderpreise können festgesetzt werden, wenn eine Institution bei der Herausgabe einzelner bestimmter Verlagswerke vertraglich in einer für das Zustandekommen des Werkes **ausschlaggebenden Weise** mitgewirkt haben. Hierzu gehören Vereine, Behörden, Organisationen und Unternehmen aller Art (BT-Drucks. 14/9196, S. 11). Der vom Gesetz zugelassene Sonderpreis entspricht dem im Sammelrevers geregelten Sonderpreis für Körperschaften. Wie bisher gilt der Preis nicht nur für die Institution selbst, sondern auch für deren **Mitglieder** (nicht aber Mitarbeiter), jedoch nur bei strenger Abgrenzung eines kleineren Mitgliederkreises und bei hohen Anforderungen an die Tat- 16 bestandsvoraussetzungen: Vertragsverhältnis, ausschlaggebende Mitwirkung. Die Preisermäßigung soll einen wesentlichen Beitrag der Institution zum Erscheinen des Buches honorieren. Deshalb genügen Werbung und Mitwirkung beim Vertrieb nicht, auch nicht für sich allein die Autorenschaft eines Mitglieds der Institution. Die Institution meint die einzelnen Institute, nicht etwa die ganze Universität, das einzelne Amt, nicht alle Behörden eines Landes, das einzelne Unternehmen, nicht den ganzen Konzern.

17 **5. Sonderpreise für Abonnenten (Abs. 4 Nr. 5).** Die Veröffentlichung muss von der Redaktion der Zeitschrift als solche herausgebracht werden und sowohl inhaltlich als auch formell, z. B. durch Hinweis auf dem Titelblatt, in Zusammenhang mit der Zeitschrift stehen. Sie sollte als eine Zusatzleistung der Redaktion für ihre Abonnenten angesehen werden können. Eine willkürliche Koppelung zur Vertriebsförderung genügt nicht. Insbesondere werden Gutscheine für Abonnenten zum verbilligten Bezug der Bücher des gleichen Verlages nicht erfasst.

18 **6. Teilzahlungszuschläge (Abs. 4 Nr. 6).** Es handelt sich in der Sache nicht um einen Sonderpreis, vielmehr um eine Konsequenz daraus, dass der **Ladenpreis** ein **Barzahlungspreis** ist. Der Verlag kann solche Zuschläge festsetzen. Geschieht das nicht, hat der Sortimenter sie von sich aus zu berechnen.

19 **Kreditgeschäfte** ohne Zuschlag verstoßen gegen die Preisbindung. Der Händler gibt nicht nur das Buch, sondern auch einen Kredit. Indem er auf den Kreditzuschlag verzichtet, ermäßigt er den Preis. Branchenübliche Rechnungsgeschäfte mit Begleichung des Saldos des Monatsauszugs sind kein Kreditgeschräft. Forderung und Gewährung von Skonto sind ebensowenig gestattet wie die Einräumung von Zahlungszielen ohne Aufschlag (BGH NJW 2003, S. 2525 ff.). Die Gewährung von **Skonto** an Endabnehmer ist auch nicht als handelsübliche Nebenleistung gemäß § 7 Abs. 4 Nr. 4 BuchPrG anzusehen. Das System der Buchpreispindung, so der BGH, verlange, dass der gebundene Endpreis von Endabnehmern sofort und ohne Abzug zu entrichten sei (BGH a. a. O.). In einer verzögerten Erstellung der Rechnung nach Lieferung wird eine Umgehung dieser Verpflichtung gesehen, weil üblicherweise die Rechnung mit der Lieferung erstellt wird (LG Düsseldorf, Urteil vom 29. 10. 2003, Az. 34 O 104/03). Zum Verbot der Gewährung von Skonto bei Verkauf preisgebundener Arnzeimittel (OLG Stuttgart, WRP 2012, 111 f.)

20 Der Zuschlag muss der **Stundungsleistung** annähernd entsprechen. Sie besteht aus Zinsverlust, Kreditrisiko und Bearbeitungskosten (Buchungs- und Mahnaufwand). Im Versandbuchhandel bewe-

gen sich die Zuschläge um 10 %. Eine schematische Anwendung dieses Prozentsatzes wäre jedoch unangebracht. Richtiger ist die Kalkulation nach Zinsniveau und Kreditdauer. Bei Zinsleistung von etwa einem halben Prozent pro Monat wäre ein Kreditzuschlag von etwa ein Prozent pro Monat für einen jeweils noch geschuldeten Betrag angemessen (oder ein gleich bleibender Durchschnittszuschlag; 10 % entsprächen dann einem Teilzahlungszeitraum von 20 Monatsraten).

Für Verlagserzeugnisse, die auf Teilzahlungsbasis vertrieben wer- 21
den (so insbesondere vom Versandbuchhandel) setzt der Verlag oft **Teilzahlungszuschläge** fest. Dabei sollte er angeben, von welchen Teilzahlungsbedingungen er ausgeht, z. B. von 12-Monats-Raten. Bewilligt der Händler abweichende Raten, muss er den Zuschlag entsprechend variieren.

7. Kumulierung von Sonderpreisen und Nachlässen (Kom- 22
bination). Nach Sinn, buchhändlerischer Tradition und Praxis der Verlage ist sie **grundsätzlich nicht zulässig.** Konfliktsfälle sind selten. Ausnahmen: Der Serienpreis ist der Normalpreis für eine besondere Verkaufseinheit, der Subskriptionspreis der Normalpreis für begrenzte Zeit. Auf sie können z. B. Mengennachlässe gewährt werden, sofern der Verlag Mengenpreise festgesetzt hat.

III. Unterschiedliche Preise für verschiedene Ausgaben (Abs. 5)

1. Allgemeine Grundsätze. § 5 Abs. 5 BuchPrG soll die Paral- 23
lelpreisproblematik regeln. Es soll der Gefahr begegnet werden, dass Ausgaben eines Werkes sich bei unterschiedlichen Preisen derart gleichen, dass durch die Preisfestsetzung ein vom Gesetz gerade zu verhindernder Preiswettbewerb eintritt (*Feldmann,* S. 130). § 5 Abs. 1 begründet die Verpflichtung, einen Endpreis für „die Ausgabe eines Buches" festzusetzen. Ein Verlag darf also nicht das gleiche Werk gleichzeitig in gleicher oder fast gleicher Ausstattung zu unterschiedlichen Preisen vertreiben **(unzulässige Zweigleisigkeit).** Der zweigleisige Vertrieb wurde vor Inkrafttreten des Gesetzes – also bis 2002 – gundsätzlich als mißbräuchlich im Sinne von § 15 GWB Abs. 3 Nr. 1 a. F. betrachtet, da § 15 Abs. 1 GWB a. F. immer nur die die Bindung eines Preises zuließ (OLG Frankfurt a.M. NJW-RR 1986, 262) und die lückenlose und gleichmäßige Behandlung jedes Mitbewerbers inhaltliche Grundlage der Preisbindungsverträge war (*Franzen,* S. 81; *Zimmer,* WRP 2004, 330, 331). § 5 Abs. 5 stellt zur Abgrenzung nicht auf unterschiedliche Preise einer „Ausgabe" ab, sondern auf die unterschiedlichen Endpreise für einen „Titel"

(*Feldmann,* S. 143). Der Unterschied besteht darin: Eine Ausgabe darf prinzipiell nur einen Preis haben. Unterschiedliche Ausgaben des inhaltlich gleichen Buches (Titels) können unterschiedliche Preise haben, wenn dies sachlich gerechtfertigt ist. Hierbei handelt es sich dann um **zulässige Parallelausgaben.**

24 Von einem Vertrieb von Parallelausgaben i. S. d. § 5 Abs. 5 spricht man also, wenn zwei Ausgaben eines Buches (Titels) ungleich gestaltet sind (*Zimmer,* WRP 2004, 320, 321). Unterschiedliche Preisfestsetzungen durch Verleger, Importeure oder Lizenznehmer sind zulässig, wenn sie sachlich gerechtfertigt sind. In Betracht kommen Taschenbuchausgaben, Buchclub-Ausgaben, Reader-Ausgaben, Sonder-Ausgaben verschiedener Art, auch Ausstellungskataloge (BT-Drucks. 14/9422 S. 13) und E-Books. Das Gesetz verzichtet auf **Abgrenzungskriterien** zur Bestimmung der sachlichen Rechtfertigung im Hinblick darauf, dass die verschiedenen Formen solcher Ausgaben sehr unterschiedliche Eigenheiten haben und ihre Zulässigkeit jeweils nur im Einzelfall beurteilt werden kann (Bericht des Ausschusses für Kultur und Medien, BT-Drucks. 14/9422, S. 12). Für die rechtliche Zulässigkeit des Angebots eines Titels zu verschiedenen Endpreisen seien vor allem folgende Faktoren entscheidend: Höhe des Preisunterschieds, Ausstattungsunterschied, Erscheinungszeitpunkt und Mitgliedschaftsbindung des Käufers (bei Buchgemeinschaftsausgaben). Damit werden diejenigen Kriterien aufgenommen, die in diesem sehr schwierigen komplexen Bereich zur **Parallelausgabenproblematik** von **BKartA** und **Rechtsprechung** zur vertikalen Preisbindung auf der Grundlage privatrechtlicher Verträge zunächst für Markenartikel und später für Bücher zum Schutz des zur Einhaltung der Preisbindung verpflichteten Letztverkäufers entwickelt wurden, (ausführlich zur Parallelausgabenproblematik *Franzen,* Rn. 84 ff. und *Gläser; Fikentscher/Krauss* in GemK § 16 Rn. 196; *Zimmer* WRP 2004, S. 330 ff.; KG WuW/E/OLG 1128, 1130; OLG Frankfurt NJW-RR 1986, 262, 263). Wenn durch die Preisbindung dem Einzelhändler ein so wichtiger Wettbewerbsparameter wie das Recht zur freien Preisgestaltung genommen wird, muss er vor Preisunterbietungen durch konkurrierende Händler geschützt sein, aber auch davor, dass ein Verlag seine eigene Preisbindung dadurch umgeht, dass er eine preisgünstigere Sonderausgabe vertreibt, die sich in den Augen des Käufers gar nicht oder nur unwesentlich von der Originalausgabe unterscheidet. In gleicher Weise kann auch ein **Lizenzverlag** durch Festsetzung eines von dem der Originalausgabe abweichenden Preises mit den sich aus § 9 BuchPrG ergebenden Konsequenzen gegen das Gesetz verstoßen.

Nach früherer Rechtslage konnte das **BKartA** im Rahmen seiner **Missbrauchsaufsicht** nach § 15 a. F. GWB die Preisbindung für die Originalausgabe aufheben, wenn die unterschiedliche Preisfestsetzung für eine Parallelausgabe sachlich nicht gerechtfertigt war. Außerdem konnten in Fällen missbräuchlicher Preisgestaltung die durch Sammelrevers vertraglich gebundenen Buchhändler nicht länger zur Einhaltung der Preisbindung nach Treu und Glauben gemäß § 242 BGB verpflichtet werden. Einen Anspruch gegenüber dem Verlag, es zu unterlassen, gleiche oder gleichwertige Ausgaben zu einem niedrigeren als dem gebundenen Preis der Originalausgabe zu vertreiben oder vertreiben zu lassen, gewährte die Rechtsprechung bei vertraglichen Preisbindungssystemen nicht. Begründung: Dies würde dem Verlag die ihm (damals) vom Gesetz gewährte Entscheidungsfreiheit über die Preisbindung nehmen (OLG Frankfurt NJW-RR 1986, 262, 263; Erläuterungen hierzu durch *Wallenfels,* Börsenblatt 75/1985, S. 2369 f.). 25

Seit Inkrafttreten des BuchPrG verkehren sich die Rechtsfolgen: Beim Verstoß gegen § 5 wird der Buchhändler nicht aus der gesetzlichen Verpflichtung zur Einhaltung der Preisbindung entlassen. Er kann aber von dem Verleger oder Importeur, der unter Verletzung von § 5 Abs. 1 Preise festsetzt, Unterlassung und Schadenersatz gemäß § 9 BuchPrG verlangen. In der Festsetzung unterschiedlicher Preise ohne sachliche Rechtfertigung kann auch eine **Irreführung** der Verbraucher gemäß §§ 3, 5 UWG liegen, weil sie nicht darüber unterrichtet wurden, dass sie eine aus ihrer Sicht durchaus vergleichbare Ausgabe zu einem niedrigeren Preis als dem der Originalausgabe hätten erwerben können (*Fikentscher/Krauss* in GemK § 17 Rn. 31. Rechtlich unproblematisch ist der Parallelvertrieb von Büchern, die zwar den gleichen Inhalt haben, sich aber in ihrer Ausstattung so stark unterscheiden, dass sie als **verschiedene Bücher** anzusehen sind. Das gilt für Taschenbücher und Paperback-Ausgaben im Vergleich zu gebundenen Hardcover-Ausgaben. Für Bücher mit derart starken äußeren Abweichungen können ohne jede Einschränkung unterschiedliche Preise kalkuliert und festgesetzt werden. Preisdifferenzen sind im Hinblick auf die sehr abweichende „äußere Anmutung“ aus der Sicht des Käufer ohne weiteres verständlich und sachlich gerechtfertigt. Anders hingegen bei Ausgaben, die zwar nicht identisch sind (dann wären Preisunterschiede ohnehin unzulässig), aber aus der Sicht des Käufers in ihrer Ausstattung sehr ähnlich sind. Auch darf mit dem niedrigeren Preis einer Sonderausgabe nicht ohne Hinweis auf den Ausgabenunterschied geworben werden (V 1 der Wettbewerbsregeln des Börsenvereins Anhang IV, abgedruckt bei *Wegner/Wallenfels/Kaboth,* Anhang III Nr. 8). 26

27 **2. Buchclub-Ausgaben. a) Preiskriterien und Potsdamer Protokoll.** Die genannten Probleme haben insbesondere bei Buchgemeinschaftsausgaben Kartellbehörden und Gerichte über viele Jahre hinweg beschäftigt. Die Diskussion um die Rechtmäßigkeit der Preisgestaltung von Club-Ausgaben kreist um vier Kriterien:

- Umfang der Unterschiedlichkeit der Ausstattung,
- zeitlicher Abstand zwischen dem Erscheinen der Originalausgabe und der Buchgemeinschaftsausgabe,
- Größe des Preisunterschiedes,
- Tragweite der Abnahmeverpflichtung.

28 Die sachliche Rechtfertigung für **Preisunterschiede zur Originalausgabe** hängt davon ab, wie diese Faktoren zusammenwirken. Je geringer die Unterschiede zur Ausstattung der Buchgemeinschaftsausgabe und je enger der zeitliche Abstand ihres Erscheinens einerseits, je niedriger der Preis und je schwächer die Abnahmeverpflichtung andererseits, umso eher lassen sich preisliche Unterschiede sachlich nicht rechtfertigen (vgl. die Übersicht über die Spruchpraxis des BKartA und die Rechtsprechung zu Buchclub-Ausgaben bei *Wallenfels*, Börsenblatt 34/2002, S. 7 ff.). In dem Bestreben, praktikable, handliche Richtlinien für Lizenzverhandlungen zwischen Verlagen und Buchclubs zu schaffen, verständigten sich unter Mitwirkung des Bundeskartellamts 1994 Verleger, Sortimenter und Vertreter der Buchgemeinschaften im Börsenverein des Deutschen Buchhandels auf die Anwendbarkeit von Rechtsgrundsätzen, die aus der Rechtsprechung und der Spruchpraxis des Bundeskartellamts erarbeitet wurden, den sogenannten **„Potsdamer Kriterien“** (Anhang II).

29 Diese preisbindungsrechtlichen Kriterien für Buchgemeinschaftsausgaben, konzipiert während der Buchhändlertage in Potsdam 1994, konkretisierten die klassischen vier Erfordernisse für eine die Preisbindung der Originalausgabe nicht gefährdende Buchgemeinschaftsausgabe: **Mitgliedschaftsbindung, Zeitabstand, Ausstattungsunterschied** und **Preisdifferenz.** Die größten Schwierigkeiten bereitete die Definition des zwischen dem Erscheinen der Originalausgabe und dem einer Buchgemeinschaftsausgabe einzuhaltenden Zeitabstands. Als „wünschenswert und üblich“ wurde eine Spanne von 9 bis 12 Monaten bezeichnet, mindestens aber von 6 Monaten, bezogen auf die jeweiligen Erstverkaufstage in Sortiment und Buchgemeinschaft. Der Zeitabstand konnte geringer als sechs Monate sein und gegen Null reduziert werden, wenn es sich um ein Werk handelte, das von sehr kurzlebiger Aktualität ist (z. B. Olympia-Buch) oder wenn das Werk an eine aktuelle Hörfunk- oder Fernsehsendung von mindestens vier Folgen oder an einen aktuellen Kinofilm ange-

hängt war. Abgestimmt wurde die getroffene Erklärung mit dem Bundeskartellamt, welches die gefundenen Kriterien zusammengefasst in seinem Tätigkeitsbericht von 1995/96 veröffentlichte (BKartA, TB 1995/96, 89). Inhaltlich handelte es sich bei dem Potsdamer Protokoll um eine rechtlich zunächst unverbindliche, aber vom Kartellamt geduldete Konkretisierung der maßgeblichen vier Kriterien und deren Verhältnis zueinander. Da sich die Sparten des Buchhandels in den kommenden Jahren an diese Kriterien hielten, entwickelte es sich zum **Handelsbrauch.**

Über die Fortgeltung dieser Kriterien und ihre rechtliche Grundlage nach Inkrafttreten des BuchPrG kam es zu rechtlichen Auseinandersetzungen. Das Landgericht Wiesbaden sah in den fast zehn Jahre lang von allen Marktteilnehmern praktizierten Kriterien einen Handelsbrauch gemäß § 346 HGB mit der Wirkung einer Rechtsnorm, der, wie die Gesetzesbegründung deutlich macht, vom Gesetzgeber nicht geändert wurde (LG Wiesbaden, Urteil vom 4. 12. 2003, Az.: 13 O 153/03; hierzu auch *Möschel,* WRP 2004, 857, 860). Der *Börsenverein* bemühte sich ein weiteres Mal um eine spartenübergreifende Verhandlungslösung im Branchenkonsens. Sortimenter- und Verlegerausschuss verständigten sich mit dem Bertelsmann-Club darauf, dass das Potsdamer Protokoll in einer revidierten Fassung, die der Veränderung der Marktverhältnisse in den abgelaufenen zehn Jahren, vor allem der zunehmend kürzeren Lebensdauer mancher Bücher, Rechnung tragen soll, weiter gilt. 30

Die grundlegenden, in der ursprünglichen Fassung des **Potsdamer Protokolls** enthaltenen Kriterien wurden in die **revidierte Fassung** übernommen. Die Anforderungen an den Ausstattungsunterschied blieben unverändert, ebenso der Grundsatz, dass die einzelnen Kriterien Ausstattungsunterschied, Zeitabstand und Preisunterschied in Wechselwirkung zueinander stehen, der Preisunterschied also umso geringer sein muss, je kleiner der zeitliche Abstand zwischen dem Erscheinen der beiden Ausgaben ist. Der zur Klarstellung der Weitergeltung des Potsdamer Protokolls nach Inkrafttreten des Gesetzes geführte Rechtsstreit wurde durch einen am 20. Juli 2004 zwischen den Prozessparteien beim OLG Frankfurt geschlossenen Vergleich auf der Grundlage der revidierten Fassung des Potsdamer Protokolls einvernehmlich beendet (Az.: 11 U 16/04 Kart). Der gerichtliche Vergleich verpflichtet den Buchclub darüber hinaus, in bezug auf Originalausgaben nicht blickfangmäßig mit Preisvergleichen für die Club-Ausgabe zu werben, allerdings mit der Möglichkeit der Kündigung dieser Vereinbarung, sofern andere Unternehmen in dieser Form vergleichend mit Preisen von Original- und anderen Ausgaben werben. Die Vereinbarung wurde für die Dauer 31 von zehn Jahren geschlossen mit einer Kündigungsmöglichkeit frühestens nach fünf Jahren, verbunden mit der Verpflichtung des Kündigenden, Verhandlungen über eine neue Fassung der Potsdamer Kriterien aufzunehmen (vgl. den Bericht im Börsenblatt 30/2004, S. 12 ff. mit dem Wortlaut der revidierten Fassung des Potsdamer Protokolls, abgedruckt auch hier als Anhang II). Eine Kündigung ist indes nicht erfolgt. Das Potsdamer Protokoll bestimmt in seiner revidierten Fassung vom 28. April 2004 (Anhang II) den Handelsbrauch der preisbindungsrechtlichen Kriterien bei Buchgemeinschaftsausgaben (LB/*Bahr,* Anhang zu § 30 GWB, § 5 Rn. 16; OLG Düsseldorf, Urteil vom 11. 03. 2008, Az: I 20 U/119/07). Es dient insoweit der Ausfüllung des in § 5 Abs. 5 enthaltenen unbestimmten Rechtsbegriffs der „sachlichen Rechtfertigung" unterschiedlicher Endpreise zweier Ausgaben eines Titels.

32 Nicht ausdrücklich erwähnt werden in den Potsdamer Kriterien sogenannte **„Premiere"-Titel,** Werke also, die zuerst als Lizenzausgabe im Buchclub erscheinen, während die Originalausgabe über das Sortiment erst zu einem späteren Zeitpunkt erhältlich ist. Die „Potsdamer Kriterien" gelten auch für solche Ausgaben: Wenn in der Regel nicht einmal das zeitgleiche Erscheinen von Buchclub- und Original-Ausgaben zulässig ist, muss erst recht das vorzeitige Erscheinen der Club-Ausgabe unzulässig sein. Der Sinn dieser Regelung liegt darin, dass der Buchhandel, um den Preisnachteil der Bindung an den höheren Ladenpreis der Original-Ausgabe ausgleichen zu können, den Vorteil der zeitlichen Priorität haben muss. Das Erscheinen der Club-Ausgabe vor der Original-Ausgabe hat für ihn einen doppelten Nachteil: Er kann seinen Kunden die Buchhandels-Ausgabe erst nach der Club-Ausgabe anbieten und dies auch noch zu einem höheren Preis. „Premieren" im Buchclub sind also nur dann preisbindungsrechtlich zulässig, wenn der Preisabstand zur nachfolgenden Buchhandels-Ausgabe nicht mehr als 10 bis 20% beträgt, also die allgemeine Regelung für den zeitlich parallelen Vertrieb gleichwertiger, aber äußerlich unterschiedlicher Ausgaben gilt (Rn. 21). Auch Gerichte und Bundeskartellamt haben dem Zeitabstand zum Schutz des Sortiments vor Wettbewerbsverschiebungen, die die Preisbindung gerade verhindern soll, besondere Bedeutung zugemessen, zumal die Ausstattungsunterschiede der Buchclub-Ausgaben von den Buchkäufern nicht als sonderlich ins Gewicht fallende geringere Wertigkeit angesehen werden (*Wallenfels,* Börsenblatt 34/2002, S. 7 ff.)

33 **b) Ausstattungsunterschied.** Aus der Sicht des Käufers muss deutlich werden, dass es sich um unterschiedliche Bücher handelt. Papier und Satz dürfen identisch sein, nicht jedoch der Einband und

der Schutzumschlag. Die Anforderungen an den Begriff der **Identität** dürfen nach Auffassung des Kammergerichts nicht überspannt werden, da die Abweichungen in der Ausstattung angesichts der überstarken Bedeutung des geistigen Inhalts eines Buches nicht allzu stark ins Gewicht fiele (WuW/E OLG, 1128, 1130). Die nachträgliche Herstellung einer „Luxusausgabe" mit besonders wertvollem Einband stellt einen sachlichen Grund für eine unterschiedliche Preisfestsetzung dar (*Nordemann,* ZUM 2009, 809, 813). Die Ausstattungsunterschiede müssen umso größer sein, je geringer der Zeitabstand ist.

c) Zeitabstand. Gefordert wird weiterhin ein Zeitabstand von 34
neun bis zwölf Monaten zwischen dem Erscheinen der Buchhandels- und der Buchgemeinschaftsausgabe (Potsdamer Protokoll, Ziff. 2, vgl. Anhang II). Der **Mindestabstand** wurde in der revidierten Fassung von ursprünglich sechs auf vier Monate verkürzt. Der Abstand ist nunmehr für alle von der Buchgemeinschaft hergestellten Ausgaben, also auch für broschierte bzw. Paperback-Ausgaben und Taschenbücher maßgeblich. Für den Weihnachtskatalog der Clubausgaben kann der Zeitabstand auf bis zu drei Monate verringert werden. Somit können also Bücher, die bis zum 15. August eines Jahres erscheinen, in den Weihnachtskatalog aufgenommen und in diesem ab 15. November angezeigt werden. Ausnahmsweise kann der Zeitabstand geringer sein und „gegen Null" reduziert werden, wenn es sich um ein Werk handelt, das sich auf ein aktuelles Ereignis bezieht und von nur kurzlebiger Aktualität ist (Beispiele: Bücher zu einer Fußball-WM oder zu Olympischen Spielen).

d) Mitgliedschaftsbindung. Die Mitgliedschaft in einer Buch- 35
gemeinschaft ist Voraussetzung für die Lieferung von Buchclub-Ausgaben. Die Mitglieder müssen sich verpflichten, mindestens ein Jahr Mitglied zu bleiben und **jährlich „mehrere" Artikel** aus dem Buch-, Musik- oder Video-DVD-Programm der Buchgemeinschaft zu kaufen (Potsdamer Protokoll, Ziff. 1, vgl. Anhang II). Die Mitglieder sind zu Abnahmen von zumindest vier dieser Produkte im Jahr verpflichtet (*Zimmer,* WRP 2004, 320, 322). Hiervon gingen auch die Sparten des Buchhandels bei der Einigung auf die Kriterien des Potsdamer Protokolls aus. Bestrebungen von Buchgemeinschaften, die Abnahmeverpflichtung zu verringern und die Abnahme von nur noch zwei Artikeln zu verlangen, sind wegen der Gefahr der Aufweichung der Kriterien bedenklich. Sollte dies von den Gerichten zugelassen werden, sind umso höhere Anforderungen an den Zeitabstand und die Preisdifferenz zu fordern.

36 **e) Preisdifferenz.** Die Preisermäßigung bei Buchclub-Ausgaben ist ein Äquivalent dafür, dass der Käufer Mitglied in einem Buchclub werden und regelmäßige **Abnahmeverpflichtungen** eingehen muss. Für Buchgemeinschaftsausgaben, die unter Einhaltung des Mindestabstands von vier Monaten erscheinen, gilt nach dem Potsdamer Protokoll eine **maximale Preisdifferenz** von 15 %, für Ausgaben, die nach fünf Monaten erscheinen, eine solche von 16 %, nach sechs Monaten von 20 %, danach maximal 40 %. Für Buchgemeinschaftsausgaben, die im Weihnachtskatalog angezeigt werden und ausnahmsweise mit einem Zeitabstand von drei Monaten nach der Originalausgabe erscheinen dürfen, gilt ein Preisabstand von 5 %. Buchgemeinschaftsausgaben, die wegen der besonderen Aktualität des Werkes ausnahmsweise zeitgleich erscheinen dürfen, müssen eine Preisdifferenz von 15 % beachten (Potsdamer Protokoll, Ziff. 4, vgl. Anhang II). Die nach der ursprünglichen Fassung des Potsdamer Protokolls von der Mindestabstands-Regelung ausgenommenen „Steckdosen-Bücher", die an eine aktuelle Hörfunk- oder Fernsehserie oder einen Kinofilm angehängt werden, unterliegen nunmehr ebenfalls der Mindestabstands-Regelung von grundsätzlich vier Monaten. Nach bisheriger Spruchpraxis des BKartA und der Rechtsprechung ist zu erwarten, dass je nach der Gestaltung der drei Faktoren Wertunterschied, Zeitabstand und Abnahmeverpflichtungen **Preisermäßigungen** bei Buchclub-Ausgaben von **20 % bis zu 40 %,** von oben gerechnet, von der Rechtsprechung auch weiterhin nicht beanstandet werden. Allerdings schöpfen die Buchgemeinschaften diesen Rahmen zumeist nicht aus. Im Rahmen der 40 %-Grenze (als Höchstgrenze in Fällen großer Zeitdifferenz, strenger Abnahmebedingungen und deutlichen Wertunterschiedes) sind alle Umstände zu berücksichtigen: Je kleiner der zeitliche Abstand zwischen Erscheinen der Originalausgabe und dem der Buchgemeinschaftsausgabe, umso kleiner der zulässige Preisunterschied.

37 **f) Neue Club-Modelle.** Einen neuen Geschäftsbereich will sich der *Bertelsmann Buchclub* mit dem Projekt ***Zeilenreich*** erschließen. In verschiedenen Club-Niederlassungen haben Kunden, die nicht Buchclub-Mitglieder sind, nunmehr auch die Möglichkeit, Clubausgaben zu erwerben. Dies allerdings zum Ladenpreis der Originalausgabe und nicht zu einem nur für Club-Mitglieder gültigen günstigeren Preis. Daneben werden in diesen Filialen, ebenso wie in allen anderen Club-Niederlassungen schon zuvor, Originalausgaben zum gebundenen Ladenpreis und nicht preisgebundene Artikel wie CD's oder DVD's auch an Kunden verkauft, die keine Club-Mitgliedschaft besitzen. Der Club sieht in *Zeilenreich* keine Wettbe-

werbsnachteile für den übrigen Buchhandel, weil ja Käufer, die nicht den Abnahmeverpflichtungen von Club-Mitgliedern (jetzt: **„Stammkunden"**) unterliegen, für preisgünstigere Lizenzausgaben (jetzt „Vorteilsausgaben) den Ladenpreis der Originalausgabe bezahlen müssen. Dieses neue Modell liegt im Grenzbereich zwischen unzulässigem zweigleisigem Vertrieb (zwei Preise für eine Ausgabe) und ggf. zulässigen Parallelausgaben (zwei Preise für einen bestimmten Titel i. S. d. § 5 Abs. 5 BuchPrG). Man wird letztlich **keine Zweigleisigkeit** annehmen, da letztlich kein effektiver Preiswettbewerb entsteht: Der unterschiedliche Preis führt ja aufgrund der unterschiedlichen Käufergruppen nicht dazu, dass die **„Vorteilsausgabe"** mit sich selbst in einen Preiswettbewerb träte. Tatsächlich erhalten die Mitglieder stets die preislich günstigere Ausgabe. Diese ist den Nicht-Mitgliedern verwehrt. Diese erhalten das Buch stets zum höheren Preis, dessen Preis dem der Originalausgabe entspricht. Da sich am freien Markt somit wiederum nur die Originalausgabe und die Vorteilsausgabe zum identischen Preis gegenüber stehen, findet kein Preiswettbewerb statt. Etwas anderes würde nur gelten, wenn die Club-Ausgabe an Nicht-Mitglieder zu einem geringeren Preis als dem der Originalausgabe verkauft würde. Die „Potsdamer Kriterien" (vgl. Rn. 23 f.) gelten damit auch für das neue Geschäftsmodell.

Problematisch ist allerdings die mit dem neuen Modell einherge- 38
hende Verringerung der Abnahmeverpflichtung von zunächst vier Artikeln aus dem Buch-, Musik- oder Video/DVD-Programm der Buchgemeinschaft auf nur noch zwei. Die Potsdamer Kriterien sprechen von „mehreren" jährlich abzunehmenden Artikeln. Eine so **geringe Abnahmeverpflichtung** begrenzt die zulässige Preisdifferenzierung zwischen Original- und Lizenzausgabe, verlangt erhebliche Zeitabstände zwischen beiden Ausgaben und deutlich wahrnehmbare Ausstattungsunterschiede entsprechend dem Prinzip der „kommunizierenden Röhren" der Potsdamer Kriterien.

3. Andere Sonderausgaben, insbesondere Reader. Was gilt 39
für Lizenzausgaben außerhalb von Buchclubs? Da hier die Mitgliederbindung mit der Verpflichtung zu regelmäßiger Abnahme fehlt, kann die Faustregel über eine Preisdifferenz für Parallelausgaben im Buchclub bis zu 40% nicht angewandt werden. Für andere Sonderausgaben, die zeitgleich mit den Originalausgaben vertrieben werden, dürfte der in einem Brief des BKartA an den Börsenverein vom 22. 8. 1973 (Az.: 745 100 – QX – 43/70) für Parallelausgaben genannte Pauschalsatz von 20 % als oberste Grenze zutreffend sein (vgl. *Franzen,* Rn. 92.1). Wird also ein Buch während eines gleichen

Zeitraums in zwei nicht gleichen, aber doch nahezu gleichwertigen Ausgaben vertrieben (durch den Original-Verlag selbst oder mit der zweiten Ausgabe durch einen Lizenz-Verlag, der keine Buchgemeinschaft ist), darf die billigere Ausgabe den gebundenen Preis der Original-Ausgabe nicht um mehr als 10 bis 20 % unterschreiten. Innerhalb dieses Rahmens fallen die sonstigen Umstände ins Gewicht: Je verschiedener die Ausgaben und je größer der Zeitabstand der Lizenzausgabe, umso eher 20 %.

40 Im Sommer 1999 erschienen erstmals bei *Weltbild* sogenannte **„Reader"-Ausgaben,** die im Buchhandel unterschiedlich bewertet wurden. Die Buchclubs befürchteten in dieser neuen Verwertungsform eine ernsthafte Beeinträchtigung ihrer Wettbewerbschancen, die eine Modifizierung der Potsdamer preisbindungsrechtlichen Kriterien, nämlich die Reduzierung der dort normierten Zeitabstände, erforderlich mache. Die Verleger sahen mehrheitlich in dem neuen Buchtyp eine interessante Erweiterung ihrer Möglichkeiten zur Verwertung von Nebenrechten durch Lizenzvergabe. Die Reader-Ausgaben sind eine **Zwischenform zwischen Hardcover- und Paperback-Taschenbuch.** Sie sind einer Hardcover-Ausgabe nicht gleichwertig, so dass die vorstehende Regelung (maximal 20 % Preisabstand) nicht anzuwenden ist. Andererseits sind sie im Gegensatz zu Taschenbuch- und Paperback-Ausgaben nicht soweit von der Hardcover-Ausgabe entfernt, dass jegliche Vergleichbarkeit entfiele. Da es das BKartA bei der Abgrenzung des Vertriebs von Original-Ausgaben über den verbreitenden Buchhandel gegenüber dem Buchclub-Vertrieb der Buchbranche überlassen hatte, die Abgrenzungskriterien (Ausstattungsunterschiede, Zeitabstand, Abnahmeverpflichtungen für Clubmitglieder und Preisabstand) in ihrer wechselseitigen Abhängigkeit im Einzelnen auszufüllen, bemühten sich Vertreter der verschiedenen Sparten des Buchhandels wie bei den „Potsdamer Kriterien" um eine Weiterentwicklung dieser Kriterien für die neue Reader-Buchform. Der erzielte Branchenkonsens, dem sich allerdings die Buchclubs nicht anschließen wollten, beinhaltet nachfolgende Regelungen, die vom BKartA als Konkretisierung der preisbindungsrechtlichen Regeln für diese Buchform akzeptiert wurden:

- Es muss ein deutlicher Ausstattungsunterschied mit differierender Wertigkeit zwischen Original- und Reader-Ausgabe bestehen, deutlich u. a. durch kleineres Format, geringere Papierqualität, fehlender Schutzumschlag, fehlende Einbandklappen.
- Es ist ein Zeitabstand von 15 Monaten zur Originalausgabe wünschenswert. Er muss mindestens aber 12 Monate betragen. Für den Fall, dass nach sechs Monaten eine Hardcover-Ausgabe des Titels

in einer Buchgemeinschaft erscheint, verlängert sich der Zeitabstand für Reader-Ausgaben bei Herbst-Novitäten auf 14 Monate und für Frühjahrs-Novitäten auf 16 Monate. Das bedeutet, dass die Reader-Ausgabe im Weihnachtsgeschäft des Folgejahres auf den Markt kommen kann und der Verwertungszeitraum für beide Ausgaben (Club und Reader) je ca. neun Monate beträgt.
– Bei Readern ist ein Preisabstand von 35 %, maximal jedoch 40 % zur Originalausgabe möglich.

Auch hier gilt, wie bei den **„Potsdamer Kriterien"**, dass die verschiedenen Faktoren in **Wechselwirkung** zueinander stehen: Je kürzer der Zeitabstand, umso größer der Ausstattungsunterschied und umso geringer der Preisabstand; je größer die Ausstattungsunterschiede, umso größer Preis- und Zeitabstand; je höher der Preisabstand, umso größer der Zeitabstand und Ausstattungsunterschied.

4. Preisabstandsvereinbarungen. Ein Sonderproblem der Parallelausgaben ist die Unzulässigkeit von Preisabstandsvereinbarungen für Lizenz-, insbesondere Buchgemeinschafts-Ausgaben. Der BGH sieht eine Klausel als nichtig an, die den Lizenzgeber verpflichtet, einen zahlenmäßig festgelegten **Mindestabstand** zum Ladenpreis der Lizenzausgabe nach oben einzuhalten (WuW/E BGH 2190). Nichtsdestoweniger bestehe, so der BGH, eine ohnehin gegebene Treuepflicht des Lizenzgebers: Nach Sinn und Zweck des Lizenzvertrages habe der Lizenzgeber dem Lizenznehmer die angemessene Ausnutzung der Lizenz zu ermöglichen. Er „darf daher nicht selbst oder über Dritte anderweitige Ausgaben herausgeben, die preislich in der Nähe des üblichen Taschenbuchpreises liegen. Die Lizenzverträge enthalten daher bereits nach Treu und Glauben, also ohne ausdrückliche Vereinbarung, eine Verpflichtung des Lizenzgebers zur Einhaltung eines angemessenen preislichen Abstandes zu dem normalen Taschenbuchpreis". 41

5. Besonderheiten beim Verkauf von E-Books. Die Preisbindung gilt auch für E-Books, ist aber auf gedruckte Bücher zugeschnitten. Daraus ergeben sich eine Vielzahl von Problemen, da die Regelungen des Gesetzes für den E-Book-Vertrieb nicht ohne Brüche angewendet werden können. Hier kann je nach Einzelfall über **§ 5 Abs. 5 –** der an sich die Preisregelung für Buchclub-Sonderausgaben zum Gegenstand hat – eine Lösung gefunden werden. 42

a) Bundles. So kann es sachlich gerechtfertigt sein, wenn ein gedrucktes Buch gemeinsam mit einem inhaltsgleichen E-Book als „Bundle" verkauft und hierfür ein **gemeinsamer Preis** festgelegt wird, der unterhalb der Summe beider gebundener Preise liegt. 43

44 **b) Abonnements.** Auch Abonnement-Modelle (z. B. der Bezug eines E-Books pro Monat zu einem Jahres-Abo-Preis) kommen der **Buchclub-Praxis** nahe und sind denkbar, wenn die Verlage ihre Preise entsprechend festsetzen oder die Festsetzung den Lizenznehmern gestatten. „Lizenznehmer" i. S. d. § 5 Abs. 5 BuchPrG ist derjenige, der die presserechtliche Verantwortung für den Vertrieb des E-Books trägt. Kein Lizenznehmer in diesem Sinne ist derjenige, der aufgrund erworbener Nutzungsrechte das E-Book des Verlages lediglich weiter verbreitet, ohne die presserechtliche Verantwortung zu übernehmen. Bei der möglichen Preisdifferenz ist dann zu berücksichtigen, dass ein Ausstattungsunterschied bei E-Books regelmäßig keine Rolle spielt, die Abnahmeverpflichtung bei einem Jahres-Abonnement u.U. aber deutlich höher sein kann als etwa beim traditionellen Buchclub.

45 **c) Flatrates.** Flatrates sind das Gegenteil gebundener Buchpreise und daher mit der Buchpreisbindung unvereinbar. Allerdings gibt es Gestaltungsspielräume: So können **E-Books** mit Zustimmung der Verlage nicht verkauft, sondern von Händlern auf Zeit **vermietet** werden. Der Kunde erhält dann lediglich ein zeitlich begrenztes Nutzungsrecht für unterschiedliche Bücher. Ein im Markt bereits vorhandenes, allerdings als unentgeltliche Leihe ausgestaltetes Beispiel hierfür ist die von öffentlichen Bibliotheken angebotene „onleihe" von E-Books. Da das Buchpreisbindungsgesetz nur Verkäufe, nicht aber Vermietungen von Büchern betrifft, wäre eine Flatrate als monatlicher, vierteljährlicher oder jährlicher Mietpreis für eine definierte Zahl downgeloadeter E-Books denkbar, sofern die Verlage den E-Book-Plattformen den Betrieb eines solchen Modells mit ihren Büchern vertraglich gestatten.

46 **d) Weitere Fälle.** In besonders gelagerten Ausnahmefällen kann es zudem sachlich gerechtfertigt sein, im Rahmen der Nutzungsvereinbarungen mit den Letztabnehmern unterschiedliche Preise für **unterschiedliche Nutzungsarten** festzusetzen: Wenn etwa ein Schulbuch in der E-Book-Ausgabe einen gebunden Ladenpreis von EUR 20 hat, kann ein höherer Preis festgesetzt werden, wenn das E-Book von einer Schule nur ein mal erworben wird und im Wege der „White-Board"-Nutzung als Ersatz der früher verwendeten Schiefertafel zu Unterrichtszwecken vor der gesamten Klasse eingesetzt werden soll. Da gerade Schulbücher als E-Books nicht mehr „durch mehrere Hände" gehen, kann ein zusätzlicher Preis festgesetzt werden, wenn das E-Book einmal von der Schule erworben, dann aber mehreren Schülergenerationen zur Verfügung gestellt wird. Zu einem wirtschaftlich vergleichbaren Ergebnis kann der Ver-

lag gelangen, wenn er das E-Book in diesen Fällen nicht verkauft, sondern auf Zeit an die Schule vermietet. **Mietverträge** unterliegen nicht der Preisbindung, wenn sie über einen überschaubaren Zeitraum abgeschlossen werden und die weitere Nutzung des Buches nach Beendigung der Mietzeit – regelmäßig aufgrund technischer Vorkehrungen - nicht mehr möglich ist.

§ 6 Vertrieb

(1) **Verlage müssen bei der Festsetzung ihrer Verkaufspreise und sonstigen Verkaufskonditionen gegenüber Händlern den von kleineren Buchhandlungen erbrachten Beitrag zur flächendeckenden Versorgung mit Büchern sowie ihren buchhändlerischen Service angemessen berücksichtigen. Sie dürfen ihre Rabatte nicht allein an dem mit einem Händler erzielten Umsatz ausrichten.**

(2) **Verlage dürfen branchenfremde Händler nicht zu niedrigeren Preisen oder günstigeren Konditionen beliefern als den Buchhandel.**

(3) **Verlage dürfen für Zwischenbuchhändler keine höheren Preise oder schlechteren Konditionen festsetzen als für Letztverkäufer, die sie direkt beliefern.**

Übersicht

I. Handelsspannen und Konditionen

1. Orientierung an Vertriebsleistung und Service der Buchhandlungen (Abs. 1). Der in § 1 definierte Zweck des BuchPrG, der Schutz des Kulturgutes Buch durch Sicherung des Erhalts eines breiten Angebots mit flächendeckender Versorgung der Bevölkerung, wird wesentlich durch eine große Zahl von kleineren 1 und mittleren Buchhandlungen gewährleistet. § 6 regelt die Auswirkungen der Preisbindung auf die unterschiedlichen Vertriebsformen. Nach dem BuchPrG sind lediglich die beim **Verkauf an Endabnehmer** zu berechnenden Preise **(Preisbindung der letzten Hand)** gebunden. Lieferungen der Verlage an Zwischenbuchhändler oder Letztverkäufer oder von Zwischenbuchhändlern an Wiederverkäufer unterliegen nicht der Preisbindung. Dennoch setzt die Preisbindung dem **Nachfragewettbewerb** des Buchhandels beim Bucheinkauf bei den Verlagen **Grenzen,** die sich aus dem Gesetzeswortlaut und ihrem Sinn und Zweck ergeben. Dies in der Erkenntnis, dass ein schrankenloser Wettbewerb auf dieser Marktstufe marktstarken Handelsformen Wettbewerbsvorteile verschaffen würde, die dem in § 1 BuchPrG definierten Gesetzeszweck zuwiderliefen, die optimale Verbreitung von Literatur zu sichern, wofür der Erhalt eines dichten buchhändlerischen Vertriebsnetzes, vorwiegend aus kleineren und mittleren Firmen bestehend, die Voraussetzungen schafft. Dem Gesetzgeber war bewusst, dass die völlige **Deregulierung** dieser Marktstufe nicht den Qualitätswettbewerb, sondern die Konzentration im Buchhandel fördern würde. Die Rechtslage war nicht anders während der Geltung des Sammelreverses. Das **BKartA** sah in dieser Beschränkung der unternehmerischen Entscheidungsfreiheit einen „Teil des Pakets, das der Gesetzgeber der Buchwirtschaft angeboten hat" (Börsenblatt 1989, Seite 1722). Bis zum Inkrafttreten des BuchPrG hatte das BKartA eine **Missbrauchsaufsicht** über die Bemessung der Handelsspannen: Hiernach wurde eine Preisbindung missbräuchlich im Sinne von § 15 a. F. GWB gehandhabt, wenn die Handelsspanne zu hoch oder zu niedrig war oder ihre Staffelung nicht sachlich gerechtfertigt erschien. Die Missbrauchsaufsicht des BKartA umfasste ein Kontrollrecht für die **Angemessenheit** der sich aus der Preisbindung ergebenden **Handelsspannen.** Das BKartA überprüfte Handelsspannen unter doppeltem Gesichtspunkt (WuW/E BKartA 1311 ff.):

- Waren die Handelsspannen für Großabnehmer, z. B. Warenhäuser, die zudem kostengünstiger als sonstige Einzelhändler arbeiten können, so hoch, dass diese durch das Rabattsystem begünstigten Handelsunternehmen nicht wirtschaftlich, sondern nur rechtlich durch den Preisbindungsvertrag daran gehindert wurden, erzielte Einkaufsvorteile an die Endverbraucher durch niedrigere als die gebundenen Preise weiterzugeben, war dies ein Fall des Missbrauchs durch **verteuernde Wirkung** der Preisbindung.
- Eine Staffelung und Kumulierung von Handelsspannen, die sich an der Abnahmemenge orientiert, kann nicht nur zu einer Verteuerung, sondern auch zu einer **Diskriminierung** kleinerer Händler führen, worin ebenfalls ein Missbrauch der Preisbindung liegt.

2 In einer Stellungnahme gegenüber dem Börsenverein wies das Bundeskartellamt darauf hin, dass eine Rabattstaffelung, die sich allein auf die Abnahmemenge ausrichtet, missbräuchlich sein kann, wenn sie den kleineren auf buchhändlerischen Service ausgerichteten Sortimenter in seiner Wettbewerbsfähigkeit beeinträchtigt (Börsenblatt 7/1990, S. 212 ff.). Nach ständiger Verwaltungspraxis sah das Bundeskartelamt in der Gewährung von Handelsspannen an Sortimentsfirmen, die 50 % überstiegen, einen Missbrauch der Preisbindung. Der damalige Vorsitzende der 6. Beschlussabteilung des Bundeskartellamts, *Stockmann*, brachte es wie folgt auf den Punkt: „Die Beschlussabteilung geht in der Tat seit vielen Jahren davon aus, dass ein **Überschreiten der 50 %-Grenze** nicht mit der Freistellung der Buchpreisbindung vereinbar ist. „ Sie können das schon im Tätigkeitsbericht des BKartA aus den siebziger Jahren nachlesen „(Börsenblatt 40/19. 5. 1989, S. 1722 f.). Zur Handelsspanne gehören nach Auffassung de BKartA auch Boni, Partien. u. ä… **Werbekostenzuschüsse** sind dann Handelsspannen-Bestandteil, wenn sie unabhängig von den tatsächlichen Werbeaufwendungen des Händlers gewährt werden, somit der Rabattverbesserung dienen und nicht tatsächlich entstandenen Aufwand für Werbeleistungen ausgleichen (BKartA TB 1970, S. 67).. Die Vorstellungen des Gesetzgebers haben sich seit dieser Zeit ersichtlich nicht geändert, im Gegenteil: Die gesetzliche Regelung der Buchpreisbindung mit der Regulierung auch der Konditionen verstärkt die Hervorhebung der Besonderheiten des Buchmarktes im Vergleich mit anderen Märkten. Diese vom Bundeskartellamt bei der Preisbindung durch Sammelrevers angewandten rechtlichen Grundsätze sind also auch bei der Auslegung des Buchpreisbindungsgesetzes zu beachten. Für den Versandbuchhandel wollte sich das Bundeskartellamt wegen dessen gegenüber dem Sortimentsbuchhandel unterschiedlicher Kostenstruktur nicht in dieser Form festlegen, geringfügige Überschreitungen der für den stationären Buchhandel geltenden Höchstgrenze wurden nicht beanstandet.

3 Auch **zu niedrige Handelsspannen** konnten nach Auffassung des Bundeskartellamt missbräuchlich sein, weil die Preisbindung dem Handel die sonst gegebene Möglichkeit nimmt, einen seinen Bedürfnissen entsprechenden und auf dem Markt zu erzielenden Preis selbst festzusetzen. Also muss der Preisbinder über die Handelsspanne für eine **auskömmliche Rendite** des Buchhandels sorgen. Diese Verpflichtung besteht für jeden einzelnen Verlag. Unerheblich ist, ob ein Buchhändler bei einer Gesamtbetrachtung der Konditionen aller Verlage, mit denen er in Geschäftsverbindung steht, angemessene = auskömmliche Konditionen erhält. Allerdings kommt es hierbei

nicht allein auf die Rabatthöhe, sondern auch auf den **Preis** des jeweiligen Buches an, weil auch ein geringerer Rabatt bei einem hochpreisigen Buch ein angemessenes Entgelt für den Buchhandel sein kann. Deshalb hat das BKartA vermieden, sich – anders als beim Höchstrabatt – auf einen bestimmten Mindestrabatt festzulegen.

4 Im **„Spartenpapier"**, das vom Buchhandel selbst aufgestellte Verhaltensgrundsätze formuliert (Börsenblatt 77/ 1984, S. 22; *Wegener/Wallenfels/Kaboth,* Anhang III), heißt es hierzu, die Erhaltung der Lebensfähigkeit einer Vielzahl von Firmen auf allen Stufen sollte bei allen marktpolitischen Maßnahmen, insbesondere auch bei der Festlegung von Konditionen ausschlaggebend sein. Die Verlage verpflichten sich hiernach, bei ihrer Konditionengestaltung darauf zu achten, dass auch kleinere Sortimenter und Barsortimenter wettbewerbsfähig bleiben.

5 Das BuchPrG nimmt diese Grundsätze auf und verpflichtet die Verleger dazu, die den Händlern gewährten Rabatte nicht allein an deren Umsatz auszurichten, sondern auch den Beitrag der Händler zur flächendeckenden Versorgung mit Büchern sowie ihren **buchhändlerischen Service** angemessen zu berücksichtigen und es dem Buchhandel auf diese Weise zu ermöglichen, die ihm vom Gesetz zugewiesenen Aufgaben zu erfüllen. Der Gesetzgeber misst der Regelung der Verkaufskonditionen große Bedeutung bei. In der Gesetzesbegründung heißt es, die in § 6 Absatz 1 enthaltene Regelung sei entsprechend der gesetzgeberischen Zielsetzung, im Interesse von flächendeckender Versorgung und buchhändlerischem Service den Sortimentsbuchhandel zu stärken, erforderlich (BT-Drucks. 14/9196, S. 11). Das Gesetz verzichtet auf eine nähere Definition der **Angemessenheit** und insbesondere auf die Festsetzung von Höchst- oder Mindestrabatten in der Erwägung, dass diese Regelung im Einzelfall zu beurteilen sei und nicht für jeden Fall an einem Kriterium, Quoten etc. festgemacht werden könne (Begründung a. a. O.).

6 Die betriebswirtschaftlich begründete Überlegung, Händlern mit besonders hohen Umsätzen entsprechend hohe Rabatte einzuräumen, findet somit ihre Grenze am kulturpolitischen Ziel der Buchpreisbindung, auch abseits der Ballungsgebiete in strukturschwachen Regionen Buchhandel möglich zu machen. Würden solche betriebswirtschaftlich einleuchtenden, mit dem Preisbindungszweck aber unvereinbaren Überlegungen akzeptiert, wäre das Buch eine Ware wie jede andere. Das aber solle nach dem Sinn des Gesetzes nicht sein (BKartA, Börsenblatt 40/19. 5. 1989, S. 17-21).

7 Die **Verkehrsordnung für den Buchhandel** in der Fassung der Bekanntmachung vom 9..11.2006 verpflichtet in § 3 die Verlage bei der Festsetzung der Bezugsbedingungen, im Interesse des Erhalts der

Preisbindung sachlich ungerechtfertigte Benachteiligungen seiner Abnehmer zu vermeiden. Eine **Konditionenspreizung** findet hiernach ihre Grenzen dort, wo Marktteilnehmer wegen ihrer Marktstellung ohne sachlich gerechtfertigten Grund bevorzugt oder benachteiligt werden. Im Übrigen nimmt die Verkehrsordnung Bezug auf den Wortlaut von § 6 BuchPrG (*Wegener/Wallenfels/Kaboth*, Anhang III Nr. 8).

Die gesetzlichen Vorgaben zur Festlegung von Konditionen sind:

- Der von kleineren Buchhandlungen erbrachte Beitrag zur Erreichung des Gesetzeszweckes, nämlich der flächendeckenden Versorgung mit Büchern sowie ihr buchhändlerischer Service müssen angemessen berücksichtigt werden.
- Rabatte dürfen sich nicht ausschließlich am Umsatz mit den jeweiligen Händlern orientieren.
- Branchenfremde Händler dürfen nicht mit besseren Konditionen als Buchhändler beliefert werden.
- Letztverkäufer dürfen keine günstigeren Konditionen als Zwischenbuchhändler erhalten.

Die Regelungen sind nicht bloß programmatischer Natur, sondern eine **anspruchsbegründende Norm.** Auslegungsschwierigkeiten allerdings bereitet die im Gesetz hervorgehobene „Angemessenheit". **8**

Gemäß § 6 Abs. 1 BuchPrG haben die vom Gesetz erwähnten kleineren Buchhandlungen einen gesetzlichen Anspruch darauf, Konditionen zu erhalten, die im Wettbewerb zu größeren Buchhandlungen ihre Existenz sichern. Dies wird verstärkt durch die gesetzliche Verpflichtung, Konditionen nicht allein am Umsatz zu orientieren. Konditionen für den Handel sind an dessen Leistung, gemessen an den wirtschaftlichen Möglichkeiten und an dessen Kosten, zu orientieren. Die Gesetzesbegründung verlangt eine **Einzelfallbetrachtung.** Es müssen also die Leistungen der einzelnen Firmen nach ihren wirtschaftlichen Möglichkeiten entsprechend ihrer Größe und ihrer **Kostenstruktur** berücksichtigt werden. Dabei wiederum ist zu beachten, dass kleinere Betriebe in der Regel eine ungünstigere Kostenstruktur als größere Unternehmen haben. Besonders kritisch sieht der Gesetzgeber **Rabattspreizungen,** die **abseits von der Leistungs- und Kostenorientierung** ausschließlich vom **Umsatz** bestimmt werden. Denn hier wird besonders deutlich, dass entgegen der gesetzgeberischen Zielsetzung, die Existenz einer Vielzahl vor allem kleinerer und mittlerer Unternehmen zu sichern und die Verlage entsprechend in die Pflicht zu nehmen, die schiere Umsatzgröße honoriert wird. § 6 BuchPrG bezieht sich sowohl auf den Level, die Höhe der angemessenen Rabatte, als auch auf die Grenzen, die bei der Rabattspreizung zu beachten sind. **9**

Erhalten Unternehmen allein aufgrund ihrer Größe Konditionen, die, gäbe es die Preisbindung nicht, teilweise an die Endabnehmer weitergegeben werden könnten und auch würden, war dies schon nach früherer vorstehend geschilderter Spruchpraxis des Bundeskartellamts ein Missbrauch der Preisbindung.

10 Die Gesetzesbegründung zu § 6 BuchPrG verweist auf das **Diskriminierungsverbot** gemäß § 20 GWB und betont die Verpflichtung marktbeherrschender oder marktmächtiger Verlage, „kleinere oder mittlere Sortimentsbuchhandlungen weder unmittelbar noch mittelbar unbillig zu behindern oder gegenüber Filialisten oder anderen Vertriebsformen des Buchhandels ohne sachlich gerechtfertigten Grund unmittelbar oder mittelbar unterschiedlich zu behandeln." (Begründung: BT-Drucks. 14/9196/S. 12) Die zuständige Kartellbehörde könne Verstöße gegen dieses Verbot nach den Vorschriften des GWB ahnden. Dies gilt auch, wenn ein kleinerer Verlag Bücher führt, auf die gut sortierte Buchhandlungen angewiesen sind, und dadurch sortimentsbedingte Abhängigkeit entsteht.

11 Besonders problematisch sind filialisierten Großunternehmen gewährte **Umsatzrabatte** für alle Einkäufe ihrer Filialen, bei denen der Rationalisierungsvorteil der großen Menge fehlt. Kleineren Sortimentsfirmen mit vollem buchhändlerischem Service muss ein günstigerer Rabatt eingeräumt werden, als dies der reinen Umsatzbetrachtung entspräche. Müssten kleinere Fachgeschäfte, bei denen höhere Kosten anfallen, mit einem geringeren Handelsaufschlag als Großunternehmen auskommen, erhielten Letztere einen **ungerechtfertigten Wettbewerbsvorsprung,** wenn das Ausmaß der Staffelung in keinem angemessenen Verhältnis zu den Vorteilen steht, die der Hersteller durch die Abnahme größerer Mengen hat (BKartA Betriebsberater 1970, S. 370). Bei Schulbuchaufträgen, die in Vergabeverfahren ausgeschrieben und häufig im Lossystem zugeschlagen werden, hat der Händler keinen Einfluss auf die Auftragserteilung. Hier ist es besonders problematisch, die Konditionen am Umsatz zu orientieren. Eine **lineare Orientierung der Händlerspannen am Umsatz** führt somit grundsätzlich zu einer **Diskriminierung** kleinerer Buchhandlungen. Die Gewährung von Rabatten in unterschiedlicher Höhe hat sich also insbesondere an Verteilerleistungen zu orientieren. Die Rabatthöhe soll die spezifischen **Vertriebsleistungen** der einzelnen Händler honorieren und nicht allein den getätigten Umsatz. Rabattspreizungen, die dies nicht berücksichtigen, sind unzulässig. Dies ist auch ein besonders wichtiges Argument zur Rechtfertigung der Preisbindung für Bücher: Die Preisbindung setzt der **Spannenmaximierung rechtliche Grenzen,** die es in Ländern ohne Preisbindung nicht gibt mit der Folge, dass z. B. durch aggressiven Preis-

wettbewerb in den USA und England marktstarke Handelsketten ihre günstigen Einkaufskonditionen nutzen, um unabhängige Handelsfirmen, die teurer einkaufen müssen, vom Markt zu verdrängen. Die Preisbindung begrenzt also die Einkaufsmacht großer Unternehmen und wirkt somit konzentrationshemmend.

Nach langen Bemühungen gelang es dem **Börsenverein** im Februar 2012, über grundsätzliche Fragen der Auslegung von § 6 Abs. 1 BuchPrG einen **spartenübergreifenden Konsens** zu erzielen. Die Hauptversammlung des Börsenvereins des Deutschen Buchhandels hatte am 19. Juni 2009 den Vorstand des Verbandes beauftragt, eine konkretisierende Interpretation zu § 6 Absatz 1 BuchPrG zu erarbeiten, die die Generalklausel und unbestimmten Rechtsbegriffe der Gesetzesbestimmung mit Inhalt erfüllt und den Verbandsmitgliedern eine Hilfe bei der Auslegung dieser Vorschrift gibt. Dabei konnte es nicht darum gehen, Richtlinien zur Gestaltung von Konditionen als Wettbewerbsregeln im Sinne des Kartellrechts zu entwickeln, also nicht darum, wie Verlagskonditionen nach wettbewerbsrechtlichen Vorschriften zu beurteilen sind, sondern darum, wie das BuchPrG auszulegen ist, das ja an die Marktteilnehmer anspruchsbegründende und einklagbare Forderungen stellt: Angemessene Berücksichtigung des Beitrages kleinerer Buchhandlungen zur flächendeckenden Versorgung mit Büchern, angemessene Berücksichtigung des buchhändlerischen Service, keine Rabattierung allein nach Umsatz. Der Gesetzgeber verlangt also von den auf dem Buchmarkt Tätigen ein bestimmtes, an seinen Intentionen orientiertes Handeln. 12

Die **gesetzlichen Vorgaben zur Konditionengestaltung** sind eine konsequente Ergänzung der Preisregulierung mit dem Ziel, den in § 1 BuchPrG definierten Zweck des Gesetzes zu erreichen: Schutz des Kulturgutes Buch, Erhalt eines breiten Buchangebotes, Förderung der Existenz einer großen Zahl von Verkaufsstellen mit der Aufgabe, das Buchangebot der Öffentlichkeit zugänglich zu machen. Arbeitsgruppen von Sortimentern und Verlegern beschäftigten sich intensiv mit dieser Aufgabe. Sie stellten erhebliche **Veränderungen der Marktsituation** für den verbreitenden Buchhandel in den vergangenen fünfzehn Jahren fest, so die Ausweitung der Titelproduktion mit steigendem Besorgungs- und Beratungsaufwand, fortschreitende Konzentrationsprozesse mit Verdrängung inhabergeführter, stationärer Buchhandlungen durch Großflächen in Innenstadtlagen, Ausweitung des Direktvertriebes durch die Verlage, erhöhte Investitionen in Organisationssysteme und stark gestiegene Transportkosten bei weitgehend stagnierenden Buchpreisen, vor allem auch Umsatzverluste des stationären Sortiments an den Online-Handel. Der Markenanteil des Sortimentsbuchhandels am Gesamtmarkt verringerte 13 sich von 58,8 % im Jahr 1999 auf 50,6 % im Jahre 2010, während im gleichen Zeitraum der Umsatzanteil des reinen Online-Handels von weniger als 1 % 1999 auf rund 15 % im Jahr 2010 stieg. Marktuntersuchungen ergaben eine rückläufige Entwicklung der durchschnittlichen Handelsspanne mit zunehmender Spreizung zweischen großen und kleinen Unternehmen. Verleger- und Sortimenterausschuss waren sich darin einig, dass angemessene Handelsspannen und Konditionen ein Element der Stärkung und Existenzsicherung des Vertriebsnetzes Sortimentsbuchhandlung sind. Sie erstellten einen **Leistungskatalog** mit dem Standard der buchhändlerischen Vertriebs- und Serviceleistungen im Sinne „sorgfältiger, buchhändlerischer Praxis“ als Orientierungshilfe für Verlage und Buchhandlungen bei der Überprüfung, ob die Konditionen dem Leistungsumfang der einzelnen Händler entsprechen (Börsenblatt 7/2012, S. 18):

14 1. Bezug (Bestellung/Besorgung)
- Besorgung aller lieferbaren Titel eines jeden Verlages
- Einsatz qualifizierter Bibliografier-Instrumente
- Bestellbündelung/Bestellrhythmus
- Optimierung des Einkaufsverhaltens zwischen Barsortments- u. Verlagsbezug
- Elektronische Bestellübermittlung
- Möglichst niedrige Remissionsquote
- Bereitschaft, Vertreter, Verlagsmitarbeiter zu empfangen

2. Lagerhaltung
- Einsatz von elektronischen Warenwirtschaftssystemen
- Aktualität
- Regelmäßige Lagerergänzung
- Sortimentstiefe /-breite
- Vorfinanzierung

3. Werbung/Verkauf
- Anzeigen / PR /Kataloge & Prospekte (eigene und Verlagswerbemittel)
- Autorenlesungen & Verlagsaktionen
- Veranstaltungsbegleitung (Büchertische)
- Mailings, regional / überregional
- Schaufenster
- Inszenierung von Titeln
- Integration von Webangeboten einschließlich Bestellmöglichkeiten
- Leseförderungsaktion (des allgemeinen Buchhandels, auch überregional)

4. Beratung
   - Kundenkontakt: Soziale Komponenten als „Türöffner“, angefangen vom ersten
   - optischen Eindruck bis zum gezielten Verkaufsgespräch
   - Qualifiziertes Personal
   - Aus- und Fortbildung
   - Bibliografie & Recherche
   - Titelkenntnis
   - Literaturnachweislisten
5. Ladenlokal
   - Standort & Umfeld
   - Größe
   - Ladengestaltung
   - Öffnungszeiten
6. Exemplarische über die „sorgfältige buchhändlerische Praxis“ hinausgehende Leistungen im Sinne des gesetzlichen Auftrages gemäß § 6 BuchPrG
   - Effizientes und zuverlässiges Zahlungsverhalten/Zentralregulierung
   - Information des Verlages durch die Buchhandlung über Bestände und Strukturdaten
   - Auslandsbesorgung
   - Bestellung zur Ansicht
   - Besorgung antiquarischer Bücher
   - Beschäftigung eigener Vertreter
   - Online: interaktive Elemente (z. B. Kundenrezensionen) auf der Internetseite
   - Online: Mitwirkung in buchbezogenen Social Networks
   - Beratung und Unterstützung bei der Auswahl und Lizenzierung vormaßgeschneiderter Informationsressourcen
   - Administration von Bestellung und Auslieferung, inklusive konfektionierter Rechnungsstellung, Zahlungsabwicklung, Zugangsverwaltung, Reklamationshandlung, etc.
   - Anbieterübergreifende Nutzungsstatistiken
   - Prozessverschlankende Angebots-, Verwaltungs- und Bestellsysteme als Webservice
   - eProcurementsysteme

Auch wenn, so übereinstimmend die Verleger- und Sortimenter- 15
Arbeitsgruppen, die aufgeführten Leistungen nicht in vollem Umfang von jedem einzelnen Verlag gefordert bzw. genutzt wür-

den, dienten sie doch insgesamt der **Stärkung und Präsenz des Vertriebskanals „stationärer Buchhandel"** und damit der vom BuchPrG geforderten flächendeckenden Versorgung.

16 Verleger und Sortimenter stimmten in der Zielsetzung der gemeinsamen Bemühungen überein, dass Verlage bei der Ausgestaltung ihrer Konditionen die Leistungen der Buchhandelsunternehmen nach ihren wirtschaftlichen Möglichkeiten, entsprechend ihrer Größe und ihrer Kostenstruktur, berücksichtigen müssen und dass die für den herstellenden Buchhandel verpflichtende Norm des § 6 Abs. 1 BuchPrG den Verlagen **bei der Ausgestaltung ihrer Konditionen Grenzen** setzt und dem verbreitenden Buchhandel einen einklagbaren Anspruch auf **angemessene Rabatte** einräumt. Der Verleger-Ausschuss appellierte an die Verlage, die gemeinsam mit den Sortimentern festgestellten Leistungskriterien, die auch Grundlage für mögliche gerichtliche Auseinandersetzungen sein sollen, bei der Festlegung der Konditionen zu berücksichtigen, um so den Verpflichtungen aus § 6 Absatz 1 BuchPrG nachzukommen.

17 Damit konnte ein spartenübergreifender Konsens erzielt werden, wonach bei den **Konditionen Umsatzhöhe und Leistungen,** insbesondere auch der kleineren und mittleren Buchhandlungen, in einem **angemessenen Verhältnis** zueinander stehen müssen, der Rabattspreizung also Grenzen gesetzt sind. Diese **gemeinsame Position von Verlegern und Buchhändlern** soll gerichtliche Auseinandersetzungen bei der Aushandlung von Konditionen nach Möglichkeit vermeiden. Sollte es dennoch dazu kommen, wird der Branchenkonsens bei der Auslegung der gesetzlichen Vorschriften für die Gerichte von Bedeutung sein.

18 **2. Konditionen für branchenfremde Unternehmen (Abs. 2).** Verlage können nach Belieben auch branchenfremde Zwischenhändler oder Letztverkäufer beliefern. Dies darf jedoch nicht zu günstigeren Preisen oder Konditionen geschehen als gegenüber dem Fachbuchhandel, weil durch Verlagerung wirtschaftlich besonders interessanter Geschäfte auf branchenfremde Unternehmen die Existenzgrundlage des Buchhandels ausgehöhlt werden könnte. Gemeint sind in erster Linie Unternehmen, die im Bereich der **Nebenmärkte** tätig sind, z. B. Fachgeschäfte anderer Branchen sowie Billigmarktketten, Super-, Verbraucher- oder Fachmärkte und Tankstellen. Bei solchen Firmen organisieren häufig Verlage oder damit beauftragte Unternehmen ein sogenanntes **„Rack-Jobbing"** und übernehmen die komplette Regalpflege. Werden Bücher sowohl über den Fachhandel als auch über solche Märkte

vertrieben, dürfen diese bzw. ihre Lieferanten selbst wenn sie durch größere Abnahmemenge und schnelleren Warenumschlag für einzelne Titel den Verlagen interessante Vertriebsmöglichkeiten bieten, nicht günstigere Konditionen als der Buchhandel erhalten. Eher ist unter Berücksichtigung der in Absatz 1 betonten Orientierung der Handelsspanne an flächendeckender Versorgung und buchhändlerischem Service der Schluss zu ziehen, dass es zur **Diskriminierung des Fachhandels** käme, würde der Nichtfachhandel, der in der Regel keinen buchhändlerischen Service und nur eine geringe Sortimentsbreite bietet, deshalb auch günstigere Kostenstrukturen hat, zu Fachhandels-Konditionen beliefert. Umso mehr dann, wenn die Kalkulation der gebundenen Preise auf die ungünstigere Kostenstruktur des Fachhandels abgestellt ist. Die Belieferung solcher Märkte zu Buchhandelskonditionen ist somit preisbindungsrechtlich außerordentlich problematisch.

3. Zwischenbuchhandels-Konditionen (Abs. 3). Das Gesetz 19
meint Barsortiments-Konditionen, nicht die der Verlagsauslieferungen und des Büchersammelverkehrs. Auch diese Regelung dient dem Gesetzeszweck des **Erhalts eines dichten buchhändlerischen Vertriebsnetzes,** vor allem in strukturschwachen Gebieten. Das Gesetz honoriert die wichtige, dem Barsortiment hierbei zufallende Funktion, auch kleinere Buchhandlungen in strukturschwachen Gebieten innerhalb kürzester Zeit mit einem breiten Titelangebot zu beliefern. Verlage, die eine solche Versorgung mit Büchern nicht selbst sicherstellen können oder wollen und deshalb den Buchgroßhandel in ihr Vertriebssystem einbeziehen, müssen dessen Funktionsfähigkeit bei der Erfüllung seiner Aufgaben wirtschaftlich gewährleisten. Das Gesetz nimmt auch hier die bisherige Spruchpraxis des BKartA auf, wonach es kartellrechtlich unzulässig war, dass ein direkt beim preisbindenden Verlag beziehender Einzelhändler bezogen auf die jeweilige Lieferung, nicht auf den Jahresumsatz, einen Rabatt erhielt, der höher war als die Gesamthandelsspanne, die sich beim Bezug über den Großhandel ergab (BKartATB 1974, 76 f. „Verlage“; 1970, 67 f.; 1976, 84; Börsenblatt 7/1990, S. 212 f.). Das Amt sah hierin eine **unbillige Behinderung des Großhändlers** und damit eine Beeinträchtigung seiner Wettbewerbsfähigkeit. Im „Spartenpapier“ (a. a. O.) heißt es, Barsortimenter würden von den Verlagen ohne sachlich gerechtfertigten Grund nicht zu ungünstigeren Bedingungen beliefert, als sie maximal Firmen oder Gruppierungen des Einzelhandels oder branchenfremden Unternehmen, insbesondere Großhändlern, eingeräumt werden. Auch bisher also war der Barsortimentsrabatt im

Regelfall die Höchstgrenze für den Rabatt, den ein Verlag dem Buchhändler bei Direktbezug, auch unter Einschluss von Sonderleistungen wie Boni, Partie-Exemplare oder Werbekostenzuschüsse, gewähren darf. Außerdem, so das BKartA, würde ein Rabatt, der den Barsortimentsrabatt übersteigt, regelmäßig bei 50 % liegen. Deren Überschreitung aber mache die verteuernde Wirkung der Preisbindung deutlich.

20 Vor dem Hintergrund der zunehmenden Konzentration im Buchhandel kann sich diese Vorschrift zum Schutz der Verlage vor der **Einkaufsmacht großer Vertriebsformen** auswirken. Im Bericht des Ausschusses für Kultur und Medien des Deutschen Bundestages (BT-Drucks. 1494/22, S. 12) wird darauf hingewiesen, dass für die Feststellung dessen, was im Einzelfall höhere Preise oder schlechtere Konditionen seien, „selbstverständlich alle Umstände und die gesamte Vertragssituation berücksichtigt werden" müssten. So sei es durchaus vorstellbar, dass ein Buchhändler als Ausgleich für zusätzliche sortimentsuntypische und besonders kostenträchtige Leistungen (z. B. Erschließung von Absätzen durch kostenintensive Akquisitions- bzw. Vertriebsmethoden, wie Beschäftigung eigener Reisender bzw. Außendienstvertreter) einen den Rabatt für Zwischenbuchhändler **übersteigenden Händlerrabatt** erhalte. Es bleibe also dem Verlag möglich, einem Letztverkäufer, der sich in außergewöhnlicher Weise für sein Verlagsprogramm oder für einzelne seiner Titel einsetze, einen im Einzelfall höheren Rabatt einzuräumen. Nach bisheriger Spruchpraxis des BKartA liegt eine besondere Vertriebsleistung des Sortiments, die eine Überschreitung des Barsortimentsrabatts rechtfertigen würde, aber nicht schon dann vor, wenn sich ein Buchhändler in besonderer Weise im Novitätengeschäft engagiert und der Verlag dies durch besonders günstige Bezugsbedingungen unterstützen möchte.

21 Dem Gesetzgeber steht, wie die Begründung des Gesetzes zeigt, die **besondere Bedeutung des Barsortiments** für die Versorgung der Buchhandlungen in strukturschwachen Gebieten, also die herkömmliche Funktion des Zwischenbuchhandels, gekennzeichnet durch die verlagsübergreifende Bündelung von Einzelbestellungen, vor Augen, wenn die Verlage diese dem Zweck des Gesetzes entsprechende Aufgabe der flächendeckenden Versorgung mit Büchern nicht selbst wahrnehmen wollen oder können. Die im Ausschussbericht erwähnten Ausnahmefälle könnten jedoch eine größere Bedeutung gewinnen, sollten sich Tendenzen im Barsortiment verstärken, weitere Dienstleistungen zu übernehmen, auch solche, die bisher von den Verlagen erbracht wurden, die sich nicht unmittelbar aus dem Gesetzeszweck der Sicherstellung der flächen-

deckenden Versorgung der Bevölkerung mit Büchern herleiten lassen, sondern zu einem Wettbewerb mit den Verlagen oder auch Letztverkäufern in deren Bereich führen. So wurde im Sortiment als Beschneidung seiner Kernkompetenzen kritisiert, dass eine Barsortimentsfirma ein Buchsortiment in Filialen von Media-Märkten stellte und einen Buchbestellservice mit täglicher Belieferung installierte (Börsenblatt 44/2011, S. 7). Solche Ausweitungen des Geschäftsbereichs des Barsortiments wurden unter dem Stichwort **„Funktionsverschiebung"** kontrovers diskutiert (Börsenblatt 69/1995, S. 4 ff. und 17/1996, S. 7 ff.; *Bez*, BuchMarkt 11/96 S. 84 ff., 12/96 S. 84 ff., 1/97 S. 118 ff.).

Das Barsortiment bewegt sich in einem Spannungsfeld zwischen der Notwendigkeit wirtschaftlichen Handelns und der ihm vom Gesetzgeber auferlegten und durch die **„Meistbegünstigungsklausel"** honorierten Vertriebsfunktion: Es wird zwar keine volle, doch aber eine **„hochgradige Listung"** der lieferbaren Bücher (so eine Formulierung des BKartA) erwartet, auch sind Grenzen gesetzt bei der Nichtaufnahme oder Streichung wichtiger Titel oder ganzer Verlagsprogramme, wenn die Rabatte zwar den Anforderungen von Abs. 3 entsprechen, dem Barsortiment aber dennoch zu niedrig erscheinen. Das gilt auch für erhöhte Rabattforderungen bei niedrigpreisigen Titeln mit der Folge, dass Barsortimentsfirmen ihren Kunden günstigere Konditionen gewähren können als die Verlage. Die Meistbegünstigungsklausel soll eine Diskriminierung des Barsortiments gegenüber Letztverkäufern verhindern. In dem geschilderten Fall läge hingegen eine unbillige Behinderung des Geschäftsverkehrs zwischen Verlagen und Letztverkäufern. Auch hier gilt einer der tragenden Grundsätze der Preisbindung: die Quersubventionierung. 22

4. Direktgeschäft. Direktgeschäfte der Verlage mit Endabnehmern preisgebundener Verlagserzeugnisse nehmen, gefördert durch das Internet, stark zu (laut Buch und Buchhandel in Zahlen 2011 18,5 % vom Gesamtvolumen auf Platz 2 hinter dem Sortimentsbuchhandel mit 50,6 %. Allerdings setzt der Gesetzeszweck dem Direktvertrieb Grenzen: Wie insbesondere aus der Präambel des Gesetzes in § 1 und den in § 6 enthaltenen Hinweisen auf die **Buchhandelskonditionen** deutlich wird, soll das Gesetz kulturelle Vielfalt durch die Gewährleistung der Versorgung mit Büchern über ein dichtes Vertriebsnetz breit sortierter Buchhandlungen fördern. Der Gesetzeszweck wäre verfehlt, wenn größere Umsatzanteile außerhalb des Handels, der durch die Preisbindung geschützt werden soll, im Direktgeschäft abgewickelt würden. Bei den Ladenpreisen hat der 23

Verlag die Spanne des Handels miteinkalkuliert. Der Sinn der Preisbindung ginge verloren, wenn die durch Spannengarantie bewirkte Existenzsicherung des verbreitenden Buchhandels in den Hintergrund träte und die dem Handel vorbehaltenen Spannen den direkt vertreibenden Verlagen selbst zugute kämen. Allerdings wird man den Verlagen schon wegen ihrer Verpflichtung gegenüber den Autoren, für die bestmögliche Verbreitung ihrer Bücher zu sorgen, das Recht nicht bestreiten können, Vertriebschancen, die das Sortiment nicht nutzt, selbst wahrzunehmen.

II. Diskriminierungsverbot

24 **1. Beschränkung auf marktbeherrschende und marktmächtige Unternehmen.** § 20 Abs. 1 GWB verbietet u. a. marktbeherrschenden Unternehmen und solchen, die Preise nach § 30 Absatz 1 Satz 1 GWB, also für Zeitungen und Zeitschriften, binden, ein anderes Unternehmen in einem Geschäftsverkehr, der gleichartigen Unternehmen üblicherweise zugänglich ist, weder unmittelbar noch mittelbar unbillig zu behindern oder gegenüber gleichartigen Unternehmen ohne sachlich gerechtfertigten Grund unmittelbar oder mittelbar unterschiedlich zu behandeln. Das Diskriminierungsverbot gilt darüber hinaus gem. **§ 20 Abs. 2 Satz 1 GWB** auch für Unternehmen, soweit von ihnen kleinere oder mittlere Unternehmen als Anbieter oder Nachfrager einer bestimmten Art von Waren in der Weise abhängig sind, dass ausreichende und zumutbare Möglichkeiten, auf andere Unternehmen auszuweichen, nicht bestehen.

25 Über § 20 Abs. 1 GWB i. V. m. § 15 GWB a. F. unterlagen früher alle preisbindenden Verlage ohne Rücksicht auf ihre Marktstärke dem Diskriminierungsverbot mit entsprechenden Lieferpflichten. Die Preisbindung für Bücher regelt sich seit dem Inkrafttreten des BuchPrG am 1..10.2002 nach dessen Vorschriften, nicht mehr nach dem GWB. Somit gilt nach h. M. das allgemeine **Diskriminierungsverbot für Zeitungs- und Zeitschriften-Verlage,** nicht aber mehr für Buch-Verlage (*Bechtold,* § 20 Rn. 13; *Loewenheim,* LMR, Bd. 2, § 20 Rn. 13). Einleuchten will diese Differenzierung nicht, weil der Ausschluss des Preiswettbewerbs Marktmacht bei Büchern in gleicher Weise begründen kann wie bei Zeitungen und Zeitschriften. Der Wortlaut des Gesetzes ist aber eindeutig (*Bechtold,* § 20 Rn. 13).

26 Für Bücher gem. § 2 BuchPrG gilt also nur noch das auf **marktbeherrschende und marktmächtige Unternehmen** beschränkte Diskriminierungsverbot des § 20 Abs. 1 und 2 GWB. In der Geset-

zesbegründung heißt es unter Bezugnahme auf diese Vorschrift, dass hiernach beispielsweise marktbeherrschende und marktmächtige Verlage kleinere oder mittlere Sortimentsbuchhandlungen weder unmittelbar noch mittelbar unbillig behindern oder gegenüber Filialisten oder anderen Vertriebsformen des Buchhandels ohne sachlich gerechtfertigten Grund unmittelbar oder mittelbar unterschiedlich behandeln dürften, also auch bei der Gewährung unterschiedlicher Konditionen. Verstöße gegen dieses Verbot könnten von der zuständigen Kartellbehörde nach den Vorschriften des GWB geahndet werden. Besondere Bedeutung hat das Diskriminierungsverbot für die Frage der **Lieferpflicht.** Hiernach kann ein Händler verlangen, von Unternehmungen, die dem Diskriminierungsverbot unterliegen, beliefert zu werden, wenn von diesem gleichartige Unternehmen beliefert werden. Eine Lieferverweigerung ist nur dann zulässig, wenn sachliche Rechtfertigungsgründe vorliegen. Das OLG Karlsruhe billigte einem Versandbuchhändler einen Belieferungsanspruch zu, wenn 70 bis 80 % seines Umsatzes aus dem Verlagsprogramm bestritten würden, allerdings nur gegen Vorkasse, weil es zu Zahlungsrückständen gekommen war. In dem Bezug über das Barsortiment sah das Gericht u. a. wegen der ungünstigen Konditionen keine ausreichende und zumutbare Ausweichmöglichkeit (GRUR-RR 2008, 103).

2. Sortimentsbedingte Abhängigkeit. Marktmacht kann 27
begründet werden auch durch einzelne Titel, die für den Buchhandel unverzichtbar erscheinen. Auch kleine Verlage können in Bezug auf bestimmte Titel oder Titelsegmente marktmächtig sein. Eine sortimentsbedingte Abhängigkeit im Sinne von § 20 Abs. 2 Satz 1 GWB wird auch dann angenommen, wenn nur (einzelne) Waren des betreffenden Herstellers eine solche Marktgeltung erlangt haben, dass ein sich auf das Abhängigkeitsverhältnis berufender Händler (in Anbetracht der entsprechenden Verbrauchererwartung) diese Waren in seinem Sortiment führen muss, um nicht einen Ansehensverlust beim Verbraucher zu erleiden, der seine Wettbewerbsfähigkeit erheblich beeinträchtigt (OLG Nürnberg, WRP 2011, 117; *Nothdurft,* LB, § 20 Rn. 63 mit Hinweisen auf die Rechtsprechung). Eine solche **sortimentsbedingte Abhängigkeit** wird man im Buchhandel jedenfalls für **Best- und Longseller** annehmen müssen. Die Kunden des Buchhandels erwarten, dass solche Bücher bei einem Buchhändler erhältlich sind und jedenfalls bei ihm bestellt werden können. Die Erwartungshaltung von Buchhandelskunden wird allerdings beeinflusst von dem Zuschnitt der jeweiligen Buchhandlungen: Je breiter das Sortiment einer Buch-

handlung ist, desto eher wird man die Erhältlichkeit, mindestens Bestellmöglichkeit nicht ganz ausgefallener Titel erwarten. Solche Händler sind in größerem Maße auf die Erhältlichkeit bestimmter Titel angewiesen als Firmen, die nicht den Anspruch erheben, jedenfalls ein Kernsortiment an Büchern zu führen. Bei Nicht-Fachhändlern bestehen solche Erwartungen nicht, entsprechend geringer ist die sortimentsbedingte Abhängigkeit (*Nothdurft,* LB, § 20 Rn. 69). Unternehmen, die nicht danach streben, ein vollständiges Sortiment zu erreichen, sondern sich darauf beschränken, nur solche Waren aufzunehmen, die eine Spitzenstellung aufweisen (sogenannte „Renner"), können sich nicht auf eine Lieferpflicht, begründet aus sortimentsbedingter Abhängigkeit, berufen, weil sie sich nicht durch ein volles Sortiment einen besonderen Namen geschaffen haben, den es zu verteidigen gilt (WuW/E BGH „Revell Plastics" 1620 ff.; „adidas" 1885 ff.).

28 Das Diskriminierungsverbot einschließlich einer sich daraus etwa ergebenden **Lieferverpflichtung** gilt auch bei **marktmächtigen Firmen** gemäß § 20 Abs. 2 Satz 1 GWB aber nur im Geschäftsverkehr **mit kleinen und mittleren Unternehmen.** Für deren Begriffsbestimmung gelten nicht absolute, sondern relative Größenkriterien. Zu vergleichen ist also die Größe des marktbeherrschenden oder marktmächtige Unternehmens im Verhältnis zu dem behinderten Unternehmen auf dem relevanten Markt (*Loewenheim,* LMR, Bd. 2, § 20 Rn. 128). Die in § 35 Absatz 1 GWB genannten Umsatzschwellen in der Fusionskontrolle haben für die Begriffsbestimmung aber indizielle Bedeutung (Notdurft in LB § 20 Rn. 82). Beruft sich ein Unternehmen auf Abhängigkeit und den Schutz durch § 20 Absatz 2 Satz 1 GWB, sind auch personelle und geschäftliche Verflechtungen mit Großunternehmen zu berücksichtigen (OLG Stuttgart WRP 1998, 434).

§ 7 Ausnahmen

(1) **§ 3 gilt nicht beim Verkauf von Büchern:**

1. **an Verleger oder Importeure von Büchern, Buchhändler oder deren Angestellte und feste Mitarbeiter für deren Eigenbedarf,**
2. **an Autoren selbstständiger Publikationen eines Verlages für deren Eigenbedarf,**
3. **an Lehrer zum Zwecke der Prüfung einer Verwendung im Unterricht,**
4. **die auf Grund einer Beschädigung oder eines sonstigen Fehlers als Mängelexemplar gekennzeichnet sind,**

5. im Rahmen eines auf einen Zeitraum von 30 Tagen beschränkten Räumungsverkaufs anläßlich der endgültigen Schließung einer Buchhandlung, sofern die Bücher aus den gewöhnlichen Beständen des schließenden Unternehmens stammen und den Lieferanten zuvor mit angemessener Frist zur Rücknahme angeboten wurden.

(2) Beim Verkauf von Büchern können wissenschaftlichen Bibliotheken, die jedem auf ihrem Gebiet wissenschaftlich Arbeitenden zugänglich sind, bis zu 5 Prozent, jedermann zugänglichen kommunalen Büchereien, Landesbüchereien und Schülerbüchereien sowie konfessionellen Büchereien und Truppenbüchereien der Bundeswehr und der Bundespolizei bis zu 10 Prozent Nachlass gewährt werden.

(3) Bei Sammelbestellungen von Büchern für den Schulunterricht, die zu Eigentum der öffentlichen Hand, eines Beliehenen oder allgemein bildender Privatschulen, die den Status staatlich genehmigter Ersatzschulen besitzen, angeschafft werden, gewähren die Verkäufer folgende Nachlässe:

1. bei einem Auftrag im Gesamtwert bis zu 25 000 Euro für Titel mit

mehr als 10 Stück	8 Prozent Nachlass
mehr als 25 Stück	10 Prozent Nachlass
mehr als 100 Stück	12 Prozent Nachlass
mehr als 500 Stück	13 Prozent Nachlass

2. bei einem Auftrag im Gesamtwert von mehr als

25 000 Euro	13 Prozent Nachlass
38 000 Euro	14 Prozent Nachlass
50 000 Euro	15 Prozent Nachlass

Soweit Schulbücher von den Schulen im Rahmen eigener Budgets angeschafft werden, ist stattdessen ein genereller Nachlass von 12 Prozent für alle Sammelbestellungen zu gewähren.

(4) Der Letztverkäufer verletzt seine Pflicht nach § 3 nicht, wenn er anlässlich des Verkaufs eines Buches

1. Waren von geringem Wert oder Waren, die im Hinblick auf den Wert des gekauften Buches wirtschaftlich nicht ins Gewicht fallen, abgibt,
2. geringwertige Kosten der Letztabnehmer für den Besuch der Verkaufsstelle übernimmt,
3. Versand- oder besondere Beschaffungskosten übernimmt oder
4. andere handelsübliche Nebenleistungen erbringt.

Übersicht

I. Von der Preisbindung ausgenommene Verkäufe (Abs. 1)

1 Diese Norm regelt abschließend jene Fälle, in denen beim Verkauf von Büchern an Letztabnehmer **keine Bindung** an den gemäß § 5 festgesetzten Preis besteht. § 7 Abs. 1 nimmt den Verkauf von Büchern an bestimmte Personengruppen und von Mängelexemplaren gänzlich von der Preisbindung aus. Der herstellende und der verbreitende Buchhandel sind in der Preisberechnung frei. § 7 Abs. 2 und 3 zählt die zulässigen Nachlässe auf gebundene Preise auf, § 7 Abs. 4 definiert, welche weiteren **wirtschaftlichen Vergünstigungen** gewährt werden dürfen. In der Begründung des Gesetzes wird auf die Traditionen des Buchhandels, die bisherige Praxis des Sammelreverses und vor allem auch darauf verwiesen, dass wie bisher eine **enge Auslegung** dieser Bestimmungen und ihrer einzelnen Tatbestandsmerkmale geboten sei (BT-Drucks. 14/9196, S. 12).

2 **1. Buchhändler (Abs. 1 Nr. 1).** Absatz 1 Nr. 1 bezieht sich auf im Buchhandel Tätige (**„Kollegenrabatt"**). Kommanditisten einer Buchhandels-KG und Gesellschafter einer GmbH können noch als „tätige Buchhändler" angesehen werden, nicht aber Aktionäre einer

AG oder Mitglieder bzw. Angestellte einer Einrichtung oder einer Körperschaft, die einen Verlag betreibt. Üblicherweise ist die Führung einer Verkehrsnummer, die von einem buchhändlerischen Verband vergeben (nach Verkauf der BAG an die DZ-Bank auch von dieser) wurde, Voraussetzung für die Gewährung von Kollegenrabatt. Zeitungsverlage und deren Angestellte sind nicht Buchhändler. Ihre Belieferung mit „Kollegenrabatt" ist daher unzulässig. Schon der Gesetzeswortlaut schließt **Zeitungsverlage** aus, ebenso preisbindungsfreie Lieferungen an Mitarbeiter anderer Medien, z. B. **Rundfunk** und **Fernsehen.** Bei festen Mitarbeitern sind wesentlich die Dauer ihrer Zugehörigkeit, die Vergleichbarkeit mit Angestellten und der fachliche Zusammenhang zum buchhändlerischen Betrieb ausschlaggebend. Beispiele: Provisionsvertreter, ständige Rechts-, Steuer- und Werbeberater sowie auch Angestellte der **Verbände des Buchhandels.** Weihnachts- und Oster-Sonderangebote von Verlagen an Angestellte anderer Verlage sind ein Missbrauch des „Kollegenrabatts". Mitunter werden Sammelbestell-Listen zum Umlauf beigefügt. Sonderangebote dieser Art verleiten die Angestellten dazu, für Dritte mitzubestellen. Die kommerzielle Form und der Werbecharakter dieses Sonderangebots erwecken den Eindruck, dass es den Verlagen mehr um den Umsatz und weniger um die Kollegen geht. Das Landgericht Wiesbaden (12 O 187/77) untersagte solche Angebote durch einstweilige Verfügung mit der Begründung, es sei nicht sichergestellt, dass der Nachlass nur den von diesem Ausnahmetatbestand Begünstigten zugute komme (*Franzen,* Rn. 157).

Problematisch ist die Behandlung der Angestellten von **„gemischten" Betrieben,** z. B. Großunternehmen des Handels (Kaufhäuser), Zeitungsverlagen und Druckereien, jeweils mit Buchhandels-Abteilungen. Handelt es sich um einen ganz eindeutig überwiegend buchhändlerischen Betrieb, wird man die wenigen sonstigen Angestellten nicht ausnehmen können. Sind aber Verlag oder Buchvertrieb nicht der Hauptsektor, sondern nur Nebengeschäft, ist die Beschränkung auf die buchhändlerische Abteilung unerlässlich. Die schriftliche Verpflichtung von Mitarbeitern, verbilligt zum Eigenbedarf bezogene Bücher nicht weiter zu veräußern, kann die Entstehung von Grauzonen verhindern. 3

2. Autoren (Abs. 1 Nr. 2). Das Autorenprivileg nach Absatz 1 Nr. 2 bezieht sich nur auf die **Publikationen des das eigene Werk produzierenden Verlages,** nicht auf andere Verlage, auch nicht des gleichen Konzerns. Autoren sind auch Mitautoren, Herausgeber und Übersetzer. Das Autorenprivileg gilt nur, solange das Buch lieferbar ist oder sich eine Neuauflage abzeichnet. Ein ganz geringfügi- 4 ger Autorenbeitrag zu einem **Mehrautoren-Werk** reicht nicht aus. Vielmehr muss der Beitrag des Autors prägend für das Werk sein. Es muss zumindest auch „sein" Buch sein.

5 **3. Prüfstücke für Lehrer (Abs. 1 Nr. 3).** Prüfstücke im Sinne von Absatz 1 Nr. 3 sind einzelne Bücher, die der Lehrer vorab auf ihre Eignung **zur Verwendung im Unterricht** prüft. Prüfpreisfähig sind also nur zugelassene Schulbücher in den Fächern des Bestellers. Lehrer im Sinne der Vorschrift sind Lehrkräfte von Schulen im engeren Sinne, auch Referendare, nicht Lehramtsstudenten, nicht aber auch Hochschullehrer oder **sonstige Dozenten** oder andere Multiplikatoren im Bildungsbereich. Der Unterlassungsanspruch ergibt sich aus § 9 Abs. 1 i.V. mit § 3 BuchPrG. Das Angebot, an sich preisungebundene Lehrerprüfstücke mit einem Preisnachlass unter Einstandspreis im Zusammenhang mit dem Verkauf preisgebundener Schulbücher anzubieten oder zu verkaufen, verstößt gegen das Verbot, preisgebundene Bücher unter den nach § 5 festgesetzten Preisen abzugeben (LG Wuppertal GRUR-RR 2010, 224). Das Gericht widersprach damit der Auffassung des OLG München (Beschluss vom 19. 12. 2007 Verg. 12/07), wegen des geringen Anteils von Lehrerprüfstücken innerhalb von Schulbuchaufträgen sei die Problematik des Verkaufs unter Einstandspreis zu vernachlässigen.

6 **Lehrerhandstücke** (oder Lehrerfreistücke) sind nicht Lehrerprüfstücke. Die Dreingabe solcher Freiexemplare durch Letztverkäufer, z. B. bei Klassenbestellungen, ist unzulässig. Sie verschleiert einen unzulässigen Nachlass, da es bei Sammelbestellungen keinen Mengennachlass gibt. Die Gratislieferung wäre auch eine die Preisbindung indirekt verletzende Zugabe. Lehrerfreistücke dürften also nur vom Verlag direkt und nicht in Verbindung mit einer ausgelieferten Bestellung Schulen zur Verfügung gestellt werden. Da aber selbst die erforderliche Kennzeichnung als Lehrerfreistück Missbräuche zur Umgehung der Preisbindung nicht ausschließen kann, ist den Verlagen von der Lieferung solcher Freistücke generell abzuraten.

7 **4. Mängelexemplare (Abs. 1 Nr. 4).** Mängelexemplare sind Bücher, die **äußerlich erkennbare Schäden oder Fehler** aufweisen und deshalb nicht mehr zum regulären Endpreis verkauft werden können. Es handelt sich um Mängel beim Druck (weiße Seiten), beim Binden (fehlender oder verhefteter Bogen, unzulänglicher Einband), beim Verlag (Wasserschäden), beim Remittieren (Transportschäden) oder beim Sortimenter (Beschmutzen durch häufiges Anfassen, Flecken). Entsprechend dem geänderten Kaufverhalten der Kunden sind auch kleinere Beschädigungen als Mangel ausreichend, wenn sie dazu führen, dass das Buch zum Ladenpreis nicht mehr

verkäuflich ist. Mängelexemplare können **zu beliebigen Preisen** verkauft werden. Anders nach § 6 Nr. 3 des österreichischen Gesetzes zur Buchpreisbindung. Danach ist beim Verkauf von Mängelexemplaren nur ein handelsübliches Abweichen im Verhältnis zum Mangel zulässig.

Mängelexemplare sind deutlich als solche zu **kennzeichnen.** 8
Dies sieht § 7 Abs. 1 Nr. 4 BuchPrG in der novellierten Fassung jetzt ausdrücklich vor. Dadurch sollen missbräuchlich rabattierte Verkäufe einwandfreier Bücher als Mängelexemplare und Umgehungen der Preisbindung verhindert werden (Begründung zu § 7, BT-Drucks. 16/238, S. 7). Die Kennzeichnung erfolgt bei Hardcover-Büchern durch Stempelaufdruck **„Preisreduziertes Mängelexemplar"** oder „Mängelexemplar" an der Unterschnittkante des jeweiligen Buches. Bei Taschenbüchern genügt der Aufdruck eines auffälligen Stempels, z. B. „M" (wegen der Einzelheiten vgl. Merkblatt der AG Taschenbuch, abgedruckt im Börsenblatt 85/1996, S. 15, mit Anm. *Wallenfels* und des Verlegerausschusses, Verlegermitteilungen Juli 1999, S. 2 ff.).

Der Begriff des Mängelexemplares ist von dem der **Remittende** 9
zu unterscheiden. Remittierte, d. h. an den Verlag zurückgesandte Bücher, sind nur dann Mängelexemplare, wenn sie wegen erkennbarer äußerer Schäden nicht zum gebundenen Preis verkäuflich sind (Ziff. II der Wettbewerbsregeln des Börsenvereins des Deutschen Buchhandels e. V. in der Fassung vom 9,.11.2006). Der Stempelaufdruck allein begründet nicht den Mangel. Das Verbot des § 3 Abs. 1 BuchPrG, neue Bücher unterhalb des gebundenen Ladenpreises zu verkaufen, umfasst auch solche Bücher, die als Mängelexemplare eingekauft und wieder verkauft werden, jedoch **keinen weitergehenden Mangel** aufweisen **als die bloße Kennzeichnung** als Mängelexemplare (OLG Frankfurt GRUR 2005, S. 265 ff.), ebenso für Österreich das OLG Wien: Wenn der einzige Mangel des Buches darin besteht, dass es als „Mängelexemplar" gekennzeichnet ist und Bücher absichtlich zu Mängelexemplaren gemacht werden, um so eine Berufung auf die Ausnahmevorschrift des § 6 Abs. 1 Ziffer 3 des österreichischen Buchpreisbindungsgesetzes zu ermöglichen, ist dies eine Umgehung der Buchpreisbindung (Beschluss vom 10. 4. 2006, Az.: 5 R 23/06y; Handelsgericht Wien, Beschluss vom 21. 6. 2006, Az.: 18 Cg 156/05p). Solche Bücher sind nicht nach § 7 Abs. 1 Nr. 4 BuchPrG („Mängelexemplar") von der Preisbindung ausgenommen (OLG Frankfurt a. a. O.). Dies wird mit dem Normzweck des Gesetzes und der Gesetzesbegründung zu § 7 Abs. 1 Nr. 4 begründet: Ziel der Gesetzgebung sei, einen leistungsfähigen Markt für Verlagserzeugnisse in Deutschland zu sichern und deren Rolle

als Kulturgut und Kulturmedium zu fördern. Bei dieser Zielsetzung müssten die Ausnahmen von der Preisbindung so bestimmt werden, dass die Leistungsfähigkeit des Marktes nicht durch einen attraktiven **Sekundär- bzw. Nebenmarkt** beeinträchtigt werden könne.

10 Leider führen die Überproduktion von Büchern mit entsprechend hohen Remissionsquoten und die immer kürzeren Lebenszyklen von Büchern zu **auffälligen Missbräuchen,** an denen alle Sparten des Buchhandels beteiligt sind. Hier steht die Glaubwürdigkeit der Preisbindung auf dem Spiel. Die Verantwortlichkeit für die Einhaltung der Preisbindung beim Verkauf von Mängelexemplaren trifft den Buchhändler. Preisbindungsrechtlich ist es nicht relevant, ob der Händler die **Mängelung** selbst vornimmt oder das Buch bereits in diesem Zustand eingekauft wurde. Der Buchhändler verletzt in solchen Fällen seine gesetzlichen Verpflichtungen zur Einhaltung der Preisbindung, wenn er Bücher an Letztabnehmer unterhalb des Ladenpreises verkauft, ohne dass eine der Ausnahmeregelungen des Gesetzes eingreift. Buchhändler haben also beim Verkauf von Mängelexemplaren eine eigene **Prüfungspflicht** (LG Darmstadt, Urteil vom 3. 4. 2007, Az: 12 O 372/06 mit Anm. *Wallenfels* Börsenblatt 17/2007). Wer als Verlag oder Zwischenbuchhändler ohne sachlichen Anknüpfungspunkt mängelfreie Bücher zu Unrecht mit einer Mängelbezeichnung versieht, handelt selbst **wettbewerbswidrig** gemäß § 4 Nr. 4 UWG (OLG Frankfurt a. a. O.).

11 Krass wettbewerbswidrig ist die **absichtliche Beschädigung** verlagsneuer Exemplare mit anschließendem Unterpreisverkauf (OLG Frankfurt WRP 1997, 806, vgl. hierzu auch die Anmerkung von *Wallenfels,* Börsenblatt 47/1997, S. 3).

12 **5. Räumungsverkäufe (Abs. 1 Nr. 5).** Bei Ausverkäufen anläßlich der Schließung einer Buchhandlung gilt die Preisbindung nicht; der Händler kann seinen Bestand zu beliebigen Preisen verkaufen. Die Gesetzeslage entspricht seit 2006 damit wieder der vormaligen Regelung unter Geltung des Sammelreverses. Bei Inkrafttreten des BuchPrG im Jahr 2002 waren Räumungsverkäufe außerhalb der Preisbindung zunächst untersagt. Dies erwies sich als unzweckmäßig, da die Verlage nur sehr begrenzt bereit waren, Remissionen zu akzeptieren und es Buchhandlungen zumeist nicht möglich war, ihr Warenlager während des Räumungsverkaufs zu regulären Preisen zu bereinigen. Auf Betreiben des Buchhandels entschloss sich der Gesetzgeber im Jahr 2006, die frühere Rechtslage wieder herzustellen (BT-Drucks. 16/238, S. 7). Bei Inhaberwechsel und Fortführung der Buchhandlung in den bisherigen Geschäftsräumen gilt die Ausnahmeregelung nicht, denn in solchen Fällen liegt die Voraussetzung der **„Schließung"** einer Buchhandlung nicht vor. Auch nicht bei Schließung einer von mehreren **Filialen** einer Buchhandelskette, weil der Lagerbestand der aufgegebenen Niederlassung in den anderen Filialen weiterverkauft werden kann, eine diese Ausnahme von der Preisbindung rechtfertigende **Zwangslage** des Buchhändlers also nicht besteht (a. A. LG Bielefeld, Urteil vom 21. 12. 2011, Az: 10 O 106/11). Wird eine stationäre Buchhandlung geschlossen und führt der Händler sein Geschäft als Online- oder Versandbuchhandlung weiter, so ist ein Räumungsverkauf nach Sinn und Zweck der Vorschrift gestattet, sofern der Buchhändler nach dem Ausverkauf kein Lager mehr unterhält. Auch ist in diesem Fall auszuschließen, dass Bücher während des Räumungsverkaufs vom gleichen Buchhändler verbilligt im Versand angeboten werden. Der preisbindungsfreie Verkauf ist auf **30 Tage** begrenzt und gilt nur für Bücher, die aus dem gewöhnlichen Bestand des Buchhändlers stammen. Das Nachschieben von Ware oder die absichtliche Lagervergrößerung vor dem Räumungsverkauf sind also unzulässig. Außerdem müssen die Bücher zuvor den Lieferanten **zur Rücknahme angeboten** werden. Auch dies entspricht der Regelung vor Inkrafttreten des BuchPrG. Der Wiederverkauf von Büchern aus Räumungsverkäufen unterliegt der Preisbindung, weil eine Zwangslage wie bei der durch Geschäftsaufgabe erzwungenen Lagerräumung nicht besteht (*Wallenfels*, Börsenblatt 63/2000, S. 17 f.)

II. Nachlässe für Büchereien (Abs. 2)

1. Wissenschaftliche Bibliotheken. Die Möglichkeit, Biblio- 13
theksnachlässe einzuräumen, ist ein traditioneller Beitrag des Buchhandels zur Kulturpolitik und zu sozialen Anliegen. Die **Nachlässe können** vom Buchhandel **gewährt werden,** ein rechtlicher Zwang hierzu besteht indes nicht. Voraussetzung für die Nachlassbegünstigung ist die **allgemeine Zugänglichkeit** der Bibliotheken. Anders als bei der früheren Regelung im Sammelrevers sind nicht nur öffentlich-rechtliche, sondern auch private Träger begünstigt.

Die Nachlassgewährung ist nicht mehr davon abhängig, dass ein 14
bestimmter Vermehrungsetat erreicht wird. Nachlassbegünstigt (bis zu 5 %) sind wissenschaftliche Bibliotheken, die jedem auf ihrem Gebiet wissenschaftlich Arbeitenden zugänglich sind, und zwar ohne eine nur aus besonderen Gründen erteilte Sondergenehmigung (denn mit einer solchen ist jede Bibliothek einem Wissenschaftler zugänglich). Nachlassbegünstigt sind hiernach in erster Linie Bibliotheken, deren Zweckbestimmung die **Nutzung durch die Öffentlichkeit** ist. Ist dies nicht ihr ausschließlicher Zweck, muss sie jeden-

falls jedem wissenschaftlich Arbeitenden wie eine öffentliche Bibliothek während der üblichen Öffnungszeiten zugänglich und nutzbar sein. Diese Nutzungsmöglichkeiten und die Öffnungszeiten müssen in geeigneter Weise bekannt gemacht werden.

15 **2. Andere Büchereien.** Die Zugänglichkeit für jedermann ist auch bei den anderen aufgezählten, darunter den **kommunalen Büchereien** Voraussetzung für die Nachlassgewährung bis zu 10 %. Die Aufzählung ist abschließend. **Werksbüchereien** sind hiernach nicht nachlassbegünstigt, ebenso wenig **Amts-Bibliotheken,** die nur in Einzelfällen Außenstehenden eine Nutzung gestatten, und **Krankenhausbüchereien.** Nachlassbegünstigt sind auch Schülerbüchereien und nicht mehr wie früher nur kirchliche, sondern konfessionelle, also auch jüdische oder islamische Büchereien.

16 Anders als bei den vom Verlag festgesetzten Sonderpreisen sind die Buchhändler berechtigt, Nachlässe bis zu 5 bzw. 10 % zu gewähren, nicht aber hierzu verpflichtet. Die Nachlässe gelten auch für Loseblattwerke und Ergänzungslieferungen. Die traditionell unterschiedliche Nachlassregelung für wissenschaftliche Bibliotheken und andere Büchereien berücksichtigt, dass die Handelsspanne für Fachliteratur geringer als bei Belletristik oder Werken des allgemeinen Sortiments ist, so dass der Buchhändler auch nur einen geringeren Spielraum für die Gewährung von Nachlässen hat. Die **Nachlassregelung** ist **abschließend.** Die Gewährung weiterer Vergünstigungen, z. B. von Prämien innerhalb von Kundenbindungssystemen, ist somit unzulässig. Zulässig sind Zugaben nur unter transparenter Anrechnung ihres Wertes auf den Nachlass von maximal 5 bzw. 10 %.

17 **3. Besonderheiten bei E-Books.** Die Nachlassregelungen in Abs. 2 gelten grundsätzlich auch beim Verkauf von Büchern in Form von E-Books. Der Umfang der Nutzung eines von der Bibliothek erworbenen E-Books hängt dann im Hinblick auf § 52 b UrhG von der Verfügbarkeit des E-Book zu Lizenzbedingungen ab: Grundsätzlich entspricht es dem wirtschaftlichen Interesse der Träger der Bibliotheken, Bücher und E-Books in möglichst wenigen Exemplaren zu erwerben, um sie dann digital einer möglichst großen Zahl an Bibliotheksnutzern zugänglich zu machen. Umgekehrt ist es das Interesse der Verlage, ihre Bücher an die Bibliotheken in jener Stückzahl zu verkaufen, die dem dortigen tatsächlichen Bedarf entspricht. Einen **Ausgleich der Interessen** versucht § 52 b UrhG vorzunehmen: Danach ist es den Bibliotheken grundsätzlich erlaubt, ihre Print-Bestände zu digitalisieren und an **Leseplätzen** zur Verfügung zu stellen, wobei nicht mehr Exemplare eines Werkes zeitgleich zugänglich gemacht werden dürfen als es dem Bestand

der Bibliothek entspricht. Diese Regelung ist grundsätzlich auch für die von der Bibliothek erworbenen oder ihnen als Pflichtexemplare überlassenen E-Books anwendbar. Das Gesetz bestimmt aber einige Einschränkungen: Nur öffentlich zugängliche Bibliotheken sind privilegiert, sie dürfen keinen Erwerbszweck verfolgen, die Zugänglichmachung ist auf die Zwecke der Forschung und private Studien beschränkt, sie darf nur an eigens dafür eingerichteten elektronischen Leseplätzen in den Räumen der Einrichtung selbst erfolgen. Und schließlich dürfen keine vertraglichen Regelungen entgegenstehen. Darunter ist nach h.M. zu verstehen, dass das jeweilige Buch weder käuflich noch zu Lizenzbedingungen erhältlich ist. Es muss also keine explizite Vereinbarung zwischen Verlag und Bibliothek zustande gekommen sein, die Möglichkeit des Abschlusses eines Lizenzvertrages zur Bibliotheksnutzung des jeweiligen E-Books zu angemessenen Bedingungen reicht aus (*Dreier/Schulze,* § 52 b Rn. 12, siehe dort auch zum Streitstand). In einer gemeinsamen **Stellungnahme** haben der ***Deutsche Bibliotheksverband*** und der ***Börsenverein des Deutschen Buchhandels*** vereinbart, dass die Verlage ihre elektronischen Angebote sowie die angemessenen Bedingungen zur Lizenzierung zu diesem Zweck an zentrale Datenbanken melden. Nur diejenigen Verlage können sich dann auf ein Lizenzangebot berufen, die dieser Meldepflicht nachgekommen sind. Gibt es – wie bei E-Books regelmäßig – **Lizenzangebote der Verlage** zu angemessenen Bedingungen, so ist die Anwendung des § 52 b UrhG gesperrt, es gilt die Lizenzvereinbarung. Auch hier wird es je nach Umfang der eingeräumten Nutzungsmöglichkeiten unterschiedliche Konditionen geben, die als Preise von den Verlagen festzusetzen sind, sofern ein sachlich gerechtfertigter Grund hierfür besteht (§ 5 Abs. 5 BuchPrG). Ein sachlich gerechtfertigter Grund für einen höheren (Lizenz-)Preis könnte etwa anzunehmen sein, wenn das E-Book gleichzeitig an einer Mehrzahl von Leseplätzen zugänglich gemacht werden darf.

III. Nachlässe bei Sammelbestellungen von Büchern für den Schulunterricht (Abs. 3)

1. Allgemeines zum Schulbuchgeschäft. Die in Abs. 3 gere- **18**
gelten Schulbuchnachlässe, zu deren Gewährung der Letztverkäufer im Gegensatz zum Bibliotheksnachlass gesetzlich verpflichtet ist, sind ein **Spezialfall der Mengennachlässe.** Die schon im Sammelrevers enthaltenen Nachlassstaffeln gehen zurück auf die Verordnung des Bundeswirtschaftsministeriums VOPR Nr. 1/77 i. V. m. § 4 Abs. 4 VOPR Nr. 30/53 (zur Vorgeschichte *Franzen,* Rn. 66 ff.,

146 ff.). Sie gelten nur, **wenn die öffentliche Hand selbst kauft und Eigentum erwirbt,** nicht bei Sammelbestellungen von Schülern, Eltern oder Klassen. Schulbücher sind nicht nur die eigentlich pädagogischen Werke insbesondere der Schulbuchverlage, sondern auch belletristische Taschenbücher, Fachbücher, politische oder historische Quellen und sonstige Texte, wenn sie unmittelbar zu Unterrichtszwecken verwendet werden. Lieferungen für Schüler- und Lehrerbüchereien dienen nicht unmittelbar dem Unterricht, Nachlässe kommen nicht in Betracht (für Schülerbüchereien aber gemäß Abs. 3). Die Nachlässe gelten nur für echte **Sammelbestellungen,** die der Buchhändler durch eine Lieferung, wenn auch an verschiedene Lieferstellen, ausführen kann. Die Nachlassstaffeln gelten nicht für einen **Rahmenvertrag,** bei dem der Buchhändler die Bücher nach und nach auf Abruf liefern soll, denn der Rationalisierungseffekt der Großbestellung, der die bei Schulbuchaufträgen zu gewährenden Nachlässe rechtfertigt, ist nicht gegeben. **Nachbestellungen** können, so die Begründung des Gesetzes, noch als zur Schulbuchsammelbestellung gehörend angesehen werden, wenn sie innerhalb von vier Wochen nach Schuljahresbeginn erfolgen (BT-Drucks. 14/9196, S. 12). Als Schuljahresbeginn gilt dabei der erste Schultag nach den Sommerferien, also nicht der im jeweiligen Bundesland kalendarisch festgesetzte Termin. Nach Ablauf dieser Frist richten sich die Nachlässe nach der Auftragsgröße der einzelnen Lieferungen. Wegen der besonderen Verhältnisse bei Berufsschulen (die endgültigen Klassenstärken stehen später als bei anderen Schulen fest) wird hier eine Frist von sechs Wochen als zulässig anzusehen sein. Nach der Novellierung des Gesetzes ist die Nachlassgewährung nicht mehr davon abhängig, dass die Schulbuch-Sammelbestellungen überwiegend von der öffentlichen Hand finanziert werden. Die Änderungen beruhen darauf, dass die **Lernmittelfreiheit** auf dem Rückzuge ist und zunehmend die Schüler/Eltern zur **Schulbuchfinanzierung** herangezogen werden. Der Gesetzgeber wollte die Nachlässe gleichwohl erhalten wissen und hat deshalb die Nachlassgewährung im bisherigen Umfang auf sämtliche Modelle der Schulbuchfinanzierung erstreckt, unabhängig von der Höhe der von Privatpersonen erbrachten Finanzierungsquote (BT-Drucks. 16/236, S. 6). Die Nachlassgewährung setzt aber nach wie vor voraus, dass die Bücher zu **Eigentum der öffentlichen Hand** oder – neu – eines „Beliehenen" erworben werden. Diese Einfügung geht auf Überlegungen zurück, die Schulbuchbeschaffung auf Dienstleister zu delegieren (so z. B. in Hamburg, vgl. Börsenblatt 9/2006, S. 11). Da es sich bei Beliehenen jedoch um Stellen handelt, denen hoheitliche Funktionen

übertragen sind, die Schulbeschaffung jedoch fiskalische Tätigkeit ist, erscheint unklar, was diese Gesetzesänderung bewirken soll und wird. Neu ist auch die ausdrückliche Erwähnung von Privatschulen, die den Status staatlicher Ersatzschulen haben. Solche Schulen waren auch schon bisher nachlassberechtigt. Wichtig ist die insoweit getroffene Abgrenzung gegenüber anderen privaten Bildungseinrichtungen, z. B. in dem Bereich der Berufsbildung, die auch dann keine Nachlässen erhalten dürfen, wenn Buchbeschaffungen mit staatlichen Mitteln finanziert werden.

Nicht erfasst werden **Sammelbestellungen** von Schülern oder Eltern (so ausdrücklich die Begründung zu § 7 Abs. 3; BT-Drucks. 14/9196, S. 12). Bei Aufträgen bis zu EUR 25.000,00 richten sich die Nachlässe nach der Anzahl der bestellten Exemplare für die einzelnen Titel (bis zu 10 Stück eines Titels kein Nachlass, maximal 12 %), bei Aufträgen über EUR 25.000,00 nach der Auftragssumme, also nach dem Gesamtwert (im Höchstfall 15 %). 19

In zunehmendem Umfang werden Schulbuchaufträge von Schulen im Rahmen eigener **Anschaffungsbudgets** erteilt mit dem hierfür gesetzlich vorgeschriebenen Nachlass von 12 %. Dies gilt auch in Ländern, in denen es kommunale Beschaffungssysteme gibt (LG Kiel, Urteil vom 25. 7. 2003, Az. 4 O 57/03). Dieser pauschale Nachlass tritt bei **Sammelbestellungen** an die Stelle der Nachlassstaffeln. In der Branchenpraxis wird diese Regelung so verstanden, dass eine Bestellung von mindestens elf Exemplaren eines Titels oder insgesamt fünfzig Exemplaren Voraussetzung für die Nachlassgewährung ist. Die Nachlässe werden aus den Endabnehmerpreisen (Bruttopreise) errechnet. Weil das Gesetz nunmehr auch **Berufsschulbücher** in die Preisbindung einbezieht, die zuvor in der Regel nicht preisgebunden waren, entfällt die frühere Problematik der indirekten Verletzung der Preisbindung durch überhöhte Nachlässe bei nicht preisgebundenen Büchern, die zusammen mit preisgebundenen geliefert wurden. Der Gesetzgeber hat sich aus Gründen der Rechtssicherheit dafür entschieden, sämtliche Schulbücher einschließlich der Berufsschulbücher in die gesetzliche Verpflichtung zur Preisbindung einzubeziehen, da eine trennscharfe Abgrenzung zwischen Schulbüchern und Berufsschulbüchern nicht möglich ist (Begründung zu § 7 Abs. 3). 20

Setzen Verlage für sonstige Verkäufe höhere Mengennachlässe fest, sind diese auch den Auftraggebern von Schulbuch-Sammelbestellungen zu berechnen. 21

Wie schon bislang, dürfen auch bei Schulbüchern **Barzahlungsnachlässe** nicht gefordert und gewährt werden (BGH NJW 2003, 2525 ff.). Die **Nachlassregelung** in Abs. 3 ist **abschließend** und 22 darf weder durch Zusatzleistungen ergänzt werden, noch durch Zugaben oder Prämien, selbst dann nicht, wenn sie wirtschaftlich gegenüber dem Wert der gekauften Bücher nicht ins Gewicht fallen (BT-Drucks. 14/9422, S. 13). Dies deshalb, weil die Schulbuchverlage dem Handel nur einen Rabatt von in der Regel 20, höchstens 25 % einräumen, so dass bei Höchstnachlässen von 15 % nur eine Spanne von 5 bis äußerstenfalls 10 % verbleibt, die häufig kaum die Unkosten deckt. Bestellen Schulen beim Buchhandel von den Eltern/Schülern zu bezahlende und an diese weiterzugebende Schulbücher, sind sie insoweit nicht Wiederverkäufer. Die Vertragsbeziehungen zur Schule stellen sich nach Auffassung des OLG Karlsruhe als mittelbare Stellvertretung in Gestalt eines Auftragsverhältnisses dar. Die Schulen wickeln für die Besteller im eigenen Namen den Bestell-, Liefer- und Zahlungsvorgang ab, übernehmen aber kein Händlerrisiko. Kaufvertragliche Beziehungen entstehen nicht zwischen den Schulen und den Eltern/Schülern, sondern zwischen diesen und den die Bücher liefernden Händlern (OLG Karlsruhe, Urteil vom 22. 10. 2008, Az: 6 U 33/08; a. A. *Weitner,* AfP 2011, 443 ff.). Ein Wiederverkäuferrabatt für die Schule kommt also nicht in Betracht.

23 Die Nachlassregelungen in Abs. 3 gelten grundsätzlich auch beim Verkauf von Schulbüchern in Form von **E-Books.** Grundsätzlich ist die öffentliche Zugänglichmachung eines für den Unterrichtsgebrauch an Schulen bestimmten Werkes nur mit Einwilligung des Verlages gestattet (§ 52 Abs. 2 Satz 1 UrhG). Der Umfang der Nutzung durch die Schule hängt daher vom Umfang der durch den Verlag der Schule eingeräumten Nutzungsrechte ab. Daraus folgt, dass die Schulen nicht ein einzelnes E-Book vom Verlag erwerben und dann den Schülern in beliebiger Anzahl online zur Verfügung stellen dürfen. Wird also ein **Klassensatz** verkauft – sei es durch Lizenzierung einer entsprechenden Zahl von downloads, sei es durch Verkauf von Lizenzen im Wege des online-Zugriffs -, gelten die im Gesetz vorgesehenen **Nachlassstaffeln.** Allerdings weist der Verkauf von Schulbüchern als E-Books eine Reihe von Besonderheiten auf, die aber im Regelfall über unterschiedliche Preisfestsetzungen gem. § 5 Abs. 5 aufgefangen werden können. Soll etwa ein der Schule nur einmal verkauftes E-Book im Wege der **„White-Board"-Nutzung** als Ersatz der früher verwendeten Schiefertafel zu Unterrichtszwecken vor der gesamten Klasse eingesetzt werden, ist hierfür ein deutlich höherer Preis sachlich gerechtfertigt. Sollen E-Books wie sonst die gedruckten Bücher mehreren Schülergenerationen zur Verfügung gestellt werden, kann ebenfalls ein **zusätzlicher Preis** festgesetzt werden.

2. Das Vergabeverfahren. Nach den Vorschriften des Vergaberechts müssen Schulbuchaufträge oberhalb des **Schwellenwertes** von zur Zeit EUR 200.000 im Rahmen eines **europaweiten** offenen **Verfahrens** ausgeschrieben werden. Da es bei preisgebundenen Schulbüchern keinen Preiswettbewerb gibt und auch die bei der Schulbuchlieferung erbrachten Serviceleistungen des Buchhandels durchweg übereinstimmen, weil die Preisbindung auch regelt, welche Dienstleistungen ohne Berechnung erbracht werden dürfen, und welche nicht, machen Ausschreibungen keinen rechten Sinn. Bemühungen des Börsenvereins um eine Ausnahmeregelung der EU-Vergaberechtslinien im Jahr 2003 bei preisgebundenen Büchern - in Übereinstimmung mit vielen Abgeordneten des Europaparlaments und auch mit dem Bundeswirtschaftsministerium - hatten keinen Erfolg. Obwohl vergaberechtlich nur ultima ratio werden die Schulbuchaufträge wegen der Gleichwertigkeit der Angebote häufig im **Auslosungsverfahren** vergeben, worauf in den Ausschreibungsunterlagen hingewiesen werden muss. Auch unterhalb des Schwellenwertes werden Schulbuchaufträge zumeist im Verfahren der öffentlichen Ausschreibung vergeben, bei Aufträgen geringerer Größenordnung nach unterschiedlichen Regelungen in den einzelnen Bundesländern im Wege einer auf den örtlichen Buchhandel beschränkten Ausschreibung. Nur bei Aufträgen geringen Umfangs, z. B. bei budgetierten Schulen, ist die **freihändige Auftragsvergabe** zulässig. Auch hier sind die Regelungen in den Bundesländern unterschiedlich. 24

Die Auftragsvergabe oberhalb des Schwellenwertes richtet sich nach den Vorschriften der Verdingungsordnung für Leistungen **(VOL/A),** der Verordnung für die Vergabe öffentlicher Aufträge **(VgV)** sowie §§ 97 ff. des Gesetzes gegen Wettbewerbsbeschränkungen **(GWB).** § 97 Absatz 4 GWB verlangt die Auftragsvergabe an fachkundige, leistungsfähige und zuverlässige Unternehmen. Die Auftraggeber verlangen für den Nachweis des Vorliegens dieser Voraussetzung Eignungsnachweise, z,. B Referenzen, Erklärungen zum Umsatz, Handelsregisterauszüge, usw.. Der Zuschlag ist gemäß § 97 Abs. 5 GWB auf **das wirtschaftlichste Angebot** zu erteilen. Da es bei preisgebundenen Schulbüchern keine differierenden preislichen Angebote geben darf, beschränkt sich der Wettbewerb auf **Service- und Kundendienstleistungen.** Hier allerdings setzt § 7 Abs. 4 BuchPrG Grenzen, weil ohne Berechnung nur **handelsübliche Nebenleistungen** angeboten werden dürfen, also fachliche Beratung, bibliographische Nachweise, Anlieferung der Bücher an eine durch die Schule zu bestimmende Stelle ohne Berechnung von Transportkosten, kurzfristige Ausführung von Nachbestellun- 25 gen über das Jahr hinweg, Rücknahme von Verpackungen. Nicht handelsüblich, also nur gegen Berechnung der dem Buchhändler entstehenden Kosten zulässig, sind die Entsorgung alter Schulbücher, Inventarisierungsarbeiten, Lieferung und Anbringen von Barcodes zur Etikettierung von Schulbüchern, Folierung von Schulbüchern, Rücknahme irrtümlich bestellter Bücher und Entsorgung alter Bücher.

26 Verstöße gegen die Preisbindungsregelungen bei Ausschreibungen müssen unverzüglich gerügt werden. Sodann können die Bieter bei der zuständigen **Vergabekammer** einen **Nachprüfungsantrag** stellen. Bei Vergaben oberhalb des Schwellenwertes muss der Auftraggeber spätestens 14 Tage vor der beabsichtigten Auftragserteilung nicht berücksichtigte Bieter über den Namen des Bieters, der den Auftrag erhalten soll, und über die Gründe der Nichtberücksichtigung informieren. Zuvor darf der Auftrag nicht erteilt werden, er wäre sonst nichtig (§ 13 VgV).Innerhalb dieser Frist muss also der Nachprüfungsantrag bei der Vergabekammer gestellt werden, die in der Vergabebekanntmachung und in den Vergabeunterlagen als zuständig angegeben wird. Der Nachprüfungsantrag bewirkt die **Aussetzung des Vergabeverfahrens** bis zur Entscheidung der Vergabekammer, die innerhalb von fünf Wochen ab Eingang des Antrages ergehen muss. Gegen die Entscheidung der Vergabekammer kann Beschwerde bei dem örtlich zuständigen Oberlandesgericht eingelegt werden (§§ 107 ff. GWB). Die **Kosten des Verfahrens** vor der Vergabekammer bestimmen sich nach dem Aufwand unter Berücksichtigung der wirtschaftlichen Bedeutung des Gegenstands des Nachprüfungsverfahrens, mindestens EUR 2.500,00, zu tragen von demjenigen, der als Beteiligter am Verfahren unterliegt (§ 128 GWB).

IV. Weitere wirtschaftliche Vergünstigungen (Abs. 4)

27 **1. Zugaben (Abs. 4 Nr. 1).** Die Regelung beschränkt die Gewährung von Zugaben (vgl. zur Zulässigkeit unterschiedlicher **Kundenbindungssysteme** auch § 3 Rn. 30 ff). Nach dem Wegfall von Rabattgesetz und Zugabeverordnung haben sich Kundenbindungssysteme im Handel stark ausgebreitet. Die Buchpreisbindung setzt jedoch enge Grenzen. In Verbindung mit dem Verkauf eines Buches dürfen nur Waren von geringem Wert oder solche, die zwar nicht selbst geringwertig sind, aber im Hinblick auf den Wert des gekauften Buches wirtschaftlich nicht ins Gewicht fallen, ohne Berechnung abgegeben werden. Zulässig sind ausschließlich **Sachprämien.** Das Gesetz stellt durch die Formulierung, dass nur Waren

zugegeben werden können, klar, dass keinesfalls Vergütungen in Geld gestattet sind. Vergütungen in Geld **(Payback-Systeme),** bei denen der Kunde Bonus-Punkte in Geld umtauschen kann, sind mit der Preisbindung ebenso unvereinbar wie die Verrechnung von Punkten mit anderen Käufen preisgebundener Bücher. Unzulässig ist auch die Gutschrift von **Bonuspunkten** beim Kauf von Büchern zur künftigen Verrechnung bei einem Kauf weiterer preisgebundener Bücher. Die Zugabe eines preisgebundenen Buches bei einem Zeitschriften-Abonnement zu einem niedrigeren und gesondert in Rechnung gestellten Preis ist unzulässig (OLG Hamburg, GRUR RR 2006, 200 f.).

Nach der Entscheidung des EuGH vom 14. 01. 2010 (Az: C - 28
304/08, GRUR 2010, 244, 247, Rn. 47 – Plus Warenhandelsgesellschaft), ist die Koppelung der Teilnahme an einem **Gewinnspiel** mit dem Kauf einer Ware wettbewerbsrechtlich nur ausnahmsweise unzulässig. Anders hingegen preisbindungsrechtlich: Mit dem Versprechen einer Gewinnchance beim Kauf eines preisgebundenen Buches erhält der Kunde mehr als nur das Buch selbst. Da eine Gewinnchance keine Ware ist, gehört sie nicht zum Katalog der zulässigen Ausnahmen von der Preisbindung. Daher ist es unzulässig, den Verkauf eines preisgebundenen Buches mit der Teilnahme an einem Gewinnspiel zu verbinden, wenn die in Aussicht gestellten Gewinne einen materiellen Wert haben. Andernfalls wären die großen Vertriebsformen mit ihren günstigeren wirtschaftlichen Möglichkeiten im Vorteil gegenüber den kleineren und mittleren Buchhandlungen, die der Gesetzgeber durch die Preisbindung gerade schützen will. Verkaufsaktionen nach dem Muster „Jeder 100. Kunde gewinnt" sind preisbindungsrechtlich unzulässig. Sieht man darin ein Gewinnspiel, erhält der Kunde die Gewinnchance als unzulässige, weil keine Warenzugabe. Sieht man hierin, wie der Bundesgerichtshof, nicht ein an ein Absatzgeschäft gekoppeltes Gewinnspiel, sondern ein besonderes Verfahren der Preisgestaltung, gelten umso mehr die Regeln zur Buchpreisbindung (BGH GRUR 2009, 875 – Jeder 100. Einkauf gratis).

Die Gewährung von Prämien darf nicht den Charakter eines 29
Naturalrabattes erhalten. Deshalb dürfen Sachzuwendungen nur in Gestalt bestimmter ausgewählter Prämien gewährt werden, z. B. in einem vom Buchhändler zusammengestellten **Warenkorb,** weil andernfalls bei unbeschränkten Auswahlmöglichkeiten des Kunden ein unzulässiger geldähnlicher wirtschaftlicher Vorteil gewährt würde. Prämien, die einen höheren Wert als **maximal 2 %** vom getätigten Umsatz haben, sind unzulässig, weil sie dann in jedem Falle wirtschaftlich ins Gewicht fallen (*Menche,* Börsenblatt 55/2001,

S. 16 ff.). Hierbei kommt es darauf an, welchen Wert die Zugabe aus der Sicht der angesprochenen Verkehrskreise hat, nicht auf den – naturgemäß niedrigeren – Beschaffungspreis der Anbieter, der für die Werteinschätzung durch die Kunden ohne Belang ist (BGHZ 11, 260 ff.). Die Rechtsprechung zieht enge Grenzen, um einen **„Preiswettbewerb durch die Hintertür"** zu verhindern. Bei preisgebundenen Arzneimitteln, denen nur Reklamegegenstände von geringem Wert oder geringwertige Kleinigkeiten zugegeben werden dürfen, hält der BGH Einkaufsgutscheine von EUR 1,00 noch für zulässig, nicht aber mehr solche über EUR 5,00, weil diese vom Gesetzgeber nicht gewünschte Auswirkungen auf den Wettbewerb haben könnten (BGH NJW 2010, S. 3721 f.). Bonusgutscheine sind bei Arzneimitteln als geringwertige Kleinigkeiten auch nur deshalb überhaupt zulässig, weil im Gegensatz zum Buchhandel nicht nur Waren ausdrücklich als Zugaben zugelassen sind. Als geringwertige Kleinigkeit könnten nur kleinere Zugaben anzusehen sein, die sich als „Ausdruck allgemeiner Kundenfreundlichkeit" darstellen (BGH a. a. O.).

30 Empfänger und Geber einer Zugabe können auch **Dritte** sein, die nicht Parteien des Hauptgeschäftes sind (Kammergericht, Urteil vom 20. 12. 1983, Az. 5 U 5146/83, GRUR 1984, 605). Eine Zugabe liegt also auch dann vor, wenn der Empfänger nicht der Käufer selbst ist. Entscheidend ist der innere Zweckzusammenhang zwischen der Hauptware und der Nebenware, die Eignung, den Kunden zum Kauf zu bewegen. Auch die Werbung mit dem Versprechen, einen Teil des Kaufpreises einem Dritten für soziale Zwecke zu spenden, ist hiernach eine verbotene Zugabe. Das Kommerzielle, die Generierung von Umsatz, steht hier im Vordergrund, nicht die soziale Gesinnung, wie schon die Werbung mit solchen Versprechen deutlich macht.

31 **2. Fahrtkosten und Parkgebühren (Abs. 4 Nr. 2).** Zulässig ist die teilweise oder vollständige Erstattung von Fahrtkosten für Verkehrsmittel des öffentlichen Nahverkehrs oder von Parkgebühren von Kunden im Zusammenhang mit dem Besuch einer Buchhandlung. In beiden Fällen dürfen nur **geringwertige Kosten** erstattet werden.

32 **3. Versand- und Beschaffungskosten (Abs. 4 Nr. 3).** Erlaubt sind die kostenfreie Versendung von Büchern an Letztabnehmer und die Übernahme besonderer Beschaffungskosten, die dem Buchhändler durch die Bestellung bei Verlag oder Zwischenbuchhandel entstehen. Der Händler darf solche Kosten berechnen, er muss es aber nicht. Nach der Rechtsauffassung des BKartA durften schon vor

In-Kraft-Treten des Gesetzes Versandkosten im Verhältnis zwischen Letztverkäufer und Endabnehmer berechnet werden, nicht jedoch Kosten einschl. Porti, die im Verhältnis zwischen Verlag und Buchhandel für die **Besorgung eines nicht vorrätigen** Buches entstehen. Mit der durch den Festpreis gesicherten Handelsspanne seien auch die üblicherweise erbrachten Besorgungsleistungen abgegolten. Maßgeblich hierfür sei „der Umstand, dass zum herkömmlichen Gesamtsystem des buchhändlerischen Vertriebs, das durch die Preisbindung für Verlagserzeugnisse geschützt sei (WuW/E BGH 795, 807), insbesondere auch der **branchenübliche Service** gehört, am Lager des Sortimenters nicht vorhandene Verlagserzeugnisse auf Bestellung der Kunden zu besorgen und zur Abholung bereitzuhalten" (Schreiben BKartA vom 26. 4. 1978 D 4 – 745 200 – QX – 162/75). Andernfalls ergeben sich auch Preisunklarheiten, weil ein Buch, wird es vom Lager verkauft, einen niedrigeren Preis hat als ein nicht vorrätiges, das dem Kunden unter Berechnung von Besorgungskosten geliefert wird. Hingegen gestattete es das BKartA, die Kosten, die der Verlag dem Buchhandel bei der **Besorgung von Zeitschriften** und **Ergänzungslieferungen zu Loseblattwerken** berechnet, Endabnehmern zusätzlich zum Ladenpreis in Rechnung zu stellen, nicht aber Handlingskosten, die beim Buchhandel anfallen (Schreiben BKartA B 6 – 745 100 – Q 95/87; *Wallenfels,* Börsenblatt 82/1988, S. 30 f.). Zur Begründung bezog sich das BKartA darauf, dass der Buchhandel solche Verlagserzeugnisse üblicherweise nicht – wie Bücher – auf Lager nehme. Die vom Buchhandel erbrachte Leistung sei nicht als ein mit der Hauptleistung zu entgeltender Service anzusehen, stelle vielmehr eine Sonderleistung dar, für die der Buchhändler ein Entgelt verlangen dürfe, soweit der Verlag nicht ausdrücklich einen Inklusivpreis festgesetzt habe, der die Besorgungskosten einschließlich der Porti bereits mit umfasse.

4. Handelsübliche Nebenleistungen (Abs. 4 Nr. 4). Unberechnet bleiben dürfen die **buchhandelstypischen Serviceleistungen** wie fachliche Beratung, Bibliographieren, Ausdruck von Literaturzusammenstellungen oder Geschenkverpackung von Büchern. Dienstleistungen, die nicht branchenüblicher Service sind und deshalb nicht als handelsübliche Nebenleistungen angesehen werden können, müssen in Rechnung gestellt werden. Bibliotheken sind zunehmend bestrebt, über die Erwerbung von Büchern bibliothekarische Aufgabenfelder auf Lieferanten zu übertragen und drängen unter dem Druck der Rechnungshöfe auf möglichst umfangreiche kostenlose Dienstleistungen. Als Faustregel gilt, dass Leistungen, die nicht mit der Beschaffung von Büchern zu tun haben, keine für das 33

Bibliotheksgeschäft charakteristischen buchhändlerischen Nebenleistungen sind, sondern als **Zusatzleistungen** gelten, die berechnet werden müssen. So z. B. die Übernahme der Lagerkontrolle, der Akzession und der Inventarisierung, Katalogarbeiten, Titelerfassung, Übernahme von Bindearbeiten und Anbringung der Signatur, Stellung von PC's mit Anbindung an Lieferantenrechner und geldwerte Leistungen jeder Art, z. B. zusätzliche Bücher und Geschenke (vgl. auch die „Dritte überarbeitete Empfehlung für den Geschäftsverkehr zwischen Wissenschaftlichen Bibliotheken und Buchhandel" des Börsenvereins des Deutschen Buchhandels und der Bundesvereinigung Deutscher Bibliotheksverbände, Börsenblatt 49/1994, S. 10 ff.). Auch für das **Einbinden** von Fachzeitschriften und die **Bibliotheksausstattung** von Büchern müssen die anfallenden Kosten in Rechnung gestellt werden.

34 Berechnungspflichtig sind auch gelegentlich von öffentlichen Auftraggebern im Schulbuchgeschäft verlangte **Inventarisierungsarbeiten** jedweder Art durch Schulbuchlieferanten Das kostenlose Liefern und Anbringen von Barcode-Etiketten ist keine handelsübliche Nebenleistung., sondern eine bei Übertragung auf den Buchhändler diesem zu vergütende Dienstleistung.

35 **5. Indirekte Verletzungen der Preisbindung.** Wirtschaftliche Vergünstigungen, die das BuchPrG nicht ausdrücklich zulässt, dürfen nicht gewährt werden. § 7 BuchPrG regelt abschließend, in welchen Fällen der zur Einhaltung der Preisbindung verpflichtete Buchhändler (und der Verlag im Direktvertrieb) von den gebundenen Preisen abweichen darf. Unzulässig ist z. B. die Gewährung von **Barzahlungsnachlässen** ebenso von indirekten Nachlässen beim Verkauf an Letztabnehmer, beispielsweise in Form von Naturalrabatten, Freiexemplaren, Boni oder umsatzorientierten Gewinnbeteiligungen, auch im Rahmen gesellschaftsrechtlicher Vertragsverhältnisse (*Franzen,* Rn. 128 ff.). Wird ein preisgebundenes Buch als Zugabe zu einem Zeitschriftenabonnement zu einem unter dem gebundenen liegenden Preis überlassen und - neben dem Abonnement - gesondert in Rechnung gestellt, so liegt ein eigenständiges Verkaufsgeschäft gem. § 3 BuchpreisbindG vor, das sich an der Einhaltung der Buchpreisbindung zu orientieren hat (OLG Hamburg GRUR-RR 2006, 200).

36 Auch die Koppelung mit dem Verkauf von nicht preisgebundenen Waren kann eine indirekte Verletzung der Preisbindung sein, wenn **ungewöhnliche Preisvorteile** gewährt werden. Dies ist dann der Fall, wenn der Gesamtpreis nur so knapp über dem gebundenen Ladenpreis des Buches liegt, dass eine Kalkulation für die nicht preisgebundene Ware im Koppelungsangebot unter Gestehungskosten deutlich wird (analog zur BGH-Entscheidung „Schulbuch-Koppelungsgeschäfte" KZR 17/88 WuW/E BGH 2615, wonach die Preisbindung indirekt verletzt wird, wenn nicht preisgebundene Bücher in Verbindung mit preisgebundenen unter **Beschaffungskosten** geliefert werden). Auch erfolgt ein „verkappter" Verstoß, wenn beim Verkauf von **Lehrerprüfstücken** mit Rabatt zusammen mit preisgebundenen Büchern dieser größer ist als die regelmäßige Handelsspanne bei Schulbüchern. Wird ein größerer Rabatt gewährt, als die Handelsspanne beträgt, kann dieser Verlust nur durch die teilweise Verwendung der Gewinne aus dem Verkauf der preisgebundenen Bücher ausgeglichen werden, was im Ergebnis wirtschaftlich darauf hinaus läuft, dass die preisgebundenen Bücher zu einem geringeren als dem gebundenen Preis angeboten oder verkauft werden. Auch eine solche indirekte Aushöhlung der Preisbindung nach § 3 ist unzulässig (LG Wuppertal GRUR-RR 2010, 224). Der gegenteiligen Auffassung, wie sie das OLG München in einem Beschluss vom 19. 12. 2007 in einer Vergabesache vertreten hat (da Lehrerprüfstücke regelmäßig nur als Einzelstücke abgegeben würden, sei die Gefahr, wegen eines zu hohen Rabatts auf die Gewinne aus dem Verkauf preisgebundener Bücher zurückgreifen zu müssen, als minimal einzuschätzen; ein unzulässiges Kopplungsgeschäft liege damit faktisch nicht vor), ist nicht zu folgen. Dem Buchpreisbindungssystem, wie es nach dem Buchpreisbindungsgesetz besteht, ist eine derart quantitative Betrachtungsweise fremd. Jede noch so kleine Unterschreitung der gebundenen Preise ist unzulässig. Irgendwelche Toleranzgrenzen sind nicht vorgesehen (LG Wuppertal a.a.O.; zur Einbindung von preisgebundenen Produkten in Koppelungsangebote *Mann,* WRP 1997, 1139 ff.).

Indirekt wird die Preisbindung verletzt, wenn **Schulförder- oder** 37 **Elternvereine** Sammelbestellungen mit Spendenzusagen organisieren. Auch dann, wenn die Spende nicht direkt an die Eltern/Schüler weitergegeben wird, sondern in die Klassenkasse fließt oder Anschaffungen für die Schule finanziert, die Vergünstigungen also mittelbar den Schülern zugute kommen.

Das Landgericht Augsburg untersagte eine gemeinsamen Aktion 38 eines Versandhauses mit einem Buchfilialisten, bei der **Sammelbestellern** für von ihnen getätigte Sammelbestellungen preisgebundener Bücher eine Vergütung von bis zu 12 % gewährt wurde. Die Sammelbesteller, so das Gericht, träten selbst als Käufer auf. Die bloße Weitergabe der Bücher sei nicht als Weiterverkauf zu werten. Auch sei nicht sichergestellt, dass auf diese Weise nicht auch Bücher zum eigenen Bedarf über die Sammelbestellung mit der versprochenen Werbevergütung erworben würden (LG Augsburg, Beschluss vom 17. 6. 2009, Az: I HK O 2245/09). Unzulässig ist auch die Gewährung von Gratis-Exemplaren an Sammelbesteller, die für fremde Rechnung Bücher in eigenem Namen erwerben, weil sie Letztabnehmer im Sinne von § 2 Abstz 3 BuchPrG sind (OLG München, GRUR 2005, S. 71 f.). Auch **Fort- und Weiterbildungseinrichtungen,** z. B. des DGB, sind beim Erwerb von Fachbüchern für Lehrgangsteilnehmer Endabnehmer, nicht Wiederverkäufer.

39 Eine indirekte Verletzung der Preisbindung liegt ebenso in der Gewährung von **Vermittlungsprovisionen** an nicht gewerbsmäßige Vermittler, wenn diese keine wirkliche Akquiseleistung erbringen. Vermittlungsprovisionen können ein Verschleierungsinstrument für unzulässige Nachlässe sein, wenn unter dem Vorwand, ein Geschäft für einen anderen zu vermitteln, der angebliche Vermittler für sich selbst kauft. In Wirklichkeit liegt keine Vermittlung von Fremdgeschäften vor. Der „Vermittler“ bringt nicht ein Drittgeschäft zustande, sondern kauft in eigenem und/ oder in fremdem Namen ein. Auch die Weitergabe von Vermittlungsprovisionen an Käufer ist ein Verstoß gegen die Preisbindung. (WuW/E BGH „Buchhandel“ 218 ff. und „Esslinger Wolle“ 715 ff.). Weil sich solche Fälle häuften, verpflichtete der Sammelrevers auf Veranlassung des BKartA, das die Lückenlosigkeit der Preisbindung gefährdet sah, die Händler dazu, nicht gewerbsmäßigen Vermittlern keine Vermittlungsprovision zu gewähren und bei der Gewährung von Vermittlungsprovisionen an gewerbsmäßige Vermittler sicherzustellen, dass solche Provisionen nicht, auch nicht teilweise, weitergegeben werden (vgl. *Franzen,* Rn. 163). Das BuchPrG ändert hieran nichts.

40 Kein Fall solcher Pseudovermittlungsprovision sind die Vergütungen, die Pfarrämtern und Kindergärten bei dem traditionellen Vertrieb von Büchern über **Schriftentische in Kirchen und in Kindergärten** gewährt werden und einen Ausgleich für die hierdurch entstehenden Aufwendungen in den Örtlichkeiten solcher Tische darstellen. Allerdings dürfen Verlage, wenn sie solche Schriftentische betreiben, nicht so hohe Vergütungen zahlen, dass Buchhändler, die diese Vergütung aus ihrer Handelsspanne erwirtschaften müssen, beim Betrieb solcher Tische nicht mehr konkurrenzfähig sind. Dem buchhändlerischen Brauch entspricht eine Vergütung von 10 %. Nicht berührt sind weiterhin **Buchprämien** für die Gewinnung neuer Zeitschriften-Abonnenten oder Buchclub-Mitglieder.

41 Die **Inzahlungnahme älterer Auflagen** eines Buches beim Erwerb einer Neuauflage ist zulässig, jedoch nur mit dem handelsüblichen Verkehrswert. Werden Bücher zu einem überhöhten Preis oder gar nur die Titelblätter älterer Exemplare in Zahlung genommen, liegt darin ein verschleierter Preisnachlass. Weder Handel noch Verlage dürfen daher feste **Umtauschpreise** nennen, weil der Käufer eine Gutschrift jeweils nur in Höhe des Verkehrswertes des in Zahlung genommenen Buches erhalten kann, der wiederum von Alter und Erhaltungszustand abhängt. Nur der Höchstbetrag des bei Inzahlungnahme zu verrechnenden Preises darf genannt werden (*Wallenfels,* Börsenblatt 73/1996, S. 4).

Beim sog. **„Hörernachlass"** handelt es sich um einen traditionel- **42** len und zu Zeiten der Sammelrevers-Preisbindung erlaubten Nachlass von in der Regel 20 %, den Hörer von Dozenten auf deren Bücher gegen Hörerschein erhalten konnten. Der Hörernachlass ist im BuchPrG nicht mehr vorgesehen. Er hatte zuletzt praktisch keine große Rolle mehr gespielt und war auf Drängen des wissenschaftlichen Sortiments zunehmend auf hochpreisige Werke wissenschaftlicher Verlage beschränkt worden. Da Verlage und Buchhandlungen sich den Nachlass teilten, entstanden zeitaufwändige Abrechnungsvorgänge. Zudem waren Missbrauchsfälle nicht selten. Der Gesetzgeber hat daraus die Konsequenzen gezogen und diesen Nachlass abgeschafft.

§ 8 Dauer der Preisbindung

(1) **Verleger und Importeure sind berechtigt, durch Veröffentlichung in geeigneter Weise die Preisbindung für Buchausgaben aufzuheben, deren erstes Erscheinen länger als 18 Monate zurückliegt.**

(2) **Bei Büchern, die in einem Abstand von weniger als achtzehn Monaten wiederkehrend erscheinen oder deren Inhalt mit dem Erreichen eines bestimmten Datums oder Ereignisses erheblich an Wert verlieren, ist eine Beendigung der Preisbindung durch den Verleger oder Importeur ohne Beachtung der Frist gemäß Absatz 1 nach Ablauf eines angemessenen Zeitraums seit Erscheinen möglich.**

Übersicht

I. Wann können die Verlage ihre Preisbindung aufheben?

1 **1. Aufhebung im Regelfall (Abs. 1).** Das Gesetz sieht nicht die automatische Beendigung der Preisbindung nach Ablauf einer bestimmten Zeit seit Erscheinen eines Buches vor, sondern geht davon aus, dass ein Buch ohne jede zeitliche Einschränkung in der Preisbindung bleibt, wenn nicht der Verleger sich dazu entschließt, die Preisbindung ausdrücklich aufzuheben. Dies ist im Regelfall nur bei Buchausgaben möglich, die vor mindestens 18 Monaten erschienen sind. Damit ist berücksichtigt, dass es eine große Zahl kulturell wertvoller Bücher gibt, die über viele Jahre hinweg im Handel angeboten werden. Zwar sind Tendenzen zur Verkürzung der Lebensdauer eines Buches unverkennbar. Noch immer aber ist charakteristisch für den deutschen Buchhandel die sorgfältige Pflege einer umfangreichen **Backlist** von Büchern. Im Verzeichnis lieferbarer Bücher sind ca. 1,3 Millionen Titel aufgeführt, in den Barsortiments-Katalogen werden weit über 400.000 (bis zu 500.000) Titel genannt. Die Verlage, die während der Geltung des Sammelreverses korrespondierend zu der Möglichkeit, ihre Preise überhaupt nicht zu binden, jederzeit die Möglichkeit hatten, die Preisbindung aufzuheben, können dies nun erst bei einer Buchausgabe, die vor mindestens 18 Monaten erschienen ist. Ursprünglich stellte das Gesetz für die einzuhaltende Frist auf Druckauflagen ab. Dies wurde geändert mit der Begründung, es solle verhindert werden, dass bei unveränderten Nach- oder Neudrucken sowohl eine rabattfähige als auch eine nicht rabattfähige Ausgabe desselben Titels gleichzeitig am Markt sein können (BT-Drucks. 16/238, S. 8). Bei unveränderten Nachdrucken beginnt die 18 Monate-Frist also nicht erneut, ebensowenig bei inhaltlich oder äußerlich unveränderten Ausgaben (vgl. auch § 5 Rn. 1). Preisaufhebungen müssen in gleicher Weise wie Preisänderungen veröffentlicht werden (vgl. § 5 Rn. 1). Nach Etablierung des VlB als Preisreferenzdatenbank sind **Preisaufhebungen** mit einer **Vorlauffrist** von **zwei Wochen** dem **VlB** zu melden (§ 3 Abs. 3 der Verkehrsordnung für den Buchhandel). Die Meldung eines Titels als **„vergriffen"** bewirkt die Preisaufhebung nicht. Nach § 3 Abs. 6 der Verkehrsordnung für den Buchhandel (abgedruckt bei *Wegner/Wallenfels/Kaboth,* S. 398 ff.) ist der den Ladenpreis aufhebende Verlag verpflichtet, innerhalb der letzten 12 Monate vom Buchhändler bezogene Exemplare zurückzunehmen, wenn der Anspruch innerhalb von sechs Wochen ab Bekanntgabe der Preisaufhebung geltend gemacht wird. Auch eine automatische Beendigung der Preisbindung, wie dies nach früherer Rechtslage z. B. bei älteren Auflagen wissenschaftlicher Werke angenommen

werden konnte, die in neuer, erheblich veränderter Auflage erschienen, gibt es nicht mehr. Die Preisbindung eines Werkes kann nur durch ausdrückliche Erklärung des Verlegers oder Importeurs beendet werden. Erwägungen des Gesetzgebers, Buchhändler, die eine vor mehr als zwei Jahren erschienene Ausgabe vor mehr als sechs Monaten eingekauft haben, wie in Österreich und Frankreich **(„6+2-Modell")** aus der Preisbindung für diese Exemplare zu entlassen, wurden aufgegeben. Dies wegen der umfassenden Remissionsmöglichkeiten der Buchhändler und der Gefahr missbräuchlicher Handhabung einer solchen Regelung durch kapitalstarke Buchhandlungen (so der Vertreter der Bundesregierung, BT-Drucks. 1494/22, S. 14).

Wenn ein Verlag den gebundenen Ladenpreis für ein Buch aufge- 2
hoben hat, ist diese **Entscheidung nicht revisibel.** Andernfalls wären Missbrauchsmöglichkeiten vorprogrammiert. Verlage hätten die Möglichkeit, die Preisbindung vorübergehend nur deshalb aufzuheben, um ein größeres Geschäft mit einem Endabnehmer direkt zu einem beliebigen Preis abzuwickeln, sich also der Verpflichtung, die Preise auch im Direktgeschäft einzuhalten, zu entziehen. Dem Händler wäre es nicht zuzumuten, noch am Lager befindliche preisbindungsfrei bezogene Bücher nach der Einführung der Preisbindung preisgebunden verkaufen zu müssen. Auch wären erhebliche Probleme zu erwarten, die aus echter oder vorgeschützter Unkenntnis von der Wiedereinführung der Preisbindung im Handel auftreten. Schließlich würde der Buchhändler auch größte Mühe haben, seinen Kunden zu erklären, warum er einen Titel, den er bisher zu einem beliebigen Preis verkaufen konnte, fortan zu einem vom Verlag wieder vorgeschriebenen Preis anbieten muss. Die Preisbindung würde also unglaubwürdig (*Wallenfels,* Börsenblatt 30/2000, S. 20 f.) Die Verlage treffen also bei ihrem Entschluss, die Preisbindung aufzuheben, eine endgültige Entscheidung, die nicht wieder rückgängig zu machen ist. Dies gilt für Exemplare der gleichen Auflage oder eines unveränderten Nachdrucks bzw. einer unveränderten Auflage, hat also besondere Bedeutung für belletristische Titel. Auch **verlagsrechtliche Beschränkungen der Ladenpreisaufhebung** sind vom Verlag zu beachten: Viele Verlagsverträge machen die Verramschung von den Zustimmung des Autors oder dem Unterschreiten bestimmter Abverkaufszahlen abhängig (vgl. etwa § 10 Abs. 1 des Normvertrages, abgedruckt in Beck-Texte im dtv – Urheber- und Verlagsrecht; vgl. auch Ziff. 11.1 des Muster-Autorenvertrages, abgedruckt bei *Wegner/Wallenfels/Kaboth,* S. 369 ff.). Die **Makulierung** eines Buches bedarf hingegen keiner Aufhebung der Ladenpreisbindung, da hier kein Verkauf des

Buches stattfindet. Die noch im Handel befindlichen Bücher bleiben preisgebunden.

3 2. **Werbung für Bücher mit aufgehobener Preisbindung.** Verlagserzeugnisse dürfen nicht durch **Gegenüberstellung** mit einem früheren gebundenen Ladenpreis beworben werden ohne ausdrücklichen Hinweis darauf, dass es sich um einen inzwischen aufgehobenen Ladenpreis handelt (Ziff. V. 3 der Wettbewerbsregeln des Börsenvereins, abgedruckt bei *Wegner/ Wallenfels/Kaboth,* Anhang 3 Nr. 8). Werden Vorauflagen mit aufgehobener Preisbindung beworben, genügt der Hinweis auf eine Aufhebung des Ladenpreises nicht. Vielmehr muss kenntlich gemacht werden, dass es sich bei den beworbenen Büchern um **Vorauflagen aktueller Ausgaben** handelt. Das Landgericht Köln sieht in dem Fehlen eines solchen Hinweises eine irreführende Werbung gemäß §§ 3, 5 UWG (Urtei.l vom 21. April 2011, Az: 31 O 594/10).

4 3. **Ausnahmefälle (Abs. 2).** Absatz 2 regelt Ausnahmefälle, bei denen die Preisbindung vor Ablauf von 18 Monaten seit Herstellung einer Buchausgabe aufgehoben werden kann, z. B. bei Jahrbüchern, jährlich erscheinenden juristischen Kommentaren oder anderen Fachperiodika oder Büchern, die an **aktuelle Ereignisse** gebunden sind (vergleichbar dem in Sonderfällen verkürzten Mindestpreisabstand bei Buchclub-Ausgaben, vgl. § 5 Rn. 14 ff.). Preisaufhebungen sind in gleicher Weise wie Preisankündigungen dem Buchhandel mitzuteilen (vgl. § 5 Rn. 1 ff.).

II. Preisänderungen

5 Unberührt von den Regelungen über die Aufhebung von Preisen bleibt das Recht der Verleger und Importeure, den Preis zu ändern, also heraufzusetzen oder zu senken, wenn dies zur Beschleunigung des Absatzes erforderlich sein sollte. Allerdings sind hierbei die Vorschriften des UWG zu beachten. So darf eine Preissenkung nicht so kurz nach der Festsetzung des höheren Preises erfolgen, dass damit der Eindruck erzeugt wird, die ursprüngliche Preisfestsetzung diene lediglich dem Zweck, durch Gegenüberstellung mit dem niedrigeren Preis den Anschein eines besonders vorteilhaften Angebotes zu erwecken. Der Vorwurf der **Irreführung** wäre begründet, wenn der „Normalpreis“ nur Werbeinstrument ist.

6 Wegen der Veröffentlichung von Preisänderungen vgl. § 5 Rn. 1. Preissenkungen verpflichten den Verlag gem. § 3 Abs. 6 und 7 der Verkehrsordnung für den Buchhandel (abgedruckt bei *Wegner/Wallenfels/Kaboth,* S. 398 ff.) innerhalb dort genannter Fristen zur Rücknahme gelieferter Bücher oder zur Erteilung von Rabattgutschriften.

§ 9 Schadensersatz- und Unterlassungsansprüche

(1) **Wer den Vorschriften dieses Gesetzes zuwiderhandelt, kann auf Unterlassung in Anspruch genommen werden. Wer vorsätzlich oder fahrlässig handelt, ist zum Ersatz des durch die Zuwiderhandlung entstandenen Schadens verpflichtet.**

(2) **Der Anspruch auf Unterlassung kann nur geltend gemacht werden**

1. **von Gewerbetreibenden, die Bücher vertreiben,**
2. **von rechtsfähigen Verbänden zur Förderung gewerblicher Interessen, soweit ihnen eine erhebliche Zahl von Gewerbetreibenden angehört, die Waren oder gewerbliche Leistungen gleicher oder verwandter Art auf demselben Markt vertreiben, soweit sie insbesondere nach ihrer personellen, sachlichen und finanziellen Ausstattung imstande sind, ihre satzungsgemäßen Aufgaben der Verfolgung gewerblicher Interessen tatsächlich wahrnehmen, und die Handlung geeignet ist, den Wettbewerb auf dem relevanten Markt wesentlich zu beeinträchtigen,**
3. **von einem Rechtsanwalt, der von Verlegern, Importeuren oder Unternehmen, die Verkäufe an Letztabnehmer tätigen, gemeinsam als Treuhänder damit beauftragt worden ist, ihre Preisbindung zu betreuen (Preisbindungstreuhänder),**
4. **von qualifizierten Einrichtungen, die nachweisen, dass sie in die Liste qualifizierter Einrichtungen nach § 4 des Unterlassungsklagengesetzes oder in dem Verzeichnis der Kommission der Europäischen Gemeinschaften nach Artikel 4 der Richtlinie 98/27/EG des Europäischen Parlaments und des Rates vom 19. Mai 1998 über Unterlassungsklagen zum Schutz der Verbraucherinteressen (ABl. EG Nr. L 166 S. 51) in der jeweils geltenden Fassung eingetragen sind.**

Die Einrichtungen nach Satz 1 Nr. 4 können den Anspruch auf Unterlassung nur geltend machen, soweit der Anspruch eine Handlung betrifft, durch die wesentliche Belange der Letztabnehmer berührt werden.

(3) **Für das Verfahren gelten bei den Anspruchsberechtigten nach Absatz 2 Nr. 1 bis 3 die Vorschriften des Gesetzes gegen den unlauteren Wettbewerb und bei Einrichtungen nach Absatz 2 Nr. 4 die Vorschriften des Unterlassungsklagegesetzes.**

Übersicht

I. Gesetzgeberischer Zweck

1 Die in § 9 vorgesehenen Sanktionen bei Zuwiderhandlungen gegen die Preisbindung entsprechen der im Recht des unlauteren Wettbewerbs „bewährten Trias Unterlassungspflicht-Auskunftspflicht-Schadensersatz" (Begründung zu § 9, BT-Drucks. 14/9196, S. 13). Ebenso ist der Kreis der gemäß Abs. 2 Anspruchsberechtigten demjenigen angenähert, der in § 8 Abs. 3 UWG festgelegt ist. Erweitert wird dieser Kreis um die Institution des **Preisbindungstreuhänders:** Diese Institution hatte sich nach Auffassung des Gesetzgebers seit vielen Jahren bewährt und sollte beibehalten werden. Der Gesetzgeber erhoffte sich davon, dass durch die Preisbindungstreuhänder auch in Zukunft eine Vielzahl von Preisbindungsverstößen branchenintern abgestellt und sanktioniert werden (Begründung zu § 9, BT-Drucks. 14/9196, S. 13). Abs. 3 verweist auf die Verfahrensvorschriften des Gesetzes gegen den unlauteren Wettbewerb bzw. des Unterlassungsklagengesetzes. Aus den deliktischen Teilnahmeregeln (§ 830 Abs. 2 BGB) folgt zudem, dass auch diejenigen aus § 9 Abs. 1 Satz 1 BuchPrG auf Unterlassung in Anspruch genommen werden können, die Buchhändler oder Verleger im Wissen um die Buch-

preisbindung vorsätzlich zu einem Verstoß gegen das BuchPrG veranlassen (BGH NJW 2003, 2525, 2526 – Buchpreisbindung).

II. Zuwiderhandlungen

Den Vorschriften des Buchpreisbindungsgesetzes handelt insbesondere zuwider, wer 2

1. entgegen § 3 beim **Verkauf von neuen Büchern** i. S. d. § 2 Abs. 1 nicht den vom Verleger oder Importeur festgesetzten Preis einhält;
2. entgegen der Verpflichtung gem. § 5 Abs. 1 Satz 1 als Verleger oder Importeur **keinen Preis** für die von ihm verlegten oder importierten Bücher festsetzt und veröffentlicht;
3. entgegen § 5 Abs. 1 Satz 2 als Verleger oder Importeur Änderungen des Preises der von ihm verlegten oder importierten Bücher oder Preisaufhebungen **nicht in geeigneter Weise bekannt** macht;
4. entgegen § 5 Abs. 2 Satz 1 als Importeur für die von ihm importierten Bücher den vom Verleger des Verlagsstaates für Deutschland empfohlenen **Letztabnehmerpreis** einschließlich der in Deutschland jeweils geltenden **Mehrwertsteuer** unterschreitet;
5. entgegen § 5 Abs. 2 Satz 2 als Importeur für die von ihm importierten Bücher zur Festsetzung des Endpreises den vom Verleger für den Verlagsstaat festgesetzten oder empfohlenen **Nettopreis für Endabnehmer** zuzüglich der in Deutschland jeweils geltenden **Mehrwertsteuer** unterschreitet, sofern der Verleger keinen Preis für Deutschland empfohlen hat;
6. entgegen § 5 Abs. 3 als Importeur Bücher in einem Vertragsstaat des Abkommens über den Europäischen Wirtschaftsraum zu einem von den üblichen Einkaufspreisen im Einkaufsstaat abweichenden **niedrigeren Einkaufspreis** kauft und sodann den gemäß § 5 Abs. 2 festzulegenden Endpreis in einem Verhältnis herabsetzt, welches das Verhältnis des erzielten Handelsvorteils zu den üblichen Einkaufspreisen im Einkaufsstaat übersteigt;
7. als Verleger oder Importeur andere Sonderpreise festsetzt als die in § 5 Abs. 4 genannten;
8. entgegen § 5 Abs. 5 **ohne sachlich gerechtfertigten Grund** unterschiedliche Endpreise für einen Titel festsetzt;
9. entgegen § 6 Abs. 2 als Verlag **branchenfremde Händler** zu niedrigeren Preisen oder günstigeren Konditionen beliefert als den Buchhandel;
10. entgegen § 6 Abs. 3 als Verlag für Zwischenbuchhändler **höhere Preise oder schlechtere Konditionen** festsetzt als für Letztver-

käufer, die er direkt beliefert, sofern nicht der Letztverkäufer den höheren Rabatt als Ausgleich für zusätzliche sortimentsuntypische und besonders kostenträchtige Leistungen – z. B. Erschließung von Absätzen durch besonders kostenintensive Akquisitions- bzw. Vertriebsmethoden – erhält;

11. entgegen § 7 Abs. 2 anderen Institutionen als den dort genannten **Nachlässe** gewährt oder den genannten Institutionen höhere Nachlässe als die erlaubten gewährt;
12. entgegen § 7 Abs. 3 andere Nachlässe gewährt als die dort festgesetzten;
13. entgegen § 7 Abs. 4 Ziff. 1 Waren von **mehr als geringem Wert** oder Waren, die im Hinblick auf den Wert des gekauften Buches **wirtschaftlich ins Gewicht** fallen, abgibt;
14. entgegen § 7 Abs. 4 Ziff. 2 Kosten der Letztabnehmer für den Besuch der Verkaufsstelle übernimmt, sofern diese nicht **geringwertig** sind;
15. entgegen § 7 Abs. 4 Ziff. 4 **Nebenleistungen** erbringt, die nicht handelsüblich sind;
16. entgegen § 8 Abs. 1 als Verleger oder Importeur durch Veröffentlichung die Preisbindung für Bücher für beendet erklärt, die zu einer Buchausgabe gehören, die vor **weniger als 18 Monaten** hergestellt wurde, sofern nicht eine Ausnahme nach § 8 Abs. 2 vorliegt.

III. Sanktionen (Abs. 1)

3 **1. Unterlassung.** Der Unterlassungsanspruch dient der **Abwehr künftiger Zuwiderhandlungen** gegen das BuchPrG. Voraussetzung ist grundsätzlich die drohende Gefahr einer solchen Zuwiderhandlung. Die Zuwiderhandlung muss jedoch noch nicht eingetreten sein: Die in § 9 Abs. 2 genannten Anspruchsberechtigten brauchen die Vornahme einer Zuwiderhandlung nicht erst abzuwarten, es genügt die **Erstbegehungsgefahr** zur Durchsetzung des Unterlassungsanspruchs. Dauert eine Zuwiderhandlung an, so resultiert aus dem Unterlassungsanspruch ein Anspruch auf Beendigung dieses Zustands **(Beseitigungsanspruch).** Handelt der Verletzer vorsätzlich oder fahrlässig, so kann er auf Schadensersatz in Anspruch genommen werden.

4 **a) Wiederholungsgefahr.** Der Unterlassungsanspruch nach § 9 Abs. 1 richtet sich in erster Linie gegen die Wiederholung einer Zuwiderhandlung gegen eine preisbindungsrechtliche Vorschrift. Die Wiederholungsgefahr besteht als materiell-rechtliche Voraussetzung des Unterlassungsanspruchs, wenn eine Wiederholung des

rechtswidrigen Verhaltens ernsthaft und zu besorgen ist. Bei einer bereits begangenen Zuwiderhandlung besteht eine **tatsächliche Vermutung für das Vorliegen der Wiederholungsgefahr.** Die Wettbewerbsabsicht der im Buchgeschäft Handelnden lässt darauf schließen, dass derjenige, der einer preisbindungsrechtlichen Norm zuwider gehandelt hat, sein Verhalten auch in Zukunft fortsetzen will. An den Wegfall der Wiederholungsgefahr sind daher strenge Anforderungen zu stellen. Die Wiederholungsgefahr beschränkt sich regelmäßig auf die **konkrete Verletzungshandlung,** die Widerlegung ihres Vorliegens obliegt dem Verletzer. Im Regelfall lässt sich die Vermutung der Wiederholungsgefahr außergerichtlich nur durch Abgabe einer unbedingten und unwiderruflichen Unterlassungserklärung unter Übernahme einer angemessenen Vertragsstrafe für jeden Fall der Zuwiderhandlung ausräumen (*Köhler/Bornkamm,* § 8 UWG, Rn. 1.38).

b) Erstbegehungsgefahr. Aus dem Wesen des Unterlassungsan- 5
spruchs folgt, dass er auch dann bereits gegeben ist, wenn eine Zuwiderhandlung erstmals **unmittelbar drohend bevorsteht.** Während die Wiederholungsgefahr bereits auf Grund einer begangenen Verletzung vermutet wird, muss der Kläger die tatsächlichen Umstände, die eine ernstlich drohende und die unmittelbar bevorstehende Gefahr einer erstmaligen Zuwiderhandlung begründen, im Einzelnen darlegen und beweisen. Im Unterschied zur Wiederholungsgefahr, die nach Vorliegen eines Verstoßes vermutet wird, bestehen insoweit höhere Anforderungen an die Beweisführung: Es müssen **greifbare Anhaltspunkte** dargelegt werden, dass eine Zuwiderhandlung in naher Zukunft bevorsteht. Eine bevorstehende Zuwiderhandlung ist anzunehmen, wenn Verstöße gegen die Preisbindung angekündigt werden. Bietet demnach ein Händler in Katalogen, Beilagen, Annoncen oder im Internet preisgebundene Bücher unterhalb des gebundenen Endpreises an, so besteht ab dem Moment des Erscheinens der Anzeige oder der Veröffentlichung im Internet eine konkrete Erstbegehungsgefahr. Dabei muss sich der Anbieter am Wortlaut seiner Ankündigung festhalten lassen. Wer ein Buch ohne nähere Erläuterung unterhalb des gebundenen Ladenspreises anbietet, begründet die Erstbegehungsgefahr. Er kann nicht mit dem Einwand gehört werden, er habe nur ein Mängelexemplar verkaufen wollen. Auf ein Verschulden kommt es insoweit nicht an: Erfolgt die Falschauszeichnung versehentlich, so ist dies ebenso irrelevant wie ein vom Verlag oder der Druckerei zu verantwortender Druckfehler. Auch sonstige Absichtserklärungen und vorbereitende Maßnahmen, die eine künftige Zuwiderhandlung unmittelbar befürchten lassen, können die Erstbegehungsgefahr begründen.

6 Solange noch keine Zuwiderhandlung vorliegt, kann die Erstbegehungsgefahr auch durch eine ernsthafte Aufgabeerklärung oder Widerrufserklärung ausgeräumt werden. Für die Beseitigung der Erstbegehungsgefahr ist daher nicht wie bei einer Wiederholungsgefahr zwingend eine **strafbewehrte Unterlassungserklärung** erforderlich. Die Erstbegehungsgefahr kann bereits durch ein **öffentlich bekannt gemachtes, entgegengesetztes Verhalten** beseitigt werden. Kündigt also ein Händler den Verkauf eines preisgebundenen Buches zu einem niedrigeren Preis ab einem bestimmten Zeitpunkt an, so reicht es aus, wenn er durch eine weitere Anzeige dieses Angebot zurücknimmt und sich insoweit korrigiert.

7 **c) Unterlassungserklärung.** In der Praxis hat sich die strafbewehrte Unterlassungserklärung des Verletzers zum festen Brauch entwickelt. Hat also ein Buchhändler ein preisgebundenes Buch zu einem anderen als dem gebundenen Endpreis verkauft, so besteht eine Vermutung, dass sich dieses Verhalten wiederholt. Diese Vermutung kann der Händler nur dadurch ausräumen, dass er eine **strafbewehrte Unterlassungserklärung** abgibt. Diese muss sich auf die konkrete Verletzungshandlung beziehen.

8 Fraglich ist stets, welchen **Umfang** die Unterlassungserklärung haben muss, um die Wiederholungsgefahr zu beseitigen. Eine Unterlassungserklärung muss so klar und eindeutig bestimmt sein, dass ernsthafte Auslegungszweifel, aber auch Zweifel an ihrer Verbindlichkeit und Durchsetzbarkeit nicht aufkommen können (BGH WRP 1996, 284, 285 - Wegfall der Wiederholungsgefahr II), wobei Zweifel zu Lasten des Verletzers gehen. Sie muss sich auf die **konkrete Verletzungsform** beziehen und diese unzweideutig konkretisieren, soweit es um die Beseitigung der Wiederholungsgefahr geht. Darüber hinaus muss die Unterlassungserklärung auch im Kern gleichartige Verletzungsformen erfassen. Wird die Unterlassungserklärung gegenüber dem Preisbindungstreuhänder abgegeben, muss sie sich auf das Anbieten und Verkaufen von Büchern sämtlicher Verlage - nicht nur auf Bücher der Auftraggeber der Preisbindungstreuhänder - unterhalb des gebundenen Preises erstrecken (OLG Frankfurt a.M., Beschluss vom 31. Mai 2011, Az. 11 W 15/11; LG Hamburg MMR 2010, 413 f.). Grund hierfür ist der Umstand, dass die Preisbindungstreuhänder nicht die Partikularinteressen des einen durch den Verstoß betroffenen Verlages vertreten, sondern die Aufgabe haben, **Verstöße gegen die Preisbindung insgesamt** abzustellen. Wäre ihr Unterlassungsanspruch auf nur den einen konkret betroffenen Titel beschränkt, so müssten sie bei jedem Folgeverstoß erneut abmahnen. Hierdurch käme es zu einem

„Hase-und Igel-Lauf", den die Preisbindungstreuhänder angesichts von ca. 1 Mio. lieferbaren preisgebundenen Büchern nicht gewinnen könnten. Das gesetzgeberische Ziel würde verfehlt, durch ihre Einschaltung Preisbindungsverstöße umfassend außergerichtlich abzustellen. Aus ihrer vom Gesetzgeber umfassend angelegten Aktivlegitimation folgt nach deren Sinn und Zweck der weite Umfang des Unterlassungsanspruchs der Preisbindungstreuhänder (a. A. Schmidt-Hern, GRUR-Prax 2011, 333).

Wer ein Buch unterhalb des gebundenen Ladenpreises verkauft, 9
obwohl er der Buchpreisbindung unterliegt, setzt eine Wiederholungsgefahr für Unterpreisverkäufe sämtlicher preisgebundener Bücher sämtlicher Verlage. Demgemäß kann er umfassend auf Unterlassung der „Verbreitung preisgebundener Bücher unterhalb der von den Verlagen gebundenen Ladenpreise" in Anspruch genommen werden: Denn bei der Fassung eines Unterlassungsantrags sind im Interesse eines hinreichenden Rechtsschutzes gewisse Verallgemeinerungen zulässig, sofern auch in dieser Form das Charakteristische der konkreten Verletzungsform zum Ausdruck kommt. Dies hat seinen Grund darin, dass eine Verletzungshandlung die Vermutung der Begehungsgefahr nicht nur für die identische Verletzungsform begründet, sondern auch für alle **im Kern** gleichartigen Verletzungshandlungen (st. Rspr.; vgl. BGH GRUR 2000, 337, 338 – Preisknaller; BGH, U. v. 29. 6. 2000 – I ZR 29/98 – Filialleiterfehler). Die Verallgemeinerung auf Bücher allgemein ist danach gerechtfertigt. Ein Preisbindungsverstoß ist dadurch charakterisiert, dass der Verletzer preisgebundene Bücher zu Preisen angeboten und vertrieben hat, die niedriger waren als die gebundenen Ladenpreise. Der Einwand, die Einhaltung der Preisbindung könne durch ein einzelnes Unternehmen angesichts der Vielzahl der Titel nicht gewährleistet werden, ist unbeachtlich (LG Hamburg MMR 2010, 413 f.).

Schränkt die abgegebene Unterlassungserklärung den Umfang ein, 10
so ist sie auszulegen. Die Auslegung einer Vertragsstrafenverpflichtungserklärung richtet sich nach den allgemein für die Auslegung von Willenserklärungen gültigen Regeln; eine unmittelbare Heranziehung der restriktiven Grundsätze, wie sie für die Auslegung eines in gleicher Weise formulierten Unterlassungstitels im Hinblick auf dessen Vollstreckbarkeit entwickelt worden sind, kommt nicht in Betracht, weil einer Unterwerfungserklärung der Charakter eines **vollstreckbaren Titels** fehlt (BGH NJW-RR 1991, 1318, 1319 - Preisvergleichsliste. Dabei können zur Auslegung einer Unterwerfungserklärung auch nachträgliche Äußerungen herangezogen werden, die der Schuldner zur Klarstellung seiner Erklärung abgibt (BGH GRUR 1998, 483, 485 - Der M.-Markt packt aus).

11 Ist der Unterlassungsgläubiger nicht Preisbindungstreuhänder, so ergibt sich die **Aktivlegitimation** aus § 9 Abs. 2 Ziff. 1, 2 oder 4 BuchPrG. Ist der Unterlassungsgläubiger ein Buchhändler mit allgemeinem Sortiment, so erstreckt sich sein Unterlassungsanspruch auf alle preisgebundenen Bücher (LG Hamburg ZUM-RD 2010, 352). Handelt es sich um einen Verlag, so ist die Unterlassungserklärung stets auf den **konkreten Verstoß** beschränkt. Je nach Lage des Falls muss sich der Unterlassungsschuldner dann verpflichten, künftig das vom Verstoß betroffene Buch oder die Bücher des betroffenen Verlages nicht unterhalb des festgesetzten Ladenpreises zu verkaufen. Dem Verletzer bliebe damit die Möglichkeit, beim Verkauf anderer Bücher anderer Verlage weiterhin gegen die Preisbindung zu verstoßen. Dem soll durch die Bündelung der Unterlassungsansprüche der Verlage bei den Preisbindungstreuhändern und die Vertragsstrafenregelung des Sammelreverses 2002, den eine Vielzahl von Buchhändlern gezeichnet haben, vorgebeugt werden (Anhang I).

12 Für den Fall der **Wiederholung einer Zuwiderhandlung** hat der Verletzer eine angemessene **Vertragsstrafe** zu versprechen, die im Regelfall den Betrag von EUR 5.000,00 übersteigen muss, um die Ernsthaftigkeit des Unterlassungswillens sicher zu stellen. Die Wiederholungsgefahr wird auch durch Abgabe einer Unterlassungserklärung nach **„modifiziertem Hamburger Brauch"** beseitigt, wenn der Verletzer für den Fall des Verstoßes eine Vertragsstrafe verspricht, die vom Unterlassungsgläubiger festzusetzen und im Streitfall durch das zuständige Gericht zu überprüfen ist. Wird die Unterlassungserklärung gegenüber den Preisbindungstreuhändern abgegeben, so ist die Vertragsstrafe im Falle des Verstoßes an das **Sozialwerk des Deutschen Buchhandels** zu entrichten.

13 **d) Beseitigungsanspruch.** Der Beseitigungsanspruch dient dem Abstellen einer noch andauernden Zuwiderhandlung. Er resultiert aus § 1004 Abs. 1 BGB und läuft mit dem Unterlassungsanspruch gem. § 9 Abs. 1 BuchPrG parallel, wonach die Nichtbeseitigung gleichbedeutend mit der Fortsetzung der Verletzungshandlung ist. Unterlassen ist insoweit mehr als Untätigkeit: Wer durch eine Zuwiderhandlung einen fortdauernden Verletzungszustand geschaffen hat, verletzt die Preisbindung auch in Zukunft, solange er die von ihm geschaffene **Störungsquelle** nicht beseitigt hat. Die Rechtspflicht zur Beseitigung folgt dann aus dem vorangegangenen Tun, Verschulden ist auch hier nicht erforderlich. Der in § 9 Abs. 1 BuchPrG genannte Unterlassungsanspruch umfasst auch die Pflicht zur Beseitigung eines fortdauernden Zustandes der Zuwiderhandlung, ohne dass eine Heranziehung von § 1004 BGB

notwendig ist. Dies entspricht § 15 des österreichischen UWG, wonach der Anspruch auf Unterlassung auch das Recht umfasst, die Beseitigung des gesetzwidrigen Zustandes zu verlangen. Kündigt etwa eine Internet-Buchhandlung im Rahmen ihrer Homepage fortlaufend preisgebundene Bücher zu niedrigeren Preisen an, so hat sie nicht nur den Verkauf dieser Bücher zu den falschen Preisen zu unterlassen, sondern auch das rechtswidrige Angebot zu beseitigen, und das Buch auf der Homepage zum gebundenen Preis anzukündigen.

Ein Beseitigungsanspruch besteht auch gegenüber einem Verlag, 14 der entgegen seiner Pflicht aus § 5 BuchPrG für einzelne seiner Bücher keinen Preis festsetzt oder bekanntmacht. Auch insoweit liegt eine **gesetzeswidrige Störung** vor. Dieser Beseitigungsanspruch – und mithin der Anspruch auf Festsetzung und Bekanntmachung der Ladenpreise – kann auch im Wege der einstweiligen Verfügung durchgesetzt werden. Zwar sind „Beseitigungsverfügungen" grundsätzlich nur dann zulässig, wenn sie nicht zu einer endgültigen Anspruchsbefriedigung führen. Der Verstoß eines Verlages gegen seine Pflicht zur Preisbindung nach § 5 stellt aber ein besonders schwerwiegendes Verhalten dar, da das Gesetz und die aus ihm rührenden Verpflichtungen der Buchhändler auf der Einhaltung der Preisbindungspflicht durch die Verlage basieren. Da der Gesetzgeber keine anderen **Sanktionsmöglichkeiten** als die in § 9 Abs. 1 genannten Ansprüche zur Verfügung gestellt hat, damit die Verlage ihre Verpflichtungen erfüllen, ist hieraus der Wille des Gesetzgebers zu entnehmen, diese Verpflichtung im Wege eines Beseitigungsanspruches durchsetzbar zu machen. In Anbetracht der Dauer eines Hauptsacheverfahrens und in Anbetracht des Umstandes, dass Bücher einer Buchausgabe nach 18 Monaten nicht mehr preisgebunden sein müssen, kommt eine Durchsetzung nur im Wege des einstweiligen Verfügungsverfahrens in Betracht, um hier effektiven Rechtsschutz zu gewährleisten.

2. Schadensersatz. Wer vorsätzlich oder fahrlässig einer Ver- 15 pflichtung aus dem Preisbindungsgesetz zuwider handelt, ist zum Ersatz des durch die Zuwiderhandlung entstandenen Schadens verpflichtet. Wie bei wettbewerbsrechtlichen Schadensersatzansprüchen gilt die allgemeine Regel, dass der Kläger den Eintritt eines Schadens als anspruchsbegründende Tatsache zu beweisen hat.

a) Konkreter Schadensnachweis. Ebenso wie bei Wettbe- 16 werbsverstößen wird sich auch im Falle eines Verstoßes gegen die Preisbindung der Nachweis eines konkreten Schadens meist als ausgesprochen schwierig darstellen, besonders wenn es um den Nachweis des **entgangenen Gewinns** geht. Verkauft etwa ein Internet-Buchhändler einzelne oder mehrere Bücher unterhalb des gebundenen Ladenpreises, so wird ein Buchhändler in Hamburg kaum nachweisen können, welcher Gewinn ihm hierdurch entgangen ist. Ein solcher Nachweis wird regelmäßig nicht einmal für Buchhandlungen innerhalb einer Stadt gelingen. Die **konkrete Schadensberechnung** wird daher regelmäßig nur in solchen Fällen zum Erfolg führen, wo sich zwei Händler um einen Großauftrag – etwa im Schulbuchgeschäft – beworben und der eine den anderen durch das Gewähren unzulässiger Nachlässe ausgestochen hat. Ansonsten läuft die konkrete Schadensberechnung regelmäßig leer.

17 **b) Objektive Schadensberechnung.** Den Problemen beim konkreten Schadensnachweis versucht die Rechtsprechung durch die Gewährung von Ansprüchen auf Auskunft und Rechnungslegung zu begegnen, ferner durch die Möglichkeit, den Schaden nicht nur konkret, sondern auch nach einer Lizenzanalogie und dem Verletzergewinn zu berechnen (objektive Schadensberechnung), darüber hinaus durch eine großzügige Handhabung der Schadensschätzung nach § 287 ZPO. Die objektive Schadensberechnung nach der Lizenzanalogie wird in Preisbindungssachen nicht vorkommen. Die Herausgabe des Verletzergewinns wird vom Bundesgerichtshof im Wettbewerbsrecht nur dann zugelassen, wenn vom Verletzer eine dem Immaterialgüterrechtsschutz vergleichbare Leistungsposition zur eigenen Gewinnerzielung ausgenutzt worden ist (BGH GRUR 1995, 349, 351 – Objektive Schadensberechnung). Solche Leistungspositionen wurden bislang in Fällen wettbewerbswidriger Nachahmung unter Benutzung fremder Geschäfts- und Betriebsgeheimnisse angenommen. Dem liegt die Erwägung zugrunde, dass in solchen Fällen der Gewinn des Verletzers unmittelbar zu Lasten des Verletzten geht und dass hierfür die wettbewerbswidrige Handlung kausal ist. Fehlt es jedoch an einem direkten Zusammenhang zwischen der Entwicklung des Verletzergewinns und des Schadens aufseiten des Verletzten, so kommt eine objektive Schadensberechnung nach dem Verletzergewinn nicht in Betracht.

18 **c) Verschulden.** Die Ersatzpflicht verlangt grundsätzlich ein Verschulden, also **vorsätzliches oder fahrlässiges Handeln.** Vorsatz liegt vor, wenn der Verletzer die Zuwiderhandlung gegen seine preisbindungsrechtlichen Verpflichtungen nicht nur voraussieht, sondern sie auch billigt, den Bruch des Gesetzes also will. Insoweit genügt bedingter Vorsatz, wenn also die Zuwiderhandlung im Ergebnis zwar nicht erstrebt, sondern vorausgesehen und als mög-

lich in Kauf genommen wird. Fahrlässigkeit liegt nach § 276 Abs. 2 BGB vor, wenn der Verletzer die im Verkehr **erforderliche Sorgfalt** außer acht lässt, den Verstoß gegen das Buchpreisbindungsgesetz nicht vorausgesehen hat, obwohl er voraussehbar war oder er ihn zwar voraussah, jedoch damit rechnete, dass es nicht zu einer Zuwiderhandlung käme. Gemäß § 8 Abs. 2 UWG haftet ein Unternehmer für Wettbewerbsverstöße, die von Mitanbietern oder Beauftragten begangen werden. Für das Verschulden von Angestellten als Erfüllungsgehilfen hat der Buchhändler gemäß § 278 BGB wie für eigenes einzustehen. Eine Zuwiderhandlung gegen preisbindungsrechtliche Vorschriften wird regelmäßig zumindest fahrlässig begangen worden sein. Denn die Buchhändler sind mit der Preisbindung vertraut. Sie haben sich auch mit dem Preisbindungsgesetz als einem Spezialgesetz für den Buchhandel eingehend vertraut zu machen. In Zweifelsfragen stehen mit den buchhändlerischen Verbänden und den Preisbindungstreuhändern Institutionen zur Verfügung, die in Grenz- oder Zweifelsfällen Auskunft erteilen können (wie dies über die Internet-Seiten boersenverein.de sowie preisbindungsgesetz.de in ausführlicher Weise geschieht). Die Einholung eines auf den Einzelfall bezogenen Rats beseitigt das Verschulden des Verletzers, wenn etwa ein Gericht im Nachhinein feststellt, dass es sich entgegen der fachkundigen Auskunft um einen Preisbindungsverstoß gehandelt hat. Kein fahrlässiges Verhalten des Händlers liegt vor, wenn etwa eine Druckerei in einem Katalog einen falschen Preis abdruckt, obwohl vom Händler der richtige Preis übermittelt worden war.

d) Praktische Bedeutung des Schadensersatzanspruchs. 19
Diese Überlegungen führen im Ergebnis dazu, dass der Schadensersatzanspruch im Preisbindungsrecht zumeist leerlaufen wird. Eine **konkrete Schadensberechnung** ist regelmäßig nicht möglich, da etwa der einzelne Buchhändler kaum wird nachweisen können, wie viele Exemplare eines Titels er nicht verkaufte, weil ein anderer gegen die Preisbindung verstieß. Die objektive Schadensberechnung (insbesondere Herausgabe des Verletzergewinns) wird regelmäßig daran scheitern, dass es an einem **direkten Zusammenhang** zwischen Verletzergewinn und dem entstandenen Schaden aufseiten des Klägers fehlt. Verkauft etwa ein Internet-Händler eine Vielzahl von Büchern unterhalb des gebundenen Ladenpreises, so ist der daraus erwirtschaftete Gewinn nicht das Äquivalent zum Schaden, der einem bestimmten Buchhändler entsteht, der dann zufälligerweise den Anspruch als erster geltend macht. Der vom Gesetz gewährte Schadensersatzanspruch hat sich in Preisbindungssachen als recht **stumpfes Schwert** erwiesen.

20 **3. Auskunft.** Den Auskunftsanspruch erwähnt § 9 BuchPrG nicht. Der Gesetzgeber setzt ihn vielmehr als Teil der „bewährten Trias" Unterlassungspflicht-Auskunftspflicht-Schadensersatz" voraus. Zwar kennt das deutsche Recht keine allgemeine Auskunftspflicht. Hat jedoch der Verletzte einen Anspruch auf Schadensersatz, so dient die Auskunft dazu, dem Verletzten eine Berechnung seines Schadens zu ermöglichen. Dafür müssen dem Verletzten regelmäßig Art, Zeitpunkt und Umfang der Verstöße sowie der hierdurch erzielte **Gewinn einschließlich der Gewinnberechnung** dargelegt werden (BGH GRUR 1981, 286, 288 – Goldene Karte I). Ein Schaden muss nicht bereits nachgewiesen sein, es genügt die Darlegung, dass der Eintritt eines Schadens wahrscheinlich ist (BGH GRUR 1995, 744, 747 – Feuer, Eis & Dynamit I). Ein Anspruch auf Auskunft über den Umfang von Verletzungshandlungen kann auch dann gerechtfertigt sein, wenn sonst die zur Beseitigung der fortwirkenden Störungsquelle erforderlichen Maßnahmen nicht verwirklicht werden können. Der Anspruch auf Bucheinsicht nach § 10 BuchPrG ist eine besondere Ausgestaltung des Auskunftsrechts, wobei es nach § 10 nicht auf das Bestehen eines Schadensersatz- oder Beseitigungsanspruches ankommt.

IV. Vereinbarung einer Vertragsstrafe

21 **1. Vertragsstrafe nach Sammelrevers 2002.** Die Sanktionsmöglichkeiten des § 9 Abs. 1 sind im Ergebnis unzureichend, um die Einhaltung der Preisbindung in einem Massenmarkt mit täglich Millionen von Verkaufsgeschäften effektiv zu gewährleisten. Da Schadensersatzansprüche im Regelfall ausscheiden, droht einem Verletzer lediglich eine Unterlassungsverpflichtung, diese aber – je nach Unterlassungsgläubiger - nur bezogen auf einen konkreten Verstoß oder auf die Bücher des jeweils abmahnenden Verlages. Aus diesem Grunde sahen Vorentwürfe des Gesetzes vor, dass Zuwiderhandlungen als Ordnungswidrigkeiten geahndet würden. Diese Absicht hat der Gesetzgeber später fallengelassen, der Buchhandel wurde auf die Möglichkeit hingewiesen, die bisherige Konventionalstrafenregelung nach A. Ziff. 6. des Sammelreverses 2000 weiterzuführen. Danach verpflichteten sich die am Revers beteiligten Verleger und Buchhändler wechselseitig zur Zahlung einer **Konventionalstrafe** in Höhe des Rechnungsbetrages des angestrebten oder vollzogenen preisbindungswidrigen Geschäfts.

22 Der eine Vertragsstrafenregelung enthaltende Sammelrevers ist auf Anregung des Bundeskartellamts Anfang der 60er Jahre entstanden und seither in enger Abstimmung mit dem Bundeskartellamt

weiterentwickelt worden. Von Anbeginn an akzeptierte sowohl das Kartellamt wie auch die Rechtsprechung die **Vertragsstrafenregelung des Sammelreverses.** Grund hierfür war nicht das Erfordernis der Lückenlosigkeit der Preisbindung, die auch ohne Vereinbarung einer Vertragsstrafe gewährleistet werden kann, sondern deren effektive Durchsetzung: Die **gedankliche Lückenlosigkeit** erfordert nur ein konsequent durchdachtes System, wonach jeder Verkäufer eines preisgebundenen Buches vertraglich zur Einhaltung der Preisbindung verpflichtet ist. Die praktische Lückenlosigkeit gebietet, dass die Verlage Preisbindungsverstöße verfolgen und abstellen, da andernfalls ihre Preisbindung zusammenbricht, wirtschaftlich und rechtlich. Wie der Verlag einen Preisbindungsverstoß abstellte, war bis zum In-Kraft-Treten des BuchPrG ihm überlassen. Tat er nichts, so riskierte er die Aufhebung seiner Preisbindung durch das Kartellamt.

Seit dem 1. Oktober 2002 ist die Preisbindung für Bücher in **23** Deutschland nicht mehr durch vertragliche Vereinbarungen zwischen Verlagen und Händlern geregelt, sondern durch das Gesetz. Der **Sammelrevers** ist jedoch nicht außer Kraft getreten, da die an ihm beteiligten Unternehmen die Notwendigkeit sahen, die zuvor bestehenden wechselseitigen Verpflichtungen zur Zahlung einer Vertragsstrafe schon ab dem ersten Verstoß gegen die Preisbindung aufrechtzuerhalten. Auch sah man in der Fortführung des Sammelreverses den besten Weg zur Aufrechterhaltung der **Verlagspreisbindung für Fachzeitschriften.** Denn die Preisbindung von Zeitschriften wird – anders als die Preisbindung für Bücher - nicht gesetzlich vorgeschrieben, sondern gem. § 30 GWB erlaubt, sofern ein lückenloses System aus schriftlichen Verpflichtungserklärungen etabliert wird. Ein solches System war mit dem Sammelrevers bereits organisatorisch vorhanden, so dass sich dessen Fortsetzung anbot. Der **Sammelrevers 2002** (abgedruckt als Anhang I) besteht somit aus zwei Teilen: der **Vertragsstrafenregelung** (Teil A) sowie der **Preisbindung für Fachzeitschriften** (Teil B).

Im Vertragsstrafenteil des Sammelreverses verpflichten sich die **24** beteiligten Buchhändler gegenüber den beteiligten Verlegern zur Zahlung einer **Konventionalstrafe** für jeden Fall des schuldhaften Anbietens oder Gewährens unzulässiger Nachlässe. Die Vertragsstrafe fällt dabei in Höhe des Rechnungsbetrages des angestrebten oder vollzogenen Geschäfts an, mindestens jedoch bei Verstößen durchschnittlicher Schwere EUR 1.500,00 für den ersten Verstoß, EUR 2.500,00 für jeden weiteren Verstoß und EUR 5.000,00 für unzulässige Nachlassangebote an eine **Mehrzahl von Abnehmern.** Auch bei einer Überschreitung des gebundenen Ladenpreises fällt die Vertragsstrafe an. Der Verlag ist berechtigt, neben oder anstelle der Vertragsstrafe seine sonstigen Rechte geltend zu machen. Umgekehrt verpflichtet sich der Verlag, seine Preisbindung nicht nur zu überwachen, sondern die eigenen gebundenen Preise auch nicht zu unterbieten. Im Falle des Verstoßes gilt die im Revers enthaltene Vertragsstrafenregelung für den Verlag entsprechend. Verstöße auf Händlerseite werden von der Kanzlei des gem. § 9 Abs. 2 Nr. 3 BuchPrG von den am Sammelrevers 2002 beteiligten Verlagen eingesetzten Preisbindungstreuhänders Dieter *Wallenfels*, Wiesbaden, verfolgt. Für die Verfolgung von Verstößen auf Verlagsseite ist die Preisbindungstreuhänderin des Sortiments, Rechtsanwältin Birgit *Menche,* Frankfurt a.M., zuständig. Die Vertragsstrafe ist an das Sozialwerk des Deutschen Buchhandels zu entrichten, sofern die Verlage nichts anderes verlangen.

25 **2. Bedenken des BKartA.** Gegen die Fortführung des Systems als Vertragsstrafen-Sammelrevers äußerte das Bundeskartellamt im Verlaufe des Gesetzgebungsverfahrens Bedenken: Es sei zu begründen, warum es Aufgabe der Unternehmen sei, die praktische Lückenlosigkeit der Preisbindung durchzusetzen. Die Überwachung der Einhaltung von Gesetzen obläge grundsätzlich dem Staat. Der Gesetzgeber habe in § 9 Abs. 1 **Sanktionsmöglichkeiten** bei Zuwiderhandlungen gegen die Preisbindung geschaffen und die Ansprüche auf Unterlassung und Schadensersatz damit für ausreichend erachtet. Sofern sich die Verlage verpflichteten, nur diejenigen Unternehmen zu beliefern, die eine derartige Vertragsstrafenregelung akzeptierten, stelle dies eine Beschränkung des noch möglichen Wettbewerbs dar. Die Folge sei die Unzulässigkeit nach § 1 GWB.

26 **3. Stellungnahme.** Die früher im Sammelrevers enthaltene Verpflichtung, nur diejenigen Unternehmen zu beliefern, die den Sammelrevers gezeichnet haben, ist aufgrund der Bedenken des Kartellamts weggefallen. Die weiteren Bedenken des Kartellamts konnten im Rahmen eines Briefwechsels ausgeräumt werden. Hierbei hatte der Buchhandel insbesondere auf folgendes hingewiesen:

27 Die gedankliche Lückenlosigkeit des Systems ist nunmehr **gesetzlich** gewährleistet. Am Erfordernis der Durchsetzung auch der praktischen Lückenlosigkeit ändert sich durch das Gesetz nichts: Diese war und ist Aufgabe der Unternehmen. Gelingt die Durchsetzung auch der praktischen Lückenlosigkeit nicht, wäre der Gesetzeszweck verfehlt; die Preisbindung stünde nach kurzer Zeit nur noch auf dem Papier. Es ist daher angeraten, den preisbindenden Unternehmen zur Durchsetzung ihrer Preisbindung eben jene Instrumente an die Hand zu geben, die auch in der Vergangenheit gegriffen haben.

28 Der Grund für die Vereinbarung einer Vertragsstrafe nach § 339 Satz 2 BGB war zum einen ihre **generalpräventive Wirkung,** zum anderen der oft schwierige Schadensnachweis. An diesem Bedürfnis ändert sich mit In-Kraft-Treten des Preisbindungsgesetzes nichts. Auf Grund der täglich millionenfach ablaufenden Verkaufsgeschäfte wird gegen die Preisbindung – das zeigt die Erfahrung – auch täglich vielfach verstoßen, häufig aus Unwissenheit, häufig in juristischen Grenzfällen. Die Androhung der Geltendmachung einer Vertragsstrafe reichte bislang in aller Regel aus, um die Verstöße sofort abzustellen. In der Praxis wurde die Zahlung einer Vertragsstrafe von den Preisbindungstreuhändern nur relativ selten durchgesetzt. Auch ist zu bedenken, dass die Verlage seit Inkrafttreten des Gesetzes nicht mehr gezwungen sind, Preisbindungsverstößen auch tatsächlich nachzugehen, da keine Aufhebung der Preisbindung durch das Kartellamt mehr droht. Eine wichtige Sanktion ist damit weggefallen. Preisbindungsverstöße laufen daher solange weiter, bis sich jemand findet, der das Risiko eines Unterlassungs- oder Schadensersatzprozesses auf sich nimmt. Hierzu könnte die Bereitschaft gerade in den vielen Bagatellfällen, deren Bedeutung eben in der prinzipiellen Einhaltung der Preisbindung besteht, gering sein, wenn etwa ein Buch statt zum Preis von EUR 9,90 zum Preis von EUR 9,85 verkauft wird. Gerade hier war die Drohung mit der Geltendmachung der Vertragsstrafe in der Vergangenheit ein **wirkungsvolles Mittel.** Es entspricht langer Gesetzestradition, dass im Falle von massenhaft zu regelnden Vorgängen – und angesichts der Erwartung einer Vielzahl von Verstößen – der Gesetzgeber seine Gebote mit Bußgeldvorschriften absichert. Wenn dies im vorliegenden Fall unterblieben ist, so muss dem Buchhandel eine praktikable und effektive Möglichkeit an die Hand gegeben werden, Preisbindungsverstöße wirkungsvoll zu unterbinden. Der Weg über die Einholung einer Vielzahl von Einzelunterlassungserklärungen ist in einem Massengeschäft mit täglich neuen Titeln und Konstellationen ungeeignet: Das Ergebnis wäre ein von niemandem mehr zu durchschauendes System von wechselseitigen, für bestimmte Bücher, Verlagsprogramme und Konstellationen abgegebenen Unterlassungserklärungen.

29 Die durch eine generelle Vertragsstrafenregelung bewirkte Absicherung der Preisbindung liegt auch in der Intention des Gesetzgebers, durch ein stabiles Preisbindungssystem die kleineren und mittleren Buchhandlungen zu schützen. Auch § 1 GWB steht einer solchen Regelung nicht entgegen: Denn durch die Vereinbarung von Vertragsstrafen wird der Wettbewerb weder verhindert, noch eingeschränkt, noch verfälscht. Es wird lediglich die – früher ver-

traglich, jetzt gesetzlich – bestehende Verpflichtung zur Einhaltung des gebundenen Preises durch eine privatrechtliche Sanktionsmöglichkeit ergänzt, durch welche die effektive Durchsetzung der Preisbindung erleichtert und gesichert wird. Insoweit ändert sich bei der Beurteilung der Vertragsstrafenregelung nach § 1 GWB durch das neue Gesetz nichts. Im Ergebnis ist die vom Buchhandel vorgesehene Regelung somit geeignet, den **Gesetzeszweck** abzusichern.

V. Anspruchsberechtigte (Abs. 2)

30 **1. Buchhändler und Verleger (Abs. 2 Nr. 1).** Der Anspruch auf Unterlassung und Beseitigung nach Abs. 1 kann von **Gewerbetreibenden** geltend gemacht werden, die Bücher vertreiben. Der Begriff des Gewerbetreibenden ist weit zu verstehen: Er umfasst nicht nur Personen, die durch dauernde wirtschaftliche Betätigung einen Gewinn anstreben. Der Begriff erstreckt sich vielmehr auch auf Freiberufler z. B. Ärzte, Anwälte, Heilpraktiker sowie auf Idealvereine (BGH GRUR 1993, 675, 676 – Kooperationspartner; BGH GRUR 1976, 370 f. – Lohnsteuerhilfeverein I). Anspruchsberechtigt sind aber in erster Linie **Buchhändler, Zwischenbuchhändler und Verlage.** Voraussetzung für die Anspruchsberechtigung ist lediglich, dass diese Personen „Bücher vertreiben". Ob ein räumlicher oder sachlicher Zusammenhang mit dem Verstoß besteht, ist nicht entscheidend: Demgemäß kann ein auf juristische Fachliteratur spezialisierter Händler in Hamburg ein Unternehmen in München auf Unterlassung in Anspruch nehmen, das auf medizinische Fachbücher spezialisiert ist, sofern dieses gegen die Preisbindung verstößt. Es kommt daher nicht darauf an, ob sich zwischen Anspruchsberechtigtem und Verletzer räumliche oder sachliche Berührungspunkte ergeben. Die Regelung geht daher deutlich über den Anwendungsbereich von § 8 Abs. 3 Nr. 1 UWG hinaus, wonach nur der unmittelbar verletzte Mitbewerber anspruchsberechtigt ist (*Köhler/Bornkamm,* § 8 UWG, Rn. 3.26 ff.).

31 **2. Verbände (Abs. 2 Nr. 2).** Anspruchsberechtigt sind weiterhin rechtsfähige **Verbände zur Förderung gewerblicher Interessen.** Die Regelung entspricht § 8 Abs. 3 Nr. 2 UWG. Nur ein rechtsfähiger Verband ist parteifähig und kann als solcher in zivilrechtlichen Angelegenheiten klagen. Der Verband muss satzungsgemäß der Förderung gewerblicher Interessen dienen. Die Satzung muss hinreichend deutlich erkennen lassen, dass dieser Zweck verfolgt wird. Mischverbände, die gleichrangig sowohl Gewerbe- als auch Verbraucherinteressen fördern, sind nicht klagebefugt, da bei

ihnen Interessengegensätze auftreten können (BGH GRUR 1983, 129 – Mischverband I). Dem Verband muss eine **erhebliche Zahl von Gewerbetreibenden** angehören, die auf **demselben Markt** wie der Verletzer Waren oder gewerbliche Leistungen gleicher oder verwandter Art vertreiben. Damit sind solche Unternehmen gemeint, die dem Verletzter auf demselben sachlich und räumlich relevanten Markt als **Wettbewerber** begegnen können (BGH GRUR 2000, 1084 f. – Unternehmenskennzeichnung). Das bedeutet, dass nur solche Verbände klagebefugt sind, denen eine erhebliche Zahl von Buchhändlern und/oder Verlegern angehören. Hinsichtlich der Anzahl der Mitglieder aus Buchhändlerkreisen kommt es darauf an, dass der Verband eine repräsentative Anzahl von Mitgliedern der betroffenen Branche aufweist. Dabei brauchen die Mitglieder nicht auf der gleichen Wirtschafts- oder Handelsstufe zu stehen: Auch ein reiner Händlerverband könnte etwa Verlage auf Unterlassung in Anspruch nehmen. Weiterhin muss der Verband seinen Zweck, gewerbliche Interessen zu fördern, nicht nur nach der Satzung, sondern auch nach seiner Tätigkeit wirklich erfüllen. Er muss hierzu die **erforderlichen personellen, sachlichen und finanziellen Voraussetzungen** besitzen, um seinen satzungsgemäßen Zwecken auch tatsächlich nachkommen zu können. Er muss also regelmäßig über entsprechend geschulte Mitarbeiter verfügen oder Anwälte beauftragen können, welche die Unterlassungsansprüche des Verbandes durchsetzen. Weiterhin muss die angegriffene Handlung geeignet sein, den Wettbewerb auf dem relevanten Markt wesentlich zu beeinträchtigen. Es ist dies ein materiell-rechtliches Erfordernis der Klagebegründung, das nur für Verbände, nicht jedoch für die anderen in § 9 Abs. 2 genannten Institutionen gilt. Eine Beeinträchtigung des Wettbewerbs auf dem Buchmarkt besteht in der Wirkung preisbindungswidrigen Verhaltens auf das **gesamte Marktgeschehen.** Die Feststellung, ob eine Handlung geeignet ist, den Wettbewerb nach Art und Schwere wesentlich zu beeinträchtigen, setzt eine nach objektiven und subjektiven Momenten unter Berücksichtigung aller Umstände des Einzelfalls zu treffende Wertung voraus. Diese hängt von der Art und Schwere des Verstoßes, von den zu erwartenden Auswirkungen auf den Wettbewerb, aber auch vom **Schutzzweck der Preisbindung** ab. Zu beachten sind auch die Anreizwirkung der Werbung für den Umworbenen sowie die Größe des erzielten Wettbewerbsvorsprungs (BGH GRUR 1998, 599 – Flaschenpfand II). Die Auswirkungen auf das Marktgeschehen müssen so gewichtig sein, dass die Interessen der Allgemeinheit einschließlich der Verbraucher ernsthaft betroffen sind.

32 **3. Preisbindungstreuhänder der Verlage.** Der Anspruch auf Unterlassung kann auch von einem Preisbindungstreuhänder geltend gemacht werden (Abs. 2 Ziff. 3). Der Begriff Treuhänder ist sowohl im Rechtssinn als auch im allgemeinen Sprachgebrauch vieldeutig. Das Wort will hier sagen: Die beauftragten Anwälte werden im **buchhändlerischen Gesamtinteresse** tätig, nicht etwa nur im Interesse der Verlage, die sie formell beauftragt haben. Sie haben vielmehr ein vom Anwaltsmodell Parteivertreter deutlich abweichendes Amt. Das Interesse, das sie vertreten, ist in erster Linie die **Erhaltung der Buchpreisbindung.** Sie haben alles zu bekämpfen, was ihr schadet. Sie fördern daher allgemein und im Einzelfall auch Sortimenter- oder Zwischenbuchhändlerinteressen. Dazu gehört, dass sie intern auch einzelnen ihrer Auftraggeber-Verlage entgegentreten. Dazu gehört weiter, dass sie die Verlage in deren eigenem Interesse vor Handlungen bewahren, die der Preisbindung zuwider laufen. Auch würden die Preisbindungstreuhänder ihre Glaubwürdigkeit im Buchhandel und in der Öffentlichkeit aufs Spiel setzen, wenn sie Verstößen nicht in der durch das Auftragsverhältnis gebotenen Form entgegentreten würden. Vor allem aber legt ihre Aufgabe sie auf das gemeinsame Anliegen fest. Sie sind daher auch gegenüber ihren jeweils anderen Auftraggeber-Verlagen verpflichtet, dem preisbindungswidrigen Verhalten einzelner entgegenzuwirken. Verlagsverstöße wirken sich oft in größeren Dimensionen aus und stellen daher eine ernsthaftere Gefährdung der Preisbindung dar, als Einzelverstöße eines Buchhändlers. Der Name Preisbindungstreuhänder bringt sodann zum Ausdruck, dass sie die **Interessen des gesamten Buchhandels** auf dem Gebiet der Preisbindung auch nach Außen wahrzunehmen haben (in Ergänzung zur Tätigkeit des Börsenvereins), so gegenüber den Gesetzgebungsorganen, der öffentlichen Verwaltung, z. B. dem Kartellamt, den anderen Berufsverbänden und den Kunden (*Franzen,* Rn. 113, 115).

33 Die Institution des Preisbindungstreuhänders ist im Buchhandel seit vielen Jahren bekannt. Seine Aufgabe war stets die Organisation der Preisbindung der am Sammelrevers beteiligten Verlage, die Überwachung ihrer Einhaltung sowie die Verfolgung von Preisbindungsverstößen. Das Gesetz bezweckt eine **Beibehaltung der Institution des Preisbindungstreuhänders,** da diese sich seit vielen Jahren bewährt habe. Das Gesetz bezweckt weiterhin, dass durch Einschaltung des Treuhänders viele Fälle von Preisbindungsverstößen branchenintern geregelt werden (Begründung zu § 9 Abs. 2, BT-Drucks. 14/9196, S. 13). Hintergrund ist folgender: Die Verlage sind und bleiben für ihr Preisbindungssystem verantwortlich. Sie müssen laufend und durch aktives Handeln dafür Sorge tragen, dass

die von ihnen festgesetzten Bindungen auch eingehalten werden und keine Lücken entstehen. Dazu gehört mehr als die Verfolgung von Preisbindungsverstößen: Dazu gehört vor allem die Beratung der Verlage, der Buchhandlungen, der Kunden des Buchhandels, von Bibliotheken, öffentlichen Auftraggebern, Kommunen und kommunalen Verbänden, Ministerien und Kartellbehörden. Häufig werden **Grundsatzfragen** gestellt, die sich mit Preisbindungsproblemen beschäftigen und im Interesse einer brancheneinheitlichen Handhabung einer zentralen Beantwortung bedürfen. Die Inanspruchnahme der Gerichte ist zur Klärung solcher Fragen im Regelfall zu langwierig und zu umständlich. So wurden bislang an die Preisbindungstreuhänder stets eine Vielzahl von Anfragen seitens der Verleger und Buchhändler gerichtet, wie man sich in diesem oder jenem Fall zu verhalten habe. Die Anfragenden akzeptieren in aller Regel auch die erteilten Auskünfte, weil sie auf das Expertenwissen vertrauen und der Preisbindungstreuhänder als eine objektive Instanz zwischen widerstreitenden Interessen der **buchhändlerischen Sparten** angesehen wird.

Eine höchstrichterliche Bestätigung für die Arbeit der Preisbin- 34
dungstreuhänder hat der **Bundesgerichtshof** im Jahre 1985 gegeben (BGH NJW-RR 1986, 259 ff. – Preisbindungstreuhänder-Empfehlung). Der BGH bestätigte damals, dass Vorschläge der Preisbindungstreuhänder über die Durchführung der Preisbindung im Sammelreverssystem nicht dem Empfehlungsverbot des § 38 Abs. 1 Nr. 11 GWB a. F. unterlägen, solange sichergestellt sei, dass den bindenden Verlagen und den gebundenen Händlern eine freie Entscheidung offenstehe. Diese Rechtsprechung lässt sich im Hinblick auf den Gesetzeszweck des BuchPrG auf die aktuelle Situation übertragen. Der Preisbindungstreuhänder ist daher berechtigt, **Empfehlungen** zur gleichförmigen Regelung von Preisbindungsfragen innerhalb der Buchbranche zu geben.

Preisbindungstreuhänder der Verlage ist ein **Rechtsanwalt,** 35
der von Verlegern oder Importeuren gemeinsam damit beauftragt worden ist, ihre Preisbindung zu betreuen. Entgegen dem Wortlaut des § 9 Abs. 2 Nr. 3 BuchPrG kann die Treuhänderschaft auch von einer Sozietät von mehreren Rechtsanwälten und nicht nur von „einem" Rechtsanwalt wahrgenommen werden. Hierfür sprechen zum einen praktische Erwägungen, z. B. die Verhinderung des „einen" Rechtsanwalts, sowie der Umstand, dass auch sonst zahlreiche verfahrensrechtliche Bestimmungen (z. B. § 78 ZPO, § 22 BVerfG, § 67 VwGO) von „einem" Rechtsanwalt sprechen, ohne dass damit eine Vertretung durch mehrere Anwälte ausgeschlossen sein soll (OLG Frankfurt NJW 2004, 3122, 3435). „Rechtsanwalt"

i. S. d. § 9 Abs. 2 Ziff. 3 BuchPrG ist auch eine als BGB-Gesellschaft organisierte Kanzlei, zu der sich die einzelnen Mitglieder der Sozietät zusammengeschlossen haben. Dies hat zur Folge, dass das Ausscheiden oder Hinzutreten einzelner Anwälte keinen Einfluss auf den Fortbestand des einmal erteilten Auftrages an die Kanzlei hat (OLG Frankfurt NJW 2004, 3122).

36 Dass der Anwalts-Treuhänder von Verlegern **gemeinsam** beauftragt worden sein muss, bedeutet nicht, dass ihn alle Verlage gleichzeitig und im Rahmen eines einzigen gemeinsamen Auftrags bestellt haben müssen. Eine solche Auslegung liegt sowohl nach dem Wortlaut wie nach Sinn und Zweck der Institution des Buchpreisbindungstreuhänders fern. Gemeinsam beauftragt ist ein Auftragnehmer nach dem Wortsinn nicht nur, wenn er von allen Auftraggebern gleichzeitig mit einem einheitlichen Bestellungsvorgang berufen wird, sondern auch dann, wenn er von mehreren Auftraggebern nacheinander beauftragt worden ist, weil es sich auch in diesem Fall um einen gemeinsamen Treuhänder handelt. Auch nach Sinn und Zweck der Bestimmung besteht kein Grund, eine zeitgleiche gemeinsame Beauftragung zu verlangen. Das Interesse, das die Treuhänder vertreten, ist in erster Linie die Erhaltung der Buchpreisbindung. Der Zweck des Gesetzes setzt eine entsprechende Autorität des Treuhänders voraus. Diese ist nur gegeben, wenn die von ihm vertretenen Verlage und Importeure nach Zahl und Größe ein repräsentatives Spiegelbild der Branche sind. Nur in diesem Fall besteht die **Aktivlegitimation.** Dabei legt ihre Aufgabe sie auf das gemeinsame Anliegen fest. Für die Erreichung dieses Zwecks ist es nicht erforderlich, dass die Verlage ihrerseits zunächst gemeinsam bei der Beauftragung eines Treuhänders tätig werden, sondern genügt es, dass der Treuhänder eine entsprechend große Anzahl an Verlagen repräsentiert. Nicht die Gemeinsamkeit des Bestellungsvorgangs, sondern die Ausübung des Amtes im gemeinsamen Interesse ist nach Sinn und Zweck der Bestimmung maßgeblich (OLG Frankfurt a.M. GRUR-RR 2010, 221, 222).

37 Eine effektive Durchführung der Preisbindung und damit die Erreichung des vom Gesetzgeber verfolgten Zwecks ist bei über 6.000 Marktteilnehmern ohne intensive Beratung in den vielfältigen Einzelfragen und gegenüber unterschiedlichsten Teilnehmern und Institutionen kaum denkbar. Ohne Preisbindungstreuhänder ist zu befürchten, dass eine Preisbindung mit ihren abertausend Einzelfragen und Problemen nicht funktionieren kann. Demgemäß hat der Gesetzgeber die Institution des Preisbindungstreuhänders erhalten, indem er den Treuhänder mit der Aktivlegitimation zur Verfolgung von Preisbindungsverstößen ausgestattet hat. Damit verbunden ist jedoch ausweislich der Gesetzesbegründung auch der Auftrag, Preisbindungsverstöße **„weiterhin branchenintern"** zu regeln, diese mithin durch entsprechende **Beratung** zu vermeiden, durch aktives Eingreifen abzustellen und Unterlassungserklärungen für die Zukunft einzuholen. Auch die **Lösung von Grundsatzfragen** gehört zu seinen Aufgaben, um die einheitliche Handhabung innerhalb der gesamten Branche zu gewährleisten. Ein wichtiges Steuerungsinstrument des Preisbindungstreuhänders ist die Fortsetzung des Vertragsstrafensystems durch den Sammelrevers 2002. Hiermit steht den Preisbindungstreuhändern ein ebenso präventiv wie repressiv wirkendes Mittel zur Verfügung, Preisbindungsverstöße schnell und effektiv abzustellen.

4. Preisbindungstreuhänder des Sortiments. Das Gesetz sieht 38
vor, dass auch Unternehmen, die Verkäufe an Letztabnehmer tätigen, gemeinsam einen Preisbindungstreuhänder beauftragen können, „ihre Preisbindung zu betreuen". Diese Formulierung ist zumindest missverständlich, da die **Buchhändler** selbst ja keine Preise binden können. Gemeint ist, dass auch die Buchhändler einen Treuhänder beauftragen können, der die ordnungsgemäße Handhabung der Preisbindung durch die Verlage überwacht und bei Verstößen – etwa unzulässige Nachlassangebote im Direktgeschäft mit dem Letztabnehmer – tätig wird. Die Institution des **Sortimenter-Bevollmächtigten** gab es auch vor Inkrafttreten des Gesetzes: Er war formell wegen des Schriftformerfordernisses nach § 15 Abs. 2 Satz 1 GWB a. F. nur eingeschaltet für den Eintritt neuer Verlage in das Sammelreverssystem und bei Textänderungen. Materiell war er darüber hinaus Interessenvertreter des Sortiments gegenüber unkorrekt handelnden Verlagen. Analog zum Preisbindungstreuhänder der Verlage ist auch der Preisbindungstreuhänder des Sortiments dem gesamten Buchhandel verpflichtet und hat durch Einflussnahme, Beratung und Verfolgung von Verstößen der Aufrechterhaltung der Preisbindung zu dienen. Die Aktivlegitimation besteht auch hier nur, wenn die Auftraggeber nach Zahl und Größe ein repräsentatives Spiegelbild der Branche sind.

5. Verbraucherverbände. Die Einhaltung der Preisbindung 39
dient auch dem **Schutz der Verbraucher.** Aus diesem Grunde sind auch diejenigen Verbände aktivlegitimiert, die in den genannten Verzeichnissen eingetragen sind.

a) Einrichtungen nach § 4 UKlaG. Die Liste qualifizierter Ein- 40
richtungen nach § 4 UKlaG wird beim **Bundesverwaltungsamt** geführt. Die Liste wird mit dem Stand zum 1. Januar eines jeden Jahres im Bundesanzeiger bekanntgemacht und der Kommission der

Europäischen Gemeinschaften zugeleitet. In die Liste werden auf Antrag rechtsfähige Verbände eingetragen, zu deren satzungsmäßigen Aufgaben es gehört, die Interessen der Verbraucher durch Aufklärung und Beratung nicht gewerbsmäßig und nicht nur vorübergehend wahrzunehmen, wenn sie in diesem Aufgabenbereich tätige Verbände oder mindestens 75 natürliche Personen als Mitglieder haben. Weiterhin müssen die Verbände seit mindestens einem Jahr bestehen und auf Grund ihrer bisherigen Tätigkeit Gewähr für eine sachgerechte Aufgabenerfüllung bieten. Dabei wird unwiderleglich vermutet, dass **Verbraucherzentralen** und **andere Verbraucherverbände,** die mit öffentlichen Mitteln gefördert werden, diese Voraussetzungen erfüllen. Die Eintragung in die Liste erfolgt unter Angabe von Namen, Anschrift, Registergericht, Registernummer und satzungsmäßigem Zweck.

41 **b) Verzeichnis der Kommission.** Nach Art. 4 Abs. 3 der Richtlinie 98/27/EG erstellt die **Kommission** ein Verzeichnis der ihr im Hinblick auf grenzüberschreitende Verstöße innerhalb der Gemeinschaft von den Mitgliedstaaten mitgeteilten qualifizierten Einrichtungen unter Angabe ihrer Namen und ihres Zwecks. Das Verzeichnis wird nach Art. 4 Abs. 3 im Amtsblatt der Europäischen Gemeinschaften veröffentlicht. Die qualifizierten Einrichtungen werden von den Mitgliedstaaten als klagebefugt anerkannt.

42 **c) Verletzung von Verbraucherinteressen.** Verbraucherverbände können nach § 9 Abs. 2 Satz 2 BuchPrG den Anspruch auf Unterlassung nur geltend machen, soweit der Anspruch eine Handlung betrifft, durch die **wesentliche Belange der Letztabnehmer** berührt werden. Verbraucherverbände sind nicht dazu berufen, allgemein öffentliche Belange wahrzunehmen. Daraus ist zu folgern, dass nicht bereits jeder Verstoß gegen die Preisbindung eine Handlung darstellt, durch die wesentliche Belange der Verbraucher berührt werden. Dies wird demgemäß nur dann der Fall sein, wenn Bücher zu einem höheren als dem gebundenen Ladenpreis verkauft werden oder wenn Verstöße größeren Ausmaßes die Preisbindung insgesamt gefährden.

VI. Anspruchsverpflichtete

43 Die Unterlassungsansprüche nach § 9 Abs. 1 Satz 1 BuchPrG richten sich gegen jeden, der den Vorschriften dieses Gesetzes zuwiderhandelt. Zur Unterlassung verpflichtet ist zum einen der **Händler,** der beim Verkauf an Letztabnehmer den gebundenen Ladenpreis nicht einhält. Gleiches gilt für den **Verlag** oder den

Importeur i. S. d. § 5 Abs. 1 BuchPrG, der sich nicht an die von ihm selbst festgesetzten Preise hält. Ebenso kann als **Störer** auf Unterlassung in Anspruch genommen werden, wer – ohne selbst dem Gebot, Bücher nicht unter dem von den Verlagen festgesetzten Endpreis an Letztverbraucher zu verkaufen, zu unterliegen – Buchhändler oder Verleger im Wissen um die Buchpreisbindung vorsätzlich zu einem Verstoß gegen das BuchPrG veranlasst. Das folgt aus dem aus § 830 Absatz 2 BGB zum Ausdruck kommenden Gedanken, dass für die zivilrechtliche Verantwortlichkeit zwischen dem **Täter** und dem **Teilnehmer** hinsichtlich des Unrechtsgehalts ihrer Tatbeiträge nicht unterschieden werden muss. Derjenige, der einen anderen zu einem zivilrechtlich verbotenen Verhalten anstiftet, verletzt die Rechtsordnung nicht weniger als der die Norm missachtende Täter oder Mittäter. Soweit es dadurch zu einem Schaden kommt, ordnet das Gesetz deswegen die gesamtschuldnerische Haftung beider Tatbeteiligten an. Derselbe Gedanke beansprucht Geltung auch für den – der Zufügung eines Schadens – vorgelagerten **Unterlassungsanspruch.** Seiner Befolgung kann der Anstifter nicht dadurch entgehen, dass er allein zur Erhaltung seines Vermögens und nicht – worum es auch bei der Buchpreisbindung geht – aus wettbewerblichen Gründen handelt. Schon die Behandlung der Problematik im Strafrecht (§ 257 Abs. 3 Satz 1 und 2 StGB) zeigt, dass der in Begünstigungsabsicht Handelnde in jedem Fall wegen der Vortat verantwortlich ist und dass sein Selbstbegünstigungswille ihn nicht vor strafrechtlicher Verfolgung bewahrt, wenn er den Tatentschluss zur Begünstigung bei einer Person hervorruft, die an der Vortat nicht beteiligt war (BGH NJW 2003, 2525, 2526 – Buchpreisbindung). Wer als Großhändler oder Verlag mangelfreie Bücher als **vorgebliche Mängelexemplare** in Verkehr bringt, kann daher sowohl aus § 9 Abs. 1 Satz 1 BuchPrG (BGH a. a. O.) als auch nach §§ 3, 4 Nr. 4 UWG auf Unterlassung in Anspruch genommen werden (OLG Frankfurt a. M. GRUR 2005, 665, 666 – Mängelexemplar).

VII. Verfahrensvorschriften (Abs. 3)

Das Gesetz verweist für das Verfahren bei den Anspruchsberech- 44
tigten nach § 2 Nr. 1 bis 3 auf die **Verfahrensvorschriften des UWG,** bei den Einrichtungen nach Abs. 2 Nr. 4 auf die Vorschriften des Unterlassungsklagegesetzes. Im Regelfall einer Geltendmachung von Unterlassungsansprüchen durch die in Abs. 2 Ziff. 1 bis 3 genannten Personen und Institutionen gelten somit die Verfahrensvorschriften des UWG.

45 **1. Abmahnung.** Der Anspruchsberechtigte soll bei Vorliegen einer Zuwiderhandlung den Verletzer zunächst abmahnen (§ 9 Abs. 3 BuchPrG i. V. m. § 12 Abs. 1 Satz 1 UWG). Dies geschieht durchaus auch im eigenen Interesse des Abmahnenden, um die ihn belastende **Kostenfolge eines Anerkenntnisses** im Prozess nach § 93 ZPO zu vermeiden. Eine Abmahnung kann indes entbehrlich sein, wenn wegen der drohenden Nachteile der Verstoß besonders eilig unterbunden werden muss, wenn eine Verzögerung unzumutbar ist oder wenn feststeht, dass eine Abmahnung erfolglos bleiben wird. Auch bei vorsätzlichem oder schwerwiegendem Verhalten ist eine Abmahnung entbehrlich. Allerdings ist wegen der uneinheitlichen Rechtsprechung hierzu den Berechtigten stets zu empfehlen, vor Einleitung gerichtlicher Schritte abzumahnen, um das Kostenrisiko des § 93 ZPO zu vermeiden.

46 Wird der Anspruchssteller durch einen Rechtsanwalt vertreten oder mahnt die Kanzlei der Preisbindungstreuhänder ab, so stellt sich die Frage, ob das **Fehlen einer Vollmacht** den Verletzer berechtigt, die Abmahnung gem. § 174 BGB zurück zu weisen. Diese Frage ist in der Rechtsprechung und Lehre umstritten (zum Meinungsstand *KöhlerBornkamm,* § 12 UWG Rn. 1.25). Bei der Antwort auf die Streitfrage ist zu berücksichtigen, dass es sich bei der Abmahnung um eine von der Rechtsprechung entwickelte Maßnahme handelt, um im öffentlichen Interesse eine Flut von Wettbewerbsprozessen zu vermeiden. Sie ist dem anspruchsberechtigten Verletzten durch die Rechtsprechung zu § ZPO § 93 ZPO aufgezwungen worden und belastet ihn einseitig zu Gunsten des Verletzers. Sein Unterlassungsanspruch wird durch eine unterlassene Abmahnung nicht tangiert, seine Klage oder sein Eilantrag wird dadurch nicht unzulässig oder unbegründet. Hinsichtlich dieser – rein prozessuale Folgen betreffende – Funktion der Abmahnung, bei der es letzten Endes bei Abgabe der Unterlassungserklärung nach Einleitung eines gerichtlichen Verfahrens nur noch um die Kostentragungspflicht, d.h. die Anwendbarkeit des § 93 ZPO zu Gunsten des Verletzers geht, liegt lediglich ein Realakt vor, keine rechtsgeschäftliche oder rechtsgeschäftsähnliche Handlung. Auch nach Sinn und Zweck der Abmahnung scheidet eine **Analogie zu § 174 BGB** aus. Den Prozess vermeidenden Zweck der Abmahnung, den Verletzer auf eine drohende Klage hinzuweisen und ihm die Möglichkeit der Unterwerfung zu geben (Warnfunktion), erfüllt auch eine Abmahnung, für die eine Vollmacht nicht nachgewiesen ist. Darüber hinaus würde die Anwendbarkeit des § 174 BGB zu Verzögerungen führen, die es dem Verletzer erlaubten, sein rechtswidriges Tun noch eine Weile fortzusetzen, um so noch länger von seinem Rechtsbruch profitieren zu können (OLG Frankfurt a.M. OLG-Report 2001, 270).

Diese für das Wettbewerbsrecht entwickelten Grundsätze gelten auch für Abmahnungen nach dem BuchPrG, zumal § 9 Abs. 3 auf die Vorschriften des Gesetzes gegen den unlauteren Wettbewerb verweist (OLG Frankfurt a.M. GRUR-RR 2010, 221, 222). Auch dient die Zurückweisung nach § 174 BGB häufig weniger dem Zweifel an der Bevollmächtigung des Vertreters sondern dem Zweck, Sand ins Getriebe der Abläufe zu streuen. Jedenfalls dann, wenn die Abmahnung sich nicht auf eine einseitige Erklärung beschränkt, sondern mit dem Angebot einer Vertragsstrafenvereinbarung verbunden ist, kommt eine Zurückweisung gem. § 174 BGB nicht in Betracht. 47

2. Kosten der Abmahnung. Die sachgerechte Recherche und Prüfung, ob ein Preisbindungsverstoß vorliegt, ebenso die Einforderung einer Unterlassungserklärung unter Mitteilung des Preisbindungsvorwurfs und unter Fristsetzung, verursacht für den Abmahnenden regelmäßig **Kosten.** Ist die Abmahnung berechtigt, kann der **Ersatz der erforderlichen Aufwendungen** verlangt werden (§ 9 Abs. 3 BuchPrG i. V. m. 12 Abs. 1 Satz 2 UWG). Dabei handelt es sich entweder um die Kosten des Rechtsanwalts, des Preisbindungstreuhänders oder die Personal- und Sachaufwendungen eines Verbandes. 48

Erfolgt die Abmahnung durch einen Rechtsanwalt, so berechnen sich dessen Gebühren nach dem angemessenen Streitwert, im Regelfall EUR 25.000,00 (LG Hamburg ZUM-RD 2010, 352). Die Höhe des Streitwerts muss sich am wirtschaftlichen Interesse des Klägers orientieren. Das ist in Preisbindungssachen das generelle Interesse an der Einhaltung der Buchpreisbindung überhaupt. Der „regelmäßig festgesetzte Streitwert von EUR 25.000,00 entspricht diesem Interesse" (LG Wiesbaden, Beschluss vom 14. Juni 2004 zu Az.: 13 O 48/04). Anzusetzen ist die mittlere Geschäftsgebühr Faktor 1,3 gem. §§ 13, 14, Nr. 2400 VVRGV (AG Gelsenkirchen ZUM 2004, 587; das Gericht hatte hierzu ein Gutachten der Rechtsanwaltskammer eingeholt, die den Ansatz der damaligen Mittelgebühr nach § 118 BRAGO für angemessen ansah). Wettbewerbsvereine und Fachverbände, zu deren satzungsgemäßem Zweck auch die Bekämpfung unlauteren Wettbewerbs gehört, müssen zur Erfüllung ihres Satzungszwecks sachlich und personell so ausgestattet sein, dass sie eine durchschnittlich schwierige Abmahnung ohne anwaltliche Hilfe und mit eigenen Kräften vornehmen können. 49

Erfolgt die Abmahnung durch die **Preisbindungstreuhänder,** so ist streitig, auf welcher Grundlage die zu ersetzenden Aufwendungen zu berechnen sind. Das **OLG Frankfurt** lehnt – unter Aufgabe seiner früheren Rechtsprechung - eine Abrechnung gem. den Bestimmun- 50 gen des Rechtsanwaltsvergütungsgesetzes ab (OLG Frankfurt a.M., Urteil vom 24. 04. 2007, Az. 11 U 41/6). Den geltend zu machenden Aufwand schätzte das Gericht auf EUR 175,00 (OLG Frankfurt a.M. GRUR-RR 2010, 221, 223). Nach der Wertung des Gesetzes wird man hingegen mit dem **LG Hannover** eine Abrechnung der Preisbindungstreuhänder nach RVG zulassen: „Wenn schon im Gesetz die Tätigkeit eines Rechtsanwalts vorgesehen ist, so kann von diesem Rechtsanwalt nicht verlangt werden, dass dieser auf Basis des Aufwendungsersatzes arbeitet, vielmehr ergibt sich aus dem Gesetz bereits ohne jeden Zweifel, dass ein Rechtsanwalt dann seine Tätigkeit nach RVG abrechnen kann" (LG Hannover, Urteil vom 1. 03. 2011, Az. 25 O 49/10).

51 **3. Prozessuale Besonderheiten. a) Einstweilige Verfügung.** Unterwirft sich der Verletzer nicht, so ist die Beantragung einer **einstweiligen Verfügung** das Mittel der Wahl, da es zumeist um das schnelle Abstellen eines Verstoßes geht. Insoweit gilt über den Verweis in § 9 Abs. 3 BuchPrG die Vergünstigung des § 12 Abs. 2 UWG. Dieser erlaubt, von den Erfordernissen der §§ 935, 940 ZPO abzusehen: Dies bedeutet die **Befreiung** von der Pflicht zur Darlegung und Glaubhaftmachung des Verfügungsgrundes, der **besonderen Dringlichkeit des Anspruchs.** Hierdurch wird die Verfolgung von Preisbindungsverstößen erleichtert, da eine **gesetzliche Vermutung** gilt, wonach die Eilbedürftigkeit der Anspruchsdurchsetzung besteht. Diese Vermutung ist jedoch widerlegbar, etwa wenn der Anspruchsteller mit der Durchsetzung des Anspruchs zu lange wartet. Auch wenn keine starre Frist gilt, werden Ansprüche, die erst nach mehr als einem Monat seit Kenntnis des Verstoßes zum Verfügungsantrag führen, ggf. als nicht mehr dringlich angesehen. Der Verfügungsantrag wird dann wegen des fehlenden Anspruchsgrundes abgewiesen, ohne dass es auf die inhaltliche Begründetheit noch ankäme. Im Übrigen muss der Antragsteller den Verfügungsanspruch bezeichnen und seine tatsächlichen Voraussetzungen glaubhaft machen (§§ 936, 920 Abs. 2 ZPO). Er hat daher grundsätzlich alle Tatsachen darlegen und glaubhaft zu machen, die er auch im Hauptsacheverfahren darlegen und im Streitfall beweisen müsste. Bei der Fassung eines Unterlassungsantrags sind im Interesse eines hinreichenden Rechtsschutzes gewisse Verallgemeinerungen zulässig, sofern auch in dieser Form das Charakteristische der konkreten Verletzungsform zum Ausdruck kommt. Dies hat seinen Grund darin, dass eine Verletzungshandlung die Vermutung der Begehungsgefahr nicht nur für die identische Verletzungsform begründet, sondern auch für alle **im Kern gleichartigen Verletzungshandlungen** (LG Hamburg ZUM-RD 2010,

532). Danach können Preisbindungstreuhänder (OLG Frankfurt a.M., Beschluss vom 31. Mai 2011, Az. 11 W 15/11) und Buchhändler (LG Hamburg ZUM-RD 2010, 352) den Unterlassungsantrag auf **sämtliche preisgebundenen Bücher** erstrecken; Verlage wohl nur auf den konkreten Titel oder nach Lage des Falles die Bücher des eigenen Verlagsprogramms.

b) Örtliche und sachliche Zuständigkeit. Grundsätzlich ist 52
der Rechtsstreit an dem für den **Wohnort oder Sitz des Beklagten** zuständigen Gericht anhängig zu machend (14 Abs. 1 Satz 1 UWG). Der **fliegende Gerichtsstand** nach § 14 Abs. 2 Satz 1 UWG steht in erster Linie dem unmittelbar verletzten Mitbewerber zur Verfügung. Da der **Preisbindungstreuhänder** nicht zu den in § 8 Abs. 3 Nr. 2 bis 4 UWG genannten Personen zählt, kann auch er am jeweiligen Ort der unerlaubten Handlung klagen (§ 14 Abs. 2 Satz 2 UWG). Das ist jeder Ort, an dem ein Buch in den Besitz des Käufers übergeht, aber auch jeder (Erfolgs-)Ort, an dem ein preisbindungswidriges Internet-Angebot bestimmungsgemäß eingesehen werden kann. Da § 14 Abs. 2 Satz 1 UWG eine Verfahrensvorschrift i. S. d. § 9 Abs. 3 BuchPrG ist, gilt der fliegende Gerichtsstand auch bei der gerichtlichen **Durchsetzung der Abmahnkosten** gem. § 14 Abs. 1 Satz 1 UWG („Klagen aufgrund dieses Gesetzes ...").

Sachlich zuständig sind ausschließlich die **Landgerichte,** dort 53
die Kammern für Handelssachen (§§ 13 Abs. 1 UWG, 95 Abs. 1 Nr. 5 GVG). Dies gilt auch bei einem Streitwert bis EUR 5.000,00, also insbesondere bei der gerichtlichen Geltendmachung von Abmahnkosten gem. § 12 Abs. 1 Satz 2 UWG, da auch § 13 Abs. 1 UWG eine Verfahrensvorschrift i. S. d. § 9 Abs. 3 BuchPrG ist („Anspruch auf Grund dieses Gesetzes ...").

c) Beweislast. In Preisbindungsprozessen kommt der Frage der 54
Beweislast eine erhebliche Bedeutung zu. Immer wieder wird von Seiten desjenigen, der auf Unterlassung von Unterpreisverkäufen verklagt wird, eingewandt, kein der Preisbindung unterliegendes Buch unterhalb des gebundenen Ladenpreises verkauft zu haben. Die Klage sei daher mangels Wiederholungsgefahr abzuweisen. Wer aufgrund eigener Aktivlegitimation die Unterlassungsklage führt, ist gut beraten, die Wiederholungsgefahr durch vorangegangene Verstöße zu belegen, die regelmäßig durch **Testkäufe** nachgewiesen werden. Allerdings wird hierbei selbst bei originalverpackten Büchern immer wieder eingewandt, die Bücher seien als Geschenk oder auf Flohmärkten oder aus nicht mehr nachvollziehbaren Quellen gebraucht erworben worden. Da sie bereits einmal zuvor zum gebundenen Ladenpreis erworben worden seien, sei die Preisbin-

dung erschöpft, das Buch gebraucht und daher nicht mehr preisgebunden. Ein Gesetzesverstoß beim Weiterverkauf liege daher nicht vor. Der Kläger und Unterlassungsgläubiger kann diesen Vortrag im Regelfall nicht widerlegen und nur vom unbenutzten Zustand des Buches und der Gewerbs- oder Geschäftsmäßigkeit des handelnden Verkäufers auf einen Preisbindungsverstoß schließen. Die Rechtsprechung sieht den **Händler** hier in der Beweispflicht: Wer geschäftsmäßig neue Bücher an Letztabnehmer unter dem nach § 5 BuchPrG festgesetzten Endpreis verkauft, muss darlegen und beweisen, dass das Buch nicht oder nicht mehr der Preisbindung unterliegt (OLG Frankfurt a.M. GRUR-RR 2010, 221). Es muss also regelmäßig der Verkäufer beweisen, dass die von ihm unterhalb des gebundenen Ladenpreises angebotenen Bücher tatsächlich im Rechtssinne „gebraucht" erworben wurden.

55 **4. Verjährung.** Das Buchpreisbindungsgesetz regelt die Frage nicht, ab wann der Verletzer die **Einrede der Verjährung** geltend machen kann. Da dies keine Verfahrensfrage ist, verweist Abs. 3 nicht auf § 11 UWG. Es gilt daher die **Regelverjährung des § 195 BGB,** die alle privatrechtlichen Ansprüche erfasst, sofern durch Gesetz oder Rechtsgeschäft keine anderen Fristen bestimmt sind. Die Verjährung von Preisbindungsverstößen beträgt somit **drei Jahre.** Sie beginnt nach § 199 Abs. 1 BGB mit dem **Schluss des Jahres,** in dem der Anspruch entstanden ist und der Anspruchsberechtigte von den den Anspruch begründenden Umständen und der Person des Verletzers **Kenntnis** erlangt hat oder ohne grobe Fahrlässigkeit hätte erlangen können. Für den Schadensersatzanspruch sieht § 199 Abs. 3 BGB Höchstfristen vor.

§ 10 Bucheinsicht

(1) **Sofern der begründete Verdacht vorliegt, dass ein Unternehmen gegen § 3 verstoßen hat, kann ein Gewerbetreibender, der ebenfalls Bücher vertreibt, verlangen, dass dieses Unternehmen einem von Berufs wegen zur Verschwiegenheit verpflichteten Angehörigen der wirtschafts- oder steuerberatenden Berufe Einblick in seine Bücher und Geschäftsunterlagen gewährt. Der Bericht des Buchprüfers darf sich ausschließlich auf die ihm bekannt gewordenen Verstöße gegen die Vorschriften dieses Gesetzes beziehen.**

(2) **Liegt eine Zuwiderhandlung vor, kann der Gewerbetreibende von dem zuwiderhandelnden Unternehmen die Erstattung der notwendigen Kosten der Buchprüfung verlangen.**

Übersicht

I. Gesetzgeberischer Zweck

Die Möglichkeit einer Bucheinsicht ist notwendig, um eine **effektive Verfolgung von Preisbindungsverstößen** zu gewährleisten, da der klageführende Wettbewerber die Tatsachen, die seinem Anspruch zugrunde liegen, beweisen muss. Dem Wettbewerber soll die **Beweisführung** erleichtert werden. Sein Anspruch auf Bucheinsicht tritt damit neben den **allgemeinen Auskunftsanspruch** nach § 9 Abs. 1 BuchPrG und wird im Regelfall schneller zum Ziel führen, da die Auskunftserteilung nur eingeklagt werden muss, wenn sich der potentielle Verletzer der Bucheinsicht widersetzt. Auch setzt der Auskunftsanspruch nach § 9 Abs. 1 bestehende Schadensersatzansprüche voraus. Häufig werden jedoch auch Mitbewerber, denen selbst kein unmittelbarer Schaden entstanden ist, zumindest einen Anspruch auf Unterlassung geltend machen wollen. Die Bucheinsicht nach § 10 dient auch dazu, dem Mitbewerber die Durchsetzung eines Unterlassungs- oder Beseitigungsanspruches zu ermöglichen. Damit reicht § 10 weiter als der Auskunftsanspruch nach § 9. Der Anspruch auf Bucheinsicht hat im übrigen Tradition. Nach A Nr. 7 des Sammelreverses 2000 verpflichtete sich der gebundene Händler, einem vereidigten Buchprüfer Einblick in seine Bücher einschließlich der Geschäftsunterlagen zu geben, wenn die **begründete Vermutung** bestand, dass er gegen die Preisbindung verstieß. Zwischenbuchhändler mussten sich darüber hinaus bereit erklären, auch ohne Anlass einem Buchprüfer offenzulegen, dass sie nur reversgebundene Firmen mit Händlerrabatt belieferten. Die Buchprüfer hatten sich gegenüber den Händlern bei Beginn der Prüfung zu verpflichten, über alle ihnen durch die Prüfung bekannt werdenden Vorgänge, die nicht Preisbindungsverstöße betreffen, Stillschweigen zu bewahren. Dieser Sammelreversregelung ist § 10 nachgebildet. Das österreichische Gesetz kennt keinen vergleichbaren Anspruch. 1

II. Buchprüfung (Abs. 1)

2 **1. Begründeter Verdacht.** Der Anspruch des Wettbewerbers auf Bucheinsicht setzt den „begründeten Verdacht“ voraus, dass ein Unternehmen gegen seine Verpflichtungen aus § 3 BuchPrG verstoßen hat. Damit ist das Bucheinsichtsrecht auf Fälle beschränkt, in denen der **Verdacht** besteht, dass ein Buchverkäufer Bücher an Letztabnehmer zu anderen als den nach § 5 festgesetzten Preisen veräußert hat. Andere Zuwiderhandlungen begründen demnach kein Bucheinsichtsrecht. Ein „begründeter Verdacht“ bedeutet weniger als der strafprozessuale „dringende Tatverdacht“ und auch weniger als „Glaubhaftmachung“, die Voraussetzung für den Erlass einer einstweiligen Verfügung. Der begründete Verdacht reicht für das Verlangen auf Bucheinsicht aus. Dies ist wichtig, weil gerade in gravierenden Fällen – etwa bei Großaufträgen – Testkäufe ausscheiden und eindeutige Beweismittel selten zur Verfügung stehen. Ein begründeter Verdacht liegt daher vor, wenn **Tatsachen** nachweisbar sind, die bei lebensnaher Betrachtung auf einen Preisbindungsverstoß gem. § 3 schließen lassen. Nach der Begründung zum Gesetz (BT-Drucks. 334/02, S. 25) ist Zweck der Norm die **Beseitigung einer Beweisnot.** Dem Wettbewerber soll für die effektive Verfolgung von Preisbindungsverstößen die Beweisführung erleichtert werden und er, bzw. der Buchprüfer, soll deshalb bereits bei einem begründeten Verdacht ein Recht auf Bucheinsicht haben. Die Bucheinsicht ist zum Beweis einer Verletzungshandlung aber nicht erforderlich, wenn die Verletzung bereits feststeht. Der Anspruch auf Bucheinsicht, der der Verwirklichung des Grundsatzes der Verhältnismäßigkeit dient (vgl. BT-Drs. 334/02, S. 25) und bereits bei Verdacht eingreift, darf nicht zur allgemeinen Ausforschung der Gegenseite missbraucht werden. Er greift daher nur dann ein, wenn der Verletzte die hierdurch gewonnene Kenntnis zur Durchsetzung seiner Ansprüche benötigt und soweit kein milderes in gleicher Weise geeignetes Mittel zur Verfügung steht (LG Hamburg MMR 2010, 413 ff.).

3 **2. Anspruchsinhaber.** Den Anspruch auf Auskunft kann **jeder Gewerbetreibende** geltend machen, der ebenfalls Bücher vertreibt. Dies ist der gleiche Personenkreis, der nach § 9 Abs. 2 Nr. 1 zur Geltendmachung von Unterlassungsansprüchen aktivlegitimiert ist. Der Begriff des Gewerbetreibenden ist somit auch hier weit zu verstehen: Erfasst sind in erster Linie Buchhändler, Zwischenbuchhändler und Verlage, darüber hinaus aber auch natürliche und juristische Personen, die geschäftsmäßig Bücher verkaufen,

ohne in der Absicht dauernder Gewinnerzielung zu handeln (z. B. Freiberufler und Vereine).

3. Buchprüfer. Wer auf Grund eines begründeten Verdachts eine Bucheinsicht dulden muss, hat lediglich einem zur Verschwiegenheit verpflichteten **Angehörigen der wirtschafts- oder steuerberatenden Berufe** Einblick in seine Bücher und Geschäftsunterlagen zu gestatten. Das sind Rechtsanwälte, Wirtschaftsprüfer, vereidigte Buchprüfer, Steuerberater, Steuerbevollmächtigte oder Organe oder Mitglieder eines Organs einer Rechtsanwalts-, Wirtschaftsprüfungs-, Buchprüfungs- oder Steuerberatungsgesellschaft (§ 203 Abs. 1 Nr. 3 StGB). Durch die gesetzliche Beschränkung auf zur Verschwiegenheit verpflichtete Personen soll sichergestellt werden, dass die Bucheinsicht nicht zur **Ausforschung des Konkurrenten,** sondern lediglich zur **Ermittlung konkreter Preisbindungsverstöße** durchgeführt wird. Dementsprechend darf sich der Bericht des Buchprüfers ausschließlich auf die ihm im Zusammenhang mit der Bucheinsicht bekanntgewordenen Verstöße gegen § 3 erstrecken. Hinsichtlich aller anderen Tatsachen, die dem Prüfer bekannt werden, insbesondere Umsatzzahlen, Geschäftsverbindungen und sonstige Geheimnisse aus dem persönlichen und geschäftlichen Bereich des Geprüften, dürfen im Prüfungsbericht nicht enthalten sein. Der Strafschutz der beruflichen Schweigepflicht ist in § 203 ff. StGB geregelt. Wer als Buchprüfer ihm bekannt gewordene Betriebs- oder Geschäftsgeheimnisse offenbart, kann nach § 203 Abs. 1 StGB mit Freiheitsstrafe bis zu einem Jahr oder mit Geldstrafe bestraft werden. Handelt der Prüfer gegen Entgelt oder in der Absicht, sich oder einen anderen zu bereichern oder einen anderen zu schädigen, so kann dies mit Freiheitsstrafe bis zu zwei Jahren oder Geldstrafe bestraft werden. 4

4. Einblick in Bücher und Geschäftsunterlagen. Jeder Kaufmann ist verpflichtet, **Bücher** zu führen und in diesen seine Handelsgeschäfte nach den **Grundsätzen ordnungsmäßiger Buchführung** ersichtlich zu machen. Der Kaufmann muss Handelsbücher führen und Inventare und Bilanzen errichten. Diese muss der Unternehmer dem Buchprüfer vorlegen. Ebenso Handelsbriefe und Buchungsbelege, Kontoauszüge und alle sonstige Unterlagen, aus denen sich Tatsachen ergeben können, die zur Erledigung des Auftrages für den Buchprüfer von Bedeutung sein können. Hierzu gehört auch, dass der Unternehmer dem Prüfer Einblick in seine elektronische Datenverarbeitung gewährt und ihm hierzu die notwendigen Informationen erteilt und Auskünfte gibt. 5

III. Kosten der Buchprüfung (Abs. 2)

6 Kommt der Buchprüfer in seinem Bericht zu dem Ergebnis, dass ein Verstoß gegen § 3 BuchPrG vorliegt, so hat das zuwiderhandelnde Unternehmen demjenigen Gewerbetreibenden, der die Buchprüfung veranlasst hat, die **Kosten des Prüfers** zu erstatten. Konnte ein Verstoß nicht festgestellt werden, so trägt der die Buchprüfung veranlassende Gewerbetreibende die Kosten des Prüfers selbst. Über die Person des Buchprüfers entscheidet der Gewerbetreibende, der ihn mit der Buchprüfung beauftragt, nicht der zuwiderhandelnde Unternehmer. Demgemäß ist Auftraggeber der Buchprüfung und damit Vertragspartner des Prüfers jeweils der Gewerbetreibende selbst.

§ 11 Übergangsvorschrift

Von Verlegern oder Importeuren vertraglich festgesetzte Endpreise für Bücher, die zum 1. Oktober 2002 in Verkehr gebracht waren, gelten als Preise im Sinne von § 5 Abs. 1.

Übersicht

I. Gesetzgeberischer Zweck

1 Die Übergangsvorschrift diente der Vermeidung unnötiger Belastungen für die Marktteilnehmer durch das Inkrafttreten des Gesetzes und den damit verbundenen Wechsel von der vertraglichen Preisbindung auf freiwilliger Basis zum gesetzlichen Preisbindungszwang. Die Regelung hat tatsächlich dafür gesorgt, dass sich dieser Übergang **völlig reibungslos** vollzog. Aufgrund des Zeitablaufs seit Inkrafttreten des Gesetzes ist § 11 BuchPrG nur noch in wenigen Ausnahmefällen von praktischer Bedeutung. Die Übergangsregelung entspricht § 10 des österreichischen Buchpreisbindungsgesetzes. Nicht geregelt hat der deutsche Gesetzgeber – ebenso wenig wie der österreichische – die Frage, wie es sich mit Büchern verhält, die zum Zeitpunkt des Inkrafttretens des neuen Gesetzes gar nicht preisgebunden waren,

weil entweder der Verleger von der Möglichkeit der Preisbindung keinen Gebrauch gemacht oder die Preisbindung aufgehoben hatte. Ausweislich der Begründung zu § 11 dient die Übergangsvorschrift insgesamt dazu, im Wege einer **pragmatischen Lösung** die mit dem Übergang verbundenen Belastungen für den Buchhandel so gering wie möglich zu halten. Auch zu der somit nicht geregelten Frage der Behandlung bislang nicht preisgebundener Bücher sollten daher praktikable Regelungen gefunden werden (Rn. 5 ff.).

II. Vertraglich festgesetzte Preise

1. Endpreise. Soweit das Gesetz von **„vertraglich" festgesetzten Endpreisen** spricht, ist dies nicht korrekt: Unter dem alten Vertragssystem setzte der Verleger einseitig die Preise fest, nicht vertraglich. Die Händler waren lediglich auf Grund der vertraglichen Bindungen verpflichtet, diese einseitig festgesetzten Preise auch einzuhalten. Der Gesetzeswortlaut suggeriert, dass Verleger und Händler sich vertraglich auf bestimmte Preise hätten einigen müssen, was jedoch nicht der Fall war. Die zuvor festgesetzten Preise wurden zum Stichtag 1. Oktober 2002 gesetzlich gebunden. Damit war zunächst der Endpreis des jeweiligen Buches gemeint, wie er insbesondere im Verzeichnis lieferbarer Bücher, aber auch entsprechend der jeweiligen Veröffentlichung im Börsenblatt, in Verlagsmitteilungen, den Barsortimentskatalogen etc. bekanntgemacht wurde. 2

2. Sonderpreise. Die zuvor festgesetzten Preise gelten dem Wortlaut nach ab Inkrafttreten des Gesetzes als Preise i. S. v. § 5 Abs. 1. Diese Regelung bezieht sich somit zunächst nur auf den **gebundenen Endpreis.** Allerdings ergäbe es keinen Sinn, würden nicht auch die zuvor von den Verlagen gebundenen Sonderpreise nach Abs. 4, also insbesondere Serienpreise, Mengenpreise sowie Sonderpreise für Institutionen und Abonnenten, ihre Gültigkeit behalten. Dementsprechend waren die Preise ab dem 1. Oktober 2002 so gebunden, wie sie auch zuvor festgesetzt waren, also inklusive der jeweils festgesetzten Sonderpreise. Eine **Neufestsetzung des Preises** war jedoch dann zu veranlassen, wenn die bislang vertraglich gebundenen Preise unter der neuen gesetzlichen Regelung nicht mehr den – bislang ja nicht zu beachtenden – Anforderungen nach § 5 Abs. 2 und 3 entsprachen. 3

3. Vertragliche Festsetzung. Ab dem 1. Oktober 2002 galten diejenigen Preise, die der Verlag zu diesem **Stichtag** vertraglich festgesetzt hatte. Die Bücher mussten aber bereits vor dem 1. Oktober 2002 auch in Verkehr gebracht worden sein. Für Bücher, die 4 erst am 1. Oktober oder nach dem 1. Oktober 2002 in Verkehr gebracht wurden, mussten neue Preise festgesetzt und bekanntgemacht werden. Für zuvor vertraglich gebundene Bücher spielte es keine Rolle, auf welche Weise der Verlag seine Preisbindung organisiert hatte. Im Regelfall wird die Bindung durch Beteiligung am Sammelreversverfahren durchgeführt worden sein.

III. Bücher ohne Preisbindung

5 **1. Bücher, die nie preisgebunden waren.** Das Gesetz sieht eine wesentliche **Zäsur** vor: Bis zum 30. September 2002 gab es sowohl preisgebundene als auch nicht preisgebundene Bücher. Seit dem 1. Oktober 2002 bestimmt das Gesetz grundsätzlich für alle Bücher die Einbeziehung in die Preisbindung. § 5 Abs. 1 bestimmt, dass jeder Verleger oder Importeur verpflichtet ist, für die von ihm verbreiteten Bücher einen Endpreis festzusetzen. Dies bedeutet in der Konsequenz, dass auch für Bücher, die noch unter dem alten System ausgeliefert wurden, aber nie preisgebunden waren, ab 1. Oktober 2002 der **Zwang zur Preisbindung** greift. Verleger und Importeure, die für einzelne oder sämtliche von ihnen vertriebenen Bücher keine Preise festgelegt hatten, waren ab 1. Oktober 2002 hierzu verpflichtet. Dabei konnte man im Sinne einer vom Gesetzgeber gewünschten praxisnahen Normauslegung annehmen, dass – mangels anderweitiger Willenserklärungen der Verleger oder Importeure – die zuvor gem. § 23 GWB a. F. unverbindlich empfohlenen Ladenpreise als diejenigen Preise gelten sollten, die ab dem 1. Oktober 2002 zu binden waren. Denn die unverbindlich empfohlenen Preise sind von den Verlagen ja gerade für das jeweilige Buch als angemessen empfohlen worden, ansonsten wäre ja die Empfehlung nach § 23 GWB a. F. **missbräuchlich** gewesen.

6 Hatte der Verleger oder Importeur die Preise weder gebunden noch unverbindlich empfohlen, so war er ab 1. Oktober 2002 verpflichtet, die Preise für alle von ihm vertriebenen Bücher festzusetzen. Dies galt auch dann, wenn Händler vor Inkrafttreten des Gesetzes Bücher erworben hatten, die sie erst nach dem Stichtag verkauften. Insbesondere größere Händler sollten nicht die Möglichkeit haben, durch eine umfangreiche Bevorratung von Büchern vor dem 1. Oktober für die Zeit danach Vorteile auf dem Markt zu erzielen.

7 Unerheblich für die Pflicht zur Preisbindung ab dem 1. Oktober 2002 war auch die **18-Monats-Regelung** von § 8 Abs. 1. Der Pflicht zur Preisbindung unterlagen Verleger und Importeure somit auch hinsichtlich ihrer Bücher, die nie preisgebunden waren und die vor mehr als 18 Monaten vor Inkrafttreten des Gesetzes ausgeliefert

worden waren. Der Verlag hatte die Möglichkeit, die zunächst in die gesetzliche Preisbindung einbezogenen Titel dann durch ausdrückliche Erklärung aus der Preisbindung herauszunehmen. Dies war dem Buchhandel bekanntzumachen, der selbst nicht in der Lage ist, festzustellen, für welche bisher nicht preisgebundenen Titel die 18-Monats-Frist überschritten war. Damit galt der Zwang zur Preisbindung grundsätzlich für alle Bücher, die zuvor nicht preisgebunden waren ohne Rücksicht auf den Zeitpunkt ihres Erscheinens.

2. Bücher, deren Preisbindung aufgehoben wurde. Anders 8
zu beurteilen ist die Situation, wenn vor Inkrafttreten des neuen Gesetzes die Preisbindung für ehemals preisgebundene Bücher aufgehoben wurde. Hiervon betroffen waren insbesondere die vielen tausend Titel, die im **modernen Antiquariat** und in den Wühltischen der Buchhandlungen verramscht wurden. Das kurzfristige Festsetzen eines Preises, um diesen dann notgedrungen sofort wieder aufzuheben, wäre ein überflüssiger Formalismus gewesen. Damit unterfielen diejenigen Bücher nicht mehr dem Preisbindungszwang, die vor Inkrafttreten des Gesetzes irgendwann einmal gebunden waren, deren Preisbindung jedoch vom Verlag oder Importeur vor dem 1. Oktober 2002 wieder aufgehoben wurde.

3. Vertragsprobleme. Ein eher dogmatisches als praktisches 9
Problem war der Fall, dass ein Kaufvertrag zwischen einem Buchhändler und einem Endabnehmer über zuvor preisfreie Bücher vor Inkrafttreten des Gesetzes zustande gekommen war, die Bücher aber erst nach dem 1. Oktober 2002 übereignet wurden, zu einem Zeitpunkt also, in dem sie gebunden waren. Der Buchhändler stand in diesem Fall da, wie der bemitleidenswerte Held in der griechischen Tragödie: Er musste sich zwischen zwei jeweils falschen Wegen entscheiden. Denn entweder brach er den mit dem Kunden geschlossenen Vertrag – oder er verletzte das Preisbindungsgesetz. Letztlich ging die gesetzliche Verpflichtung zur Einhaltung des gebundenen Ladenpreises bei der Veräußerung der Bücher einer vertraglichen Verpflichtung gegenüber Letztabnehmern vor. Eine solche Situation war daher ein Fall des **Wegfalls der Geschäftsgrundlage,** der zu einer Anpassung des Vertrages an die geänderten Verhältnisse führen musste. Der Buchhändler war auf Grund der Gesetzeslage verpflichtet, die gebundenen Preise einzuhalten und eine Anpassung des Vertrages an den gebundenen Preis zu verlangen (§ 313 Abs. 1 BGB). Dem Buchhändler war nicht zuzumuten, einen Gesetzesverstoß zu begehen, nur um seinen vertraglichen Verpflichtungen nachzukommen (a. A. LG Bonn Az.: 13 O 166/03, das eine Rückwirkung des Gesetzes ablehnt und auf das Datum des Abschlusses des schuldrechtlichern Kaufvertrages abstellt).

3. Gesetz gegen Wettbewerbsbeschränkungen (§ 30 GWB)

In der Fassung der Bekanntmachung vom 15. Juli 2005 (BGBl. I S. 2114),

geändert durch Art. 2 Abs. 18 Ges. v. 12. 8. 2005 (BGBl. I S. 2354) und Art. 1 Ges. v. 1. 9. 2005 (BGBl. I S. 2676)

§ 30 Preisbindung bei Zeitungen und Zeitschriften

(1) **§ 1 gilt nicht für vertikale Preisbindungen, durch die ein Unternehmen, das Zeitungen oder Zeitschriften herstellt, die Abnehmer dieser Erzeugnisse rechtlich oder wirtschaftlich bindet, bei der Weiterveräußerung bestimmte Preise zu vereinbaren oder ihren Abnehmern die gleiche Bindung bis zur Weiterveräußerung an den letzten Verbraucher aufzuerlegen. Zu Zeitungen und Zeitschriften zählen auch Produkte, die Zeitungen oder Zeitschriften reproduzieren oder substituieren und bei Würdigung der Gesamtumstände als überwiegend verlagstypisch anzusehen sind, sowie kombinierte Produkte, bei denen eine Zeitung oder Zeitschrift im Vordergrund steht.**

(2) **Vereinbarungen der in Absatz 1 bezeichneten Art sind, soweit sie Preise und Preisbestandteile betreffen, schriftlich abzufassen. Es genügt, wenn die Beteiligten Urkunden unterzeichnen, die auf eine Preisliste oder auf Preismitteilungen Bezug nehmen. § 126 Abs. 2 des Bürgerlichen Gesetzbuches findet keine Anwendung.**

(3) **Das Bundeskartellamt kann von Amts wegen oder auf Antrag eines gebundenen Abnehmers die Preisbindung für unwirksam erklären und die Anwendung einer neuen, gleichartigen Preisbindung verbieten, wenn**

1. die Preisbindung missbräuchlich gehandhabt wird oder
2. die Preisbindung oder ihre Verbindung mit anderen Wettbewerbsbeschränkungen geeignet ist, die gebundenen Waren zu verteuern oder ein Sinken ihrer Preise zu verhindern oder ihre Erzeugung oder ihren Absatz zu beschränken.

Übersicht

I. Gesetzgeberischer Zweck

Während die Buchpreisbindung seit vielen Jahren Gegenstand heftiger Stürme und Auseinandersetzungen ist, segelt die Preisbindung für Zeitungen und Zeitschriften sei jeher auf ruhiger See. Für Zeitungen und Zeitschriften verblieb es nach Inkrafttreten des Gesetzes zur Regelung der Preisbindung bei Verlagserzeugnissen bei der zunächst durch § 15 GWB a. F., jetzt durch § 30 GWB gesetzlich erlaubten vertikalen Preisbindung. Die **Preisbindung für Verlagserzeugnisse** basiert damit seit 1. Oktober 2002 auf zwei unterschiedlichen Regelungen: Bücher und buchnahe Produkte unterliegen dem Zwang zur Preisbindung nach dem Gesetz über die Preisbindung für Bücher. Zeitungen und Zeitschriften können hingegen nach § 30 Abs. 1 GWB im Preis gebunden werden, eine Verpflichtung hierzu besteht indes nicht. Die Verlage erhalten insoweit ein Privileg, von dem sie Gebrauch machen können, aber nicht müssen. Verlagserzeugnisse, die weder Bücher i. S. d. Buchpreisbindungsgesetzes noch Zeitungen oder Zeitschriften i. S. d. § 30 Abs. 1 GWB sind, können und dürfen nicht preisgebunden werden. Die Zeitschriftenpreisbindung ist mit **europäischem Kartellrecht** vereinbar, sofern sie den 1 zwischenstaatlichen Handel nicht spürbar beeinträchtigt und der Gewährleistung publizistischer Vielfalt dient. Weiterhin wird angenommen, Vereinbarkeitsvoraussetzung sei zudem die Pflicht des Verlegers, unverkaufte Exemplare zurück zu nehmen (*Alexander,* GRUR Int 2010, 803, 810).

2 Das Gesetz geht von der **Erforderlichkeit** aus, die Preisbindung bei Zeitungen und Zeitschriften zu ermöglichen, weil der Staat verpflichtet sei, die **Pressefreiheit** zu schützen. Zur Pressefreiheit zählt auch der Vertrieb von Presseprodukten (BVerfGE 77, 346, 354 f.). Die Möglichkeit der Preisbindung für Zeitungen und Zeitschriften dient vorrangig dem Ziel, Zeitungen und Zeitschriften auch weiterhin überall erhältlich zu machen. Die in § 30 GWB eröffnete Möglichkeit, Preise für Zeitungen und Zeitschriften zu binden, ohne eine Rechtspflicht dazu anzuordnen, hat sich nach Auffassung des Gesetzgebers in der Praxis bewährt: Nahezu alle Verlage von Zeitungen und Publikumszeitschriften haben von der Möglichkeit einer Preisbindung Gebrauch gemacht und gewährleisten damit eine flächendeckende Versorgung der Bevölkerung mit Presseerzeugnissen. Die **EU-Kommission** stellte die Zulässigkeit der in § 30 GWB verankerten Erlaubnis zur Preisbindung für Zeitungen und Zeitschriften nie in Frage (Begründung zu Art. 2 – Änderung des GWB, BT-Drucks. 14/9196, S. 14). Da die EU-rechtliche Problematik, die für die Preisbindung von Büchern bestand, nach Auffassung des Gesetzgebers für Zeitungen und Zeitschriften nicht besteht, ist § 15 Abs. 1 Satz 2 und 3 a. F. zur Sicherung der Preisbindung im grenzüberschreitenden Handels weggefallen.

II. Ausnahme vom Verbot des § 1 GWB (Abs. 1)

3 § 1 GWB verbietet Vereinbarungen zwischen Unternehmen und aufeinander abgestimmte Verhaltensweisen, die eine Verhinderung, Einschränkung oder Verfälschung des Wettbewerbs bezwecken oder bewirken. Von diesem Verbot sieht § 30 Abs. 1 eine **Ausnahme für vertikale Preisbindungen** vor, durch die Unternehmen, die Zeitungen und Zeitschriften herstellen, die Abnehmer dieser Erzeugnisse rechtlich oder wirtschaftlich binden. Eine vertikale Bindung liegt vor, wenn es sich um eine Bindung zwischen zwei oder mehr Unternehmen handelt, von denen jedes auf unterschiedlichen Vertriebsstufen tätig ist durch welche die Preise festgesetzt werden, zu denen die Parteien Zeitschriften beziehen oder verkaufen können.

4 **1. Durchführung der Preisbindung von Zeitschriften.** Die Verlage können ihre Abnehmer rechtlich oder wirtschaftlich binden. Verlag ist, wer die Herstellung der Zeitschrift veranlasst, ihren Inhalt

verantwortet und das wirtschaftliche Risiko trägt. Abnehmer ist der belieferte Groß- oder Einzelhändler. Die Preise für Zeitungen und Zeitschriften werden traditionell nach zwei verschiedenen Systemen gebunden: Die **Publikumsverlage** binden die Preise ihrer Druckschriften über das sog. **Presse-Grosso.** Die Verleger von **Fachzeitschriften** waren traditionell auch Verleger von Fachbüchern und als solche bereits vor Inkrafttreten des BuchPrG am Sammelrevers beteiligt. Die Preisbindungsverpflichtung der Buchhändler gegenüber den Fachverlagen bezog sich daher auch stets auf die gebundenen Preise der Fachzeitschriften. Allerdings haben auch eine Reihe von Verlagen auf eine Preisbindung ihrer Fachzeitschriften ganz verzichtet, insbesondere wenn sie auf internationalen Märkten vertrieben wurden. Die Möglichkeit der Nichtpreisbindung wollte man den betroffenen Verlagen auch nach der neuen Gesetzeslage ab 1. Oktober 2002 belassen. Nach Inkrafttreten des Gesetzes an diesem Tag mussten sich die Verlage von Fachzeitschriften entscheiden, ob sie die Preise ihrer Zeitschriften binden wollten oder nicht. Denjenigen Verlagen, die sich für eine Preisbindung entschieden haben, steht weiterhin der **Sammelrevers** in seiner entsprechend geänderten Fassung zur Verfügung (abgedruckt als Anhang I). Dieser Sammelrevers ist in seinem Teil B nun auf die besonderen Regelungen für Fachzeitschriften zugeschnitten, enthält im Übrigen aber eine Vielzahl der bereits bekannten Regelungen (Verbot von Zugaben, Vereinbarung einer Konventionalstrafe etc.).

2. Reproduktionen und Substitutionen. Die Verlage können 5
auch Produkte im Preis binden, die ihrerseits keine selbstständigen Zeitungen oder Zeitschriften sind, aber solche reproduzieren oder substituieren (Abs. 1 Satz 2). Der Wortlaut ist insoweit § 2 Abs. 1 Nr. 3 BuchPrG nachgebildet. Die Reproduktion setzt eine **inhaltliche Übereinstimmung** mit der Printausgabe der Zeitschrift voraus. Eine Substitution liegt vor, wenn das neue Medium nach seiner Eigenart dazu bestimmt ist, die Printausgabe zu ersetzen. Entscheidend ist auch hier, ob das neue technische Produkt grundsätzlich geeignet ist, die auf ein herkömmliches, gedrucktes Erzeugnis gerichtete Nachfrage ganz oder teilweise zu befriedigen. Ein Produkt ist dann als Substitut einer Zeitung oder Zeitschrift preisbindungsfähig, wenn es Lesestoff enthält, welcher dem Benutzer typischerweise in herkömmlichen Zeitungen oder Zeitschriften zur Verfügung steht. Auch bei Presseerzeugnissen ist die Schrift, die **Lesbarkeit** oder Bildhaftigkeit des neuen Produktes unverzichtbar (*Fezer,* WRP 1994, 669, 676). Dabei reicht es auch hier aus, dass die substituierende Wirkung eines Produkts nach dessen Eigenart zu bejahen ist:

Es bedarf somit keines gedruckten Äquivalents der Zeitung oder Zeitschrift. Voraussetzung ist lediglich, dass das substituierende Produkt ein Erzeugnis darstellt, das auch als Zeitung oder Zeitschrift vorstellbar wäre. Ob eine solche Zeitung oder Zeitschrift tatsächlich auch in herkömmlicher Form existiert, ist hingegen nicht von Bedeutung. Viele Fachzeitschriften erscheinen nicht mehr in gedruckten Ausgaben. Die digital verfügbaren Ausgaben ersetzen somit gar nicht vorhandene Druckausgaben, sind aber dennoch geeignet, die insoweit bestehende Nachfrage zu befriedigen. Der Preisbindung können somit insbesondere Text-CD-ROM auch dann unterliegen, wenn sie über Datenbanken und Suchfunktionen verfügen (BGH NJW 1997, 1911, 1913 – NJW auf CD-ROM). Entsprechendes gilt für **E-Paper und E-Journals.** Multimediale Inhalte nehmen dem Produkt die Bindungsfähigkeit, wenn die multimedialen Faktoren im Verhältnis zum Text mehr als eine untergeordnete, veranschaulichende, die Wahrnehmung erleichternde oder sonstwie dienende Funktion haben.

6 Der Preisbindung können nur solche Zeitungen oder Zeitschriften unterliegen, die bei **Würdigung der Gesamtumstände** als überwiegend verlagstypisch anzusehen sind. Es muss sich somit um Produkte handeln, die entweder üblicherweise von Zeitungs- oder Zeitschriftenverlagen hergestellt werden oder die ihrer Eigenart nach typischerweise über den Zeitungs-, Zeitschriften- oder Buchmarkt vertrieben werden. Bei neuen Produkten tritt indes die Bedeutung des Vertriebsweges zurück, da zu Anfang nicht absehbar ist, über welche Vertriebswege solche Produkte in erster Linie abgesetzt werden. Online-Ausgaben von Zeitschriften sind trotz gänzlich anderer Vertriebswege als überwiegend verlagstypisch anzusehen (*Bechtold,* § 30, Rn. 9; *Jan Nordemann,* LMR, § 30, Rn. 16; *Waldenberger,* NJW 2002, 2914, 2918; a. A. *Hess,* AfP 2011, 223, 226). Dass elektronische Zeitschriften einen anderen Vertriebsweg haben als gedruckte Zeitschriften nimmt ihnen nicht die Verlagstypizität. Es macht insoweit keinen Unterschied, ob eine von einem Verlag herausgegebene Zeitschrift als Printprodukt oder E-Journal verbreitet wird. Verlagstypisch i. S. d. § 30 Abs. 1 S. 2 GWB sind periodisch erscheinende Produkte, die ein Impressum aufweisen und für deren Inhalt üblicherweise Presseverlage verantwortlich zeichnen.

7 **3. Kombinierte Produkte.** Nach § 30 Abs. 1 Satz 2 GWB können auch **kombinierte Produkte** preisgebunden werden, bei denen eine Zeitung oder Zeitschrift im Vordergrund steht. Die Frage der Preisbindungsfähigkeit stellt sich immer dann, wenn eine Zeitschrift gemeinsam mit einer anderen Sache oder Dienstleistung verkauft

wird. Notwendig ist, dass das Kombinationsangebot eine Funktionseinheit darstellt. Ein kombiniertes Objekt liegt daher nur dann vor, wenn ein preisbindungsfähiges Presseerzeugnis mit einer anderen Ware zusammengefügt und zu einem **Gesamtpreis** angeboten wird (*Jan Nordemann,* LMR, § 30 Rn. 17; *Soppe,* WRP 2005, 565, 567; *Fezer,* WRP 1994, 669,676). Voraussetzung für die Bindungsfähigkeit ist, dass bei dem kombinierten Produkt eine Zeitung oder Zeitschrift im Vordergrund steht. Werden ihrerseits preisgebundene Produkte – etwa Bücher – beigegeben, so darf der Gesamtpreis des kombinierten Produkts nicht von der Summe der Einzelpreise abweichen (*Soppe,* WRP 2005, 565, 568).

Es kommt nicht darauf an, ob die beigefügte Nebenware als Zusatz den Inhalt der Zeitschrift ergänzt oder ob es sich um eine branchenfremde Zugabe handelt (BGH NJW-RR 2006, 409, 411). Der BGH hatte den Fall der Zugabe einer Sonnenbrille zu einer Jugendzeitschrift zu entscheiden. Ob das kombinierte Objekt preisgebunden sei hinge davon ab, ob es sich nach Ankündigung, Aufmachung und Vertriebsweg aus Sicht des Verbrauchers insgesamt noch als **Presseerzeugnis** darstelle. Das Wertverhältnis zwischen Buch und Zugabe kann ein Indiz dafür sein, ob das Buch oder die Zugabe als Hauptsache anzusehen ist: Ist die Zugabe aus Sicht des Verbrauchers höher- oder gleichwertig wie das Presseerzeugnis, wird das Bundle regelmäßig nicht preisgebunden sein (vgl. eingehend hierzu *Soppe,* WRP 2005, 565 ff.; *Bahr,* LB § 30 Rn. 22). Die Grenzen sind jedoch fließend. Die Beigabe einer „no-name"-Sonnenbrille schadet der Preisbindung der Zeitschrift nicht (BGH NJW-RR 2006, 410 ff.). Anders wird der Fall bei einem aus Zeitschrift und Film-DVD bestehenden Bundle zu beurteilen sein, bei dem die DVD aus Sicht des Verbrauchers nach ihrer Wertigkeit im Vordergrund steht. Denn dies liefe auf die durch das Gesetz verbotene Preisbindung einer DVD mit einer Zeitschrift als Beigabe hinaus. 8

4. Rechtliche und wirtschaftliche Bindung. Die Preisbindung kann nur durch **Vertrag** begründet werden, da es sich bei der rechtlichen wie bei der wirtschaftlichen Bindung um vertragliche Bindungen der Abnehmer handelt. Eine rechtliche Bindung liegt vor, wenn der gebundene Vertragspartner durch den Vertrag verpflichtet wird, bei der Weiterveräußerung bestimmte Preise oder Konditionen zu vereinbaren. Entscheidend ist, dass der berechtigte Teil einen vertraglichen Anspruch auf Beachtung der Bindungen bei Abschluss des Zweitvertrages hat, so dass er bei Verstößen hiergegen **Erfüllung oder Schadensersatz** verlangen kann. Eine wirtschaftliche Bindung liegt vor, wenn der gebundene Vertragsteil zwar in der 9 inhaltlichen Gestaltung des Zweitvertrages im Rechtssinne frei ist, sich aus dem Vertrag aber Bindungen ergeben, die den Gebrauch dieser Freiheit mit bestimmten wirtschaftlichen Vor- oder Nachteilen verknüpfen (BGHZ 80, 43, 49). Die Grenze zwischen den beiden Bindungsformen ist fließend, praktische Bedeutung hat der Streit indes nicht: Zum einen werden beide Bindungsformen gleich behandelt, zum anderen kommt in der Praxis regelmäßig nur die rechtliche Form der Preisbindung für Presseerzeugnisse vor.

10 Der Vertrieb von **Zeitungen und Publikumszeitschriften** vollzieht sich zum Großteil über das **Presse-Grosso,** wobei der Verlag sowohl den Grossisten als auch über diesen den Einzelhändler bindet. Die Preisbindung von Fachzeitschriften vollzieht sich über den Sammelrevers 2002, abgedruckt als Anhang I.

11 **5. Lückenlosigkeit der Preisbindung.** Der feste Ladenpreis für Zeitungen und Zeitschriften hat nur solange Bestand, wie er überall eingehalten wird. Deshalb muss die Preisbindung stets lückenlos durchgeführt werden: Ausnahmslos alle Wiederverkäufer sind zu binden, das System muss konsequent durchdacht sein und darf nicht schon nach der Konstruktion an irgendeiner Stelle eine Lücke aufweisen **(gedankliche Lückenlosigkeit).** Das wäre z. B. der Fall, wenn die Wiederverkäufer nicht verpflichtet würden, ihre Bindung bei Lieferung an andere, noch nicht generell gebundene Händler weiterzugeben, mithin sie diesen Händlern ebenfalls aufzuerlegen. Die Wiederverkäufer müssen daraufhin überwacht werden, dass sie sich an ihre Verpflichtungen halten, die Verlage müssen gegen Verstöße einschreiten **(praktische Lückenlosigkeit)** andernfalls bricht die Preisbindung zusammen, wirtschaftlich und auch rechtlich. Denn ein Händler ist rechtlich nur solange zur Einhaltung der Preisbindung verpflichtet, als sichergestellt ist, dass alle seine Wettbewerber den Ladenpreis respektieren. Es wäre ihm nicht zuzumuten, von seinen Kunden den festgesetzten höheren Preis zu fordern, wenn der benachbarte Händler die gleiche Zeitung oder Zeitschrift zu einem niedrigeren Preis abgibt. Die Gewährleistung der Lückenlosigkeit ist also die Pflicht des nach § 30 Abs. 1 GWB bindenden Verlages. Lückenlosigkeit bedeutet aber nicht Unabänderbarkeit des Ladenpreises. Der Verleger kann den Preis ermäßigen, aber auch erhöhen. Daher erfolgt die Bindung auf die „jeweils gültigen" Preise. Unschädlich ist die Festsetzung unterschiedlicher Preise im Abonnement und im Einzelverkauf, wenn der Abo-Preis bis 15 % unter den kumulierten Einzelpreisen liegt (*Jan Nordemann,* LMR, § 30 Rn. 39). Die Praxis weicht diese Grenze zunehmend durch „Schnupperpreise", „Freundschaftsgeschenke" etc. auf. Auch der Verlag ist an die festgesetzten Ladenpreise gebunden.

Er würde gegen Treu und Glauben verstoßen und die Lückenlosigkeit gefährden, wenn er bei **Direktverkäufen** an letzte Verbraucher zu niedrigeren als den gebundenen Preisen verkaufen würde. Ausnahmen gelten nur, soweit auch der Händler Nachlässe gewähren darf.

III. Presse-Grosso

Auch im Bereich der **Publikumszeitungen und -zeitschriften** 12
hat der Verlag die Möglichkeit, durch direkte Verträge mit den Einzelhändlern diese zu verpflichten, die vom Verlag gebundenen Preise den Endkunden zu berechnen. Das Pendant zum Presse-Grosso ist im Buchhandel das Barsortiment, gelegentlich ebenfalls als Grossist bezeichnet. Abgesehen vom Zeitschriftenverkauf im Rahmen des **Bahnhofs- und Flughafenbuchhandels** erfolgt der Vertrieb an den Presseeinzelhandel jedoch ausschließlich über den Pressegroßhandel, das sog. Presse-Grosso. Alternative Vertriebswege sind neben dem Bahnhofs- und Flughafenbuchhandel der werbende Buch- und Zeitschriftenhandel, das Verlagsabonnement und die Lesezirkel (*Kloepfer*, S. 13). Der Grossist ist ein selbständiger Gewerbetreibender. Er kauft die zur Versorgung der Einzelhändler benötigten Druckschriften bei dem Verleger ein und verkauft diese auf eigene Rechnung an die Abnehmer seines Vertriebsgebiets. Bestimmend für das Verhältnis zwischen den Verlagen und den Grossisten sind das **Remissionsrecht** des Grossisten und das **Dispositionsrecht** des Verlages. Das Remissionsrecht bewirkt, dass der Grossist die nicht verkauften Exemplare einer Zeitung oder Zeitschrift dem Verlag zurückgeben kann und den Kaufpreis gutgeschrieben bekommt. Damit wird das Absatzrisiko auf den Verlag verlagert, woraus dessen Dispositionsrecht resultiert: Der Verlag kann weitgehend bestimmen, welche Titel in welchen Mengen der Grossist übernehmen muss. In Deutschland werden Zeitungen und Zeitschriften seit vielen Jahren über das Presse-Grosso-System vertrieben. Rund 70 überwiegend mittelständisch strukturierte Grossisten vertreiben dabei in ihren Vertriebsgebieten jeweils ausschließlich die Presseerzeugnisse aller Verlage an die ca. 120.000 Verkaufsstellen des Einzelhandels. Damit besteht in Deutschland ein Netz von **Grosso-Gebietsmonopolen.** Nur in Hamburg und Berlin gibt es jeweils zwei Grossisten. Zu diesem Grosso-Vertriebsystem haben sich der **Verband Deutscher Zeitschriften-Verleger (VDZ)** sowie der **Bundesverband Deutscher Zeitungsverleger und der Bundesverband Deutscher Buch-, Zeitungs- und Zeitschriften-Grossisten** im Jahr 2004 auf Anregung der Bundesregierung in einer Gemeinsamen Erklärung „zugunsten der Überallerhältlichkeit und Vielfalt des Presseangebots in Deutschland“ einmütig bekannt.

13 Verlagsunternehmen trifft keine Belieferungspflicht gegenüber neuen Grossisten, die sich im Gebiet eines **Monopolgrossisten** niederlassen (OLG Karlsruhe WRP 1980, 636; *Löffler/Ricker,* 46. Kap. Rn. 4, 5). Für die Ausnahme vom Diskriminierungsverbot gem. § 20 GWB besteht nach der Rechtsprechung ein **sachlich gerechtfertigter Grund:** Auch die dem Diskriminierungsverbot unterliegenden Unternehmen sind grundsätzlich frei, ihr Absatzsystem so zu gestalten, wie sie es für richtig und sinnvoll erachten (BGH GRUR 1979, 177, 179; OLG Hamburg BB 1996, 832; OLG Karlsruhe WRP 1980, 636). Das PresseGrosso stellt nach Auffassung der Politik einen „unverzichtbaren Teil unserer Medienordnung dar (Koalitionsvertrag CDU/CSU/FDP für die 17. Legislaturperiode, S. 105). In seinem von den Verlagen zugeteilten Gebiet unterliegt der Pressegrossist dem **Kontrahierungszwang,** das heißt, er hat die Pflicht, nicht nur jede Verkaufsstelle zu beliefern, sondern auch jede auf dem Markt erhältliche Publikation anzubieten und in sein Programm aufzunehmen. Der Einzelhandel hat somit einen Belieferungsanspruch gegenüber dem Pressegrossisten.

14 Auch bei der Preisbindung über das Presse-Grosso legt der Verlag für jedes Produkt einen **Endverkaufspreis** fest. Die Preisbindung erfolgt durch Verträge zwischen den Verlagen und den Monopolgrossisten, in denen die Großhändler verpflichtet werden, die Preisbindung an die Einzelhändler weiterzugeben. Der Grossist ist dann auf Grund des Grosso-Vertrages verpflichtet, bei Abschluss seiner Verträge mit dem Presseeinzelhandel diesen wiederum zu verpflichten, den gebundenen Endverkaufspreis im Verhältnis zum Endkunden einzuhalten. Dem steht das Recht des Einzelhändlers gegenüber, unverkauft gebliebene Exemplare im Wege der körperlichen oder körperlosen Remission dem Grossisten zurück zu geben, der seinerseits im Verhältnis zum Verlag remittiert. Das Presse-Grosso unterliegt damit sowohl der **vertikalen** – der Preis für die Abgabe des Grossisten an den Einzelhändler ist festgelegt – als auch der **horizontalen Preisbindung** – der Endpreis für den Käufer ist festgelegt.

15 Unter welchen Voraussetzungen ein Verlag einem einzelnen Presse-Grossisten den Vertriebsvertrag kündigen kann, war umstritten. Nach Auffassung des LG Hannover sei ein preisbindendes oder marktstarkes Unternehmen durch § 20 GWB zwar nicht grundsätzlich gehindert, sein Absatzsystem nach eigenem Ermessen so zu gestalten, wie es dies für wirtschaftlich richtig und sinnvoll hält. Das preisbindende bzw. marktstarke Unternehmen dürfe auch langjährige Lieferbeziehungen beenden, sofern es den bisher belieferten Händlern eine angemessene Umstellungsfrist einräume. Das gelte auch im Hinblick auf das Presse-Grosso-Vertriebssystem, denn das

Presse-Grosso-Vertriebssystem sei weder verfassungsrechtlich noch kartellrechtlich vorgegeben. Entschließe sich der Verlag jedoch, den Grosso-Vertrieb nicht ausschließlich selbst durchzuführen, sondern teilweise ein konzernzugehöriges Unternehmen und teilweise dritte Unternehmen zu beauftragen, treffe ihn die grundsätzliche Pflicht zur **Gleichbehandlung der Unternehmen.** Eine Benachteiligung einzelner Grosso-Unternehmen sei dann nur bei Vorliegen besonderer rechtfertigender Umstände möglich (LG Hannover: Urteil vom 13. 05. 2009, Az. 21 O 6/09).

Nach einem wegweisenden Urteil des BGH ist ein Zeitschriften- 16 verlag indes berechtigt, die Geschäftsbeziehung zu einem bislang gebietsmonopolistisch agierenden Presse-Grosso-Vertriebsunternehmen zu kündigen (Urteil vom 24. 10. 2011, Az. KZR 7/10, GRUR 2012, 84 ff.). Hintergrund war, dass einer der größten deutschen Zeitschriftenverlage den **Vertriebsvertrag** mit einem Grossisten gekündigt hatte und seither seine Zeitschriften in diesem Gebiet über eine konzerneigene Gesellschaft vertrieg. Hiergegen hatte der Grossist Klage mit dem Ziel erhoben, weiterhin ausschließlich mit den Presseerzeugnissen des Verlages beliefert zu werden. Das Oberlandesgericht Schleswig hatte – anders als die Vorinstanz - die Kündigung des Grosso-Vertriebsvertrags als wirksam erachtet und einen Belieferungsanspruch des Presse-Grossisten verneint (Urteil vom 28. 01. 2010, Az. 16 U (Kart) 55/09). Die dagegen eingelegte Revision beim Bundesgerichtshof blieb erfolglos: Nach Auffassung des BGH liege keine verbotene Diskriminierung des Grossisten im Hinblick auf § 20 Abs. 1 GWB vor. Soweit der Verlag in anderen Gebieten weiterhin Grossisten allein beliefere, beeinträchtige das nicht die Wettbewerbschancen des gekündigten Grossisten. Das Gericht verneinte auch eine **unbillige Behinderung** dadurch, dass der Verlag den Vertrieb seiner Zeitschriften einem konzerneigenen Unternehmen übertragen hatte. Denn jedem Unternehmen stehe es grundsätzlich frei, den bisher über freie Händler vorgenommenen Vertrieb seiner Produkte selbst zu übernehmen. Der Verlag sei auch durch die **Verbandsübereinkunft von 2004** (vgl. Rn. 12 a. E.) nicht an der Kündigung des Grossovertrages gehindert. Denn diese Übereinkunft begründe mangels direkter Beteiligung des Verlages daran keine für ihn bindende Rechtswirkung.

Anlässlich dieser Entscheidung stellte der BGH auch fest, dass ein 17 notwendiger Zusammenhang zwischen gebietsbezogener Alleinauslieferung und Preisbindung nicht bestehe. Es würden auch weder die Interessen der Zeitschifteneinzelhändler an einem umfassenden Sortiment und einer einfachen Remission beeinträchtigt, noch diejenigen kleiner Verlage an einem ungehinderten Marktzutritt. Denn auch in Hamburg und Berlin seien keine Schwierigkeiten mit dem dort bestehenden Doppel-Grosso bekannt geworden. Auch bleibe der betroffene Grossist wegen seiner nach wie vor überragenden Stellung beim Pressevertrieb in seinem Gebiet verpflichtet, allen Verlagen dort Marktzugang zu gewähren.

IV. Fachzeitschriften

18 Fachzeitschriften sind **Zeitschriften mit belehrendem Inhalt.** Sie beschränken sich stofflich auf ein bestimmtes, meist im Titel bezeichnetes Gebiet. Im Gegensatz zu den „special-interest"-Publikumszeitschriften zählen hierzu jedoch nur solche Publikationen, die sich im Wesentlichen an die Angehörigen bestimmter Berufe wenden. Die Bindung der Preise für Fachzeitschriften erfolgt durch den Sammelrevers 2002 (abgedruckt als Anhang I). Die früheren Regelungen zur Preisbindung von Fachzeitschriften blieben dabei erhalten.

19 **1. Bindung durch Sammelrevers.** Zur Überwindung der organisatorischen Hürden – insbesondere des Schriftformerfordernisses nach § 30 Abs. 2 Satz 1 GWB sowie der Einbeziehung neuer Verlage und Händler – vollzieht sich die Preisbindung der Verlage für Fachzeitschriften nach dem eigens hierauf zugeschnittenen **Sammelrevers 2002.** Zur Gewährleistung einer lückenlosen und effektiven Preisbindung verpflichtet sich der einzelne Händler gegenüber den in einer beigefügten Verleger-Liste aufgeführten Verlagen, die Endabnehmerpreise der Zeitschriften allen Kunden in Deutschland in Euro und inklusive Mehrwertsteuer zu berechnen. Der Revers sieht in Teil B, Nr. 4 Abs. 6 auch eine Verpflichtung zur Bindung des Rechtsnachfolgers im Falle der Betriebsveräußerung vor. Die Preisbindung darf auch nicht indirekt verletzt werden, etwa durch Zugaben, Freiexemplare und Boni, auch nicht durch sonstige Umgehungsformen, wie z. B. Umsatzprämien oder Gewinnbeteiligungen, soweit diese von den mit den Kunden getätigten Umsätzen für preisgebundene Zeitschriften abhängen. Die Preise dürfen auch nicht überschritten werden, jedoch können außergewöhnliche Auslagen, z. B. bei Eilbestellungen oder Versand an den Kunden, berechnet werden (Sammelrevers 2002, Teil B, Nr. 1).

20 Die Verlage schalten einen **Treuhänder** ein, der ihre Preisbindung organisiert und überwacht. Sie beauftragen den Treuhänder, in ihrem Namen Preisbindungsverträge mit neu hinzukommenden Händlern abzuschließen. Die Händler ihrerseits beauftragen einen Bevollmächtigten, für sie die Annahme der Preisbindung durch einen neu dem Revers hinzukommenden Verlag einzuhalten. Insoweit werden

auch die traditionell im Fachzeitschriftenhandel gebräuchlichen Sonderpreise weitergeführt.

2. Sonderpreise. a) Ermäßigte Preise für Zeitschriften. 21
Nach Teil B, Nr. 2 a) des Sammelreverses kann der Verlag ermäßigte Preise für Zeitschriften festsetzen, die zur Ausbildung oder zur Ausübung der beruflichen oder gewerblichen Tätigkeit benötigt werden, wenn der Bezieher sich in der Ausbildung befindet oder noch kein volles Gehalt bezieht oder Mitglied eines Fachvereins ist. Der Nachlass und der Kreis der Berechtigten müssen in der Zeitschrift bekanntgegeben werden. Die Höhe dieses Nachlasses darf im Regelfall 20 % nicht übersteigen, da der Verlag sonst riskiert, dass seine Preisbindung vom **Bundeskartellamt** i. S. v. Abs. 3 Ziff. 1 als missbräuchlich eingestuft und untersagt wird. Der Kreis der aufgezählten Personen ist abschließend. Jede Erweiterung über das Staatsexamen und die Meisterprüfung hinaus ist mit der Preisbindung unvereinbar, so etwa die Begünstigung von Assistenzärzten. Wer den Nachlass gewährt, ist verpflichtet, die Rechtmäßigkeit der Begünstigung im Einzelfall zu kontrollieren.

b) Sonderveröffentlichungen. Der Verlag kann gem. Teil B, 22
Nr. 2b des Sammelreverses Sonderpreise für „Sonderveröffentlichungen" einer Zeitschrift festsetzen. Die Veröffentlichung muss von der Redaktion der Zeitschrift als solcher herausgebracht werden und sowohl inhaltlich als auch formell, z. B. durch Hinweise auf dem Titelblatt, im Zusammenhang mit der Zeitschrift stehen. Sie sollte als eine **Zusatzleistung der Redaktion** für ihre Abonnenten angesehen werden können. Eine willkürliche Koppelung zur Vertriebsförderung genügt nicht. Insbesondere werden Gutscheine an Abonnenten zum verbilligten Bezug der Bücher des gleichen Verlages nicht von der Ausnahmeregelung gedeckt.

c) Sonderpreise für Körperschaften. Der Verlag kann Sonder- 23
preise für Behörden, Organisationen und Unternehmen festsetzen, die bei der Herausgabe der betreffenden Fachzeitschrift in ausschlaggebender Weise mitwirken (Sammelrevers Teil B, Nr. 2 c). Abgedeckt wird nur der Verkauf an die Körperschaft selbst zu deren Eigenbedarf oder zur kostenlosen Weitergabe an Mitglieder. Andernfalls müsste es im Reverstext heißen: „… für Mitglieder von Körperschaften". Somit handelt es sich um einen Sonderfall des Mengennachlasses. Der Nachlass wird gegen den Wortlaut des Sammelreverses häufig auch für Mitglieder praktiziert. Hier besteht die Gefahr einer **unzulässigen Zweigleisigkeit im Vertrieb.** Der Kreis der Begünstigten sollte daher möglichst klein gehalten werden.

Allenfalls könnte ein Sonderpreis für die Mitglieder nur bei strenger Abgrenzung eines kleineren Mitgliederkreises und bei hohen Anforderungen an die Tatbestandsvoraussetzungen (Vertragsverhältnis, ausschlaggebende Mitwirkung) gerechtfertigt sein. Werbung und Mitwirkung beim Vertrieb genügen keinesfalls, auch nicht für sich allein die Autorenschaft eines Mitglieds der Körperschaft. Körperschaft ist immer das einzelne Institut, nicht etwa die ganze Universität, das einzelne Amt, nicht etwa alle Behörden des Landes, das einzelne Unternehmen, nicht etwa der ganze Konzern.

24 **d) Package-Angebote zweier Zeitschriften. Kombi-Abonnements** sind nur zulässig, wenn zwischen den beiden Zeitschriften ein enger thematischer, fachlicher, möglichst auch formaler Zusammenhang besteht, so dass man sie in Analogie zum traditionellen Serienpreis für Bücher rechtfertigen könnte. Da für eine preisgebundene Fachzeitschrift nur ein Preis festgesetzt werden darf, müssen zwei Fachzeitschriften auch getrennt berechnet werden, es sei denn, dass eine buchhändlerisch tradierte Ausnahme vorliegt, wie im Fall des Serienpreises. Die **Koppelung** von preisgebundenen und nicht preisgebundenen Zeitschriften durch den Handel ist unzulässig. Denn die Preisbindung fordert Einzelberechnung. Unzulässig ist insbesondere die Umgehung durch gleichzeitige und gekoppelte außergewöhnliche Nachlässe für die nicht preisgebundene Zeitschrift.

25 **e) Einführungsabonnements.** Der Verleger, der den Einzelverkauf von Zeitungen oder Zeitschriften der Preisbindung unterwirft, ist nicht daran gehindert, günstige **Probeabonnements** anzubieten, die dazu dienen, die Abonnentenzahlen zu erhöhen. Auch wenn ein solches Probeabonnement mit einer attraktiven Gratiszugabe kombiniert ist, liegt darin weder eine Verletzung der Preisbindungsabrede noch eine unsachliche Beeinflussung der Abnehmer (BGH GRUR 2006, 773 - Probeabonnement). Bedenklich ist hingegen die **Gratisbelieferung** für ein Vierteljahr nach uneingeschränkter Bestellung, weil das eine Umgehung der Unzulässigkeit ist. Denn diese Form kommt einer **Preisherabsetzung um 25 %** für ein Jahr gleich. Zulässig ist hingegen die unverbindliche Übersendung von Werbenummern, Vorbestellungen und wohl auch die Zugabe alter Nummern nach Bestellung.

26 **f) Abonnementpreis und Einzelpreis.** Der Abonnementpreis kann unter der Summe der Einzelpreise liegen, jedoch nicht mehr als 15 % (BKartATB 1987/88, BT-Drucks. 11/4611, S. 94). Je häufiger die Zeitschrift erscheint, umso eher ist die Vergünstigung für das Jahres-Abo zu rechtfertigen.

3. Ausnahmen von der Preisbindung. Von der Preisbindung ausgenommen ist nach Teil B Nr. 3 des Sammelreverses die **Lieferung zum Eigenbedarf** an 27
- selbstständige herstellende und verbreitende Buchhändler, sofern sie reversgebunden sind;
- angestellte und feste Mitarbeiter von buchhändlerischen Betrieben und buchhändlerischen Abteilungen gemischter Betriebe, sofern der Abnehmer schriftlich oder durch Betriebsordnung verpflichtet wird, die Fachzeitschriften nicht (auch nicht gefälligkeitshalber) weiterzuveräußern.

Die Regelung bedeutet, dass der herstellende und verbreitende 28
Buchhandel in diesen Fällen in der **Preisberechnung** frei sind. Die Ausnahme von der Preisbindung entspricht den Traditionen des Buchhandels und den praktischen Bedürfnissen. Kaum jemand könnte kontrollieren, ob ein Händler eine Zeitschrift zum Wiederverkauf oder zum Eigenbedarf bestellt. Dem engeren Mitarbeiterkreis kann ein Unternehmen die eigene Verdienstspanne nicht abverlangen. Die Ausnahmen sind eng auszulegen, weil eine weitere Ausdehnung einen umfangreichen „Beziehungshandel" entstehen lassen würde, der die Lückenlosigkeit der Preisbindung gefährdete.

4. Grenzüberschreitende und sonstige Verträge. Der Händ- 29
ler verpflichtet sich in Teil B, Nr. 4 des Sammelreverses gegenüber dem Verlag auch dann zur Einhaltung des gebundenen Preises, wenn er die Zeitschrift von dritter Seite, oder von einem anderen Händler bezieht. Davon ausgenommen sind Lieferungen aus **Mitgliedsstaaten der EU.** Aus einem solchen Mitgliedsstaat reimportierte deutsche Fachzeitschriften sind von der Preisbindung nur dann erfasst, wenn sich aus objektiven Umständen ergibt, dass diese Fachzeitschriften allein zum **Zwecke ihrer Wiedereinfuhr** ausgeführt worden sind, um die Preisbindung zu umgehen. Hinsichtlich der Frage, wann ein Umgehungstatbestand vorliegt, vgl. § 4 Rn. 3 ff. Sinn dieser Regelung ist es, eine Beeinträchtigung des Handels zwischen Mitgliedsstaaten i. S. d. Art. 101 AEU-Vertrag durch den Sammelrevers auszuschließen. Die Regelung ist entsprechend diesem Zweck auszulegen. Wer als Händler oder Zwischenbuchhändler preisgebundene Fachzeitschriften an inländische Wiederverkäufer veräußert, ist verpflichtet, zuvor zu prüfen, ob der betreffende Händler bereits gebunden ist. Ist er nicht gebunden, muss er durch den ihn beliefernden Händler durch einen Einzelrevers gebunden werden. Wiederverkäufer, die außerhalb von Deutschland beliefert werden, müssen ebenfalls zur Verhinderung der Umgehung einer lückenlosen Preisbindung schriftlich für den

Fall gebunden werden, dass sie nach Deutschland reimportieren, sofern sie keinem EWR-Vertragsstaat angehören.

30 **5. Vermittlungsprovisionen.** Der Händler verpflichtet sich in Teil B, Nr. 4 Abs. 5 des Sammelreverses weiterhin gegenüber dem Verlag, bei der Gewährung von **Vermittlungsprovisionen** sicherzustellen, dass diese nicht, auch nicht teilweise, an Endabnehmer weitergegeben werden. Nicht gewerbsmäßige Vermittler dürfen keine Vermittlungsprovision erhalten.

31 **6. Konventionalstrafe.** Auch verpflichtet sich der Händler zur Zahlung einer Konventionalstrafe für jeden Fall des vorsätzlichen oder fahrlässigen Anbietens oder Gewährens **unzulässiger Nachlässe** (Teil B, Nr. 5). Die Vertragsstrafe hat die Höhe des Rechnungsbetrages des angestrebten oder vollzogenen Geschäfts. Sie beträgt zumindest EUR 1.500,00 für den ersten Verstoß sowie EUR 2.500,00 für jeden weiteren Verstoß und EUR 5.000,00 für unzulässige Nachlassangebote an eine Mehrzahl von Abnehmern. Gleiches gilt bei Überschreitung des Ladenpreises. Der Betrag ist im Regelfall an das **Sozialwerk des Deutschen Buchhandels** oder an eine vom Preisbindungstreuhänder der Fachzeitschriftenverlage zu bestimmende soziale gemeinnützige Einrichtung des deutschen Buchhandels zu zahlen. Der Verlag ist weiterhin berechtigt, neben oder an Stelle der Geltendmachung der Vertragsstrafe Lieferungen einzustellen. Umgekehrt verpflichtet sich der Verlag gegenüber den Händlern zur Zahlung einer Konventionalstrafe für den Fall, dass er seinerseits seine gebundenen Preise unterbietet oder die Unterbietung durch Dritte veranlasst. Er übernimmt dabei die Verpflichtung zur Zahlung einer Konventionalstrafe in gleicher Höhe wie der Händler.

32 **7. Buchprüfung.** Der Händler verpflichtet sich schließlich in Teil B, Nr. 6, einem vereidigten Buchprüfer Einblick in seine Bücher einschließlich der Geschäftsunterlagen zu geben, wenn die begründete Vermutung besteht, dass er gegen die Preisbindung verstößt. Im Gegensatz zu § 10 Abs. 1 BuchPrG kann nur ein **vereidigter Buchprüfer** die Prüfung vornehmen. Dieser wird vom Preisbindungstreuhänder der Fachzeitschriftenverlage ausgewählt. Eine begründete Vermutung liegt vor, wenn Tatsachen nachweisbar sind, die bei lebensnaher Betrachtung auf einen Preisbindungsverstoß schließen lassen. Zwischenbuchhändler verpflichten sich dazu, auch ohne Anlass einem Buchprüfer offenzulegen, dass sie nur reversgebundene Firmen beliefern. Der Bericht des Buchprüfers darf sich lediglich auf preisbindungserhebliche Tatsachen beschrän-

ken, er muss im übrigen Stillschweigen bewahren. Die Kosten der Bucheinsicht trägt der Verletzer, wenn die Zweifel an seiner Preisbindungstreue von ihm selbst verschuldet oder schuldhaft nicht ausgeräumt worden sind oder wenn Verstöße festgestellt wurden.

V. Schriftform (Abs. 2)

Die Regelung entspricht § 34 GWB a. F. Nicht übernommen 33
wurde jedoch der zu § 34 a. F. entwickelte Grundsatz, dass der gesamte Vertragsinhalt schriftlich abzufassen sei, auch soweit er kartellrechtlich nicht relevant ist. Die **Vertragsurkunde** muss von den Parteien eigenhändig durch Namensunterschrift oder mittels notariell beglaubigten Handzeichens unterzeichnet werden (§ 126 Abs. 1 BGB). § 126 Abs. 2 BGB wird für nicht anwendbar erklärt: Daraus folgt, dass die Vertragsparteien nicht auf derselben Urkunde unterzeichnen oder jeweils von ihnen unterzeichnete, gleich lautende Urkunden austauschen müssen. Der **schriftliche Preisbindungsvertrag** kann sich somit auch aus einem Briefwechsel der Vertragsparteien ergeben. Eine fotokopierte Unterschrift genügt jedoch ebenso wenig wie die Übermittlung per Fernschreiben oder Telefax. Nach § 126 Abs. 3 BGB kann die schriftliche Form durch die elektronische Form ersetzt werden. Dann muss der Aussteller der Erklärung seinen Namen hinzufügen und das elektronische Dokument mit einer qualifizierten elektronischen Signatur nach dem Signaturgesetz versehen (§ 126 a Abs. 1 BGB). Die Erklärung muss – ob nach herkömmlicher Schriftform oder elektronisch – dem Vertragspartner nicht persönlich zugehen, es reicht die Hinterlegung bei dessen Treuhänder (OLG Stuttgart WuW/E OLG 1156). Das traditionelle Sammelreverssystem des deutschen Buchhandels genügt dem Schriftformerfordernis des Absatzes 2. Die Bezugnahme auf Verlagsverzeichnisse und Preislisten im Revers ist mit Abs. 2 S. 2 vereinbar.

VI. Aufhebung der Preisbindung (Abs. 3)

Das **Bundeskartellamt** kann im Wege der **Missbrauchsaufsicht** 34
nach § 30 Abs. 3 GWB die Preisbindung eines Verlages oder diejenige für nur ein einzelnes Presseerzeugnis für unwirksam erklären. § 30 Abs. 3 GWB entspricht § 17 GWB a. F. Die in § 17 Abs. 1 Nr. 2 a. F. enthaltene Voraussetzung, wonach die Preisbindung nur dann verboten werden konnte, wenn sie geeignet war, „in einer durch die gesamtwirtschaftlichen Verhältnisse nicht gerechtfertigten Weise" die gebundenen Verlagserzeugnisse zu verteuern, wurde gestrichen.

35 **1. Missbräuchliche Handhabung der Preisbindung.** Der wichtigste Fall des Missbrauchs ist die Praktizierung einer **lückenhaften Preisbindung.** Diese kann sich etwa ergeben, wenn das Schriftformerfordernis des Absatzes 2 nicht konsequent eingehalten wird oder der preisbindende Verlag seine Preisbindung selbst unterläuft. Auch der unzulässige **zweigleisige Vertrieb** fällt hierunter, ebenso der Fall, dass ein Verlag seine Preisbindung nicht überwacht und Verstöße toleriert. Eine missbräuchliche Handhabung kann auch in Verstößen gegen das **Diskriminierungsverbot** des § 20 Abs. 1 GWB liegen, dem der Preisbinder unterliegt. Ein Verstoß liegt etwa vor, wenn der Preisbinder ohne sachlich gerechtfertigten Grund einzelne Händler von der Belieferung ausschließt oder sie zu anderen Konditionen beliefert als gleichartige Unternehmen.

36 **2. Missbrauch durch Verteuerungseignung.** Das **Bundeskartellamt** kann die Preisbindung auch dann für unwirksam erklären, wenn sie verteuernd wirkt oder das Sinken der Preise verhindert, wenn also der **hypothetische Marktpreis** – der Preis, der im freien Spiel der Marktkräfte ohne Preisbindung zustande kommen würde – wesentlich überschritten wird. Das kann der Fall sein, wenn der beim gleichen Verlagserzeugnis der für den deutschen Markt gebundene Preis erheblich über dem für den Markt eines anderen EU-Mitgliedsstaates empfohlenen Preis liegt. Es ist jedoch zu berücksichtigen, dass der einheitliche Ladenpreis auf einer durchschnittlichen Kalkulation beruht. Die Tatsache, dass dieser Durchschnittspreis bei bestimmten Gruppen von Geschäften nicht mit dem hypothetischen Marktpreis übereinstimmt, muss außer Betracht bleiben. Die Preisbindung wird also nicht allein schon dadurch missbräuchlich, dass sie für einzelne Gruppen von Geschäften das Sinken der Preise verhindert. Die Abgrenzung zwischen den beiden Tatbeständen – missbräuchliche Handhabung und Verteuerungswirkung – ist fließend.

4. Anhang

I. Vertragsstrafenvereinbarung und Fachzeitschriften-Sammelrevers („Sammelrevers 2002“)

Allgemeiner Teil

1. Mir ist bekannt, dass ab 1. Oktober 2002 die Preisbindung des Buchhandels in Deutschland durch das Preisbindungsgesetz vom 2. 9. 2002 geregelt ist. Die bislang vertraglichen Verpflichtungen zur Einhaltung der Preisbindung werden durch die gesetzliche Verpflichtung gemäß § 3 des Buchpreisbindungs-Gesetzes ersetzt. Diese Verpflichtung erstreckt sich auf alle in § 2 des Gesetzes aufgeführten Verlagserzeugnisse, mithin
   - Bücher,
   - Musiknoten,
   - kartographische Produkte,
   - Produkte, die Bücher, Musiknoten oder kartographische Produkte reproduzieren oder substituieren und bei Würdigung der Gesamtumstände als überwiegend verlags- oder buchhandelstypisch anzusehen sind sowie
   - kombinierte Produkte, bei denen eines der genannten Erzeugnisse die Hauptsache bildet.

Fremdsprachige Bücher fallen nur dann unter das Preisbindungsgesetz, wenn sie überwiegend für den Absatz in Deutschland bestimmt sind.

Die nachfolgende Vereinbarung bezweckt zweierlei:

Zum einen enthält Teil A. die Vereinbarung einer Vertragsstrafe, um eine schnelle und effektive Verfolgung von Preisbindungsverstößen zu gewährleisten.

Zum anderen lässt § 15 Abs. 1 GWB den Verlegern von Fachzeitschriften die Wahl, ob sie diese Zeitschriften im Preis binden wollen oder nicht. Diejenigen Verlage, die in der Verleger-Liste genannt sind, haben von der Möglichkeit zur Preisbindung ihrer Fachzeitschriften Gebrauch gemacht. Die hierzu erforderlichen vertraglichen Regelungen finden sich unter B. (Fachzeitschriften-Sammelrevers).

Die in der Verlegerliste aufgeführten Verlage haben Rechtsanwalt Dieter Wallenfels, Wiesbaden, gem. § 9 Abs. 2 Ziff. 3 Preisbindungs-Gesetz beauftragt, ihre Preisbindung zu betreuen.

2. Dieser Vertrag tritt mit Unterzeichnung in Kraft. Er wird auf unbestimmte Zeit abgeschlossen. Der Vertrag kann von beiden

Seiten mit einer Frist von vier Wochen jeweils zum Monatsende durch eingeschriebenen Brief, der an den Preisbindungstreuhänder zu richten ist, gekündigt werden. Für die bei Wirksamwerden der Kündigung bereits gelieferten Bücher bleibt er bestehen.

3. Für alle aus diesem Preisbindungsvertrag sich ergebende Streitigkeiten werden wahlweise als Gerichtsstände vereinbart: Wiesbaden oder die Hauptstadt des Bundeslandes, in dem der Verlag seine Niederlassung hat, oder die Hauptstadt des Bundeslandes, in dem der gebundene Händler seine Niederlassung hat, oder der Ort der Niederlassung des Verlages.
4. Weitere, insbesondere neue Verlage werden Buchhändler ebenfalls zur Einhaltung einer Vertragsstrafe verpflichten oder ihre Fachzeitschriften im Preis binden wollen. Die Einholung neuer Reverse (von ihren Kunden und denen des Zwischenbuchhandels) würde für sie allein einen untragbaren Kostenaufwand verursachen. Um zu ermöglichen, dass sie dieser Vertragsstrafenvereinbarung und dem Fachzeitschriften-Sammelrevers beitreten, erteile ich Frau Rechtsanwältin Birgit Menche, Frankfurt, Vollmacht, für mich dabei zu unterzeichnen. Außerdem bevollmächtige ich sie, in meinem Namen mitzuwirken, wenn Sie in Vollmacht der an dieser Vereinbarung beteiligten Verlage den Sammelrevers veränderten tatsächlichen und rechtlichen Verhältnissen anpassen müssen. Frau Birgit Menche kann die Vollmacht, insbesondere auch für den Fall ihres Ablebens, weiter erteilen.
5. Erklärungen des Bevollmächtigten in meinem Namen – gleich welcher Art – werden erst wirksam, wenn sie der Bevollmächtigte in zwei aufeinanderfolgenden Nummern des Börsenblattes an auffälliger Stelle bekannt gemacht hat und ich die Vollmacht nicht inzwischen allgemein oder aber für den Einzelfall binnen Monatsfrist nach der zweiten Bekanntmachung schriftlich widerrufen habe.

Neu hinzukommende Verlage müssen in ihren Preislisten, Preismitteilungen und Geschäftsbedingungen deutlich auf den Beitritt zu diesem Vertrag hinweisen.

A. Vertragsstrafenverpflichtung

Ich verpflichte mich durch die Unterzeichnung dieser Vereinbarung gegenüber den in der Verlegerliste aufgeführten Verlagen zur Zahlung einer Konventionalstrafe für jeden Fall des vorsätzlichen oder fahrlässigen Anbietens oder Gewährens unzulässiger Nachlässe. Die Vertragsstrafe hat die Höhe des Rechnungsbetrages des angestrebten oder vollzogenen Geschäftes. Sie beträgt bei Verstößen von durchschnittlicher Schwere mindestens € 1.500,00 für den ersten Verstoß, € 2.500,00 für jeden weiteren Verstoß und € 5.000,00 für unzulässige Nachlassangebote an eine Mehrzahl von Abnehmern. Gleiches gilt bei Überschreitung des Ladenpreises. Die Vertragsstrafe ist unter Berücksichtigung der Umstände des jeweiligen Falles unter Wahrung des Grundsatzes der Verhältnismäßigkeit in Absprache mit den betroffenen Verlagen geltend zu machen. Der Betrag ist, sofern die Verlage nicht ausnahmsweise Zahlung an sich wünschen, an das Sozialwerk des Deutschen Buchhandels oder eine andere von Ihnen (dem Preisbindungstreuhänder) zu bestimmende soziale gemeinnützige Einrichtung des deutschen Buchhandels zu zahlen.

Der Verlag ist berechtigt, neben oder anstelle der Vertragsstrafe seine sonstigen Rechte geltend zu machen (Schadensersatzansprüche alternativ zur Vertragsstrafe).

Der Verlag verpflichtet sich, die Preisbindung zu überwachen. Er verpflichtet sich ferner mir gegenüber zur Zahlung einer Konventionalstrafe für den Fall, daß er seine gebundenen Preise (einschließlich der Sonderpreise) selbst unterbietet oder schuldhaft die Unterbietung durch Dritte veranlaßt. Absatz 1 gilt entsprechend. Die Konventionalstrafe kann für alle Betroffenen als Gesamtgläubiger (§ 428 BGB) nur einmal und nur von der Preisbindungsbevollmächtigten des Sortiments, Frau Rechtsanwältin Birgit Menche, Frankfurt, zur Zahlung an das Sozialwerk des Deutschen Buchhandels geltend gemacht werden.

B. Preisbindung für Fachzeitschriften

Mir ist bekannt, dass die Preisbindung für Fachzeitschriften nicht vom Buchpreisbindungs-Gesetz geregelt ist, sondern weiterhin gemäß § 15 GWB durch Preisbindungsverträge zu regeln ist. Zur Gewährleistung einer lückenlosen und effektiven Preisbindung der in der Verleger-Liste genannten Verlage verpflichte ich mich gegenüber den Verlagen wie folgt:

1. Ich werde die Endabnehmerpreise allen Kunden in Deutschland in Euro berechnen. Sie werden von den einzelnen Verlagen durch ihre jeweils gültigen (gegenwärtigen und künftigen) Preislisten oder Preismitteilungen für ihre Zeitschriften festgesetzt. Sie enthalten die Mehrwertsteuer.
   Ich werde die Preisbindung auch nicht indirekt verletzen, etwa durch Zugaben, Freiexemplare und Boni, auch nicht durch sonstige Umgehungsformen, wie z. B. Umsatzprämien oder Gewinnbeteiligungen, soweit diese von den von mir mit dem Kunden getätigten Umsätzen für preisgebundene Zeitschriften abhängen.

Dies gilt auch im Rahmen gesellschaftsrechtlicher Vertragsverhältnisse, wenn deren Zweck darauf gerichtet ist, Endabnehmern preisgebundene Zeitschriften im Ergebnis billiger zukommen zu lassen. Auch werde ich Abzüge seitens der Käufer nicht dulden. Ich werde die Preise auch nicht überschreiten, darf aber außergewöhnliche Auslagen, z. B. bei Eilbestellungen oder Versand an den Kunden, berechnen.

2. Sofern der Verlag „Sonderpreise“ festsetzt, bin ich auch an diese gebunden. Ihre Auftraggeber werden insbesondere die folgenden herkömmlichen Begriffe verwenden:
   a) Ermäßigte Preise für Zeitschriften, die zur Ausbildung oder zur Ausübung der beruflichen oder gewerblichen Tätigkeit benötigt werden, und zwar, wenn der Bezieher sich in der Ausbildung befindet oder noch kein volles Gehalt bezieht oder Mitglied eines Fachvereins ist. Der Nachlass und der Kreis der Berechtigten werden in der Zeitschrift bekannt gegeben.
   b) Vorzugspreise für ausdrücklich so bezeichnete „Sonderveröffentlichungen“ einer Zeitschrift (Sonderhefte, Ergänzungshefte) für deren Abonnenten.
   c) Sonderpreise für Körperschaften (Behörden, Organisationen oder Unternehmungen anderer Art), die bei der Herausgabe der betreffenden Fachzeitschrift in ausschlaggebender Weise mitgewirkt haben.
3. Von der Preisbindung ausgenommen ist die Lieferung zum Eigenbedarf an:
   a) Selbständige herstellende und verbreitende Buchhändler.
   b) Angestellte und feste Mitarbeiter von buchhändlerischen Betrieben.
   c) Angestellte von buchhändlerischen Abteilungen gemischter Betriebe.

   Zu a), sofern sie reversgebunden sind, zu b) bis c), sofern der Abnehmer schriftlich oder durch Betriebsordnung verpflichtet wird, diese Verlagserzeugnisse nicht (auch nicht gefälligkeitshalber) weiterzuveräußern.
4. Die Verpflichtungen dieses Vertrages gelten auch dann, wenn ich die Zeitschriften von dritter Seite, z. B. vom Zwischenbuchhandel, oder von einem anderen Händler beziehe. Davon ausgenommen sind Lieferungen aus Mitgliedsstaaten der EU. Aus einem Mitgliedsstaat der EU reimportierte deutsche Fachzeitschriften sind von der Preisbindung nur dann erfasst, wenn sich aus objektiven Umständen ergibt, dass diese Fachzeitschriften allein zum Zweck ihrer Wiederausfuhr ausgeführt worden sind, um die Preisbindung nach diesem Sammelrevers zu umgehen.

Sinn dieser Regelung ist es, eine Beeinträchtigung des Handels zwischen Mitgliedsstaaten i. S. d. Art. 81 EGV durch den Sammelrevers auszuschließen. Sie ist entsprechend diesem Zweck auszulegen

Sofern ich meinerseits, z. B. als Zwischenbuchhändler, preisgebundene Fachzeitschriften an inländische Wiederverkäufer veräußere, bin ich verpflichtet, zuvor zu prüfen, ob der betreffende Händler bereits gebunden ist. Ist er nicht gebunden, muss ich ihn meinerseits entsprechend diesem Vertrag durch Revers binden.

Wiederverkäufer, die ich außerhalb von Deutschland beliefere, habe ich entsprechend den vorstehenden Absätzen 1 und 2 zur Verhinderung der Umgehung einer lückenlosen Preisbindung schriftlich für den Fall zu binden, dass sie nach Deutschland reimportieren (ich habe sie außerdem zu verpflichten, beim Weiterverkauf an Händler diese ebenfalls zu binden).

Grenzüberschreitende Verkäufe von Fachzeitschriften an Endabnehmer in anderen Mitgliedsstaaten der EU unterliegen nicht der Preisbindung nach diesem Sammelrevers.

Bei Gewährung von Vermittlungsprovisionen werde ich sicherstellen, dass diese nicht, auch nicht teilweise, an Endabnehmer weitergegeben werden. Nicht gewerbsmäßige Vermittler dürfen keine Vermittlungsprovision erhalten.

Bei einer Veräußerung meines Betriebes werde ich den Rechtsnachfolger schriftlich verpflichten, die von mir übernommenen Verpflichtungen aus diesem Revers ebenfalls einzuhalten.

5. Ich verpflichte mich durch die Unterzeichnung dieser Vereinbarung gegenüber den in der Verlegerliste aufgeführten Verlagen zur Zahlung einer Konventionalstrafe für jeden Fall des vorsätzlichen oder fahrlässigen Anbietens oder Gewährens unzulässiger Nachlässe. Die Vertragsstrafe hat die Höhe des Rechnungsbetrages des angestrebten oder vollzogenen Geschäftes. Sie beträgt bei Verstößen von durchschnittlicher Schwere mindestens € 1.500,00 für den ersten Verstoß, € 2.500,00 für jeden weiteren Verstoß und € 5.000,00 für unzulässige Nachlassangebote an eine Mehrzahl von Abnehmern. Gleiches gilt bei Überschreitung des Ladenpreises. Die Vertragsstrafe ist unter Berücksichtigung der Umstände des jeweiligen Falles unter Wahrung des Grundsatzes der Verhältnismäßigkeit in Absprache mit den betroffenen Verlagen geltend zu machen. Der Betrag ist, sofern die Verlage nicht ausnahmsweise Zahlung an sich wünschen, an das Sozialwerk des Deutschen Buchhandels oder eine andere von Ihnen (dem Preisbindungstreuhänder) zu bestimmende soziale gemeinnützige Einrichtung des deutschen Buchhandels zu zahlen.

Der Verlag ist berechtigt, neben oder anstelle der Vertragsstrafe seine sonstigen Rechte geltend zu machen (Schadensersatzansprüche alternativ zur Vertragsstrafe), insbesondere Lieferungen – auch aus laufenden Bestellungen – einzustellen; dies auch dann, wenn ich meine Verpflichtungen gemäß Ziff. 6 verletze.
Der Verlag verpflichtet sich, die Preisbindung zu überwachen. Er verpflichtet sich ferner mir gegenüber zur Zahlung einer Konventionalstrafe für den Fall, dass er seine gebundenen Preise (einschließlich der Sonderpreise) selbst unterbietet oder schuldhaft die Unterbietung durch Dritte veranlasst. Absatz 1 gilt entsprechend. Die Konventionalstrafe kann für alle Betroffenen als Gesamtgläubiger (§ 428 BGB) nur einmal und nur von dem Preisbindungsbevollmächtigten des Sortiments, Frau Rechtsanwältin Birgit Menche, Frankfurt, zur Zahlung an das Sozialwerk des Deutschen Buchhandels geltend gemacht werden.

6. Ich verpflichte mich, einem von Ihnen zu bestimmenden vereidigten Buchprüfer Einblick in meine Bücher einschließlich Geschäftsunterlagen zu geben, wenn die begründete Vermutung besteht, dass ich gegen die Preisbindung verstoße. Als Zwischenbuchhändler bin ich auch ohne Anlass bereit, einem Buchprüfer offenzulegen, dass ich nur reversgebundene Firmen mit Händlerrabatt beliefere. Der Buchprüfer hat sich mir in diesem Fall bei Beginn der Prüfung zu verpflichten, über alle ihm durch die Prüfung bekannt werdenden Vorgänge, die nicht Preisbindungsverstöße betreffen, Stillschweigen zu bewahren.
   Ich trage die Kosten einer Bucheinsicht, wenn die Zweifel an meiner Preisbindungstreue von mir verschuldet oder schuldhaft nicht ausgeräumt worden sind oder wenn Verstöße festgestellt werden.
   Habe ich die Prüfung von Preisbindungsverstößen (etwa durch nicht ordnungsgemäße Buchführung) ganz oder teilweise vereitelt, verpflichte ich mich, über die Verpflichtung gem. B.5 Abs. 1 hinaus zur Zahlung einer Vertragsstrafe in Höhe von € 5.000,00.

II. Preisbindungsrechtliche Kriterien für Buchgemeinschaftsausgaben

(Potsdamer Protokoll, revidierte Fassung vom 28. 04. 2004)

Um die kulturelle Vielfalt in Deutschland zu erhalten, bekennen sich die Buchverlage, Buchhandlungen und Buchgemeinschaften ausdrücklich zur Preisbindung, an deren Bestand alle Branchenteilnehmer großes Interesse haben. Im Folgenden sind die preisbindungsrechtlich relevanten Mindestkriterien für Buchgemeinschaftsausgaben definiert. Eine Empfehlung für das wettbewerbliche Verhalten der Branchenteilnehmer untereinander ist damit nicht verbunden. Zur Überwachung der Einhaltung und Überprüfung der Praktikabilität dieser „Preisbindungsrechtlichen Kriterien" werden Vertreter der Branchenteilnehmer in regelmäßigen Abständen (ein bis zwei Mal pro Jahr) in einem Kontrollgremium zusammenkommen.

Die verhältnismäßig geringe Zahl der Buchgemeinschafts-Lizenzausgaben, gemessen an der großen Zahl der jährlich auf den Markt kommenden Neuerscheinungen, ändert nichts *daran,* dass in jedem einzelnen Fall die preisbindungsrechtlichen Erfordernisse (Mitgliedschaftsbindung, Zeitabstand, Ausstattungsunterschied, Preisabstand) beachtet werden müssen.

1. Die Mitgliedschaftsbindung zur Buchgemeinschaft ist nach wie vor unabdingbare Voraussetzung. Sie beinhaltet, dass ein Kunde sich verpflichtet, mindestens ein Jahr Mitglied zu bleiben und jährlich mehrere Artikel aus dem Buch-, Musik- oder Video/DVD-Programm der Buchgemeinschaft zu kaufen.
2. Der Zeitabstand, mit dem die Buchgemeinschaftsausgabe unabhängig von ihrer Erscheinungsform (z. B. als Hardcover oder Broschur) nach der Originalausgabe erscheinen darf, wird individuell zwischen dem lizenzgebenden Verlag und der Buchgemeinschaft vereinbart. Wünschenswert und üblich ist ein Zeitabstand von neun bis zwölf Monaten; mindestens beträgt er jedoch vier Monate. Für die Berechnung dieses Mindestzeitabstands sind der Erstverkaufstag im Sortiment und das Datum der ersten Ankündigung durch die Buchgemeinschaft (für alle ihre Vertriebswege und unter Berücksichtigung der Versanddauer) ausschlaggebend. Hiervon ausgenommen sind lediglich die üblichen Testaussendungen an einen begrenzten Kreis von Buchgemeinschafts-Mitgliedern. Für den Weihnachtskatalog der Clubausgaben kann der

Zeitabstand auf bis zu drei Monate verringert werden, wobei nur Bücher, die bis zum 15. August eines Jahres erscheinen, in den Weihnachtskatalog aufgenommen werden können und in diesem ab 15. November angezeigt werden dürfen.
Von diesem Grundsatz kann abgewichen werden, das heißt, der Zeitabstand kann geringer als vier Monate sein und sogar gegen Null reduziert werden, wenn es sich um ein Werk handelt, das sich auf ein aktuelles Ereignis bezieht und von nur kurzlebiger Aktualität ist (Beispiele: Fußball-WM-Buch, Olympische-Spiele-Buch, Buch zum Wahlkampf), nicht aber Werke, die an aktuelle Hörfunk- oder Fernsehsendungen oder an einen aktuellen Kinofilm angehängt sind.

3. Beim Ausstattungsunterschied kommt es auf die „äußere Anmutung" an: Papier und Satz dürfen identisch sein, nicht jedoch der Einband und der Schutzumschlag. Der „normale" Buchkäufer muss beim Vergleich den Eindruck gewinnen, dass es sich um zwei unterschiedliche Bücher handelt. Die Buchgemeinschaft hat deshalb dafür Sorge zu tragen, dass die Einbände ihrer Ausgaben einschließlich der Schutzumschläge unterschiedlich gestaltet werden und keine Ähnlichkeit mit den Originalausgaben haben. Ist der Zeitabstand gemäß der o.a. Sondersituationen geringer als sechs Monate, so ist dem Ausstattungsunterschied in besonderer Weise Rechnung zu tragen.
4. Bei der Preisdifferenz gilt folgender Grundsatz: Je kleiner der zeitliche Abstand zwischen dem Erscheinen der Original- und dem der Buchgemeinschaftsausgabe ist, desto kleiner muss auch der Preisunterschied gehalten werden.
   a) Für Buchgemeinschaftsausgaben, die in den unter 2) aufgeführten Sondersituationen zeitgleich erscheinen, gilt eine maximale Preisdifferenz von 15 %.
   b) Für Buchgemeinschaftsausgaben, die nach drei Monaten erscheinen, gilt eine maximale Preisdifferenz von 5 %.
   c) Für Buchgemeinschaftsausgaben, die nach vier Monaten erscheinen, gilt eine maximale Preisdifferenz von 15 %.
   d) Für Buchgemeinschaftsausgaben, die nach fünf Monaten erscheinen, gilt eine maximale Preisdifferenz von 16 %.
   e) Für Buchgemeinschaftsausgaben, die nach sechs Monaten erscheinen, gilt eine maximale Preisdifferenz von 20 %.
   f) Danach gelten die üblichen Kriterien.

Die vorgenannten Kriterien gelten mit der Maßgabe, dass die Buchgemeinschaft einen Spielraum von bis zu 50 Eurocent hat, um das Überschreiten branchenüblicher Preisschwellen (zum Beispiel 19,80 Euro statt 20,20 Euro) zu vermeiden.

5. Die vorgenannten preisbindungsrechtlichen Kriterien sollen den im „Potsdamer Protokoll“ in der Fassung von 1994 festgehaltenen Handelsbrauch modifizieren und die Grundlage eines künftigen Handelsbrauches bilden. Sie wurden von den Fachausschüssen des Börsenvereins des Deutschen Buchhandels e.V. am 28. April 2004 verabschiedet. Das Protokoll tritt am Tage des Abdrucks im Börsenblatt des Deutschen Buchhandels e.V. in Kraft.

III. Bundesgesetz über die Preisbindung bei Büchern (Österreich) vom 30. 06. 2000

§ 1 Anwendungsbereich

Dieses Bundesgesetz gilt für den Verlag und den Import sowie den Handel, mit Ausnahme des grenzüberschreitenden elektronischen Handels, mit deutschsprachigen Büchern und Musikalien. Es zielt auf eine Preisgestaltung ab, die auf die Stellung von Büchern als Kulturgut, die Interessen der Konsumenten an angemessenen Buchpreisen und die betriebswirtschaftlichen Gegebenheiten des Buchhandels Bedacht nimmt.

§ 2 Begriffsbestimmungen

Im Sinne dieses Bundesgesetzes ist

1. Verleger, wer die Herausgabe, das Herstellen und das Verbreiten einer Ware im Sinne des § 1 gewerbsmäßig übernimmt;
2. Importeur, wer eine Ware im Sinne des § 1 gewerbsmäßig zum Vertrieb nach Österreich einführt;
3. Letztverkäufer, wer gewerbsmäßig Waren im Sinne des § 1 an Letztverbraucher veräußert;
4. Letztverbraucher, wer eine Ware im Sinne des § 1 zu anderen Zwecken als zum Weiterverkauf erwirbt:
5. Letztverkaufspreis, der bei der Veräußerung von Waren im Sinne des § 1 an Letztverbraucher einzuhaltende Mindestpreis exklusive Umsatzsteuer;
6. Mängelexemplar, eine Ware im Sinne des § 1, die versehentlich verschmutzt oder beschädigt worden ist oder einen sonstigen Mangel aufweist, sodass sie von einem durchschnittlichen Letztverbraucher eindeutig nicht mehr als mängelfrei angesehen wird.

§ 3 Preisfestsetzung

(1) Der Verleger oder Importeur einer Ware im Sinne des § 1 ist verpflichtet, für die von ihm verlegten oder die von ihm in das Bundesgebiet importierten Waren im Sinne des § 1 einen Letztverkaufspreis festzusetzen und diesen bekannt zu machen.

(2) Der Importeur ist an den vom Verleger für das Bundesgebiet empfohlenen Letztverkaufspreis, abzüglich einer darin enthaltenen Umsatzsteuer, gebunden. Ist für das Bundesgebiet kein Letztver-

kaufspreis empfohlen, so darf der Importeur den vom Verleger für den Verlagsstaat festgesetzten oder empfohlenden Letztverkaufspreis, abzüglich einer darin enthaltenen Umsatzsteuer, nicht unterschreiten.

(3) Im Falle des Reimports von Waren im Sinne des § 1 kann der Importeur, der derartige Waren in einem Vertragsstaat des Abkommens über den Europäischen Wirtschafsraum (EWR) zu einem von den üblichen Einkaufspreisen abweichenden niedrigeren Einkaufspreis kauft, den vom inländischen Verleger festgesetzten Preis im Verhältnis zum erzielten Handeslvorteil unterschreiten. Dies gilt nicht, wenn die betreffenden Waren allein zum Zweck ihrer Wiedereinfuhr ausgeführt worden sind, um dieses Bundesgesetz zu umgehen.

(4) Zum nach Abs. 1 bis 3 festgesetzten Letztverkaufspreis ist die für die Ware im Sinne des § 1 in Österreich geltende Umsatzsteuer hinzuzurechnen.

(5) (Anm.: aufgehoben durch BGBl. I Nr. 82/2009)

§ 4 Bekanntmachung des Letztverkaufspreises

(1) Der Verleger oder der Importeur hat den von ihm für eine Ware im Sinne des § 1 festgesetzten Letztverkaufspreis im Internet oder in geeigneten anderen Medien rechtzeitig vor dem ersten Inverkehrbringen oder vor jeder Preisänderung bekannt zu machen.

(2) Für die Bekanntmachung nach Abs. 1 ist vom Bundesgremium der Buch- und Medienwirtschaft in Zusammenarbeit mit dem Hauptverband des österreichischen Buchhandels eine elektronisch jederzeit zugängliche Internetseite zu unterhalten.

§ 5 Preisbindung

(1) Letztverkäufer dürfen bei Veräußerung von Waren im Sinne des § 1 an Letztverbraucher den nach § 3 festgesetzten Letztverkaufspreis höchstens bis zu 5 vH unterschreiten.

(2) Letztverkäufer dürfen im geschäftlichen Verkehr zu Zwecken des Wettbewerbs eine Unterschreitung des Letztverkaufspreises im Sinne des Abs. 1 nicht ankündigen.

(3) Die Verpflichtung nach Abs. 1 gilt nicht für Waren im Sinne des § 1, deren Letztverkaufspreis vor mehr als 24 Monaten zum ersten Mal gemäß § 4 bekannt gemacht wurde und deren Lieferzeitpunkt länger als sechs Monate zurückliegt.

4) Das Vorliegen der Voraussetzungen nach Abs. 3 ist vom Letztverkäufer nachzuweisen.

§ 6 Ausnahmen

(1) In folgenden Fällen und in folgendem Umfang darf der Letztverkäufer von dem nach § 3 festgesetzten Letztverkaufspreis abweichen:

1. bei Verkauf von Waren im Sinne des § 1 an jedermann zugängliche öffentliche Bibliotheken und Schulbibliotheken ist ein Abweichen von maximal 10 vH zulässig;
2. bei Verkauf an Hörer eines an einer Universität Vortragenden zum Eigenbedarf, gegen Vorlage eines vom Vortragenden unterschriebenen und mit dem Namen des Hörers versehenen Hörerscheins, ist ein Abweichen von maximal 20 vH zulässig;
3. bei Verkauf von Mängelexemplaren ist ein handelsübliches Abweichen im Verhältnis zum Mangel zulässig.

(2) Dieses Bundesgesetz gilt nicht für Waren im Sinne des § 1, die im Rahmen der Schulbuchaktion (Abschnitt I c Familienlastenausgleichsgesetz 1967, BGBl. Nr. 376, in der jeweils geltenden Fassung) abgegeben werden.

§ 7 Handlungen gegen die Preisfestsetzung und Preisbindung

(1) Handlungen gegen § 3 Abs. 1 bis 3, § 4 Abs. 1 sowie gegen § 5 Abs. 1 bis 3 gelten als Handlungen im Sinne des § 1 des Bundesgesetzes gegen den unlauteren Wettbewerb, BGBl. Nr. 448/1984, in der jeweils geltenden Fassung.

§ 8 Zeitlicher Geltungsbereich

(1) Dieses Bundesgesetz tritt mit 30. Juni 2000 in Kraft.

(2) §§ 3, 7 und 9 in der Fassung des Bundesgesetzes BGBl. I Nr. 82/2009 treten mit 1. August 2009 in Kraft.

§ 9 Vollziehung

Mit der Vollziehung dieses Bundesgesetzes ist hinsichtlich des § 7 die Bundesministerin/der Bundesminister für Justiz, hinsichtlich der übrigen Bestimmungen die Bundesministerin/der Bundesminister für Unterricht, Kunst und Kultur betraut.

§ 10 Übergangsbestimmungen

Für Waren im Sinne des § 1, die vor dem Zeitpunkt des Inkrafttretens dieses Bundesgesetzes mit einem festen Ladenpreis, der im Verzeichnis lieferbarer Bücher, Ausgabe vom 20. Juni 2000, veröffentlicht war, in Verkehr gebracht wurden, gilt dieser Preis als vom Verleger oder Importeur festgesetzter Preis im Sinne dieses Bundesgesetzes.

IV. Wettbewerbsregeln des Börsenvereins des Deutschen Buchhandels

vom 9. November 2006 in der vom Bundeskartellamt im Mai 2011 genehmigten Fassung

I. Vertrieb von preisgebundenen Verlagserzeugnissen

Beim Vertrieb preisgebundener Verlagserzeugnisse verstößt ein Verlag gegen die Grundsätze lauteren Wettbewerbs,

1. wenn er kleine oder mittlere buchhändlerische Abnehmer, die auf das Programm oder Teile des Programms des Verlags nach den Verbrauchererwartungen angewiesen sind, oder eine Gruppe solcher Abnehmer ohne sachlich gerechtfertigten Grund dadurch benachteiligt, dass er diese nicht oder erst zu einem späteren Zeitpunkt über seine Neuerscheinungen unterrichtet und/oder beliefert als andere Abnehmer;
2. wenn er es unterlässt, gegenüber dem Verbreitenden Buchhandel etwaige (für den Endabnehmer geltende) Mengenpreise
   a) in geeigneter Weise zu veröffentlichen, soweit sie sich auf handelsübliche Mengen beziehen;
   b) auf Anfrage einheitlich bekannt zu geben, soweit sie sich auf über das Handelsübliche hinaus gehende Mengen beziehen;
3. wenn er Bezugsbedingungen festlegt, die dazu führen, dass der gebundene Ladenpreis eines Werks, das nicht über Buchgroßhandlungen oder andere bündelnde Verkehrswege beziehbar ist, unter dem Einstandspreis liegt;
4. wenn er preisgebundene Exemplare als Mängelexemplare in Umlauf bringt, obwohl diese keinen Mangel aufweisen.

II. Verkauf von Remissionsexemplaren

Remittierte preisgebundene Verlagserzeugnisse dürfen nur verbilligt abgegeben werden, wenn sie Mängel im Sinne von V. Nr. 4 aufweisen.

III. Mitteilungspflicht bei Parallelausgaben

Erscheint neben der preisgebundenen Originalausgabe eines Werks eine inhaltlich identische oder geringfügig veränderte Parallelausgabe unter demselben oder einem anderen Titel als Sonderausgabe, bibliophile Ausgabe, Taschenbuchausgabe, Buchgemeinschaftsausgabe oder dergleichen, so ist der Verlag der Originalausgabe verpflichtet, den

Verbreitenden Buchhandel darüber rechtzeitig zu unterrichten. Diese Mitteilungspflicht ist erfüllt, wenn der die Parallelausgabe veranstaltende Verlag in seinen Programmankündigungen oder auf andere geeignete Weise darauf hinweist.

IV. Änderung oder Aufhebung von Ladenpreisen

Die Bekanntgabe von Änderungen und der Aufhebung von gebundenen Ladenpreisen muss mindestens 14 Tage vor Inkrafttreten der Änderung oder der Aufhebung des Ladenpreises erfolgen.

V. Werbung

Unlauter handelt, wer irreführend wirbt. Ausgehend von dieser wettbewerbsrechtlichen Rahmenbedingung gelten beispielhaft die nachfolgenden Grundsätze:

1. (Parallelausgaben)
   a) Wird ein bereits erschienenes Werk auch von einer Buchgemeinschaft herausgegeben, so darf mit dem niedrigeren Preis der Buchgemeinschaftsausgabe nicht geworben werden – insbesondere nicht durch Gegenüberstellung des Preises der Originalausgabe mit dem der Buchgemeinschaft -, wenn nicht klargestellt ist, dass der Erwerb der Buchgemeinschaftsausgabe nur im Rahmen einer Mitgliedschaft erfolgen kann.
   b) Unlauter handelt, wer durch Gegenüberstellung eine sonstige Parallelausgabe mit dem gegenüber der Originalausgabe niedrigeren Preis bewirbt, ohne in geeigneter Weise auf den Ausgabenunterschied hinzuweisen.
   c) Unlauter handelt, wer durch Gegenüberstellung eine Parallelausgabe mit dem gegenüber dem Preis einer früheren, nicht mehr erhältlichen Originalausgabe niedrigeren Preis bewirbt, ohne zum Ausdruck zu bringen, dass es sich bei dem höheren Preis um den der früheren Originalausgabe handelt.

2. (Herabsetzung des gebundenen Preises)
Verlagserzeugnisse, für die der Verlag den gebundenen Ladenpreis herabgesetzt hat, dürfen nicht so beworben werden, dass beim Endabnehmer der Eindruck entsteht, es handele sich bei dem herabgesetzten Preis um ein speziell von diesem Händler festgesetztes Angebot.

3. (Preisaufhebung)
Verlagserzeugnisse dürfen nicht durch Gegenüberstellung mit einem früheren gebundenen Ladenpreis beworben werden, wenn nicht ein ausdrücklicher Hinweis darauf erfolgt, dass es sich um einen inzwischen aufgehobenen Ladenpreis handelt.

4. (Mängelexemplare)
Verlagserzeugnisse, die wegen erkennbarer äußerlicher Schäden nicht mehr zum gebundenen Preis verkäuflich sind (Mängelexemplare), dürfen nicht – sei es durch eine Gegenüberstellung mit dem gebundenen Ladenpreis oder auf andere Weise – beworben werden, ohne dass ein Hinweis auf den Umstand der Mangelhaftigkeit erfolgt.

5. (Konkretisierung der Hinweispflichten)
In den Schaufenstern, Prospekten, Katalogen, Anzeigen oder anderen Werbemitteln für Verlagserzeugnisse muss in den Fällen der Ziffern 3 und 4 deutlich auf den jeweils zutreffenden Grund für die Herabsetzung des Preises hingewiesen werden (zum Beispiel „Ladenpreis aufgehoben", „Mängelexemplare", „Modernes Antiquariat" oder „antiquarisch").

In Schaufenstern und Werbemitteln, durch die ausschließlich nicht mehr preisgebundene Werke angeboten werden, genügt ein genereller Hinweis auf den Grund der Preisherabsetzung an deutlich sichtbarer Stelle. Werden dagegen sowohl preisgebundene als auch nicht mehr preisgebundene Werke in einem Schaufenster oder Werbemittel angeboten, so muss bei jedem einzelnen preisermäßigten Titel der Grund für die Herabsetzung deutlich vermerkt sein.

VI. Abonnenten-, Direktkunden-, Adressenschutz

Unlauter handelt, wer

1. Buchhandelskunden oder –abonnenten durch Irreführung, Überrumpelung oder sonstige unsachliche Einflussnahme auf ihre Entscheidungsfreiheit dazu veranlasst, bei ihrem Händler abzubestellen, um die Belieferung selbst direkt zu übernehmen, auszuführen oder ausführen zu lassen;
2. als Verlag die ihm von einer Buchhandlung zur Direktbelieferung bzw. –einweisung anvertrauten Kundenadressen ohne deren Zustimmung verwendet, z. B. an Dritte weitergibt.

VII. Mindestbestellgrößen

Sind preisgebundene Verlagserzeugnisse generell oder im Einzelfall nur beim Verlag oder bei der Verlagsauslieferung direkt beziehbar und ist ein kleiner oder mittlerer Abnehmer auf die Belieferung mit dem betreffenden Verlagserzeugnis wegen seiner Bedeutung für das Sortiment nach den Verbrauchererwartungen angewiesen, so dürfen von diesem keine Mindestbestellgrößen gefordert werden, sofern es sich nicht um ein niedrig preisiges Buch handelt.

VIII. Erstverkaufstag

Hat ein Verlag nach der Bekanntmachung eines von den Fachausschüssen des Börsenvereins beschlossenen „Verhaltenskodex zum Erstverkaufstag" im Börsenblatt unter Beachtung der in diesem Kodex niedergelegten Regeln für einen neu erscheinenden Titel einen Erstverkaufstag verbindlich festgelegt, so darf das Werk von keinem Marktteilnehmer vor diesem Stichtag dem Endabnehmer zugänglich gemacht werden.

Sachregister

Die fetten Zahlen verweisen auf Paragrafen, die mageren auf Randnummern